U0574766

**权威·前沿·原创**

皮书系列为
"十二五"国家重点图书出版规划项目

沪港蓝皮书

**BLUE BOOK** OF
SHANGHAI AND HONG KONG

# 沪港发展报告
# （2014~2015）

ANNUAL REPORT ON THE DEVELOPMENT OF SHANGHAI
AND HONG KONG (2014-2015)

## 上海自贸区建设与新一轮沪港合作

主　编／尤安山
副主编／盛　垒

社会科学文献出版社
SOCIAL SCIENCES ACADEMIC PRESS（CHINA）

**图书在版编目（CIP）数据**

沪港发展报告：上海自贸区建设与新一轮沪港合作. 2014 ~
2015/尤安山主编. —北京：社会科学文献出版社，2015.4
（沪港蓝皮书）
ISBN 978 - 7 - 5097 - 7317 - 8

Ⅰ. ①沪… Ⅱ. ①尤… Ⅲ. ①区域经济发展 - 研究报告 -
上海市 - 2014 ~ 2015 ②区域经济发展 - 研究报告 - 香港 -
2014 ~ 2015 Ⅳ. ①F127.51 ②F127.658

中国版本图书馆 CIP 数据核字（2015）第 063361 号

沪港蓝皮书
**沪港发展报告（2014 ~2015）**
——上海自贸区建设与新一轮沪港合作

主　　编／尤安山

副 主 编／盛　垒

出 版 人／谢寿光
项目统筹／恽　薇
责任编辑／冯咏梅

出　　版／社会科学文献出版社·经济与管理出版分社（010）59367226
　　　　　地址：北京市北三环中路甲 29 号院华龙大厦　邮编：100029
　　　　　网址：www. ssap. com. cn
发　　行／市场营销中心（010）59367081　59367090
　　　　　读者服务中心（010）59367028
印　　装／北京季蜂印刷有限公司

规　　格／开本：787mm × 1092mm　1/16
　　　　　印 张：23.25　字 数：350 千字
版　　次／2015 年 4 月第 1 版　2015 年 4 月第 1 次印刷
书　　号／ISBN 978 - 7 - 5097 - 7317 - 8
定　　价／89.00 元

皮书序列号／B - 2013 - 329

# "沪港蓝皮书"
# 顾问与编委会名单

# 主要编撰者简介

**尤安山**　上海社会科学院港澳研究中心主任，上海社会科学院世界经济研究所区域合作研究室主任、研究员，世界经济重点学科骨干。长期从事世界经济、区域合作及港澳经济等相关领域的研究，主持和参与多项国家社会科学基金及上海市社会科学基金等省部级重点课题，并承担多项来自海内外学术研究机构及政府有关部门委托的相关课题。发表的著作主要有《一国两制与沪港经济》《沪港经济合作与 CEPA》《中国－东盟自由贸易区建设——理论·实践·前景》《国际贸易中心的过去、现在和未来——从纽约、东京、新加坡、香港到上海》等。连续 5 年主编《沪港经济发展报告》，同时在《社会科学》《世界经济研究》等国内外核心期刊上发表学术论文 60 余篇。

**盛　垒**　华东师范大学城市与区域科学学院博士，上海社会科学院港澳研究中心副研究员，主要从事城市与区域发展、科技创新政策、港澳经济等相关领域的学术研究。主持和参与国家自然科学基金、国家社会科学基金、国家软科学、上海市社会科学基金、上海市软科学基金等国家及省部级科研项目 20 余项，承担和参与各级政府决策咨询项目 50 多项，出版个人专著 1 部。在《科学学研究》《国际贸易问题》《世界经济研究》等国内外核心期刊上发表学术论文 50 余篇。

# 摘　要

2013 年 9 月，上海自贸区正式挂牌成立，这是中国全面深化改革进程中浓墨重彩的一笔，将对中国未来发展产生十分重要的影响。作为我国新一轮改革开放的重要抓手，上海自贸区建设的核心宗旨是以进一步开放和深化改革的方式，为适应全球投资贸易的新格局，并符合中国经济转型发展的新要求，形成一套可复制和可推广的制度。

搞好自贸区建设，上海责任重大。而上海建设自贸区，难在没有经验。相比之下，香港是全球公认的最自由、最开放、最具多元化功能的自贸区，历经百余年的发展，在投资管理、贸易监管、金融管控、体制机制设计、制度安排等诸多方面都积累了较为成熟的经验。香港的经验和优势对上海自贸区的运营发展无疑具有重要的借鉴作用，也正因如此，深化沪港交流与合作十分重要。事实上，上海自贸区建设为进一步深化沪港两地之间的交流与合作创造了新的机遇。

2014 ~ 2015 年 "沪港蓝皮书" 以上海自贸区建设与新一轮沪港合作为主题，分多个专题和视角研究与分析了沪港两地如何在上海自贸区这一新的机遇条件下更好地发挥互补优势，加强分工合作，共同携手开创中国全面深化改革征程的新局面。总报告回顾了上海自贸区设立的背景及发展的现状，分析了上海自贸区的主要变革及产生的重要影响，阐述了上海自贸区建设对深化沪港合作的意义和机遇，并提出了沪港合作推进上海自贸区建设的思路和建议。报告认为，在上海自贸区的建设进程中，上海应主动学习借鉴香港好的做法与成熟经验，尤其是在体制安排、制度设计以及具体的运营管理、技术操作等层面，香港百余年的经验教训值得上海参考。除总报告外，本书分综合篇、投资篇、金融篇、比较篇、合作篇、附录六个部分，对基于上海自贸区的新一轮沪港合作进行了深入的专题研究。

# 序 沪港合作共同推进
# 上海自贸区发展

王 战*

沪港合作源远流长，特别是改革开放以来，沪港合作进入了一个全新的发展时期。30 多年来，两地经济合作经历了由民间企业到政府层面、由制造业到服务业、由单向投资到双向投资的不断演化过程。毫无疑问，香港资金的大量涌入既缓解了上海现代化建设的资金短缺问题，也带来了许多当今世界先进的经济观念与管理理念，为上海率先建立社会主义市场经济体制提供了有益的经验，为上海更好地扩大开放、融入世界起到了极大的促进作用。

然而，在经济全球化与经济区域化发展、中国改革开放向纵深推进以及上海自贸区稳步推进的大背景下，沪港经济合作如何开阔思路、把握机遇、充分发挥各自的优势，在原有的合作基础上进一步深化两地的合作，不仅是新一轮沪港经济合作面临的紧迫问题，也是整个中国现代化发展迫切需要解决的问题。

当前，上海承载着建设自贸区，并把建设自贸区形成的改革创新经验和做法复制推广到全国的国家战略使命。改革创新是一个不断试错的过程，不仅意味着现有规则的颠覆或重构，也往往伴随着诸多风险和不确定性。尤其是金融改革风险，牵一发而动全身。为此，上海应努力和主动学习世界上发展已相对较为成熟的自贸区的先进经验和教训，使上海在建设自贸区过程中能汲取国际上的科学做法，从而少走弯路。香港作为全球知名的金融中心、

---

* 王战，上海社会科学院院长、研究员。

贸易中心、航运中心，也是国际公认的自由贸易港，在自贸区的相关制度建设、运营及管理等方面均积累了十分丰富的经验，非常值得上海学习和借鉴。因此，在当前时期，进一步深化沪港交流与合作比以往更加重要。

事实上，在城市建设发展过程中，上海一直都在努力学习和借鉴包括香港在内的许多发达城市的先进经验，积极有效地把香港等先进城市的一些好的经验和做法运用和落实到上海的城市发展建设实践中，目前所取得的成效是有目共睹的。但是，上海自贸区成功创建之后，实际上已经把目前沪港之间的合作推进到了一个新的历史阶段和一个更高的高度。其中非常重要的一个方面，就是上海自贸区在投资、贸易、服务业等方面的开放化程度进一步提高，并且非常重视政府职能的转变以及制度方面的改革创新，使许多之前无法合作、难以合作以及合作过程中面临较大制度性障碍的领域都有了根本性的突破，这无疑为扩展沪港合作内涵、提升沪港合作层次创造了非常难得的机遇。因此，上海和香港应当抓住上海自贸区改革发展的机遇，谋求双方在金融创新、服务业发展、城市可持续发展等多个领域的更深层次、更高水平的互动与合作，共同推动沪港合作新里程，携手开创沪港发展新局面，一起为全面深化改革和实现中国梦做出新的重大贡献！

正是为了适应上述形势发展的需要，2014～2015年"沪港蓝皮书"将重点锁定在"上海自贸区建设与新一轮沪港合作"这一主题上，书中不仅有上海社会科学院港澳研究中心课题组撰写的研究报告，还有沪港两地政府官员及专家学者撰写的文章，内容包括对上海和香港年度经济的回顾与展望，都很值得一读。

希望"沪港蓝皮书"能够对关心、了解两地合作交流的社会各阶层人士有所帮助，对推动两地社会经济发展发挥积极的作用。期待"沪港蓝皮书"越编越好！

# 目 录

# B Ⅶ 附 录

皮书数据库阅读**使用指南**

# 总 报 告

General Report

B.1

# 上海自贸区建设与新一轮沪港合作

上海社会科学院港澳研究中心课题组*

摘　要：上海自贸区肩负着为全面深化改革和扩大开放探索新途径、积累新经验的重要使命，对中国未来发展有着重大而深远的引领示范意义，同时也为进一步深化沪港两地之间的合作创造了许多新的机遇，沪港双方理应在新的历史条件下更好地发挥各自的优势，实现良性互动，共同探索在国家战略框架下的沪港合作新里程。

关键词：上海自贸区　上海　香港　合作　机遇

* 上海社会科学院港澳研究中心为院属中心，成立于20世纪80年代中期，是国内最早成立的专门从事港澳问题，特别是港澳经济研究的机构之一，承担了一系列有关港澳经济的重要课题研究，为香港的平衡过渡发挥了积极的作用。自2006年以来，连续6年编辑出版《沪港经济发展报告》，2013年开始编写"沪港蓝皮书"。课题组顾问左学金，总负责人尤安山，执行负责人盛垒，成员倪外、贺晓琴、张天桂。

# 一　上海自贸区的设立背景与发展现状

## （一）上海自贸区的设立背景

建设上海自贸区，是在我国改革开放处于关键时期和世界经济贸易出现新趋势的背景下推行的一项国家战略，其根本目的在于通过在自贸区先行先试，形成与国际通行规则相衔接的制度框架，有利于我国参与 TTP、TTIP、TISA 的谈判以及国际经贸新规则的制定，从而进一步融入经济全球化；有利于我国在更高层次上推进改革开放，培育面向全球竞争的新优势，拓展经济增长的新空间，打造中国经济升级版；有利于探索全面深化改革和扩大开放的新思路和新途径，为我国提供开放环境下经济体制改革的实践经验，形成可复制、可推广的经验，更好地服务全国发展。总体而言，上海自贸区的设立和发展具有以下几个方面的时代背景特征。

一是全球化的区域主义愈演愈烈。所谓"区域主义"，是指在一些政治、安全、经济和文化联系相对紧密的地区，通过建立某种地区性国际组织或某种非机制性安排，形成一种利益相关的、相互依赖的、特定的国际关系现象①。近年来，全球范围内的区域主义日益盛行，其中区域和双边自由贸易的持续快速增长是最鲜明的表征。中日韩自由贸易区实现了三轮谈判，以"10＋6"为框架的区域全面经济伙伴关系（RCEP）也已开启正式谈判；美国强力推行跨太平洋战略经济伙伴关系协定（TPP），并不断吸纳东亚国家加入。截至 2013 年 1 月，全球范围内已向关贸总协定（GATT）或世贸组织（WTO）通报的区域贸易安排总数已高达 546 个，比 2012 年 1 月增加了 35 个②。在全球化的区域主义新趋势下，虽然多边贸易体制要在短期内取得实

---

① 卢雅君：《区域主义新趋势与上海自贸区建设》，《中国党政干部论坛》2014 年第 1 期，第 89～91 页。

② 国务院发展研究中心外经部课题组：《全球化未来趋势及对我国的影响》，http：// www. chinado. cn/readnews. asp？newsid＝2987。

质性突破仍存在较大困难，但各国对区域和双边自由贸易的制度性安排表现得更为积极，同时也都面临不少新挑战，区域一体化将呈现更为复杂的局面。

二是发达经济体进一步巩固规则制定者地位。无论是美国推动的跨大西洋贸易与投资伙伴协定（TTIP）、跨太平洋战略经济伙伴关系协定（TPP）、中美双边投资协定（BIT），还是服务贸易协定（TISA），作为美国构建全球新自由贸易秩序的核心之一，这些新的国际贸易框架协议实际上都是其在为全球自由贸易制定新的游戏规则，美国希望以国内法为模板，塑造高标准的区域贸易投资自由化规则，并进一步向全球推广。与此同时，欧盟也在重新修订其贸易防御体系，倡导绿色经济和碳排放交易规则等。由于在以美国为首的西方国家积极推动的 TPP 和 TTIP 中，中国都不被包括在内，因此，中国很有可能在新的国际贸易体系中逐步被边缘化。中国企业在参与国际竞争过程中将不得不面对新的限制，参与国际投资活动受到的阻碍会更大，国际竞争力可能被进一步削弱。为此，中国迫切需要做出改变和应对，以适应更加复杂严峻的世界贸易规则与格局。上海自贸区的设立，就是通过先行先试国际经贸新规则、新标准，积累新形势下我国参与双边、多边区域合作的宝贵经验，为与美国等发达国家开展相关谈判提供参考和借鉴，从而为中国参与新国际经贸规则的制定提供强有力的支撑。

三是区域自由贸易安排自由化的标准更高、覆盖面更广。显然，美国力推 TPP 和 TTIP 的目的是使经济要素资源在全球流动并以更自由的方式进行配置，而这些国际贸易框架中的关键内容包括全球价值链基础上的自由贸易、自由投资协定以及服务贸易在更高程度上的开放，同时要将市场开放的重点转向服务和投资①。一方面，国际化分工的深化将会导致一定程度的产品生产碎片化，但产品生产碎片化反过来又会增强全球产业价值链整合协调对各种服务的需求，因此，货物产品贸易基础上的跨国界服务成为大势所

---

① 卢雅君：《区域主义新趋势与上海自贸区建设》，《中国党政干部论坛》2014 年第 1 期，第 89~91 页。

趋。另一方面，随着通信、网络、计算机等技术的突破与发展，与货物相关的服务生产也开始呈现全球分段化布局的发展趋势。例如，服务平台型企业大量涌现，跨国公司的传统业务模式不断发生变化，新型跨国公司和商业模式相继出现，这些趋势和变化对贸易自由化、便利化程度提出了新的更高的要求。但是，目前我国的服务监管体制显然还很难适应这一趋势。因此，通过上海自贸区的进一步改革和扩大开放，推进我国贸易、投资、服务等方面的管理体制与模式的创新升级势在必行。

四是中国经济转型升级迫在眉睫。经过了30余年的改革开放和高速发展，中国经济享受到了改革的制度红利和加入WTO获得的全球化红利。不过，由于近年来国际需求持续疲弱以及劳动力成本不断攀升，中国已不可能长期依赖外贸出口支撑经济增长，因此，继续深化改革、寻找新的制度红利是未来中国经济可持续发展的关键。由于目前中国不同地域之间的发展水平还存在较为显著的差异，体制改革又涉及行政体制、财税金融、要素价格、民生等多个方面的问题，因此，在条件较为成熟的地区先行试点，对于探索经验、深化改革具有重大意义。设立上海自贸区不仅有助于促进贸易活动，更能加速要素流动，而且能够推动政府转变职能，释放改革红利，推动全国改革进程。

## （二）上海自贸区的设立历程

上海自贸区的设立历程见图1。

2013年3月底，国务院总理李克强在上海调研期间考察了位于浦东的外高桥保税区，提出支持鼓励上海积极探索，在现有综合保税区基础上，研究建立一个自由贸易试验区，进一步扩大开放，推动完善开放型经济体制机制。2013年5月16日，上海自贸区项目在国家层面获准立项。

2013年7月3日，国务院常务会议原则通过了《中国（上海）自由贸易试验区总体方案》。此次会议强调，以上海外高桥保税区等4个海关特殊监管区域为依托，建设中国（上海）自由贸易试验区，是顺应全球经贸发展新趋势、更加积极主动对外开放的重大举措。这一举措的实施，将有利于培育中国面向全球的竞争新优势，构建与各国合作发展的新平台，拓展经济增长的新空间，打造中国经济的"升级版"①。

| | |
|---|---|
| 2009年11月 | 上海综合保税区成立，统一管理2005年12月启用的洋山保税港区、1990年6月全国第一个封关运作的外高桥保税区及2010年9月成立的浦东机场综合保税区。 |
| 2011年 | 上海向国家有关管理部门提交了在上海综合保税区设立自由贸易园区的申请。 |
| 2013年1月1日 | 上海在《上海市推进国际贸易中心建设条件》中，首次提出要在上海"探索建立符合国际惯例的自由贸易园区"。 |
| 2013年2月28日 | 上海颁布了《临港"双特"30条实施政策》，旨在探索和实施不同于其他地区的特殊体制，以调动区域发展的积极性，增强区域属性的自主性。 |
| 2013年3月底 | 国务院总理李克强在上海调研期间考察了外高桥保税区，并表示鼓励上海在现有综合保税区基础上，研究建立一个自由贸易试验区。 |
| 2013年4月18日 | 上海市商务委办公室主任邓福胜向媒体证实，上海正在配合国家有关部委制定《上海自由贸易园区建设总体方案》。 |
| 2013年5月14日 | 上海自由贸易项目获得国家层面立项。 |
| 2013年5月下旬 | 上海浦东自由贸易区试点方案经上海市政府讨论并肯定后，上报中央相关部门，进入会签阶段。 |
| 2013年7月3日 | 国务院常务会议原则通过了《中国（上海）自由贸易试验区总体方案》。 |
| 2013年8月22日 | 国务院正式批准设立中国（上海）自由贸易试验区。 |
| 2013年8月30日 | 经全国人大常委会授权、国务院会议决定，上海自贸区将暂停部分涉外资法律，决定从2013年10月1日起实行。 |
| 2013年9月27日 | 国务院批准《中国（上海）自由贸易试验区总体方案》。 |
| 2013年9月29日 | 上海自贸区正式挂牌，首批36家企业入驻。 |
| 2014年12月28日 | 上海自贸区扩区，陆家嘴、金桥、张江各有部分片区被纳入自贸区范围。 |

**图1　上海自贸区的设立历程**

2013年8月16日，为推进上海自贸区加快政府职能转变，探索负面清单管理，创新对外开放模式，国务院总理李克强主持召开国务院常务会议，讨论通过拟提请全国人大常委会审议的关于授权国务院在中国（上海）自由贸易试验区等国务院决定的试验区域内暂停实施外资、中外合资、中外合作企业设立及变更审批等有关法律规定的决定草案②。

2013年8月22日，国务院正式批准设立中国（上海）自由贸易试验区。试验区范围涵盖上海市外高桥保税区、外高桥保税物流园区、洋山保税港区和上海浦东机场综合保税区4个海关特殊监管区域，总面积为28.78平

---

① 《国务院通过〈中国（上海）自由贸易试验区总体方案〉》，中新网，2013年7月3日，http://finance.chinanews.com/cj/2013/07-03/4999935.shtml。

② 马玉荣、王艺璇：《上海自贸区：来历和去向》，《中国经济报告》2013年第10期。

方公里①。

2013 年 8 月 30 日，十二届全国人大常委会第四次会议决定通过了《关于授权国务院在中国（上海）自由贸易试验区暂时调整有关法律规定的行政审批的决定（草案）》。其主要内容包括在试验区内对负面清单之外的外商投资暂时停止实施《外资企业法》《中外合资经营企业法》《中外合作经营企业法》三部法律的有关规定，暂时停止实施《文物保护法》的有关规定，时间为期 3 年②。

2014 年 12 月 28 日，第十二届全国人民代表大会常务委员会第十二次会议决定授权国务院在中国（广东）自由贸易试验区、中国（天津）自由贸易试验区、中国（福建）自由贸易试验区以及中国（上海）自由贸易试验区扩展区域内暂时调整《外资企业法》《中外合资经营企业法》《中外合作经营企业法》《台湾同胞投资保护法》规定的有关行政审批。上海自贸区在扩围之后，陆家嘴、金桥、张江高科技园区各有 34.26 平方公里、20.48 平方公里、37.2 平方公里被纳入，整个上海自贸区的面积已由原先的 28.78 平方公里扩至 120.72 平方公里。

### （三）上海自贸区的发展现状

上海自贸区对加快我国政府职能转变、积极探索管理模式创新、促进贸易与投资便利化，以及为全面深化改革和扩大开放探索新途径、积累新经验有着重大而深远的引领示范意义。自 2013 年 9 月上海自贸区正式成立以来，围绕投资自由化、货物自由化、金融自由化目标，以及行政管理法律法规制度创新，上海自贸区的建设取得了较大进展。

#### 1. 境内外企业机构密集进驻

扩大投资领域开放，尤其是扩大服务业开放是自贸区的一项重要内容，扩大投资开放的重点在于，为投资领域的市场准入、外资国民待遇、业务经

---

① 《国务院批准设立上海自由贸易试验区》，人民网，2013 年 8 月 22 日，http：//politics. people. com. cn/n/2013/0822/c1001 – 22663593. html。

② 《国务院获授权在上海自贸试验区暂时调整有关法律规定的行政审批》，新华网，2013 年 8 月 30 日，http：//news. xinhuanet. com/2013 – 08/30/c_ 117165240. htm。

营、投资服务等营造更加开放、宽松的发展环境。在扩大服务业开放上，上海自贸区已选择金融服务、航运服务、商贸服务、专业服务、文化服务以及社会服务六大领域扩大开放，暂停或取消投资者资质要求、股比限制、经营范围限制等准入限制措施（银行业机构、信息通信服务除外），为各类投资者营造平等准入的市场环境①。此外，探索建立以准入前国民待遇和负面清单为核心的试验区投资管理新体制，也是自贸区扩大投资领域开放的一个重要内容。在这一政策的推动下，由于准入门槛降低，在自贸区登记注册的企业数量十分惊人。截至2014年11月，自贸区内投资企业累计2.2万多家，挂牌后新设企业近1.4万家。新设外资企业2114家，同比增长10.4倍。境外投资已办结160个项目，中方对外投资额累计近38亿美元②。

**2. 贸易监管模式创新促进新型贸易业态涌现**

上海自贸区实施"一线放开、二线管住、区内自由"的创新监管服务新模式。同时，自贸区大力培育新型贸易业态，引入高端贸易方式，实现贸易业态模式创新和离岸型功能创新，并推进国际航运服务功能创新升级，为中国企业参与更高水平的全球分工和竞争进行新的探索和尝试。一线进境货物"先进区、后报关"模式是上海海关最先推出的试点模式，目前试点企业已从首批6家扩展至47家。截至2013年底，已办理业务109起，货值1.63亿美元。与过去的"先报关、后进区"模式相比，自贸区的入区通关更为便捷，平均过卡时间不到1分钟③。据测算，新模式下货物入区通关时间可缩短2~3天，物流成本平均减少10%④。监管模式的创新为自贸区内

---

① 《2014年上海自贸区服务业将更开放》，中商情报网，2014年3月14日，http://www.askci.com/news/2014/03/14/15393359.shtml。

② 《上海自贸试验区扩区后首次接受集体采访》，《改革经验向全市辐射》，上海自贸区官网，http://www.china-shftz.gov.cn/NewsDetail.aspx? NID = e08cbb89 - 3a7d - 49bc - a645 - 405416483be2&CID = f672f518 - 99a3 - 4789 - 8964 - 1335104906b4&MenuType = 1。

③ 《上海自贸试验区挂牌百日，海关监管创新稳步推进新注册企业增长2倍》，法制网，2014年1月7日，http://www.legaldaily.com.cn/index/content/2014 - 01/07/content_ 5182090.htm? node = 20908。

④ 《自贸试验区挂牌百天多种创新监管实施》，青年报官网，2014年1月8日，http://www.why.com.cn/epublish/node37623/node38430/userobject7ai386914.html。

企业贸易便利化提供了优越条件,同时也推动了自贸区内多种新型贸易业态的发展。2013年12月28日,自贸区跨境贸易电子商务服务平台正式启动运营①,标志着借助自贸区平台的跨境电子商务迈出实质性步伐。

### 3. 金融领域开放与改革取得重大进展

上海自贸区的金融改革开放是全球瞩目的焦点,因为金融的开放与改革关系到上海国际金融中心建设以及中国人民币国际化进程。目前,国家"一行三会"有关上海自贸区金融改革开放的条例和实施细则均已陆续出台,受各界广泛关注的"自由贸易账户"也已正式落地,自贸区与海外资金自由流动和货币自由兑换也已经起步。截至2014年12月底,上海自贸区已开设6925个自由贸易账户,存款余额达到48.9亿元,自由贸易账户运行良好。下一步,自贸区将结合账户运行情况,择机推出外资功能,尽快实现本外币一体化。同时,跨国公司人民币"资金池"陆续建立,已在上海自贸区先行一步实施利率市场化②。上海自贸区的其他金融活动,如原油期货、黄金期货交易平台也在搭建之中,未来这些期货交易也将更为国际化和市场化。这些举措都是为了未来能够在全国更广泛的区域范围内进行金融市场化、国际化改革的先行试验。但需要指出的是,金融的改革开放与其他方面的改革措施有着较大差异,因为它是巨额资金的集散中心,需要服从整个中国的金融改革开放大局,由于其可复制和可推广需要更加谨慎。

### 4. 政府行政管理体系改革不断深化

除投资自由化、贸易自由化及金融改革开放之外,上海自贸区还承担着我国政府管理体制改革试验的重任。当前,上海自贸区已经改革的政府管理体制涉及多个方面,重点是投资管理体制和事中、事后管理体系的构建③。

---

① 《上海自贸区启动全国首个跨境贸易电子商务试点平台:个人"海淘"走向"阳光"》,新华网,2013年12月28日,http://news.xinhuanet.com/fortune/2013-12/28/c_118749117.htm。

② 《上海自贸区一年检阅》,新华网,2014年8月27日,http://news.xinhuanet.com/fortune/2014-08/27/c_126922187.htm。

③ 徐明棋:《上海自贸区政府管理体制改革先行先试取得突破》,《上海证券报》2014年8月27日。

在对内资投资管理方面，上海自贸区实施了先照后证的方式，企业执照、税务登记和企业代码证已改为由工商"一口受理"，企业注册资本也改为认缴制。在对外资的管理方面，则开始实施"负面清单"管理模式，负面清单之外的海外投资享受准入前国民待遇，与内资一视同仁。2014 年的新版负面清单在 2013 年的基础上做了大幅度的削减，对外开放程度进一步提高。截至 2014 年 11 月底，进入自贸区的外资企业达 2000 多家，90% 以上属于负面清单之外的投资，无须再经商委和发改委审批，直接到工商局登记。这些改革举措极大地方便了各类企业的投资经营活动。在进行对内投资管理体制改革的同时，对外投资管理的改革也在加快推进。自贸区内的企业向海外进行投资，无须事先审批，只需登记备案。对外投资的外汇管理也已正式取消，无须事前向外管局申请外汇额度。另外，目前上海自贸区正在国家有关部门的指导配合下，构建以 6 个子体系为主要内容的政府事中、事后管理体制，具体包括国家安全审查制度、反垄断审查制度、社会信用体系建设、企业年检改成企业年度信息公布制度、建立政府间各部门信息共享平台和统一监管执法体系、社会力量参与综合监管（中介机构和行业组织参与监管）的制度。这 6 个方面的子体系有一部分是中央相关部门的事权，在上海自贸区将实行中央授权的方式委托相关派出机构承担。而其余的则属于地方政府的职能，如社会信用体系的建设、企业年度信息公布、社会力量参与综合监管①。

## 二 上海自贸区的主要变革及重要影响

### （一）上海自贸区的主要变革

国务院正式印发的《中国（上海）自由贸易试验区总体方案》（以下简称《方案》）涉及五个方面的主要任务和 90 多项具体政策措施，肩负着

---

① 徐明棋：《上海自贸区政府管理体制改革先行先试取得突破》，《上海证券报》2014 年 8 月 27 日。

"投资自由化、贸易自由化、金融国际化、行政精简化"四大使命。从《方案》的内容来看，征求意见阶段一些争议较大的政策举措，如境外期货交易机构设立首个期货交割仓库、中资银行从事离岸业务、融资租赁业纳入出口退税试点等，在最终目的的方案中均得到了明确支持和保留。自贸区建设的核心是制度创新，而自贸区冠以"试验"两字，也在《方案》中得到体现，除明确允许施行的政策措施之外，很大一部分则表述为"支持""鼓励""推动""探索"。各项开放的前提是"风险可控"，且是"系统性风险可控"，这也是自贸区建设中最难的部分。因此，《方案》的出台，只是为上海自贸区的未来勾画了基本制度框架，而制度的真正落地将按照"成熟的可先做，再逐步完善"的要求，还需在实践中予以探索创新。总体而言，上海自贸区的主要变革包括以下几个方面。

### 1. 投资管理制度创新，实现投资自由化

外商投资方面，对区内的外商投资，试行负面清单管理制度。外商在负面清单以内的领域进行投资，仍需履行核准程序；在负面清单以外的领域投资，实行准入前国民待遇，投资项目由核准制管理改为备案制管理。负面清单即"法无禁止即可为"，在上海市政府已公布的 2013 年《中国（上海）自由贸易试验区外商投资准入特别管理措施（负面清单)》中，明确列出了不予外商投资准入或有限制要求的领域，制定了 190 条特别管理措施，共涉及国民经济行业 1069 个小类中的 17.8%。在 2013 年版的基础上，2014 年版上海自贸区负面清单特别管理措施由原来的 190 条调整为 139 条，同比"瘦身"了 26.8%，外资的准入门槛不断放低。

境外投资方面，区内企业在境外开办企业实行以项目制为主的管理方式。支持试验区内各类投资主体开展多种形式的境外投资。鼓励在试验区内设立专业从事境外股权投资的项目公司，支持有条件的投资者设立境外投资股权、投资母基金。这项措施不但使企业赴境外投资更为便捷，无须先报经商务部审批，同时投资形式也更为宽泛。而且，大幅提高了备案项目规模上限，使企业"走出去"的步伐更加坚实有力。

扩大服务业开放方面，在金融、航运、商贸、专业、文化及社会服务领

域扩大开放。从开放措施看，金融服务领域的开放范围相对更具吸引力，其中银行服务的扩大不但为现有银行带来增量业务，而且还为有志于投身金融业的其他投资者提供了大量机会。

### 2. 贸易监管制度创新，实现贸易自由化

第一，推动贸易便利化。一是建立国际航运中心。"一线放开、二线管住"，允许"先进区、后报关"，发展国际分拨、中转集拼业务；二是采取企业"分批报货、集中报关"并自行运输的模式，适应自贸区对产业链布局和物流快速流转的需求；三是创建统一的海关信息化管理系统和中央监控平台，以协调自贸区物流监管，同时升级卡口智能化，探索电子围网管理。

第二，促进贸易转型升级。一是促进发展服务贸易。支持区内开展销售、结算、物流、维修和研发等各项业务，鼓励跨国公司建立亚太地区总部。拓展专用账户的服务贸易跨境收付和融资功能。支持区内企业发展离岸业务。试点开展境内外高技术、高附加值维修服务。允许和支持各类融资租赁公司在试验区内设立项目子公司并开展境内外租赁服务。二是支持扩大期货保税交割业务试点品种、企业和范围。探索设立国际大宗商品交易和资源配置平台，开展能源产品、基本工业原料和大宗农产品的国际贸易。三是支持企业在提供税收担保的情况下开展区外保税展示交易。四是支持自贸区开展跨境电子商务试点。五是对区内企业生产、加工并经"二线"销往区外的货物，实施选择性征税政策。这些政策有与原有保税区存在重叠的，但更多的是在原有保税区基础上的进一步扩展与深化。尤其是服务贸易和离岸业务方面政策的落地实施，将赋予自贸区更多实质性内涵。

第三，维护保障贸易秩序。一方面，通过监督管理机关有效防止危害国家安全的意识形态渗入；另一方面，打击走私犯罪，禁止"黄赌毒"，为自贸区建设和发展创造一个良好的环境。

### 3. 金融制度创新，实现金融国际化

第一，先行先试人民币资本项目可兑换。这项措施主要是针对实体经济发展和投融资业务具体需求，在风险可控的前提下，通过分账核算的方式进行先行先试。资本项目可兑换是人民币实现国际化的重要前提，目前资本兑

换的通道是 QDII/QFII 机制，是资本管制下可控制的一项境内外投资制度安排。在实体经济投资方面，外商对境内的直接投资是中国资本项目输入的主要项目，境内居民对外直接投资近年来也有较大发展。但游资、热钱等套利资金可能是监管中最大的挑战。在目前量化宽松的大环境下，存在大量外资进场的预期和可能，而且主要是以短期资金的形式。因此，一旦外汇管制向一线放开，游资进场便利性提高，对国内金融市场的冲击将不言而喻。而自贸区内的资本流动，将主要通过在区内试点运行自贸区账户实现。

第二，创造条件扩大人民币跨境使用。区内机构允许跨境人民币结算业务与前置核准环节脱钩，企业可根据自身业务经营需要，自行开展跨境人民币创新业务。这项政策旨在通过人民币跨境使用便利化，促进跨境贸易和直接投资，建立以人民币计价的跨境交易结算方式和非本国居民持有资产，并且推动人民币国际化进程。值得一提的还有自贸区的离岸金融和离岸业务发展。目前全球主要储备货币美元、欧元、日元有超过70%的外汇交易量是通过离岸市场完成的。而在世界支付系统中，使用人民币支付的比例截至2013年5月底仅占0.7%。要在国际经济中有更大作为，中国今后不会放弃这一市场。《方案》中提到发展离岸业务，为对外投资提供相应的配套服务，包括并购贷款、项目贷款，为企业"走出去"解决资金不足的问题，使中国的海外投资与经济规模相适应。在人民币无法自由兑换的情况下，自贸区发展离岸业务。在区内资金账户分账核算模式下，试点自贸区账户，预计起步阶段离岸、在岸账户之间的互动将实行分割，企业现金流与业务进行互相匹配，防止空转套利、套汇等行为。自贸区账户几乎等同于离岸账户，与境内区外的其他账户之间的资金双向流动实行不同监管标准。

第三，先行先试金融市场利率市场化。培育与实体经济发展相适应的金融机构自主定价机制，逐步推进利率市场化改革。自2013年取消贷款利率下限以来，我国的利率市场化改革正式提上议程。但温州等地金融改革措施中被寄予期望的利率市场化政策始终没有松动，说明对该项改革仍持谨慎态度。自贸区内外若实施不同资金价格供求体制，是否会造成新的不公平市场竞争，以及是否会引起资金流向移动，等等，这些都是必须面对和解决的问题。

第四，建立与试验区相适应的外汇管理体制。外汇管理体制涉及一国的金融体系安全，也是自贸区制度落地的重点和难点。因此，在《方案》表述中用的是探索、试点，具体为鼓励企业跨境融资、深化外债管理方式改革以及跨国公司总部外汇资金集中运营管理试点。至于两个"深化"到什么程度，还将视政府对风险控制的能力和控制机制而定。总的来看，外汇转移问题是金融制度创新的重要突破口。有专家认为，现阶段货币流动自由度的整体方案设计，首先，应该是试验区内资金到境外流动的自由度，大于试验区内到境内区外的自由度；其次，在币种上，人民币流动的自由度会大于其他外汇币种的自由度。

第五，增强金融服务功能。这项功能主要是通过支持设立外资银行和中外合资银行、允许境外企业参与商品期货交易、构建综合金融服务平台和培育再保险市场等方式，使金融服务主体多元化、金融产品丰富化，弥补国内金融市场的服务短板，国有、民营、外资金融机构同台竞争，促进金融市场水平的整体提升。

### 4. 行政监管制度创新，实现行政精简化

自贸区的一个重要特征就是灵活高效的行政管理，从总体方案看，这方面改革的重点将主要集中在以下几方面：一是提高行政透明度，做到行政信息公开、透明，以方便企业为出发点和立足点；二是简化办事程序，建立"一口受理"的机制。这项内容反映了从核准制向备案制转变的要求；三是实行企业年报公示制度；四是建立监管信息共享平台和区内企业信息记录、公开、共享和使用制度；五是建立安全审查和反垄断审查机制。作为建立与国际高标准投资和贸易规则体系相适应的行政管理体系的一种探索，综合监管制度变革的本质是政府职能的转变，即强化市场机制作用，重新定位政府和市场的关系。从上述内容看，监管思路尚处于初级转变阶段。服务业市场和有形产品市场的监管方式不同，从投入－产出的增长模式转变为以建立和维护增长秩序为目标，需要建立一套能够适应高风险开放市场的市场监督管理体系，在完全理解游戏规则及规律的基础上开放及创造市场。政府各部门要摒弃固有的管理思维、方法和本位主义，以开放和包容的心态对待自贸区

各项制度实施中存在的问题，探索和研究解决对策，限制自己的权力，让市场和企业发挥更大的作用，自贸区才能完成华丽转身。

### （二）上海自贸区的重要影响

#### 1. 对中国经济的影响

《方案》已明确指出，设立上海自贸区是为了在新时期加快政府职能转变、探索管理模式创新、促进贸易和投资便利化，从而为全面深化改革和扩大对外开放探索新途径，这一部署是国家的战略需要。因此，对中国经济而言，上海自贸区的设立不仅意味着中国新一轮改革开放和经济转型升级的开始，而且除了对国内的深化改革具有深远影响外，还具有国际战略博弈的积极意义。

（1）示范带动，打造中国经济升级版。中国经济发展的最大动力在于改革开放，经济特区作为改革开放的先锋军与"试验田"，在此进程中发挥了极为巨大的作用①。上海自贸区成立后，被许多媒体誉为"新一轮改革开放突破的支点"。上海自贸区先行先试的方法，不仅可以探索和创新贸易与投资管理模式、扩大服务业的对外开放，还能有效防范各类风险，推动建设具有国际水准的自贸区，使之成为我国推进改革和提高开放型经济水平的"试验田"，并形成可复制、可推广的经验，发挥示范带动、服务全国的积极作用，促进全国各地区协调共同发展。

（2）扩大开放，有效释放改革红利。设立上海自贸区是我国继加入WTO之后的又一次重大历史性变革。目前全球贸易和投资正发生三个显著变化。一是全球贸易规则发生新变革，以往侧重于贸易规则，当前的重点在于投资规则；以往是多边机制，而如今则越来越多地呈现为双边、区域、诸边机制。二是技术革命在全球范围内深入推进，以智能化制造和数字化服务结合为标志，新产业形态和新商业模式不断涌现。三是服务贸易迅猛发展，服务逐步脱离制成品，成为重要的贸易产品。这就决定了我国必须树立进一步深化对外开放的新思维。改革开放前30年，我国经济发展主要采取的是

---

① 胡谋、施娟：《中国经济特区：改革开放的旗帜》，《人民日报》2008年10月1日。

"特区－优惠政策"的逻辑思维和模式，降低关税成为上一阶段开放的主要标志①。上海自贸区并不是侧重于降低关税，而是强调贸易投资便利化，并强调可复制、可推广。加入 WTO 给中国经济带来了巨大红利，WTO 是货物和部分服务业的对外开放，而上海自贸区则更加注重投资和金融领域更深层次的开放，相关的法律法规、管理体制都将面临深度调整，未来还将进一步推广到其他沿海城市甚至全国，是一项"国家战略高度"的历史使命②，将为中国的扩大开放和深化改革探索新思路和新途径。

（3）简政放权，深化体制机制改革。当前，国外普遍对外资实施准入前和准入后的国民待遇，审批程序十分简易便捷。但我国对于外资要进行审批和备案，往往容易导致资源错配、宏观调控边际效率下滑和腐败频发等一系列问题。上海自贸区的建设，就是以开放倒逼改革，按照国际普适性规范，触动体制改革中最难改的审批制度。上海自贸区总体方案明确提出，"转变政府职能，探索负面清单管理"。"负面清单管理"是指与外商投资相关的管理措施，均以清单方式列明。"正面清单管理"规定企业"只能做什么"，而"负面清单管理"则仅限定企业"不能做什么"，并以"清单"方式进行列示，"法无禁止即可为"，充分体现了"放权"的改革思路。上海建设自贸区，一个非常重要的改革方向就是要终结审批制，逐步建立"以准入后监督为主、准入前负面清单方式许可管理为辅"的投资准入管理体制③。

（4）规则重构，引领中国加速融入全球经济体系。金融危机之后，世界各国经济均出现衰退，贸易竞争不断加剧，贸易保护主义愈演愈烈，全球贸易活动遭受重创。世界各国为占据主动，纷纷将发展自由贸易协定作为本国的战略进行规划和实施。据 WTO 估计，2013 年底全球范围内的自贸协定数量可能已经多达 400 个④。近年来，TPP、RECP 等区域型贸易协定谈判都

① 姚玉洁、何欣荣：《上海自贸区：中国开放新高度》，《经济参考报》2013 年 8 月 26 日。
② 陈革：《上海自贸区成立的现实意义与发展思考》，《行政事业资产与财务》2013 年第 17 期。
③ 李彬：《上海自贸区探路新一轮经济改革以开放倒逼改革》，《人民政协报》2013 年 9 月 4 日。
④ 《全球掀起自贸协定热潮 中国自贸战略步入快车道》，《经济参考报》2009 年 11 月 16 日。

在积极展开。上海自贸区被赋予的意义极为重要，在中国有可能启动加入 TPP 谈判的背景下，上海自贸区有望成为中国加入 TPP 后首个对外开放窗口。

**2. 对长三角地区的影响**

设立上海自贸区是国家以开放激发改革红利、打造中国经济升级版和推动全球贸易规则重构的重大战略部署，也是加快上海"四个中心"建设的重要举措，这一战略部署和相关举措给上海带来了巨大收益，也必将对与上海相邻的整个长三角地区的经济社会发展产生深刻而长远的影响。

一是快速对接国际市场。中国开放发展采取的是由沿海至内陆逐步扩展、由东向西不断推进的模式，在相继实施西部大开发、中部崛起、东北老工业基地振兴等国家战略之后，东部地区已不具备明显的政策优势。上海自贸区的设立，突破了以往的以政策促发展的发展模式，直接对接国际市场，以开放促发展[1]。这将推动上海及其周边地区实现新一轮的大发展。特别是从短期来看，上海自贸区建成后，长三角地区将出现一个巨大的国际市场，这将给周边地区的经济发展带来强大的辐射效应和集聚效应。

二是深化区域产业分工。上海自贸区是上海"四个中心"建设的主要内容，上海国际经济中心、国际贸易中心、国际金融中心及国际航运中心的定位，将对邻近的经济体产生辐射，推动长三角区域分工和联动发展[2]。例如，在金融方面，浙江及苏南地区可依托制造业发达、金融生态优良等优势，错位打造次区域级别的金融中心。尤其是南京、苏州、杭州等地，可把自身定位于立足长三角、面向海内外、有一定全国影响力的金融后台服务基地，为上海国际金融中心建设提供配套服务[3]。在长三角区域经济中，上海的中心地位将通过自贸区得到强化，并进一步影响周边地区的制造业发展。根据"制造业－服务业协同发展"原理，上海作为经济中心，为长三角地区降低了交易成本，其现代服务业发展水平越高，长三角地区的现代制造业

① 金爱伟：《上海自贸区必将影响中国经济发展进程》，《国际融资》2013 年第 10 期。
② 《上海自贸区对周边经济的影响及应对策略分析》，新华网，2013 年 9 月 29 日，http：//www.js.xinhuanet.com/2013－09/29/c_117560209_3.htm。
③ 刘志彪：《新一轮改革开放的支点》，《中国报道》2013 年第 10 期。

就越发达。例如，自贸区的设立对于在沪金融机构来说，可扩大到为国际资本市场提供金融服务，国际金融机构的同台竞争，将为周边制造企业提供更加优越和高效的服务。

三是制度创新示范效应。理论和实践均已表明，体制机制活力及创新能力是决定一个国家或地区经济发展水平和潜力的关键因素之一。上海自贸区将对周边经济体产生改革示范效应，这主要体现在两个方面：一是体制创新的示范效应，包括培养市场主体、发展市场中介组织、完善市场结构和体系等方面；二是政策创新的示范效应，包括政府所制定的有助于宏观经济发展的创新型政策以及企业所制定的有助于微观组织发展的创新型政策。这在一定程度上反映了当前改革开放的两大特点：强化市场和放松管制。强化市场主要强调政府并非游离于市场之外，而是市场中的重要主体；放松管制则强调要尊重市场，政府减少微观干预，改善和加强宏观管理。

四是产业集聚溢出效应。产业集聚溢出效应也主要表现在两个方面。其一，要素集聚溢出效应。商品、服务、资本、技术、人员等生产要素能在上海自贸区内自由流动，这种充分自由的特征为国内外要素转移提供了高效平台，为长三角各区域吸引国际投资、知识、人才等创新要素提供了更大便利。其二，产业辐射溢出效应。上海自贸区推动实施的贸易、投资、金融便利化与自由化措施，为长三角地区的企业"走出去"提供了诸多便利。同时，上海自贸区的金融国际化建设将吸引更多国内外大型金融机构在上海注册开业，并为其扩大在长三角地区的投资提供便利。

### 3. 对香港的影响

上海自贸区成立后，社会各界有不少人士指出，上海自贸区影响最大的是江浙，但刺激最大的是香港。关于上海自贸区的成立对香港的影响，社会各界存在不少争议，有学者专门对此进行了较为系统的梳理①，指出当前海内外各界特别是香港社会对上海自贸区的运营给香港造成的影响主要存在挑

---

① 张建：《上海自贸区开启沪港合作竞争新里程》，中国证券网，2013 年 10 月 15 日，http：//www.cnstock.com/v_ news/sns_ jd/201310/2767154. htm。

战论、机遇论、合作论、自我反省论等多种不同声音。但综合起来，我们认为，上海自贸区作为中国全面深化改革的"试验田"，它的金融、贸易及投资体制改革加速，对香港既是竞争更是机遇，虽然短期内可能会形成一些挑战，但长期而言将令香港受益匪浅。从历史发展的角度来看，30多年来，在中国改革开放的每一个重要阶段，香港无一不积极参与其中并分享到了丰硕的成果，上海自贸区建设及新一轮深化改革开放在中国的全面推进是大势所趋，香港如果能顺应国家深化改革开放思路，积极抓住新的发展机遇，那么沪港之间的关系就不是"零和博弈"，反而会形成"水涨船高"的良性效应，香港一如既往地会成为中国改革的受益者①。从现实状况看，与定位于"境内关外"的上海自贸区相比，香港始终有着自己难以被替代的特殊角色，因为一个日趋强大的中国完全可以容纳，也应该可以形成两个或多个金融中心。与庞大的经济规模相比，中国金融市场的发展与创新潜力还远未被充分发掘，即便有两个"窗口"也完全可以实现互补共赢，且同时受益于市场化改革所带动的金融"蛋糕"增长。香港百余年来累积的全境域高度开放的自由贸易制度、与国际接轨的法律法规体系、高效完备的金融与服务设施、具有国际视野和成熟运作经验的金融和服务人才群体，均是香港很难被取代的优势之所在。香港的企业界和专业人士比世界各地的同行更熟悉内地市场，也更有条件把握这一机会。因此，应在对上海自贸区发展发挥正面影响的过程中，进一步巩固香港先行者的优势。

## 三　上海自贸区建设对深化沪港合作的意义与机遇

沪港合作源远流长，特别是改革开放以来，沪港合作进入了一个全新的发展时期。30多年来，两地经济合作经历了由民间企业到政府层面、由制造业到服务业、由单向投资到双向投资的不断演化过程。毫无疑问，香港资金的大量涌入既缓解了上海现代化建设的资金短缺问题，又带来了许多当今世

---

① 陈经纬：《沪港关系不是零和博弈》，《香港文汇报》2014年3月6日。

界先进的经济观念与管理理念，为上海率先建立社会主义市场经济体制提供了有益的经验，为上海更好地扩大开放、融入世界起到了极大的促进作用。

然而，在经济全球化与经济区域化发展、中国改革开放向纵深推进以及上海自贸区稳步推进的大背景下，沪港经济合作如何开阔思路、把握机遇、充分发挥各自的优势，在原有的合作基础上进一步深化两地的合作，不仅是新一轮沪港经济合作面临的紧迫问题，也是整个中国现代化发展迫切需要解决的问题。

## （一）沪港经济合作的历史、现状、特点、成效、问题与转折

历史发展的进程表明，改革开放是沪港经济关系发展最好的历史时期，香港不仅是上海改革开放最直接的推动者、示范者、参与者，也是最大的受益者。改革开放30多年，沪港经济合作成果辉煌，上海经济的腾飞处处可见沪港合作的轨迹。

### 1. 沪港经济合作的历史回顾

上海、香港两地经济的发展固然有其自身的轨迹，但经济往来则是推动两地经济发展的重要动力。自19世纪中叶起，上海与香港几乎同时向西方国家开放，由于它们具备类似的地理优势、丰富的人力资源，以及类似的不利条件，即缺乏自然资源，上海和香港的加工工业都较为发达。此外，作为主要对外口岸，两地的对外贸易、金融业发展亦较快。到了20世纪30年代，上海已成为远东国际经贸中心，香港也以转口贸易及金融业发展迅速而闻名于世。与此同时，上海与香港的经济往来也十分密切，据有关统计，1936年香港对内地的出口值为1779万元，其中1102万元（占62%）的商品是输往上海的[1]。香港从上海的进口值为3308万元，进出口总值为4410万元，占上海对外贸易总额的1/20，占香港的1/10[2]。

为了适应双方贸易和投资的需要，不仅上海的民族资本纷纷到香港投资

---

① 尤安山：《"上海旋风"沪港经济合作二十年回顾》，《沪港经济》2003年第12期。
② 上海社会科学院世界经济研究所、德国艾伯特基金会上海办公室合编《沪港澳经济合作与发展》，1994年12月，第20页。

办厂，而且以上海为基地的中国主要银行也在香港设立分行，除国民党政府官办银行外，私营银行亦在香港积极开展业务。同时，总部设在香港的英资银行也都在上海开设了最大的海外银行，其业务量超过香港总行。其中，英资的香港－上海汇丰银行①以及上海籍企业家开设的香港著名的"南洋兄弟烟草公司"和"天厨味精厂"等典型案例，就是这一时期沪港两地经济合作的杰作。

这里特别需要指出的是，20世纪40～50年代初，大批上海人移居香港，为香港工业化带来了不可缺少的资金、技术和人才。据美国《幸福》杂志估算，仅1947年10月，就有228家上海企业到香港注册，上海企业家（主要是轻纺业企业家）及其资金、设备、管理经验、原材料和高层管理人员的加入，为香港的工业化奠定了基础，也为香港经济结构的转型以及20世纪60年代香港经济的起飞做出了举世公认的贡献②。

然而，由于历史的原因，在20世纪80年代以前的30年时间里，两地经济关系的发展十分缓慢。1978年中国实施对内改革、对外开放的政策以后，沪港两地的经济关系从此进入了一个全新的发展时期。改革开放30多年来，沪港经济合作无论从深度还是从广度来分析，都已达到了前所未有的新高度，可以说是史无前例的，其成效亦足以让世人为之惊叹③。

中国"入世"特别是CEPA的实施，使沪港两地经济合作又迈上了一个新的台阶，其主要特征有两个：一是两地经济合作由原来的以制造业为主转向以服务业为主，即服务业向香港开放；二是两地合作由原来的民间和企业推动转向政府间的合作推动，这是一个历史性的跨越，不仅使两地经济合作得以在一个更高的平台上向纵深推进，而且使两地经济的优势与合作潜力得到了空前的释放。例如，自2004年1月1日CEPA实施后，在服务领域，

---

① 上海社会科学院世界经济研究所、德国艾伯特基金会上海办公室合编《沪港澳经济合作与发展》，1994年12月，第21页。

② 上海社会科学院世界经济研究所、德国艾伯特基金会上海办公室合编《沪港澳经济合作与发展》，1994年12月，第21页。

③ 尤安山：《"上海旋风"沪港经济合作二十年回顾》，《沪港经济》2003年第12期。

香港率先在上海成立了第一家具有采购权的外商独资贸易公司、第一家外商独资广告公司、第一个外资肿瘤诊所等①。毋庸置疑，CEPA 的签署实施是内地与香港经济在经济全球化、经济区域化以及中国加入 WTO 背景下进一步融合、互动合作的需要，它不仅为香港经济结构的转型以及香港经济的再次腾飞注入了新的活力，而且为内地经济更好地与世界经济接轨、为内地企业进一步利用香港平台走向世界创造了广阔的空间。而从整个国家经济发展战略的高度来考察，这更是中国两岸四地经济一体化迈出的重要一步。因此，CEPA 的实施必将在促进两岸经贸交流、实现祖国统一大业方面产生示范作用②，同时对加快中国与周边国家或地区区域经济合作的步伐起到积极的推动作用。

目前，香港已成为除美国、日本之外上海最大的贸易伙伴，在上海引进的境外投资中，香港始终处于领先地位（见图2、图3）。香港作为上海与世界经济联系的桥梁，其转口贸易中的相当一部分来源于上海或以上海为目的地，上海同样也是香港的重要贸易伙伴。2014 年上半年，沪港进出口贸易总额为 87.9 亿美元，同比增长 13.6%。

然而，在香港继续增加对沪投资的同时，上海的一批大型骨干企业也直接进入香港市场，对稳定和繁荣香港经济起着积极作用。2013 年上海对香港投资总额为 33.63 亿美元，其中中方投资额为 30.65 亿美元，比上年度增长 50%，达到全年对外投资总额的 78%。上海企业对香港投资，除看中香港的自由港和国际贸易中心地位，开展进出口贸易活动外，近年来还把设计研发的触角伸到了香港，如上海建材集团在香港投资研发中高档汽车安全玻璃、上海交通大学慧谷公司在香港设立软件开发公司、上海复星集团在香港设立中西药物研发中心等③。

同时，上海还是香港加工制造业的生产基地之一。在推进两地经贸合作的进程中，香港顺利地完成了由制造业向服务业的转型，成为亚太区知名的国际金融、贸易、航运和旅游中心，上海则实现了"一年一个样、三年大变样"的目标，正在向国际经济、金融、贸易和航运中心迈进。

---

① 蒋心和：《香港在沪投资项目累计13094个》，《解放日报》2007年4月9日。
② 尤安山：《香港10年：从金融危机到经济繁荣》，《沪港经济》2007年第7期。
③ 蒋心和：《香港在沪投资项目累计13094个》，《解放日报》2007年4月9日。

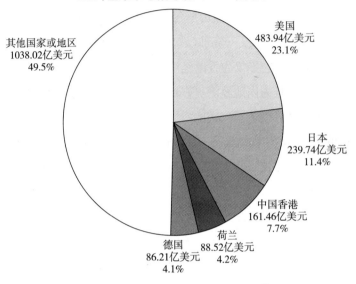

**图2 2011年上海主要出口贸易伙伴**

资料来源：根据《上海统计年鉴》（2012年）数据编制。

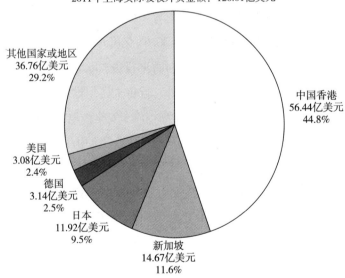

**图3 2011年上海实际吸收外资金额**

资料来源：根据《上海统计年鉴》（2012年）数据编制。

### 2. 沪港经济合作的现状与特点

从两地经济发展的轨迹及合作进程来看，如果用"辐射"这两个字来形容，那么20世纪50年代以前沪港两地的经济合作主要是香港接受上海的辐射，而20世纪80年代以后则更多的是上海接受香港经济的辐射。这个形容也许不恰当，但两地经济实力的消长决定了两地在经济合作中的作用。香港作为内地改革开放最积极的参与者，自20世纪80年代以来，在与上海的经贸合作中留下了一系列的第一。随着时间的推移，无论是在规模、领域上，还是在层次、方式上，沪港经济合作都被赋予了新的内容，并呈现新的特点①。

特点之一，两地贸易持续稳定增长。贸易往来一直是沪港两地合作的基础和主要形式，尤其是自20世纪80年代以来，这种合作得到了持续稳定的发展。1989年，沪港进出口贸易总额比1979年增长了2.5倍。进入20世纪90年代尤其是进入21世纪后，两地贸易总额增长率大多保持在两位数（见表1）。2013年两地贸易总额从1988年的14.63亿美元增加到174.94亿美元。目前，沪港两地的贸易总额已超过中国香港同英国的双边贸易规模。

特点之二，香港来沪投资规模迅速扩大，大的合作项目逐渐增多。20世纪90年代初，上海吸引外资的单个项目平均资金规模仅为236万美元，香港平均投资规模为139万美元。但1992年邓小平南方谈话以后，香港对上海单个项目的投资规模有了突破性的进展，到1996年底，港商在沪投资额超过1000万美元的大项目就有400多个，并出现了由李嘉诚先生投资的总额超过5亿美元的特大项目。与此同时，香港的大商人、大公司、大财团也开始纷纷登陆沪上②。截至2012年，香港在沪投资的项目达到1436个，占整个上海外资项目的36%③。

---

① 尤安山：《一国两制与沪港经济》，香港文汇出版社，2005，第8页。
② 尤安山：《"上海旋风"沪港经济合作二十年回顾》，《沪港经济》2003年第12期。
③ 《上海统计年鉴》（2013年）。

表1  上海对香港的贸易（2000～2013 年）

单位：亿美元，%

| 年份 | 贸易总额 | 增长率 | 出口总额 | 增长率 | 进口总额 | 增长率 |
|------|----------|--------|----------|--------|----------|--------|
| 2000 | 39.70 | 37.8 | 23.02 | 20.6 | 16.68 | 71.4 |
| 2001 | 42.49 | 7.0 | 26.22 | 13.9 | 16.27 | -2.5 |
| 2002 | 48.48 | 14.1 | 31.19 | 19.0 | 17.29 | 6.3 |
| 2003 | 60.92 | 25.7 | 45.26 | 45.1 | 15.66 | -9.4 |
| 2004 | 80.82 | 32.7 | 69.20 | 52.9 | 11.62 | -25.8 |
| 2005 | 96.99 | 20.0 | 85.66 | 23.8 | 11.33 | -2.5 |
| 2006 | 110.65 | 14.1 | 102.02 | 19.1 | 8.63 | -23.8 |
| 2007 | 139.69 | 26.2 | 125.08 | 22.6 | 14.61 | 69.3 |
| 2008 | 137.90 | -1.3 | 125.72 | 0.5 | 12.18 | -16.6 |
| 2009 | 119.77 | -13.1 | 109.86 | -12.6 | 9.91 | -18.6 |
| 2010 | 146.70 | 22.5 | 134.09 | 22.1 | 12.61 | 27.2 |
| 2011 | 171.93 | 17.2 | 161.46 | 20.4 | 10.47 | -17.0 |
| 2012 | 168.23 | -2.2 | 159.69 | -1.1 | 8.54 | -18.4 |
| 2013 | 174.94 | 4.0 | 167.70 | 5.0 | 7.24 | -15.2 |

资料来源：根据《上海统计年鉴》（1998～2014 年）数据编制。

特点之三，合作领域不断拓宽。从原来单一的贸易合作发展到在工业、金融、基础设施、商业服务、旅游、科技等多方面、全方位的合作。自1991 年总部设在香港的八佰伴到浦东建立大型购物中心的计划获批后，瑞兴、永安、先施等香港商家已先后在申城登陆。不仅如此，港商还积极投资上海的基础设施建设，如上海南浦、杨浦两座大桥和延安东路越江隧道复线等。此外，包括香港汇丰、东亚、渣打、华侨在内的香港银行和金融机构在上海建立的分支机构已占整个上海外资金融机构的 10% 以上；香港著名的会计师楼和律师事务所如罗兵咸永道等亦在上海落户[1]。同时，上海金融业进入香港的步伐也在加快，有关银行在香港积极进行融资活动，一些证券公司已在香港设点，另有上海石化、海兴轮船、上海实业等多家企业在香港上

---

[1] 《沪港经济年报》（2000 年）。

市，为推动沪港两地金融业、证券业的合作开拓了新的空间①。2014 年 11 月开通的"沪港通"又为两地金融业的合作开创了新的空间。

特点之四，合作层次不断提高。20 世纪 80 年代中期以前，香港来沪直接投资的产业主要集中在以劳动密集产品为主的产业，1985 年以后，逐步转向电脑电器、精密机械以及技术含量高的电子玩具、游戏机等，并逐渐扩展到仓储运输、咨询金融、商业、房地产、物业管理等服务行业。尤其是 2004 年 1 月 CEPA 实施以来，两地合作由原来的企业民间推动上升至政府层面的合作②，先后于 2003 年 10 月 27 日与 2012 年 1 月 5 日在香港和上海举行了两次沪港经贸合作会议，第三次沪港经贸合作会议也已在积极筹备之中。毋庸置疑，沪港经贸合作会议作为一种合作机制的确立，为沪港经济在更广泛领域的合作创造了条件。

### 3. 沪港经济合作的成效

沪港经济发展是目前香港各界的热门话题，香港人对上海经济的迅猛发展过于敏感，担心上海经济的发展超过香港。同样一个不能否认的事实是，改革开放 30 多年，上海经济能取得高速发展，固然是多种因素促成的，但香港因素起了极为重要的作用，即已成为上海整体经济发展不可或缺的组成部分。可以这么说，改革开放以来，沪港经济合作已成为上海改革开放与经济发展的重要助推器，主要表现在以下几个方面③。

（1）为外商投资上海起到了很好的示范作用

对外开放初期，上海的投资环境尚不完善，海外资本对在上海投资顾虑重重，大都持观望态度。1981 年，香港半岛针织有限公司唐翔千先生率先打破外商对上海投资的沉闷与徘徊局面，在上海建立了第一家合资企业——上海联合毛纺织有限公司。上海联合毛纺织有限公司的出现实现了上海在引进外资上"零"的突破，成为香港在上海对外开放中获得的第一个"第一"，从而开创了上海引进外资的新局面。此后，香港在上海的投资创下了

---

① 尤安山：《一国两制与沪港经济》，香港文汇出版社，2005，第 9 页。
② 尤安山：《"上海旋风"沪港经济合作二十年回顾》，《沪港经济》2003 年第 12 期。
③ 尤安山：《一国两制与沪港经济》，香港文汇出版社，2005，第 9 页。

一系列的"第一":第一个来沪投资制造业的是港商,第一个进入经济技术开发区的是港商,第一家合资兴办第三产业的是港商,第一家投资房地产和购买 B 股与 H 股的是港商,最早把房地产以按揭贷款方式引进上海的还是港商。中国"入世"及 CEPA 实施以来,又是香港率先在上海服务领域进行投资。香港同胞这种敢于处处率先的精神,既为其带来了可观的经济效益,又为外资更好、更多地进入上海起到了积极的示范作用,为上海更好地扩大开放、融入世界起到了极大的促进作用①。

(2) 推动了上海对外贸易的蓬勃发展

改革开放以来,香港的国际贸易中心地位和自由港政策,对中国内地的对外贸易影响极大,起到了巨大的推动作用。改革开放初期,无论是与国际贸易有关的基础设施,还是国际贸易的客户渠道、市场信息,抑或是贸易经验等,在中国内地都十分缺乏。与此同时,中国内地由于长期的闭关自守,西方国家对中国内地了解很少,对与中国的经济往来十分谨慎。在这种情况下,香港凭借其与内地深厚的历史、文化、经济渊源以及作为国际著名自由港的双重优势,在中国内地与世界各国贸易往来中起到了很好的中介作用②。这种中介作用在进一步巩固香港国际贸易中心地位的同时,也促进了中国内地对外贸易的迅速发展,为中国内地带来了经济建设所必需的外汇收入和国外的先进技术设备。作为内地货物进出口的重要转口港,中国现汇收入的 1/4 来源于香港,香港因此成为我国外贸创汇最主要的来源地。作为中国进出口贸易最大的口岸城市,上海在中国整个对外贸易中的地位举足轻重,而沪港两地的贸易往来又是上海整个对外贸易的重要组成部分,是上海同世界各国和地区进行贸易往来的最重要的通道,是上海对外贸易蓬勃发展的重要推动力。

(3) 缓解了上海经济建设的资金短缺问题

香港是改革开放后上海以及中国内地引进外资的一个重要来源地。一方面,随着香港制造业的北移,大量港资的涌入促进了中国内地经济的发展。

---

① 尤安山:《"上海旋风"沪港经济合作二十年回顾》,《沪港经济》2003 年第 12 期。

② 尤安山:《"上海旋风"沪港经济合作二十年回顾》,《沪港经济》2003 年第 12 期。

另一方面，内地企业积极利用香港国际金融中心的优势地位，纷纷在香港市场进行融资，使许多跨国资本以香港为跳板进入了中国内地。而上海是整个内地引进港资最多的地方之一，无论是投资项目数、合同投资金额，还是直接投资金额，香港都占较大的比重（见表2）。

**表2　香港对上海的直接投资（1981～2013年）**

| 年份 | 合同项目(个) | | | 合同投资额(亿美元) | | | 实际投资额(亿美元) | | |
|---|---|---|---|---|---|---|---|---|---|
| | 上海总数 | 香港 | 占比(%) | 上海总额 | 香港 | 占比(%) | 上海总额 | 香港 | 占比(%) |
| 1981~1985 | 151 | 78 | 51.7 | 12.14 | 2.78 | 22.9 | 1.08 | 0.23 | 21.3 |
| 1986 | 62 | 17 | 27.4 | 2.97 | 0.20 | 6.7 | 0.98 | 0.29 | 29.6 |
| 1987 | 76 | 35 | 46.1 | 2.47 | 1.22 | 49.4 | 2.12 | 0.28 | 13.2 |
| 1988 | 219 | 129 | 58.9 | 3.33 | 0.99 | 29.7 | 3.64 | 0.93 | 25.5 |
| 1989 | 199 | 105 | 52.8 | 3.59 | 1.11 | 30.9 | 4.22 | 1.72 | 40.8 |
| 1990 | 201 | 83 | 41.3 | 3.75 | 1.11 | 29.6 | 1.77 | 0.40 | 22.6 |
| 1991 | 365 | 171 | 46.8 | 4.50 | 1.28 | 28.4 | 1.75 | 0.47 | 26.9 |
| 1992 | 2012 | 1036 | 51.5 | 33.57 | 17.65 | 52.6 | 12.59 | 7.25 | 57.6 |
| 1993 | 3650 | 1718 | 47.1 | 70.16 | 43.38 | 61.8 | 23.18 | 9.25 | 39.9 |
| 1994 | 3802 | 1574 | 41.4 | 100.26 | 63.08 | 62.9 | 32.31 | 16.76 | 51.9 |
| 1995 | 2845 | 990 | 34.8 | 105.40 | 36.47 | 34.6 | 32.50 | 18.44 | 56.7 |
| 1996 | 2106 | 643 | 30.5 | 110.68 | 38.61 | 34.9 | 47.16 | 22.32 | 47.3 |
| 1997 | 1807 | 526 | 29.1 | 53.20 | 13.24 | 24.9 | 48.08 | 17.56 | 36.5 |
| 1998 | 1490 | 356 | 23.9 | 58.48 | 7.68 | 13.1 | 36.38 | 10.26 | 28.2 |
| 1999 | 1472 | 347 | 23.6 | 41.04 | 10.72 | 26.1 | 30.48 | 11.74 | 38.5 |
| 2000 | 1814 | 419 | 23.1 | 63.90 | 9.44 | 14.8 | 31.60 | 7.86 | 24.9 |
| 2001 | 2458 | 479 | 19.5 | 73.73 | 7.75 | 10.5 | 43.91 | 11.59 | 26.4 |
| 2002 | 3012 | 619 | 20.6 | 105.76 | 16.81 | 15.9 | 50.30 | 12.22 | 24.3 |
| 2003 | 4321 | 864 | 20.0 | 110.64 | 20.28 | 18.3 | 58.50 | 14.96 | 25.6 |
| 2004 | 4334 | 884 | 20.4 | 116.91 | 24.48 | 20.9 | 65.41 | 16.37 | 25.0 |
| 2005 | 4091 | 916 | 22.4 | 138.33 | 31.00 | 22.4 | 68.50 | 8.74 | 12.8 |
| 2006 | 4061 | 919 | 22.6 | 145.74 | 35.39 | 24.3 | 71.07 | 13.53 | 19.0 |
| 2007 | 4206 | 1141 | 27.1 | 148.69 | 55.07 | 37.0 | 79.20 | 19.74 | 24.9 |
| 2008 | 3748 | 1267 | 33.8 | 171.12 | 136.74 | 79.9 | 100.84 | 31.00 | 30.7 |
| 2009 | 3090 | 1122 | 36.3 | 133.01 | 74.84 | 56.3 | 105.38 | 39.55 | 37.5 |
| 2010 | 3906 | 1335 | 34.2 | 153.07 | 68.08 | 44.5 | 111.21 | 46.35 | 41.7 |
| 2011 | 4329 | 1448 | 33.4 | 201.03 | 86.01 | 42.8 | 126.01 | 56.44 | 44.8 |
| 2012 | 4043 | 1436 | 35.5 | 223.38 | 120.65 | 54.0 | 151.85 | 68.43 | 45.1 |
| 2013 | 3842 | 1550 | 40.3 | 249.36 | 153.16 | 61.4 | 167.80 | 83.52 | 49.8 |

资料来源：根据《上海统计年鉴》（1998～2013年）、《沪港经济年报》（1998～2004年）数据编制。

1989 年，上海吸引的外国直接投资（实际投资额）总额为 4.22 亿美元，其中香港的投资为 1.72 亿美元，占投资总额的 40.8%。1992 年这一比重上升到 57.6%，1995 年为 56.7%，之后虽逐年下降，但总量仍具领先地位。另据统计，2013 年上海实际吸引外商投资额为 167.80 亿美元，其中香港为 83.52 亿美元，占总额的 49.8%，远高于日本的 16.61 亿美元（占 9.9%）、新加坡的 12.74 亿美元（占 7.6%）和美国的 12.64 亿美元（占 7.5%）①。香港资金的大量流入对解决上海现代化建设急需的资金，尤其是改革开放之初的资金短缺问题发挥了很大的作用，推动了上海改革开放和现代化建设的顺利进行。

（4）为上海社会主义市场经济体制建设提供了有益的借鉴

香港成熟的市场经济体制也为上海建设社会主义市场经济体制提供了经验借鉴。随着外资引进而产生的一系列经济活动，包括独资、合资、合作经营，以及补偿贸易、来料加工装配等，是国际通行的商品经济模式的延伸，它的运作需要遵从国际惯例或国际上其他通行的做法，同时也传递了国际市场竞争的压力。尽管这部分香港资本所形成的经济活动在中国整个经济活动中并非举足轻重，但由于相对集中在上海等沿海开放地区，"三资"企业清晰的产权关系、高效的管理制度与当地中小企业灵活的机制相结合，产生了强烈的示范效应。因此，香港作为亚太地区经济发展的成功典型，作为现代商品经济高度发达、法制相对完善的地区，对上海以及沿海地区乃至整个内地经济体制的变革、思想观念的转变发挥了催化、示范作用②。

香港是一个成熟的市场经济体，其商品市场、劳动力市场、金融市场等各方面的发展都相当完善，因此，上海借鉴香港的经验也是多方面的，从香港政府对微观经济活动的积极不干预政策、公务员制度和廉政制度，到土地拍卖、股票市场、证券交易、公共财务投资、社会保障及经济法律的研究与介绍，许多办法被移植过来，再结合上海的实际情况，在上海的现代化建设进程中灵活运用③。如香港土地有偿使用和住宅商品化的管理制度、建立房

① 《上海统计年鉴》（2013 年）。

② 尤安山：《"上海旋风"沪港经济合作二十年回顾》，《沪港经济》2003 年第 12 期。

③ 尤安山：《"上海旋风"沪港经济合作二十年回顾》，《沪港经济》2003 年第 12 期。

地产多级市场的经验、香港房地产按揭贷款的成功经验等，对上海房地产市场的发育发展以及解决居民住房难问题均起到了积极的促进作用。从到香港学习培训和聘请香港专业人士为顾问，直到大量引进香港资金兴建高标准的写字楼和改造旧城区，沪港同行的合作卓有成效，为上海的大变样做出了贡献。如今在南京路中央商业区、淮海路东段、南京西路、徐家汇地区，一座座沪港合作建造的摩天大厦构成了新上海一道道亮丽的风景线。一言以蔽之，上海在与香港的经济往来中，不仅得到了急需的资金、商品，还学到了市场运作经验，熟悉了市场经济的国际惯例，从而促进了上海社会主义市场经济体制的不断发展和完善，为上海在中国率先建立社会主义市场经济体制起到了积极的推动作用。

总而言之，沪港经济往来历史悠久，而自 20 世纪 70 年代末内地实行对内改革对外开放以来，沪港经济关系获得了前所未有的发展，尤其是 1992年邓小平南方谈话以后，上海由改革开放的"后卫"被推到了改革开放的"前沿"，并起步实施"一个龙头、三个中心"的发展战略和"一年一个样、三年大变样"的目标。上海蕴含的潜能被空前地激发出来，香港与上海的经济合作更是一日千里。上海由此开始了新的腾飞，城市面貌日新月异，经济发展备受世界关注。

应该指出的是，改革开放以来沪港经济合作的面很广，港商对上海的投资已从最初的工业转向商业、基础设施等许多方面。例如，20 世纪 90 年代，上海开展以道路桥梁为主的大规模城市基础设施建设，急需大量资金。香港中信泰富以 BOT 方式参与南浦大桥的管理，为浦江建桥提供了必要的资金。"香港上海实业"投入巨资建设机场高架道路，保证了进出上海的通道畅通无阻。香港港龙和上海东方、上海航空联手在沪港之间架起空中通道，上海的沪港专列直达香港九龙，千里之遥的香港与上海近在咫尺。在商业领域，沪港合作的上海东方商厦是全国第一家中外合资的商业企业。该商厦以销售世界著名品牌为特色。东方商厦对面的港汇广场是上海最大的百货商厦。香港九龙仓在淮海中路西段成功经营"美美百货"之后，又在淮海中路东段新建大上海时代广场，开设了上海档次最高也最豪华的"连卡佛"商厦。至于一

般工薪阶层则可在遍及全市的沪港合作的服装连锁店买到价廉物美的服装。上海已成为购物天堂，舒适的购物环境、热情的服务、琳琅满目的商品能满足各个层次消费者的需要，其中港商的历史功绩是有目共睹的。

沪港两地不仅在硬件建设方面合作，而且在软件方面，即在服务贸易领域的合作也颇有成效。以香港为地区总部的中介服务机构随着上海开放的不断扩大，纷纷来到上海，如世界最大的会计师事务所、资产评估和咨询公司、房地产专业服务和物业管理公司进驻上海，为上海提供了符合国际规范、具有国际水准的服务，并培养了本地的专业人才，为上海企业应对"入世"后的机遇和挑战起到了积极的作用。如果说贸易和投资追求的是利润的回报，那么无偿的捐赠则反映了香港企业家的拳拳爱国之情。早在20世纪80年代初，香港著名实业家包玉刚先生就以其先父之名向上海交通大学捐赠一座现代化图书馆——包兆龙图书馆，这是上海教育机构首次接受海外捐助。香港企业家从单项的捐赠发展到设立基金会，使促进社会进步的义举长期化、规范化。在这方面，香港知名人士唐翔千、胡法光、罗康瑞、刘浩清做出了贡献。其他如邵逸夫等香港知名人士在上海或捐款办学校，或设立奖学金助学、助教、培养人才，或捐款参与慈善事业，或为上海文化艺术事业和科学技术的发展出资出力，等等。由此可见，香港与上海的经济联系已渗透于两地经济的方方面面，对两地经济及民生等产生了广泛而深远的影响。

### 4. 沪港经济合作面临的问题

毫无疑问，改革开放以来，沪港经济合作成果有目共睹。目前沪港两地的经济合作仍在继续推动两地经济的快速发展。但必须指出的是，尽管沪港两地的经贸合作层次在不断提高，但自20世纪90年代以来，随着形势的快速发展与变化，沪港两地的经济关系及原有的合作模式正面临一些新的问题，主要表现在以下几方面。

（1）沪港两地经济仍缺乏大的合作项目

改革开放以来，香港资金源源流入上海，投资项目居外商之首。但综观香港在上海的投资，我们发现，香港对上海投资的大项目不多，技术含量高的项目也不多，其主要特点如下。

其一，数量多、规模小。港商在上海投资主要集中在集体企业和乡镇企业，数量多、规模小。很少选择大中型国有企业，主要原因在于：一是国有大中型企业负担重、成本高，港商不愿承担，企业无法消化；二是富余劳动力难以安排，港商又不愿照单全收。由此制约了港商对内地国有大中型企业的直接投资。

其二，投资以轻型加工业为主。改革开放之初，香港对上海的投资主要以轻型加工业为主，层次与技术含量较低。利用上海的廉价土地资源和劳动力发展劳动密集型的小型加工业等，既为港商带来了巨额利润，也为上海的就业和经济发展起了积极甚至巨大的推动作用。20世纪80年代初期，当对外开放的大门刚刚开启时，上海欢迎这类投资，但20世纪90年代以后，这类产业的发展已处于饱和状态，并已逐渐成为上海经济向更高层次发展的不利因素。作为中国的经济中心城市，作为不断开放的城市，作为未来的国际大都市，沪港经济合作的层次必须随着两地经济的发展而不断上新的台阶。

（2）两地科技合作较为薄弱

总体而言，香港与内地的高科技合作，以及内地对香港的技术出口，到目前为止并未有明显进展，而有着相对雄厚科技实力的上海与有着雄厚经济实力的香港，两者之间的科技合作又不尽如人意。早在20世纪80年代，香港的一些经济学家和实业家就已萌发与内地特别是上海在高科技方面的合作，但一直未有实质性进展。近年来虽有零星合作，但不成气候，这与香港和上海科技合作所具有的巨大潜力极不相称。其主要原因是尚未找到切合实际的结合点，港商需要成熟的、配套的实用技术，对高科技的研究和实验室成果兴趣不大。此外，这同港商在科技发展上的短视和上海及整个内地在体制上存在的问题也有很大的关系。这是未来沪港经济合作迫切需要解决的问题①。

（3）两地人才交流不够

沪港两地人才济济，呈明显的互补优势。香港的经济、金融、贸易以及中介服务等方面的经营和管理人才充足，上海的科技人才较多。上海同国内

---

① 尤安山：《香港与内地经贸关系中存在的问题与对策》，《世界经济研究》2006年第2期。

其他城市相比，在经济、金融、贸易等方面的经营管理人才较多，但与香港相比就少得多，离国际大都市的要求也相差很远。改革开放以来，两地的人才交流在不断增多，对促进两地的经济发展，尤其是对促进上海经济的发展起到了很大的推动作用。但两地人才的深层次交流与合作还远远不够，如共同合作有利于两地经济发展的科研项目等，至于香港和上海有影响的机构甚至政府有关部门聘请对方的各类人才来工作，那就更困难了。

### 5. 沪港经济合作面临的历史性转折

就目前的发展现状而言，沪港经济合作无论在其内容上还是方式上，主要还是以土地、资金和产品等物化的形态出现的，这样一种建立在工业经济基础之上的传统合作内容和方式，正在不断受到来自新经济或知识经济时代的严峻挑战。而中国"入世"以及经济全球化的背景又使得沪港经济合作面临工业经济向知识经济、实物形态向价值形态、单项输出型向双向互补型合作转变的历史性转折。

（1）工业经济向知识经济转变

改革开放30多年来，中国经济已完成了由农业经济向工业经济的转换，而随着经济的快速发展，中国经济的增长方式正在逐渐发生变化，经济结构亦开始由工业经济向以信息、知识和智力要素为特征的知识经济转换。这就决定了未来沪港经济合作将进入更高级的阶段，进行更高层次的合作。

（2）实物形态向价值形态转变

综观发达国家经济成长的轨迹，知识经济是信息的经济。作为信息化主要形式的电子化、数字化和网络化的发展，将使经济系统在产品、服务、效率、企业形象、生产、流通、交易等概念及操作方面面临深刻的变革[1]。这也表明，原来以转口贸易、制造业、房地产、城市基础建设和资金等有形化为主的沪港经济合作，将逐步转向以高品质的服务业、高科技、高增值产业、创新机制等无形化为主的合作领域发展。

---

① 尤安山：《一国两制与沪港经济》，香港文汇出版社，2005，第15页。

（3）单项输出型向双向互补型合作转变

知识经济依靠无形资产的投入实现可持续发展的前提是世界经济一体化。这种相互联系的一体化的经济不仅缩小了国与国之间、地区与地区之间的差距，而且将塑造一种全新的关系，即彼此是相互平等、相互依存、相互合作的关系，这样一种合作与交流必然是双向互补型的，而非以往单项输出型的合作。这一特点实际上已在目前的沪港经济合作中得到了较充分的体现。

## （二）上海自贸区对深化沪港合作的重要意义

香港的经验和优势对上海自贸区的运营发展无疑具有"标杆"作用，这对深化沪港交流与合作十分重要。在可预见的将来，上海自贸区的对外开放度还不可能达到目前香港的水准，上海应抓住自贸区建设带来的沪港互动契机，主动在管理、技术、项目投资和人才等领域加强与香港的交流合作，携手共创上海自贸区发展新局面。

### 1. 上海自贸区为沪港合作提供了一个国家战略平台

建设上海自贸区是顺应全球经贸发展新趋势、试行更积极主动的开放战略的一项重大举措。其主要任务是要探索我国对外开放的新路径和新模式，推动加快转变政府职能和行政体制改革，促进转变经济增长方式和优化经济结构，实现以开放促发展、促改革、促创新，形成可复制、可推广的经验服务全国的发展。建设上海自贸区有利于培育我国面向全球的竞争新优势，构建与各国合作发展的新平台，拓展经济增长的新空间，打造中国经济"升级版"①。

中央政府之所以将建立自贸区的任务放在上海，主要是基于以下几个因素。①上海有较好的基础。上海开放型经济规模大，内外经济联系面广，国际化企业集聚度高，可以在一个比较高的起点上进行试点，承受风险的能力也相对较强，上海自贸区由原有的 4 个海关特殊监管区组成，具有良好的基础设施条件。这片区域已吸引各类投资企业 12000 家，其中世界 500 强企业

---

① 《上海自贸区的战略意义》，http：//bbs. tianya. cn/post – develop – 1472489 – 1. shtml。

投资了 230 个项目，2012 年进出口贸易额为 1130 亿美元。②上海有较为成熟的监管制度和管理经验。2009 年，上海人民政府设立了综合保税区管理委员会，管理规范高效，有管理较高程度开放区域的很多经验，有助于下一步创新监管服务模式，促进各类要素的自由流动。③有较好的区域优势。上海地处长三角，拥有广阔的经济腹地，通过发挥辐射效应，可以带动更大范围、更广区域的开放开发①。

上海自贸区建设作为一项国家战略，关乎未来 30 年中国改革开放的走向、中国现代化发展的进程，以及中国进一步融入世界的深度，而上海作为这一战略的践行者，没有现成的足迹可循，任重道远。上海需要学习借鉴他人的经验，香港则是一个最为理想的"标杆"，更何况过去 30 多年香港一直是中国内地改革开放最直接的参与者和推动者，与上海有着良好的合作关系。因此，上海自贸区建设为沪港两地提供了一个国家战略层面的合作平台，即这个平台突破了原有仅限于两地的合作，使沪港合作得以在更高的层面上进行，能够相互携手共同为实现国家发展战略而贡献力量。

**2. 为沪港两地在制度创新建设方面提供了巨大的合作空间**

毫无疑问，中国改革开放 30 多年取得了举世公认的成就，中国从一个贫穷落后的国家发展成世界第二大经济体，人民生活发生了翻天覆地的变化。然而，应该指出的是，30 多年来，中国改革开放的主要立足点是向世界打开国门，特征是"政策性开放"，即主要靠提供优惠政策来驱动。但随着国际国内形势的发展变化，原有的靠"优惠政策"驱动的发展模式已难以进一步推动中国经济向更高层次发展，以往的"政策性开放"必须转向"体制性开放"。"体制性开放"的特征不是优惠政策，而是"制度创新"。建立上海自贸区就是为了实现这样一种转变而采取的重大举措，正如上海市委书记韩正所说的："上海自贸区建设的关键是制度创新，不是挖掘政策洼地。"②

---

① 庞东梅：《自由贸易试验区核心是制度创新》，《金融时报》2013 年 9 月 30 日。
② 《上海书记谈自贸区：改革红利是制度创新而非政策优惠》，新华网，2013 年 11 月 6 日，http：//news. ifeng. com/mainland/detail_ 2013_ 11/06/31021155_ 0. shtml? _ from_ ralated。

建立上海自贸区的目的就是要形成全国改革开放新格局中的先行试点，在接轨国际的制度规则、法律规范、政府服务、运作模式等方面率先实践，为我国深化改革开放提供可供借鉴的"制度试验池"和适合推广的新模式①。这就是上海自贸区试验区所代表的新的、与过去30多年截然不同的开放模式。

"制度创新"的成功与否，即能否突破"制度瓶颈"，不仅关系到以往中国改革开放的成果能否巩固、未来中国改革开放红利能否进一步释放，而且关系到中国经济能否持续稳定地发展。毋庸置疑，香港作为成熟的自由港经济体制对上海具有很好的学习借鉴作用。香港法制完善，法律详尽，操作规则符合国际规范，在投资管理、贸易监管、金融管控、体制机制设计、制度安排等诸多方面积累了较为成熟的经验。所以，上海自贸区的制度创新应该包含香港自由港经济体体制的一些元素。沪港两地在制度创新建设方面加强合作不仅有助于缩小香港与内地（包括上海）在制度方面的差异，有助于香港更好地融入内地的现代化建设，有助于更好地发挥香港在祖国社会经济发展中的独特作用，也有助于沪港两地更好地携手推进中国的现代化进程，还在中国新一轮改革开放中继续发挥推动者和引领者的作用。

### 3. 有助于进一步深化沪港两地在国家金融战略框架下的互动合作

上海自贸区虽名为"贸易"，但本质着眼于"投资"。大量制度创新和政策安排集中于投资，特别是服务业投资。其中尤以金融领域的开放为最。因此，可以说深化金融领域的开放创新是上海自贸区改革创新的着眼点和突破口。目前上海正在全力打造国际金融中心，而香港已是知名的国际金融中心，在地区及全球经济中发挥着极为重要的作用。毫无疑问，上海自贸区的建设为沪港在金融领域的深层次合作搭建了一个平台。沪港应发挥各自优势，协调互动，通过自贸区这个平台积极探索更多合作模式，共同为国家战略服务。

① 朱幼平：《上海自贸区将对全国改革起到示范效应》，中国经济新闻网，2013年9月9日，http：//www.cet.com.cn/ycpd/sdyd/965066.shtml。

### 4. 有助于进一步强化香港在中国对外开放中的桥梁作用

自中国实施改革开放以来，内地与香港的经贸关系获得了巨大的发展，香港在内地经济发展中一直扮演着极为重要的角色。香港不仅是中国内地最大的贸易伙伴、最大的投资者，而且是最重要的制造业输出地、最重要的融资场所与最大的人民币离岸中心，并形成了你中有我、我中有你，一荣俱荣、一损俱损的紧密关系。香港的核心优势在于与世界市场相融合，与国际建立了密切的经贸及民间联系，熟识国际经营方式；同时背靠内地，乘改革开放的契机，发展互惠紧密的经贸等方面的关系。香港优良的司法制度、行政架构，以及社会对自由、私有产权及多元文化等核心价值的尊重，加上具有双语能力、专业知识的人才汇聚和国际一流的基建，为香港的发展提供了极其重要的环境和制度支撑。目前，对全球市场而言，香港最大的吸引力和竞争力在于香港紧密联系中国这个全球最具发展潜力的市场。对内地而言，香港最大的优势在于其国际化，与国际市场紧密联系，是内地与世界互通的桥梁。

正是基于优越的区位条件、自由港政策，以及与内地经济的特殊关系、与世界各国和地区广泛的联系等诸多优势，香港不仅能够充分分享中国现代化经济建设的成果，而且也将在未来中国与世界的联系上继续发挥独特的作用。而上海自贸区作为引领中国新一轮改革开放的"试验田"，香港完全可以以其在中国对外开放中所扮演的特殊角色，与上海合作，将上海自贸区打造成与香港遥相呼应的另一座中国通向世界的桥梁。

### （三）上海自贸区对深化沪港合作的主要机遇

作为新一轮中国改革开放的重要抓手，上海自贸区建设在国际上引起了很大的反响，其中以香港为最。事实上，作为中国最发达的两个城市，国际社会一直将香港和上海视为中国经济发展和对外开放的"晴雨表"，而两地的合作与发展自然也是国际社会关注的热点。上海自贸区成立以来，类似"沪港竞争加剧""上海取代香港"的言论频频见诸报纸等各类媒体。

许多国内外的主流媒体评论指出，上海自贸区将对香港造成很大冲击，香港可能因此丧失竞争优势。其中，有媒体认为，上海一旦实现贸易和投资自由化、便利化，以及规则国际化，香港一直引以为豪的经贸、金融优势将大为减弱，上海在金融、航运等领域甚至会逐步取代香港的地位。也有媒体认为，如果上海自贸区实现了人民币在资本项目下的可兑换、利率市场化等先行先试，将不可避免地冲击香港的人民币离岸业务，香港将直面上海的激烈竞争，失去其在人民币国际化中的重要角色和作用。更悲观的观点则认为，一旦上海的改革试验取得成功并被复制到内地，整个中国包括利率、人民币兑换、外资流入流出等都进入一个全面开放的时期，那么香港的对手就将不只是一个上海，而是整个内地。届时，香港的"剩余价值"便大大降低，对香港的"替代""半替代"格局或可形成①。

当时的亚洲首富李嘉诚认为，上海自贸区对香港的影响非常大，无论金融还是航运，都会受到很大冲击；如果人民币能够自由兑换，对上海的发展会更加有利。他说，抗日战争前，无论在工业、消费还是服务上，上海都比香港先进，加上上海的各项成本都比香港低，香港如果再不急起直追，就会落后于人②。

财经专家则普遍认为，上海自贸区在软件实力上将接近香港，更会逐步追上香港，但短期内较难超越香港，更不会取代香港。香港金管局总裁陈德霖承认有竞争，但不认同香港的地位会被完全取代。他认为香港"过去几十年都是在竞争环境里成长的"，目前就谈论实际影响，言之尚早③。花旗银行首席经济学家沈明高更为乐观，他认为，上海自贸区跟香港的竞争是必然的，但是竞争本身并不可怕，且上海自贸区不会取代香港，反而会使香港更具竞争力④。

上海自贸区建设虽会对香港造成一定影响，但更为沪港合作共赢带来了

---

① 张建：《上海自贸区开启沪港合作竞争新里程》，《上海证券报》2013 年 10 月 15 日。
② 闵洲民：《上海自贸区给香港带来新机遇》，《沪港经济》2013 年第 11 期。
③ 陈德霖：《谈上海自贸区对香港影响尚早》，财新网，2013 年 9 月 26 日，http：//finance. caixin. com/2013－09－06/100578898. html。
④ 《香港与上海自贸区有竞争就有合作》，慧择网，2013 年 9 月 30 日，http：//www. hzins. com/study/detal－70212. html。

诸多机遇，并将沪港合作引入一个新的历史阶段。一方面，香港的优势目前上海仍无法比拟，且在可预见的将来，上海自贸区在制度与法制建设方面都难以超越香港。因此，香港现行的经济体制机制等方面有很多地方值得上海自贸区学习借鉴，香港是举世公认的全球经济最自由的地方，拥有健全的司法体系和严密的知识产权保护，以及自由港的身份与体制、货币自由兑换、资金自由进出、人员自由迁徙、全球资讯无障碍流通等优势。相比之下，上海在经济的自由度与商业环境等诸多方面需要提升的空间仍然很大。在上海自贸区的建设进程中，上海应主动学习借鉴香港好的做法与成熟经验，尤其在体制安排、制度设计以及具体的运营管理、技术操作等层面，香港百余年的经验教训值得上海参考。

鉴于此，我们认为，上海自贸区的建设给沪港合作带来更多的是发展机遇，即使有竞争，也是一种良性的竞争，一种相互促进、共谋发展的竞争，而不是你死我活、谁取代谁的竞争。机遇大于竞争，机遇共促发展，机遇提升竞争力，主要体现在以下几方面。

### 1. 为两地政府间的合作提供了更大的平台

自 2003 年 6 月建立沪港经贸合作会议机制以来，沪港两地政府先后举行了两次经贸合作会议，使得两地经济合作得以在 CEPA 框架下、在政府主导下有计划地展开。

第一次沪港经贸合作会议（2003 年 10 月 27 日，香港）。

2003 年 9 月，时任上海市市长韩正带队赴港商谈 CEPA 框架下沪港经贸合作事宜，确定了在 CEPA 框架下加强两地全面合作的原则、机制和领域，并确定了八个方面合作的具体内容：①加强航空港建设与管理的合作；②加强港口建设与管理的合作；③加强筹办和举办世博会的合作；④加强旅游会展业的合作；⑤加强投资和商贸领域的合作；⑥加强教育卫生和体育事业的合作；⑦加强金融服务领域的合作；⑧加强专业人才交流与合作①。

---

① 王荣华：《推进沪港经济合作的三大举措》，《沪港经济》2007 年第 7 期。

第二次沪港经贸合作会议（2012 年 1 月 5 日，上海）。

2012 年 1 月，香港前特首曾荫权带队来沪与时任韩正市长共同主持第二次沪港经贸合作会议，双方就 28 个项目达成共识，涵盖九个领域（商贸投资，金融服务，航空、航运及物流，旅游会展，创新科技，文化、创意及体育，专业人才交流，教育及医疗卫生，青少年发展和社会管理）。同时，沪港两地还就商贸、文化、公务员交流及医院管理签署了四份合作协议。可见，在 CEPA 框架下，沪港合作已呈现多层次、多样化的局面。

目前，第三次沪港经贸合作会议正在积极筹备当中，合作领域将全方位展开，其中上海自贸区建设将是合作的重中之重。据统计，目前在上海自贸区投资注册登记的企业仍以港资企业居多。因此，上海自贸区的建设无疑为港资企业创造了诸多机会，使得两地的合作得以在践行国家发展战略这样一个大平台上进行。

**2. 服务业的开放为港资企业进入提供了巨大的发展空间**

上海自贸区扩大投资领域开放主要包括金融服务、航运服务、商贸服务、专业服务、文化服务和社会服务六大领域。每个领域都有具体的开放措施，这对以服务经济为主体的香港来说是个不可多得的机遇。

香港服务业的发展已有上百年的历史，积累了丰富的经验，市场开放，信息完全，法律详尽、完善，操作规则符合国际规范，拥有大量的专业服务业机构、大批优秀的专业服务人才与高度国际化的运作经验，对周边国家和地区具有很强的辐射力和影响力，这正是内地服务业所欠缺的。但服务业在香港本土发展的空间已经很小，迫切需要拓展外部空间来输出服务，从而进一步提升自身服务业的发展层次。上海自贸区推出的服务业开放的重大举措为香港服务业的发展提供了巨大的发展空间[①]。

香港服务业总产值占 GDP 的比重已从 1986 年的 0.1% 上升到 2012 年的 93%，就业人数占香港总就业人数的比例亦从 1987 年的 55.6% 上升到 2013 年的 88.3%。香港服务业在本地经济中的重要作用，堪与伦敦、纽约、东京等

---

① 尤安山：《沪港经济发展报告》（2008），上海社会科学院出版社，2008，第 26 页。

国际商业大都会相比拟。对此，我们有理由相信，沪港在自贸区服务业方面积极而有效的合作，必将呈现双赢的局面，即在推动上海自贸区服务业快速发展的同时，进一步降低香港服务业的经营成本，从而更好地发挥香港服务业的优势，以应对来自新加坡等周边国家的挑战。

**3. 自贸区金融创新改革为沪港金融业的深度合作广开了渠道**

金融创新改革是上海自贸区的最大亮点，其主要内涵包括：①金融市场利率市场化，金融机构资产方价格实行市场化定价；②在风险可靠的前提下，人民币资本项目可兑换进行先行先试；③允许设立外资银行以及民资与外资合办中外合资银行，外资银行可在保税区开展试点的人民币业务，但不享受国民待遇，可从事各类零售及批发银行业务；④允许设立有限牌照银行；⑤允许设立外商投资资信调查公司；⑥允许部分中资银行从事离岸业务；⑦鼓励融资租赁业务，给予税收支持；⑧逐步允许境外企业参与商品期货交易，建议允许融资租赁公司兼营与主营业务有关的商业保理业务；⑨从事境外股权投资的项目公司，参照技术先进型服务企业减按15%的税率征收企业所得税①。毫无疑问，这些创新举措的逐步实施不仅会大大提升上海金融业的层次和竞争力，而且也为香港金融业的发展创造了诸多合作的机遇。对此，汇丰亚太区行政总裁王冬胜强调，自贸区并不构成"零和游戏"，反而将创造更多发展机遇以及更巨大和多样化的资金池，将令香港受惠，不担心双方会恶性竞争。他相信内地金融市场进一步开放，将在产品创新、企业融资及投资等领域，为外资银行提供新的发展机遇，汇丰银行亦期待参与该区的试点业务②。

香港金融业发达，人才荟萃，设施先进，产品齐全，融资便利，支付体系完备，市场体系成熟稳定，是成熟的举世公认的国际金融中心，能为亚洲及全球提供各类金融服务。在金融业务如银团贷款、贸易融资、外汇交易、

---

① 夏青：《金融机构布局上海自贸区，券商利好不明显仍观望》，《证券日报》2013年9月26日。

② 涂若奔：《港财金界：港沪可探讨分工》，http://paper.wenweipo.com/2013/09/28/BN1309280005.htm。

基金管理、资金周转等许多方面均十分高效、先进，在亚太区占有绝对或相对优势。上海自贸区金融创新在体制机制上的突破，将有助于香港以其自身国际金融中心的优势，积极把握上海自贸区金融创新带来的机遇，并在合作推进上海自贸区金融创新过程中得到进一步提升。

## 四　沪港合作推进上海自贸区建设的思路与建议

香港与上海经济紧密联系，立足上海与香港发展的阶段特征和实际需求，探寻上海自贸区综合发展与香港发展战略的契合点，以上海自贸区发展为新的契机推进沪港合作内涵、合作模式创新，实现更高层次、更丰富内涵的沪港共赢发展格局。上海自贸区通过学习香港的"窗口"功能、国际贸易功能和金融服务功能，推动开放型经济、实体经济和创新经济发展，借助香港的服务业开放和总部集聚优势，推进现代服务业和战略性新兴产业转型升级，并通过自贸区"制度创新"溢出效应和政府管理职能转变理念，促进上海经济转型。香港经济亦可以通过自贸区平台寻求自身经济升级，夯实经济基础，促进与内地合作模式与内涵创新的新机遇。结合沪港发展实际，着眼于促进香港自由港经济与上海自贸区发展实践，推进沪港产业转型升级，从三个方面提出全面合作的政策建议。

### （一）沪港合作推动上海自贸区建设的战略思路

上海自贸区发展为推进沪港深度合作提供了战略机遇。两地围绕自贸区建设在合作战略方向上要坚持三点：一是功能合作；二是制度对接；三是面向全球市场。

在功能合作方面，沪港自贸区合作的重点是推进上海产业转型升级与制度创新突破的深度融合，促进香港成为上海自贸区功能创新的对照版。沪港自贸区合作需要充分发挥香港自由港产业功能对自贸区经济功能创新的支撑作用，推进上海自贸区功能优势与香港产业功能优势的双重结合，推动沪港产业转型、功能升级与制度创新的联动发展。一旦自贸区试行制

度在国内推进，将进一步推动总部经济、航运经济、贸易经济、高端制造、城市服务、信息服务、海洋经济等领域的功能创新，并带来相应的制度创新拓展。

在制度对接方面，通过沪港合作，深化制度创新，在自贸区有重点、有层次、有步骤地分期推进相关制度及政策，使自贸区总体方案中涉及的各项制度创新和开放政策在香港与国际接轨的制度环境中得到检验，有助于进一步推进自贸区制度创新的效率及实际作用。从落实国家战略要求、推动开放型经济与区域经济融合发展的角度看，沪港自贸区合作可兼容贸易自由、金融开放、新兴产业促进、研发创新、城市服务以及政府治理改革等多领域制度创新，形成多体系、多层次、多领域的制度创新池，探索一批与国际接轨的经济运行规则，进一步加快内地市场与全球市场的融合、贯通。

在市场开发方面，沪港自贸区合作后将会带动全球市场资金、人口、产业、商流、物流等资源要素进一步向两地及长三角、珠三角和长江流域腹地市场集聚，这对沪港的城市化发展、工业化升级、招商引资等都将产生积极效应。沪港自贸区合作后，通过空间扩容与制度创新、功能创新、产业创新的联动，在亚太地区形成一个服务能级更高、辐射半径更长、带动领域更广的市场极核，将对周边地区市场产生更为强大的辐射溢出效应，联动国内经济腹地与全球市场。

## （二）沪港合作推动上海自贸区建设的对策建议

### 1. 建立沪港自贸区合作对接机制

发挥政府、企业、社会组织等主体作用，尽快建立香港与上海关于自贸区合作联动的联系机制、工作机制和对接平台，为香港经济全方位对接自贸区搭建通道。

（1）建立沪港政府间对接机制。加强香港政府与上海市政府职能部门，特别是自贸区管委会的联系，并建立商务、金融、税务、海关等部门的对接机制，第一时间掌握两地动态信息，及时了解自贸区的改革动向，做好相关对接储备研究工作。

（2）构建沪港自贸区合作多元对接平台。依托企业、商会、行业协会、产业园区等多种平台，建立香港政府、企业等组织与自贸区的多形式联系，协助自贸区引进国际先进技术、信息、品牌、招商资源等。

**2. 扩大沪港基于自贸区发展产业合作机遇**

立足上海产业发展基础与未来方向，充分利用自贸区的功能设施和产业带动效应，对接香港的产业价值链、服务业溢出效应，加快制度创新和产业升级联动，推动上海及香港产业转型升级发展。

（1）探索与自贸区形成"区内注册、全球经营"联动模式。发挥上海营商成本、生活成本相对较低的优势，吸引香港注册企业入驻自贸区，特别是与本地产业链衔接、能够完善本地产业链的企业优先支持入驻，进一步完善本区域的产业生态环境。

（2）积极促进私营经济发展合作先行先试。香港私营经济发达，在东南亚经济体系中具有较强的引领力及号召力，可借鉴自贸区市场开放和制度创新举措，争取支持香港私营经济领域的航运、贸易、专业服务、金融等产业内领先企业早日入驻，为自贸区经济发展探索可复制、可推广的香港资本对内地投资的新型模式与创新经验。推进上海民营经济领域的市场开放，率先简化民营企业投资的审批程序，降低民营企业进入金融保险、医疗教育、社会服务等领域的门槛，探索推动自贸区民营经济发展可复制、可推广的经验。

（3）以制度创新促进中小微企业集群发展。借鉴香港的投资管理经验和做法，进一步完善自贸区金融、税收、信用担保、技术创新等方面的政策创新，吸引创新型、创意型、高附加值的中小微企业集聚。

（4）积极推进现代服务业对外开放。积极对接香港服务业开放，引进并学习香港服务业的开放经验与发展模式，以推进上海自贸区金融产业服务创新为具体着力点，积极探索发展上海自贸区金融、航运领域的后台服务、研发中心、交割服务等相关金融服务业，加快金融服务业集聚创新发展。以自贸区为载体（可将政策实施范围控制在一定空间范围内），争取香港的国

际医疗、教育服务、文化娱乐等服务业开放政策在自贸区内试点执行。依托自贸区配套服务和基础设施发展，推动上海经济整体转型升级，着力引进国内外领先企业总部，重点发展生产性服务业，率先在全国打造专业服务经济新高地。以洋山港码头及自贸区金融服务为支撑，积极对接香港航运产业链延伸。

（5）加强自贸区制造业升级与香港总部集聚联动。把握自贸区及上海、长三角经济腹地制造业产业链升级的机遇，围绕装备制造、新能源、新材料、生物医药等重点培育的高端制造产业，有针对性地加强与香港跨国公司资本、技术、管理等的对接，扩大先进装备及前沿技术的进口，完善战略性新兴产业价值链，加快推动香港制造业复兴，夯实经济基础。积极吸引香港跨国公司总部、功能性总部，推进自贸区总部经济、楼宇经济的集聚，发挥"以商引商、以外引外"的联动作用，推动国际高端产业在自贸区集聚发展。

（6）推进自贸区制造业升级与香港增值电信服务开放联动。鼓励和支持自贸区内制造企业与香港增值电信商建立战略合作、业务合作关系，完善自贸区内信息服务基础设施建设，加强增值电信业务前端的网络信息平台与后端工业生产制造环节的有机结合，推动自贸区内制造业向专、精、特、新发展。

（7）利用香港在国际金融市场融资便利、知识产权保护法律体系完整以及信誉良好的优势推动自贸区及上海高科技产业发展，推进香港经济实体化。在香港成立由政府主导，社会、企业参与的科技战略投资公司，通过企业兼并、技术转让、专利参股等不同形式购买国外重要专利授权，提供给自贸区及上海高新产业园内高科技企业使用，支持和促进其发展。逐步实现内地企业在全球范围内集聚创新资源，实行开放创新、联动研发；支持自贸区及上海企业加快引进先进设备、技术和高端人才，加大研发投入，建设高水平研发中心，加快成果转化。充分利用香港资本及技术交易便捷的优势，发挥上海科技研发基础良好的优势，在自贸区内建立由政府主导的沪港公共技术研发实验室，为两地企业研发活动提供支撑。

（8）与香港合作建立"前展后贸"新型贸易模式。借鉴香港低税率、免关税等发展模式，进行商品关税政策改革，在技术手段、监管方面创新，在自贸区内申请设立高端消费品保税展示交易中心、进口商品直销中心等，与沪港两地实践探索"前展后贸""前展后库"等联动联营模式。

（9）加强上海自贸区与香港功能平台经济联动发展。依托自贸区贸易功能升级，大力吸引和扶持平台型、整合型香港商贸企业进驻发展，完善信用、物流、支付等电子商务支撑体系，促进沪港平台经济等新型业态发展。

### 3. 以制度创新保障沪港合作模式及内涵升级

以自贸区发展为契机，学习香港高效廉洁的政府运行管理机制，推进上海创新政府管理服务方式的理念、经验及相关模式，围绕当前上海政府行政管理制度改革的重点，结合香港服务型政府经验，跳出传统思维的束缚，加大减权、放权力度，深入推进上海市政府职能转变和制度创新突破。

（1）探索建立负面清单投资管理模式。上海已经在自贸区实践基础上，在全市范围逐步推行部分创新政策，如黄浦区（第三产业实施负面清单管理，率先在商贸业、一般咨询业和设计服务业三个行业开展审批流程简化试点；方便企业设立，简化审批流程；全面推行企业设立注册登记"三零四一"服务模式）、静安区（在商贸流通业、专业服务业等领域采取"备案制"试点，取消项目审批，以准入后综合监督为主、准入前负面清单方式许可管理为辅；推行"鼓励清单"服务模式，推进贸易便利化，积极争取外资审批权限下放，推行重点产业备案制管理，建立与中央、市级机关及横向职能部门间的贸易便利工作协调沟通机制，推动静安区以高端服饰、化妆品、医药用品等行业为特色的商贸服务业快速发展）等的做法。相比香港构建自由贸易软环境的整套政策体系及服务模式，上海自贸区在探索实施负面清单投资管理模式和投资备案管理模式上初步取得了一定进展，但距离高效有序的贸易环境塑造还有较大差距，特别是香港根植于经济活动背后的市场经济思想、理念及潜在文化作用，都是未来自贸区深入学习、研究与实践的对象。

（2）探索建立政府权力清单制度。香港政府权力界线明晰，依法执法，是其发展经济竞争优势的重要保障。借鉴学习香港政府权力运行机制，以自贸区负面清单管理理念为切入点，探索建立上海自贸区政府权力清单制度，合理划分政府与市场、政府与社会边界。加大对行政审批事项的清理、整合力度，制作权力清单列表（包括行政审批职权目录、行政处罚职权目录、行政强制职权目录、行政征收职权目录、行政裁决职权目录、行政给付职权目录、行政检查职权目录、其他行政职权目录），做到"行政权力进清单、清单之外无权力"。细化、标准化运行程序，依法公开审批目录、审批条件、审批程序、审批过程和审批结果。研究制订行政权力公开运行监督检查实施方案，保证政府权力公开透明，塑造与保障政府权力公信力。

（3）探索建立综合监管制度。基于信息公开与共享的香港社会经济信用保障体系有效地降低了经济社会的运行成本，促进了经济社会公平、正义地发展。香港发挥在这一领域的优势，以自贸区经济社会信息信用体系建设为抓手，主动参与自贸区及上海市范围社会信用体系、安全审查等制度建设，构建统一的信息共享和服务平台，实现自贸区内企业基本信用信息的查询服务，并实现沪港两地企业信用信息共享，探索覆盖沪港及更大可能范围的市场监管资源整合，在城市市容环境卫生、绿化、交通、安全生产、质量监督、食品药品监督、知识产权等经济管理领域，加强执法交流与合作，实现沪港在工商、税务、公安、海关等各监管部门间的联合监管。以香港为榜样，在社会信用及经济信用领域，探索推行以诚信为基础的企业分类风险管理机制。整合工商、发改、税务、海关等部门的综合管理信息，逐步形成企业诚信经营数据库和信用评价分级标准，客观评估企业诚信经营状况，构建更加全面、科学、公正的企业诚信管理体系。

（4）建设自贸区以社会中介组织为主体的行业自律体系。香港作为成熟发达的经济体，民间组织发达，各种社会组织、团体具有深厚的民众基础，在社会公益、行业发展、与政府协作等方面发挥了巨大的作用，并且在自身组织建设、活动组织等方面具有完整的模式与机制，社会影响力巨大。可以首先尝试在自贸区范围推进沪港两地在此方面的深入合作。以公益或者非公益的方式引入相关中介组织，探索建立自贸区企业和相关行业组织代表组成的社会参与机制，引导企业和行业组织建立表达利益诉求、共同参与的协商共治机制，发挥社会及民间组织在经济社会活动中的作用。培育、规范、管理行业组织，引导其参与社会管理和公共服务，充分发挥其在行业自律、市场净化和矛盾调和等方面的积极作用。鼓励行业组织参与制定行业标准，推进行业诚信体系建设，构建法制健全、规范有序、分类指导、监督有力的行业组织自律体系。

# 综 合 篇

## Comprehensive Reports

## B.2

# 上海经济"新常态"的
# 特征分析及建议

肖 林[*]

摘　要：　2014 年，面对错综复杂的国际国内经济形势，上海经济总
体平稳，稳中有进，并已开始步入"新常态"。与全国相比，
上海经济"新常态"既有共性特征，也有自身特点。为确
保上海经济平稳运行，本文提出了 2015 年上海经济发展的
总体思路及若干建议。

关键词：　世界经济　中国经济　上海经济　"新常态"

* 肖林，上海市政府发展研究中心主任，博士、研究员。本文部分内容系作者在 2014 年中国经
济论坛上的演讲。

# 一 关注世界经济形势的新变化和新趋势

面对错综复杂的世界经济形势，中国经济运行总体平稳，稳中有进。但经济下行压力依然较大，经济运行稳中有忧，尤其是在世界经济增长乏力、充满诸多不确定的情况下，我国经济运行中局部风险开始暴露和加大，需要引起高度关注。当前，世界经济运行呈现三大趋势。

一是世界经济总体上仍处于缓慢复苏阶段，增长动力依然不足。2014年以来，全球经济整体持续增长乏力，国际需求相对不足，国际贸易额增长缓慢。据世贸组织预测，2014年全球贸易额增长率仅为3.1%，大大低于5.3%的20年平均增长水平。从2015年看，美国经济将延续当前的复苏势头，仍有可能出现新的波动；欧洲、日本2014年的情况较差，2015年的经济增长情况可能会略好于上年，由于内生增长问题没有得到根本解决，欧洲、日本经济增长仍面临诸多不确定性；新兴经济体由于受自身结构、债务等的影响，经济前景仍不乐观。总体而言，未来世界经济仍然是美国一枝独秀，世界经济缓慢复苏，但增长动力不足，国际需求难以在短期内有效回升。国际货币基金组织将发达经济体2014年和2015年的经济增速分别小幅下调至1.8%和2.3%，将新兴市场和发展中国家的经济增速分别小幅下调至4.4%和5.0%。其中，欧元区经济增速被下调至0.8%和1.3%，日本经济增速被下调至0.9%和0.8%，而美国经济增速则被上调至2.2%和3.1%。在此背景下，我国经济增长的外需状况不容乐观。

二是全球货币政策继续呈现分化态势，国际金融市场或将面临波动。2014年以来，由于世界各国经济增速、通胀水平等情况的不同变化趋势，各国货币政策已经开始出现分化。一方面，部分国家已经采取了加息政策，收缩流动性。例如，巴西央行意外加息至3年新高，俄罗斯央行宣布超预期加息150个基点，美联储正式终结QE3，等等。另一方面，部分国家仍在进一步加大量化宽松政策的力度。例如，日本央行出台了史无前例的"QQE刺激"，决定每月增加购买8万亿~12万亿日元国债。2015年全球主要地区

的货币政策周期差异或将进一步加剧。美国可能会进入加息通道。OECD 预计美联储将在 2015 年中首次加息。与此同时，欧洲、日本为了刺激本国经济复苏，可能会推出新一轮的量化宽松政策。在此背景下，全球将掀起新一轮风险资产重估，国际外汇、债券等金融市场或将面临较大波动，我国的金融市场将面临冲击。

三是全球通胀水平和大宗商品价格或将进一步下降。2014 年以来，由于世界经济增长乏力，全球需求相对低于潜在水平，全球通胀水平呈现下滑趋势。美国通胀水平低于美联储 2% 的目标；欧元区正朝着零甚至低于零通胀的方向发展；日本尽管采取了宽松货币政策，但通胀水平也处于 2% 以下。为此，花旗银行将 2015 年全球通胀预期大幅调降 30 个基点至 2.6%，降幅创 5 年来之最。与此同时，受世界经济总需求不足、乌克兰事件、美元走强等因素的影响，国际大宗商品价格也出现大幅下跌。2014 年 10 月，全球大宗商品价格较年初下滑 8.3%；彭博大宗商品指数也下滑至 5 年来的新低；OPEC 原油价格 4 年来首次跌破 80 美元/桶。2015 年，在世界经济复苏乏力、地缘政治博弈，以及美元升值的影响下，国际大宗商品价格或将进一步降低。在此背景下，我国经济运行将面临输入性通缩的压力。

上述三大趋势的新变化，对 2015 年中国经济总体不利，面临挑战。

## 二　中国经济运行呈稳中有进、稳中有忧态势

2014 年以来，中国经济运行总体平稳，出现了一系列新亮点，呈现稳中有进的态势。但经济下行压力依然较大，经济运行稳中有忧。

### 1. 中国经济增长处在合理区间，出现一些积极、深刻的趋势性变化

2014 年以来，我国经济运行虽然有所放缓，经济增速从一季度的 7.4%、二季度的 7.5%，回落到三季度的 7.3%，但总体上保持平稳，速度、质量和效益关系基本合理，就业、节能减排、财政收入等情况好于预期，经济增速与基本面所能承载的潜在增长率也基本吻合，仍处于合理区间。同时，经济运行中出现了一些积极、深刻的趋势性变化，"提质增效"

逐渐成为经济转型的主要支撑。

一是服务经济保持稳定发展势头。2014 年以来，服务业已逐渐接替制造业，成为经济运行中最具活力的部分和新的增长动力。2014 年前三季度，服务业增加值同比增长 7.9%，增速高于制造业 0.8 个百分点；服务业投资占比达到 55.6%，高出制造业 13.6 个百分点。服务业对 GDP 的贡献率达到 49.1%，较制造业高 11.7 个百分点，并已连续 9 个季度超过制造业。

二是消费对经济增长的贡献率明显提高。2014 年以来，在投资增速继续高位放缓、出口增速"换挡"的情况下，消费对经济增长的拉动作用继续增强。2014 年前三季度，我国最终消费对经济增长的贡献率达到 48.5%，比资本形成总额贡献率高出近 7 个百分点，整个经济出现新的平衡机制的势头日趋明显。

三是制造业转型升级取得积极进展。2014 年以来，制造业内部结构调整速度明显加快。新兴产业、新兴业态的增长明显优于传统产业。2014 年前三季度，装备制造业、消费品工业、电子制造业在规模以上工业增加值中所占比重分别提高 0.4 个、0.7 个和 0.5 个百分点。其中，高技术产业、装备制造业增加值分别增长 12% 和 10.8%，都快于工业整体增速。

四是就业对经济增速下降的适应性进一步提高。2014 年以来，虽然GDP 增速放缓，但就业形势平稳，没有出现大规模和集中的就业问题。截至 2014 年三季度末，全国农村外出务工劳动力同比增加近 170 万人，增长1%；城镇新增就业 1082 万人，同比增加 16 万人，提前完成年度目标。城镇登记失业率和调查失业率分别维持在 4% 和 5% 左右的低水平。

五是深化改革对经济增长的促进效应开始释放。2014 年以来，在我国深化简政放权、激活民间投资、降低投资门槛等改革过程中，改革红利也逐步释放，大众创业、草根创业热情高涨。例如，浙江省 2014 年前三季度新设立企业 16.9 万家，同比增长 10.9%；上海自贸区 2014 年新设立企业超过前 20 年的总量。

**2. 未来中国经济下行压力加大，周期性调整已成定局**

虽然当前中国经济总体上仍处在合理区间，并出现了一些积极、深刻的

趋势性变化，但经济仍然面临较大的下行压力。

一是投资增长持续疲弱。2014 年 1～10 月，我国固定资产投资同比增长 15.9%，比上半年回落 1.4 个百分点，较年初回落 2.0 个百分点。其中，制造业投资同比增长 13.5%，较上半年回落 0.8 个百分点，较年初回落 1.6 个百分点；房地产投资同比增长 12.4%，较上半年回落 1.7 个百分点，较年初回落 6.9 个百分点。尽管 2014 年四季度以来我国加大了基础设施的投资力度，但占固定资产投资较大份额的房地产投资仍出现明显回落，致使整个投资增长仍将乏力。虽然房地产政策开始调整，部分城市取消限购，房贷政策放松，货币政策也开始朝放松方向转变，这对房地产销售起到一定支撑作用，但房地产开发的融资政策仍没有正常化（绝大部分开发商仍无法在国内股市或债市融资），未来房地产投资难有起色。房地产投资增速回落也将拖累钢铁、水泥、电解铝、建材等工业领域的投资增速。

二是消费增速继续回落。2014 年 1～10 月，全国社会消费品零售总额同比增长 12%，较上半年回落 0.1 个百分点，比上年同期回落 0.95 个百分点。特别值得关注的是，进入 2014 年三季度以来，作为近年来主要消费增长点的汽车和电子通信产品的销售增速出现大幅下滑。2014 年 1～9 月，全国汽车产销增速呈现明显下滑，其中 2014 年 9 月销量同比增速仅为 2.47%，为 2014 年以来最低水平。电子通信产品 3 个月平均销售量增幅由 15% 下降到 8%，进入周期性的调整期。这预示着未来拉动经济增长的需求动力将明显不足。

三是出口增长乏力。虽然 2014 年以来出口增速逐季好转，但近期高开出口发票的做法又有所抬头，这在一定程度上引起出口虚高。同时，从第 116 届广交会的情况看，采购商成交总额为 291.6 亿美元，比上一届同比下降 7.9%，连续六届成交同比下降，这进一步凸显了国际市场的不确定性，预示着未来外需市场前景仍不乐观。

中国经济呈现的这些新变化，除受外部经济的影响外，劳动力、资源要素的变化导致潜在增长率发生变化，经济周期性调整已成定局。

**3. 中国经济运行矛盾突出，经济风险不容忽视**

在我国经济下行压力加大的背景下，经济运行中一些结构性问题更加突出，并且不断发酵，局部风险开始暴露和加大，亟待关注五大问题。

一是产能过剩问题将更加突出。当前，我国产能过剩的格局仍然没有改变，不少行业的产能利用率不到70%，远远低于国际85%的合理水平。甚至在部分行业产能过剩的同时，行业新增产能仍在开工建设当中，这势必进一步加剧产能过剩的矛盾。同时，在各地政府大力推进产业结构调整中，一些新兴产业或高技术产业产能过剩问题也逐渐显现。再加上在我国经济增长处于转换期的背景下，经济增速回落将加大化解产能过剩问题的难度，我国面临的产能过剩问题将进一步发酵，对我国工业生产和投资扩张产生较大的抑制作用。

二是房地产市场或将明显回调。2014年前三季度，全国商品房销售面积和销售额分别同比下降8.6%和8.9%，房地产市场出现明显回调。2014年四季度，尽管不少地方政府逐步放松房地产的限购政策，国家放宽了首套房贷款、公积金贷款等政策，但这些政策的出台并没有让房地产市场回到从前的火爆局面，这表明我国房地产市场供需结构正在发生质的变化，从"卖方市场"转变为"买房市场"。二、三线城市供过于求的矛盾更加突出。2013年我国城镇家庭户均住房已达到1套左右，总体上供求已趋向平衡，住房需求已经达到峰值。未来，我国房地产市场将转向平稳发展阶段，但面对庞大的存量住房规模，房地产市场或将进一步稳步回调。

三是银行坏账风险将持续加大。2014年下半年以来，银行不良贷款率不断创新高，整体已经跃过了1%的水平。据统计，2014年16家上市银行前三季度的不良贷款余额累计超过6000亿元，较上年同期增长31.7%。部分中小城市的小型金融机构按揭贷款不良率更是呈加速上升态势。其中，个人按揭贷款违约风险正在上升。受房地产市场调整、企业经营状况难以有效改善等因素影响，潜在的不良贷款将进一步显现，银行的坏账水平持续攀升，或将爆发局部的金融风险。

四是地方政府债务风险逐渐显现。近年来，我国显性和隐性的地方政府债务总体规模较大，各级政府债务普遍增长较快，呈整体扩张态势。从2010年开始，我国近年来地方政府债务年均增长超过15%，地方政府显性

或隐性的债务超过 20 万亿元，且审计结果显示，我国 37% 的地方融资计划用土地收益来偿债。2014～2015 年我国地方政府债务将进入偿还高峰期，需偿还债务总额的 30% 以上，但由于土地财政收入的减少和企业税收增长的放缓，地方政府的偿债能力被削弱，地方政府的债务违约风险或将加大。

五是企业经营依然面临不少困难。一方面，企业的融资难问题仍有待化解。从 2014 年 10 月社会融资规模看，融资规模较上年同期减少 2000 多亿元，低于市场预期，说明政策导向和融资需求之间的错配导致了整个资金堆积在银行间市场，无法向实体经济传导，企业经营仍将面临资金面紧张的困境。另一方面，企业经济效益出现下滑。2014 年前三季度，有近 1/3 的中央企业和近半省份的地方国有企业利润总额为负增长或亏损。在产能过剩压力下，企业经营效益将面临产成品价格下跌和生产成本刚性上涨的双重挤压，企业利润将进一步变薄，亏损面或将扩大。

# 三　上海经济稳中有进，呈现与全国不同的"新常态"特征

## 1.2014年上海经济总体平稳，稳中有进

2014 年以来，上海经济总体平稳，稳中有进。

"稳"主要表现为"四个平稳"。一是经济运行总体平稳。从经济走势看，2014 年前三季度全市 GDP 累计增速分别为 7.0%、7.1%、7.0%，波动幅度仅为 0.1 个百分点，比较平稳，没有出现大起大落。二是物价保持平稳态势，2014 年 1～10 月全市居民消费价格上涨 2.7%，其中 10 月上涨 2.4%，环比略有回落，明显低于 3% 的年度控制目标，在较低的通胀水平上实现了中高速的经济增长。三是就业形势平稳，截至 2014 年 9 月末，全市新增就业岗位 54.01 万个，提前三个月完成年度就业创业目标；城镇登记失业人数达 24.17 万人，微增 0.27 万人，没有出现较大的就业压力。四是社会消费基本平稳。2014 年以来，上海社会消费品零售总额增长基本保持平稳，其中一季度增长 7.2%，二季度增长 7.6%，1～10 月增长 8.7%。同

时，1～9月无店铺和网上商店消费增长分别21.7%和25.1%，明显高于全市社会消费品零售总额的增幅。

"进"主要体现为"六个进一步"。一是三次产业结构进一步优化。2014年前三季度上海服务业增加值同比增长8.5%，比二季度加快0.7个百分点，增速明显高于第二产业和工业3.9个和3.8个百分点。第三产业占GDP的比重达到62.82%，比上年同期提高1.25个百分点，连续三年稳定在60%以上，整个产业结构更趋服务化。二是产业内部结构进一步高端化。从服务业看，2014年前三季度信息传输、软件和信息技术服务业，交通运输业以及金融业增加值分别增长12.5%、12.5%和8.4%。从工业看，2014年1～9月战略性新兴产业总产值增长7%，比全市工业产值高出4.4个百分点，其中新能源、新能源汽车、新一代信息技术和生物医药产业分别增长20.0%、39.9%、12.3%和8.8%，增幅同比基本有所上升。三是利用外资质量进一步提高。2014年1～10月，上海利用外资实际到位金额增长10%，比全国同期利用外资增幅高出8.6个百分点。其中，第三产业利用外资同比增长43.5%，环比提高7.3个百分点。四是金融市场活跃度进一步提升，新金融特色功能区初现雏形。2014年1～10月，上海金融市场运行状况进一步改善，股票成交额增长10.4%，环比提高4.8个百分点，扭转了过去一段时间内成交额负增长的局面；全市有价证券成交额增长32.5%，环比提高2.2个百分点。同时，新金融特色功能区初现雏形，如嘉定区促进产业与金融"共荣共生"，大力推进"金融硅谷"建设，着力打造新型金融产业发展集聚区、资本市场上市企业总部集聚区和为长三角地区配套的专业金融服务集聚区，目前嘉定区已经集聚了1000余家基金公司，管理资金规模近千亿元。五是转型发展进一步提速。一方面，节能减排工作提前完成"十二五"目标。截至2014年10月底，上海单位生产总值二氧化碳排放量下降3%左右，二氧化硫、氮氧化物排放量分别比上年削减3%，化学需氧量和氨氮排放量分别比上年削减1%，单位GDP能耗总体减少18%，已完成"十二五"规划目标。另一方面，土地的二次开发步伐加快。如奉贤区2014年1～9月已腾出土地1597亩，25个腾出土地的项目中已有10个进入土地

二次开发的实质性启动。六是改革效应进一步显现。一方面，各区县对接自贸区改革步伐加快，如青浦区对照市下发的可复制、推广的改革事项已复制、推广6项，并正在推进18项，特别是出口加工区创新"航空发动机零部件再利用"的监管制度，更加领先自贸区一步。另一方面，"营改增"政策效应进一步凸显。2014年1～9月，上海增值税收入达77亿元，增长13.6%，依然保持较快增速。部分区县增值税增幅增长更快。例如，长宁区增值税增长46.2%，而营业税仅增长7.9%。

**2. 上海经济运行呈现"新常态"的特征**

当前上海经济已开始步入"新常态"。与全国相比，上海经济"新常态"既有共性特征，也有自身特点。

一是经济增长保持中速。进入"新常态"后，上海与全国一样，经济增速逐步放缓，由两位数增长下降至一位数增长。但与全国的不同之处在于以下几方面。其一，上海经济先于全国进入经济中速增长阶段。1992～2007年，上海经济连续16年保持两位数增长，GDP平均增速达12.7%。2008年以后，上海经济增速从两位数回落到一位数（2010年除外，其中2008年为9.7%，2009年为8.2%，2010年为10.3%，2011年为8.2%，2012年为7.5%，2013年为7.7%），逐步进入中速增长的常态阶段。而全国经济则从2010年开始逐步回落到中速增长阶段（其中2011年为9.2%，2012年为7.8%，2013年为7.7%）。因此，上海经济先于全国两年向"新常态"过渡。其二，上海在"新常态"下的经济增速低于全国。在经济运行向"新常态"转变过程中，上海经济增速明显放缓，从2007年的15.2%下降到2013年的7.7%。经济增速由以往高于全国2个百分点转为低于全国0.5～1个百分点。其三，上海在"新常态"下经济增长的稳定性高于全国。2011～2013年，上海经济增速从8.2%回落到7.7%，波动幅度为0.5个百分点。而同期全国经济增速从8.7%下降至7.4%，波动幅度为1.3个百分点。从近年来经济增速波动看，上海明显小于全国。

二是经济结构趋于优化。进入"新常态"后，上海与全国一样，经济结构逐步优化，服务业增长速度快于制造业，服务业占比稳步提高。但与全国的不同之处在于以下几方面。其一，上海服务业增速大幅高于制造业。2011年以来，上海服务业增速平均快于制造业增速4个百分点，服务业成为拉动经济增长的主动力；而全国服务业增速仅快于制造业增速1个百分点左右，经济增长主要靠制造业和服务业"双轮驱动"。其二，全国进入"新常态"后服务业增长主要依靠传统服务业，而上海"新常态"下的服务业增长主要依靠金融、贸易、商务等现代服务业。其三，全国"新常态"下经济增长仍主要依靠传统产业升级换代，而上海"新常态"下产业融合发展趋势突出，新技术、新产业、新业态、新模式的"四新"经济成为经济发展的新增长点。

三是经济动力发生转变。进入"新常态"后，上海与全国一样，经济增长对投资的依赖度下降，逐步由拼资源向拼智力转变。但与全国不同的是，上海经济增长对投资的依赖度更低，创新驱动力更强。2013年和2014年，上海分别以3%~5%的投资增速支撑了7%~8%的经济增长率，而全国要用超过15%的投资增速才能支撑7%~8%的经济增长率。因此，在"新常态"下，上海经济增长对投资的依赖度更低。

四是经济效益继续提升。进入"新常态"后，上海与全国一样，财政收入增速与GDP增速同步，居民收入增速快于GDP增速。但与全国不同的是，上海工业增加值增速持续高于工业总产值增速。同时，上海建设用地零增长，经济增长开始摆脱对土地的依赖，而全国建设用地仍在持续增加。

五是经济风险逐步增多。进入"新常态"后，上海与全国一样，面临政府债务较多、房地产泡沫较大、影子银行膨胀等众多历年累积起来的风险。但与全国不同的是，上海产能过剩的矛盾不突出，而城市运行安全矛盾突出。从产业发展瓶颈看，全国面临的融资难和生态环境硬约束问题突出，而上海产业发展更多面临的是制度约束。

因此，与全国相比，上海经济"新常态"有着不同的特征，面临不一样的矛盾和挑战。这些特征和挑战更多体现的是上海跨入服务经济阶段后经济运行的新特点。

# 四 2015年保持上海经济平稳运行的建议

2015 年既是上海"十二五"发展的收官之年，也是全面深入贯彻党的十八届四中全会精神的开局之年，因此，做好 2015 年经济社会发展工作，意义十分重大。鉴于国内经济形势较为严峻，我们认为，2015 年上海经济社会发展工作的总体思路和基本方针是：加强底线思维，坚持稳中求进，以提高经济增长质量和效益为中心，以深化改革和转型升级为动力，抓改革、促创新、优环境、控风险，努力保持经济社会平稳、持续、健康发展。

——抓改革。就是按照国家的总体要求与部署，以加快建设自由贸易区为抓手，深化推进上海各项改革事项，更加注重改革的系统性、整体性和协同性，加快政府职能转变，努力挖掘和释放新一轮改革开放红利，力争形成一批新的成功案例，为全国改革做榜样。

——促创新。就是紧紧围绕建设具有全球影响力的科技创新中心，大力促进科技创新，通过创新进一步提高经济运行的质量效益，加快培育经济发展的新增长点，推动经济结构调整和转型升级。

——优环境。就是按照加快建设"四个中心"的要求，进一步优化和改善上海的生态环境和营商环境。一方面要把生态环境保护和资源节约利用作为创新转型的重要抓手，加强大气环境和水环境治理；另一方面要大力改善上海商务环境，深化政府职能转变和行政审批制度改革。

——控风险。就是要加强底线思维，超前做好预案，防止经济波动扩散到社会层面。要抓紧构建、完善和夯实社会保障体系，特别是要进一步完善就业保障和基本公共服务体系，增强"社会保底"的能力。

根据上述思路，2015 年要重点抓好以下十项工作。

## 1. 抢抓先发优势，加快推进自贸区改革经验的复制、推广、辐射

2015 年国务院可能批准广东、天津、福建等省市设立自贸区，上海自贸区改革的先发优势或将被弱化，因而要加快自贸区制度经验的复制、推广、辐射。一是加快自贸区经验在全市的复制、推广。推进功能扩区，将自

贸区改革经验率先在浦东新区复制、推广,实施"区内注册、浦东经营"。积极推进自贸区的创新举措在全市复制、推广,结合各区县的实际情况,分类别、分阶段、分形式地有序推进,鼓励区县加强与自贸区的功能联动、业务联动和管理联动。二是扩大自贸区的辐射效应。进一步梳理服务于国家整体开放战略与经济结构转型调整需要的改革创新举措,如海事监管制度等,尽快在长三角区域(如上海周边的嘉善县)以及全国范围内普适性复制、推广。三是加快自贸区开发主体"走出去"。在自贸区向长三角地区和全国辐射的过程中,要加快自贸区建设的主体——上海外高桥(集团)有限公司等企业向国内其他地区拓展的步伐,把自贸区辐射与企业"走出去"结合起来。

**2. 加快启动建设具有国际影响力的全球科技创新中心**

一是推进科技创新体制机制改革。加快在科技金融体系、政府创新管理、科技人才等方面的体制机制改革,完善科技创新政策,充分激发创新的动力和活力。二是实施一批重大科技攻关项目,建设一批重大创新工程。聚焦网络空间安全、航空发动机及燃气轮机、脑科学与人工智能等领域,实施一批具有国际影响力和竞争力的关键核心技术项目。选择全球市场容量大、发展潜力好、在本市有一定基础的产业领域,推动生物医药、新能源汽车、智能机器人等创新工程建设。三是加快打造国家级科技创新集聚区。可聚焦张江国家自主创新示范区核心区(张江高科技园区)、漕河泾高新技术开发区、嘉定(科技城)自主创新先行区、外高桥自贸试验区以及临港、紫竹、杨浦等区域,以高校、重大科学设施、产业园区为重点,突出科技创新应用功能,着力打通产学研瓶颈。

**3. 加快培育和发展"四新"经济,构筑新的经济增长点**

一是加快制定"四新"经济标准。转变政府对"四新"经济的引导方式,以标准引导替代产业引导,对于符合标准的"四新"企业加大扶持力度,提供"增值服务",同时通过调整"四新"经济标准,引导企业提升价值链。二是加快制定推动"四新"经济发展的相关扶持政策。针对全球产业和技术发展的新趋势,加快制定扶持"四新"经济发展的政策举措,创

新新兴产业扶持方式，构建服务"四新"企业的绿色通道，协调解决"四新"经济发展中遇到的障碍和问题。

**4. 深化投融资体制市场化改革，加快重大基础设施项目建设步伐**

一是探索推广基础设施及公共服务领域的 PPP 模式。在路桥、环境、水务等领域推出一批示范项目，鼓励社会资本以特许经营等多种形式参与项目建设和运营。发挥政府投资的引导作用，对鼓励社会资本参与的项目，政府投资要给予优先支持，并根据项目的不同情况，通过投资补助、资本金注入、贷款贴息等方式引导和扶持。完善公共服务价格形成机制，确定项目合理赢利水平，增强吸引社会资本的能力，并根据成本变化和社会承受能力等适时调整。二是加快推进重大项目和重点区域建设。按照"十二五"规划的基础设施项目安排，优化对外交通体系建设，加快浦东和虹桥机场改扩建，推进沪通、沪乍铁路建设。完善供水和防汛设施，推进旧区改造和市政管网升级，统一规划部署全市地下空间开发。加快推进城乡发展一体化，提升郊区乡镇和农村基础设施建设水平。

**5. 大力挖掘培育新兴消费点，不断提升消费能级**

一是要发展新兴消费，挖掘消费市场新增长点。大力培育发展新兴消费，鼓励信息服务、教育培训、休闲娱乐、健康医疗等服务性消费。挖掘消费市场新增长点，大力开发郊区、农村消费市场；服务社区居民，深化发展社区商业；瞄准未来老龄化社会趋势，针对老年人消费的特征和习惯，鼓励老年消费，大力发展"银发经济"。二是推进传统商业与电子商务融合发展，利用大数据、云计算等信息技术改造传统消费方式、消费渠道和消费理念，促进传统商业企业运用新技术、新模式，鼓励商业企业线上线下一体化发展，推动"传统商圈"向"智慧商圈"转型。三是提高上海商品丰富度，防止高端消费外流。结合自贸区建设契机，在总结借鉴"自贸区进口商品直销中心"等经验基础上，创新商业模式，吸引国际高端品牌和特色商品进驻上海，满足高端消费需求。

**6. 充分挖掘全国经济"新常态"下的新机遇，培育经济发展新动力**

一是主动融入国家"两带一路"战略。上海拥有 60 多个国家的领事馆，并与150多个国家有口岸关系，要加快主动融入国家"两带一路"战略的步伐。要加快出台上海参与国家"两带一路"战略的方案，重点以金融资本和金融服务"两带一路"沿线开发；利用自贸区建设机遇，突出转口贸易服务优势，打造"两带一路"的转口中心；积极参与"一路一带"国家的矿产能源资源开发和基础设施项目建设。二是进一步做好扩大进口的大文章。要充分利用中澳和中韩自贸区建设的重大机遇，大力发挥上海建设自贸区的独特优势，大力扩大进口，稳步推进离岸贸易和三角贸易，培育经济发展新增长点。三是进一步鼓励上海企业"走出去"。推动上海市国企、民企加速境外投资布局；充分发挥"上海'走出去'企业战略合作联盟"的作用，推动企业间共享资源、抱团出海，大力培育市场化、专业化、国际化发展的上海本土跨国公司。同时，加大对华谊集团、上海建工集团、外高桥集团等企业拓展国内市场的支持与扶持力度。

### 7. 深化经济体制市场化改革，激发企业发展动力和活力

一是有序推进国资国企改革。加快落实《关于全面深化国资国企改革的若干意见》，着力推进国资国企市场化改革，扩大垄断领域的改革，放低民资进入的门槛。二是努力破解企业融资瓶颈。加大银行为中小企业金融服务的创新，简化贷款手续，积极推动商业银行增强对中小企业贷款的灵活性；加强政府政策针对性，出台贷款补贴、贷款贴息和融资便利等方面的政策，着力破解企业融资难、融资贵的问题。

### 8. 加快推进产业园区的转型升级，充分挖掘资源效益

一是大力推进低效产业园区存量土地二次开发。加大闲置土地处置力度，盘活存量土地资源，实施"腾笼换鸟"二次开发。属于依法可以认定的闲置土地，要依法征收闲置资源费用直至收回土地；达不到法定标准但是资源确实存在闲置现象的，能够收购、置换的闲置资源要引进优质项目进行资源收购。二是加快淘汰产业园区的落后产能。对于技术落后、环境污染严重、土地产出效率低下的低效企业，参照闲置资源管理，通过产学研合作提升技术、关停并转等手段加快淘汰落后产能。

### 9. 积极防范商务楼宇风险,密切关注房地产市场走势

一是要采取积极举措防范商务楼宇阶段性供应过剩风险。建立全市商务楼宇市场的风险监测与预警机制,从租金、空置率、存量、吸纳量等方面监测市场动态,对市场风险及时预警。适当收紧商务楼宇的投资,适当减少商办用地的出让,放缓投资节奏。同时,要优化商务楼宇发展布局,控制和压缩不具发展潜力的新办公区的开发,避免商务楼宇重复建设。二是要保持房地产市场平稳发展。在已经出台的信贷政策基础上,调整房地产市场高速增长时期的税费政策,降低交易环节税费,鼓励梯度消费,有序释放居民改善性需求,激发市场活力,促进房地产市场平稳、健康发展。

### 10. 进一步深化创业扶持政策,完善就业保障机制

针对高校毕业生就业压力依然较大的情况,拓宽就业渠道,大力提升就业指导、就业服务水平,落实就业政策,引导小微企业吸纳高校毕业生就业,促进高校毕业生灵活就业。同时,完善创业扶持政策体系。落实税费减免、创业小额贷款、大学生创业"零首付"、创业孵化和跟踪服务等举措,探索设立创业保险制度,健全鼓励创业和扶持小微企业、非正规就业组织发展的体制机制。

# 香港经济：2014年表现
# 及2015年展望

王春新*

摘　要： 2014 年前三季度香港 GDP 仅小幅增长 2.4%，低于市场普遍预期的 3% 以上，主要受到外需复苏速度较预期缓慢、内需放缓较预期严重以及"占领"运动三大因素的影响。2015年全球经济和贸易在"新平庸"状态下仍会有所改善，其中美国经济将是新亮点，欧洲经济仍将蹒跚而行，中国经济在"新常态"下将加快结构调整提升步伐，因而香港外需总体上会略有好转，不平衡状况也将有所缓和；香港内需则因本地楼市有机会进入调整周期以及政治问题将继续放慢。预计 2015 年香港 GDP 将上升 2.8%，略高于 2014 年的2.2%，但仍低于趋势增长水平；通胀仍会持续向下，这一轮由楼价带动的通胀周期将进入尾声。

关键词： 香港外需　香港内需　经济增长

## 一　2014年经济表现欠佳原因何在？

2014 年中国香港经济整体表现逊于预期，第 1~3 季度 GDP 增幅分别为

* 王春新，中国银行（香港）有限公司高级经济研究员，香港特区政府高级研究主任及首席研究主任（任职时期为 2003~2009 年）。

2.6%、1.8%和2.7%（见图1），前三季度平均为2.4%，低于上年同期2.9%的增幅，也与"亚洲四小龙"中的其他三个国家或地区——中国台湾、新加坡和韩国差距甚大（见图2）。第4季度受"占领"运动的影响，经济增速进一步下滑。

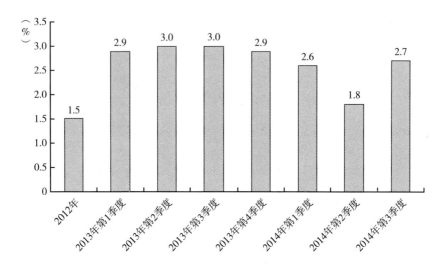

**图1　中国香港 GDP 增长率**

资料来源：香港特区政府统计处。

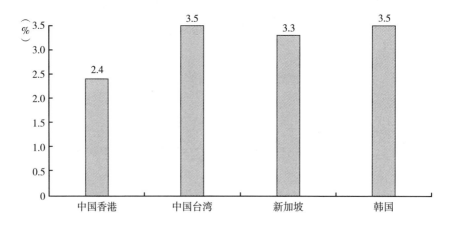

**图2　"亚洲四小龙"2014年前三季度 GDP 增速比较**

资料来源：各国/地区统计局。

预计2014年GDP增幅仅上升2.2%左右，大幅低于经济学家原先预测的3%以上，远低于过去10年平均增长4.5%的水平。究其原因，主要包括以下几个方面。

首先是外部需求复苏速度较预期慢。由于欧洲经济在弱势复苏后欲振乏力、日本经济重陷衰退、中国经济放缓压力加大以及俄罗斯、巴西等新兴经济体相继陷入困境，全球经济增长动力受到削弱，IMF把2014年全球经济增长预测下调至3.3%，低于年初预期的3.7%。全球经济表现不如预期的一个直接原因，是全球贸易增长也较预期差，WTO最新发表的《2014年世界贸易报告》中把2014年全球贸易增长率从原先估计的4.7%大幅调低至3.1%（见图3），远低于过去20年平均的5.3%，这说明全球外部需求不足情况没有得到根本改变。

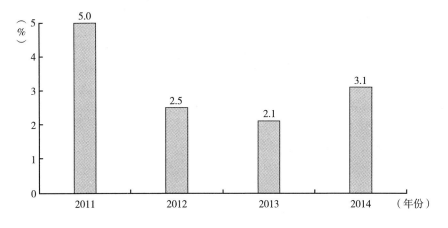

**图3 全球贸易增速**

注：2014年为预测数。
资料来源：WTO。

在这一大背景下，香港整体货物出口在2014年1~10月只增长3.8%（见图4），仅与2013年同期持平，大大低于过去4年平均9.9%的增速。其中，对中国内地的出口只略微上升2.5个百分点，对欧盟的出口也仅增长3.0个百分点，对日本的出口更是下跌0.8个百分点，充分反映了这几个大型经济体需求放缓带来的影响。值得一提的是，由于黄金及金币出口增速急速放缓，2014年前三季度香港列入GDP统计的货品出口（货物出口＋黄金

及金币出口）实际升幅只有 1.4%，而 2013 年同期却上升 7%，按生产法计算，仅这一项就足以拉低 GDP 增长 1.4 个百分点。与此同时，受来港游客购物消费大幅放缓影响，2014 年前三季度服务输出同比实质升幅只有 1.1%，大大低于 2013 年同期的 5.8%，使包括货物出口和服务输出在内的整体外需对香港经济的拉动力全面减弱。

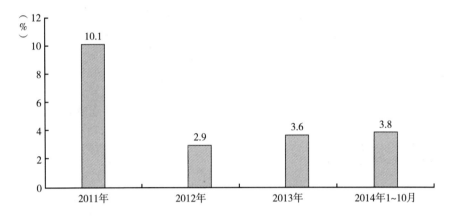

**图 4　香港整体出口增幅**

资料来源：香港特区政府统计处。

其次是内部需求放缓比预期严重。2014 年香港私人消费开支和固定资本投资增速均呈现下降态势，前三季度零售业总销货值和销货量同比分别收缩 0.4% 和 0.3%，比受全球金融海啸猛烈冲击的 2009 年还要差（当年总销货值仍略微上升 0.6%），更难以与过去 4 年平均分别劲升 16.0% 和 12.9% 的势头相比。扣除游客购物大幅下跌等因素的影响，本地消费也是疲弱不振，前三季度私人消费开支实质升幅仅 2%，不及 2013 年同期的一半，只有过去 4 年平均的 1/3 强。本地固定资本投资更是出乎意料出现下跌，第 2、第 3 季度分别下降 5.7% 和 4.7%（见图 5），前三季度平均下降 2.3%，而 2013 年同期仍上升 2.4%，过去 4 年平均实质升幅更是高达 7%。正因如此，2014 年前三季度私人消费开支仅拉动 GDP 增长 1.33 个百分点，而 2013 年同期却拉动 3 个百分点；陷入衰退的本地固定资本投资拉低 GDP 增长 0.67 个百分点，而 2013 年同期则拉高 0.67 个百分点。综合计算，2014 年前三季度内部需求分别拉动

GDP 增长 2.5 个、1.9 个和 1.1 个百分点，呈逐季放缓趋势；前三季度平均拉动经济增长 1.8 个百分点，不及 2013 年同期拉升 4 个百分点的一半。

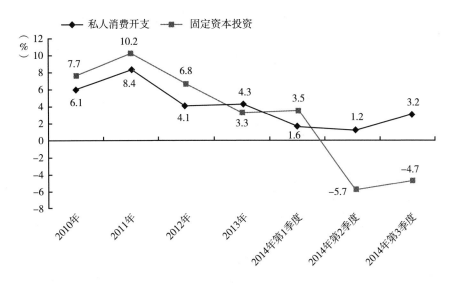

**图5　私人消费开支和固定资本投资增幅**

资料来源：香港特区政府统计处。

内需表现欠佳的一个重要原因，是持续数年的正面财富效应业已见顶回落。大量研究表明，香港内部需求与楼价变动密切相关，财富效应如影随形。1990～1997 年私人住宅价格大幅飙升，本地内部需求每年随之劲升 7.2%，私人消费开支每年也上升 6.2%，均超过 GDP 增幅；1998～2003 年楼价大跌2/3，本地内部需求和私人消费开支每年分别收缩 0.6% 和 0.2%，成为经济增长的负累。2010～2013 年私人住宅价格急升 82%，平均每年劲升 16.1%，带动内部需求每年上升 5.3%，也高于同期 GDP 增速。2014 年上半年受政府推出"双辣招"调控政策的影响，香港楼价停滞不前，成交锐减，下半年由于政府"减辣"，楼价开始重拾升轨，但以 1～9 月计算总增幅仍不如过去 4 年的平均水平，加上美国加息在即，财富效应便大打折扣（见表1）。另一个原因是私人部门的机器和设备投资经过过去几年的强劲增长后，2014 年前三季度大幅下降 7.5%，仅此项就影响香港 GDP 大约 2 个百分点。

表 1  香港房地产价格增幅

单位：%

| 类型 | 2010 年 | 2011 年 | 2012 年 | 2013 年 | 2014 年 | 合计 |
|------|---------|---------|---------|---------|---------|------|
| 私人住宅 | 21.0 | 11.1 | 25.7 | 7.7 | 8.4 | 153.6 |
| 写字楼 | 24.8 | 18.1 | 24.8 | 9.1 | 2.7 | 182.3 |
| 商　铺 | 27.4 | 19.9 | 40.6 | 4.1 | 2.0 | 223.6 |
| 工厂大厦 | 31.6 | 24.5 | 45.9 | 9.8 | 2.1 | 239.5 |

注：2014 年数据仅为 1~9 月数据；合计为 2014 年 9 月与金融危机最低点对比的数据。
资料来源：政府差饷及物业估价处。

最后是"占领"运动带来的影响。2014 年 9 月 28 日爆发的"占领"运动，参加人数、波及范围以及社会反应均超出预期，对香港的零售、旅游、酒店、运输等行业以及金融活动均带来冲击，波及香港经济社会的许多层面。其中，旅游和零售两大行业受到的冲击最大，"占领"运动主要在中环区、旺角、铜锣湾和尖沙咀等商业核心区展开，这些区域是外来游客旅游购物的集中地，占领和冲突令这些商业区交通中断，多家商铺关闭，对旅游业的影响可谓立竿见影，损失惨重；而这两个行业又是香港经济的重要支柱以及劳动就业的主要提供者之一，加上对其他行业的冲击，香港第 4 季度经济增长率因此被拉低了 1.3 个百分点，全年 GDP 增长率因"占领"运动而下滑 0.4 个百分点。

## 二　2015年经济可望轻微改善

### 1. 外部需求将略有好转

2015 年香港经济的走势，首先取决于外部需求的发展变化。总体而言，当前全球持续疲弱且不均衡的经济复苏，将会延续到 2015 年，外需不足的大环境总体上难以改变，但也会出现一些新的变化。

首先是全球经济和贸易在"平庸"中略有改善。IMF 预测 2015 年全球经济将增长 3.8%，虽然高于 2012~2014 年的平均增长水平，但由于潜在增长率下降以及需要处理金融危机后的财政紧缩和失业高企等问题，全球经济陷入 IMF 总裁拉加德所说的"新平庸"（New Mediocre）增长状态，增速仍达不到 2000～2004 年正常时期的平均值 4.7%，更是低于 2004～2007 年繁荣时期的平均值 5.2%。正因如此，国际贸易增长也难以"正常化"，WTO 预期 2015 年全球贸易额将上升 4%，虽略高于 2014 年的 3.1%，但与过去 20 年平均的 5.3% 相比尚有不小的差距。

不过也要看到，尽管总体表现仍属"平庸"，但 2015 年全球经济增速可望比 2014 年快 0.5 个百分点，较接近 4%～5% 正常增长区间的下限。与此同时，贸易升幅不仅比 2014 年高，还有望略快于经济增速，从而有可能改变过去数年全球贸易增速持续低于经济增速的非常态走势。由于近期 WTO 成员就贸易便利化问题取得历史性突破，加上以贸易和投资自由化为核心的区域经济合作浪潮正在席卷全球，相信这将有利于扩大世界贸易的总体规模，为香港外部需求的改善不断提供新动力。

其次是发达经济体与新兴经济体的增长差距将进一步缩小，形成双轨拉动经济的格局，香港外部需求不平衡状况将有所缓和。根据 IMF 的预测，2015 年发达经济体 GDP 将上升 2.3%，比 2014 年高出 0.5 个百分点；新兴经济体 GDP 将上升 5%，也略高于 2014 年的 4.4%。两者的增速比率将从 2012 年欧债危机时的 4.3 倍降至 2015 年的 2.2 倍，这是 10 多年来的低位，因为 21 世纪以来两者平均增速比率在 3 倍以上（见表 2），这说明 2015 年全球增长动力将较为均衡，决定香港经济增长的外部需求将更加多元化。

**表 2　全球经济增长及其结构变化趋势**

| 指标 | 2005 年 | 2006 年 | 2007 年 | 2008 年 | 2009 年 | 2010 年 | 2011 年 | 2012 年 | 2013 年 | 2014 年 | 2015 年预计 |
|---|---|---|---|---|---|---|---|---|---|---|---|
| 全球（%） | 4.8 | 5.4 | 5.2 | 3.0 | -0.7 | 5.1 | 3.8 | 3.4 | 3.3 | 3.3 | 3.8 |
| 发达经济体（%） | 2.5 | 2.9 | 2.7 | 0.6 | -3.7 | 3.0 | 1.6 | 1.2 | 1.4 | 1.8 | 2.3 |
| 新兴经济体（%） | 7.5 | 8.1 | 8.3 | 6.0 | 2.8 | 7.4 | 6.2 | 5.1 | 4.7 | 4.4 | 5.0 |
| 增速比率 | 3.0 | 2.8 | 3.1 | 10.0 | — | 2.5 | 3.9 | 4.3 | 3.4 | 2.4 | 2.2 |

注：新兴经济体与发达经济体增速比率：2000～2009 年平均为 3.9；2010～2013 年平均为 3.3。
资料来源：IMF。

美国经济将是 2015 年发达经济体中的一大亮点。2014 年第 2、第 3 季度该国 GDP 环比升幅高达 4.9% 和 3.9%，是多年来难得一见的高速度；目前美国 PMI 指数保持在 50 点以上，消费者信心指数创下 7 年新高，失业率降至 5.8% 的金融海啸后低位，新能源、互联网、生物医药、3D 打印等新兴产业正在崛起，表明经济复苏步伐将有所加快。但由于美国需要进一步平衡财政，就业质量下降和收入增长缓慢在短期内难以改变，加上利率正常化将降低财富效应，因而整体经济表现仍达不到正常水平。IMF 预期 2015 年美国 GDP 将增长 3.1%，高于 2009 年经济复苏以来的平均水平。中国香港对美国的出口已由 2013 年的下跌 2.1% 转为 2014 年 1~10 月的上升 1.9%，预计 2015 年将加速 1 倍至增长 4% 左右，这对中国香港外部需求的改善至关重要。

欧元区经济仍在蹒跚前行。2014 年前三季度同比增长 0.8%，虽比 2013 年的收缩 0.4% 已有所好转，但区内各国经济复苏仍不平衡，且复苏过程较为反复，影响了增长动力的进一步提升。目前欧元区综合 PMI 指数创下 16 个月新低，加上 CPI 一路向下，增大了陷入新一轮衰退的风险。预计欧元区将采取更多措施去对抗通缩及刺激经济增长，包括欧洲央行将加大 QE 力度，欧委会推出为期 3 年、总额逾 3000 亿欧元的"刺激计划"，总体上有利于经济稳定发展。估计欧元区 2015 年经济增长率将为 1.2% 左右，略高于 2014 年水平。值得注意的是，虽然近两年欧洲经济表现不如美国，但中国香港对欧洲的出口增幅仍比对美国出口增幅大，如果这一情况持续下去，欧元区 2015 年的需求增长仍可给香港带来机会。

2014 年新兴经济体的 GDP 增长率只有 4.4%，是全球金融危机以来的最差表现，与 2004~2007 年快速增长时期平均上升 7.9% 相差甚大，主要是因为俄罗斯和巴西等国经济一路下滑至衰退边缘。按照 IMF 的预测，2015 年新兴经济体的 GDP 增速将回升至 5% 左右，比过去两年要高，主要是印度经济增长可望加速，巴西经济也将有所反弹，但俄罗斯由于乌克兰危机和油价大跌，经济增长已失去动力，短期内难以走出困境。整体而言，2015 年新兴市场对香港外部需求只能带来轻微的改善。

最后是中国内地经济结构调整加快，对香港经济的影响将进一步加大。在外需不足、房地产投资增长下滑以及加快淘汰过剩产能的多重压力下，2014年前三季度GDP增速降至7.4%，低于2013年同期的7.7%。2014年1~11月，全社会固定资产投资增长15.8%，较2013年同期大幅下降4.1个百分点，直接拉低GDP增长约0.7个百分点，说明投资放缓是经济降速的"元凶"。其中房地产开发投资增速比2013年同期大幅下调7.6个百分点，影响全部固定资产投资增长约2个百分点，并直接拉低GDP增长0.35个百分点。社会消费零售总额同比上升12%，也低于2013年同期的13%，但扣除物价因素后，实际升幅反而相差不大，加上服务消费正在扩大，说明内部消费不仅非经济放缓之肇因，而且对经济增长的拉动作用还有所加强。出口同比增长5.7%，比2013年同期低2个百分点，外贸增长预期指标未能如期完成。但也要看到，2013年上半年发生的虚假贸易并不能带来真正的经济动力，若扣除因虚假贸易形成高对比度基数这一因素，2014年外贸出口对经济增长的拉动力虽仍不足，但整体力度并不弱于2013年。

为了稳定经济增长，政府采取了扩大基建投资、加快新型城镇化建设、货币定向宽松以及降低利率等政策措施，试图把经济增速基本维持在7.5%左右。2015年内地将加大稳增长、调结构的力度，包括进一步加大基础设施投资规模、通过扩大保障房建设和加快棚户区改造以稳定房地产投资、加快推进户籍改革以增加内部消费、鼓励企业扩大对外投资以消化过剩产能等，同时不排除再次降息及调低银行准备金率的可能，借此扩大社会融资规模及降低融资成本。与此同时，目前中国经济正在悄然发生的一些结构性变化，诸如第三产业比重超过第二产业并使服务业成为经济主体和主要动力、城镇常住人口超过农村人口使中国全面迈入市民社会、高新技术和文化创意产业迅速崛起并成为新增长动力以及较高附加值的一般贸易出口已替代低附加值的加工贸易而成为出口主体等，都将直接影响2015年的经济表现。预计2015年中国内地消费将保持稳定，投资增速将继续有所下调，出口增长率有机会回升至7%以上，全年GDP增幅将为7.2%左右。虽然目前CPI和

PPI 仍处在持续下降通道，但 2015 年应不会陷入通缩。

### 2. 内部需求将继续放慢

2015 年影响香港内需的一个重要因素是楼价变动。由于美国已进入加息周期，"联汇制"下香港跟随美国加息实属必然，对利率变动极为敏感的香港楼市有机会正式进入调整周期，预计 2015 年私人住宅价格将有 5% ~ 10% 的下调空间，持续 10 年的财富效应将转向负面，这无疑会影响私人消费和投资意向，进而削弱内部需求增长动力。影响香港内需的另一个因素是受"占中"的影响，立法会的拉布行动和不合作运动将会变本加厉，进一步拖延政府拨款申请，导致工程项目开工无期。政府公布的资料显示，上一个立法年度政府原计划向立法会提交 392 项总额约 430 亿元的新工程项目，但立法会财务委员会批准的项目只有 13 项，涉及金额仅 36 亿元，只及拨款申请总额的 8%。这个立法年度政府预计将有 80 多个项目需要立法会支持，总额约为 710 亿元，若不合作运动持续，预计基建支出将大幅减少，从而影响公共部门的固定资本投资。当然，由于香港仍处于接近全民就业水平，居民收入状况良好，尤其是基层员工收入增长较快，加上住宅施工量正在扩大，因而内部需求仍会维持小幅增长。

### 3. 对2015年经济增长的估计

总体上看，2015 年香港在外需可望回升、内需进一步放缓以及 2014 年第 4 季度因"占领"运动影响而形成较低基数等多种正反力量的作用下，全年 GDP 增长率将达到 2.8% 左右，略高于 2014 年的 2.2%，但仍低于 4% 的趋势增长率。如果"占领"运动的负面效应被进一步放大，2015 年香港经济就不容乐观。

香港基本通胀率已从 2011 年高峰期的 5.3% 降至 2014 年的 3.5% 左右，呈逐步下调趋势。随着楼价可能向下调整和油价的急跌，2015 年香港通胀率将降至 3% 以下，显示这一轮由楼价急升带动的通胀周期将进入尾声。目前甲类物价涨幅比丙类高出逾 1 个百分点，说明通胀对基层民众的影响相对较大；预计 2015 年这种情况仍难改变，直到小型住宅楼价和租金出现较大幅度的调整为止。

# 三 未来值得注意的几个问题

## 1. 密切注意"占领"运动对香港经济的中长期影响

持续多月的"占领"运动不仅对香港经济产生了短期影响，而且还将造成中长期影响，对香港的经济发展形成掣肘。一是使本地财团及内地企业对香港营商环境的信心受到冲击，可能减少在本地的投资，扩大对海外市场特别是欧洲市场的资产布局，进而可能促使中产阶层的移民倾向，香港人才流失的风险也将上升。二是加剧了香港社会分化，行政与立法的关系将更加紧张，并增加特区政府的施政难度。三是对内地与香港互信基础及深化合作意向也会带来负面影响。

更重要的是，"占领"运动将导致香港竞争力加快下滑。特区政府施政日益艰难，整个社会无法集中精力发展经济、改善民生，必然导致香港竞争力进一步减弱。瑞士洛桑管理学院（IMD）2014年度全球竞争力排行榜显示，香港排名连续三年下跌，由2012年的第一名降至2014年的第四名，预计"占领"运动之后，香港竞争力排名还将进一步后退，未来几年香港经济存在较大放缓压力，其潜在增长率将下滑至3%左右。

## 2. 全面对接国家"十三五"规划

从2001年起，内地先后在第十个、第十一个及第十二个五年规划中提到港澳在国家发展中的功能定位。2011年起实施的国家"十二五"规划更是以独立章节阐述港澳的发展问题，引起香港社会的广泛关注。在国家规划的指引下，香港和内地经济合作不断升温，两地合作进入一个由政策带动的新阶段，同时提升了香港在国家规划中的地位，给香港带来了可观的经济效益和社会效益。香港社会尤其是工商界，普遍欢迎国家在五年规划中以适当方式将香港的功能定位及发展需要纳入国家的发展规划，对国家将如何在正进入前期调研论证的第十三个五年规划中论述香港的发展有较高期待。2015年是国家制定"十三五"规划的关键一年，香港应积极配合相关工作，与国家有关部门加强合作，提出如何衔接国家"十三五"规划的主要方向和

总体策略，为未来五年的经济发展提供新的机会。

### 3. 下决心加快推动香港经济转型

要借助国家"十三五"规划加快推动香港向知识经济转型，把发展知识型服务作为转型的主要方向。香港发展知识型经济，虽然错过了一些时日，且面对教育普及程度和科技创新能力相对较低等薄弱环节，但香港也拥有"一国两制"、人才荟萃和现代服务业等优势，只要抓住机遇，就能迎头赶上。香港应把自己定位为中国和亚太区的知识型经济服务中心，一方面为国家的知识型经济发展提供服务，另一方面成为珠三角知识型经济的领导者。而要实现这一新的目标定位，政府的功能和角色至关重要，特区政府要明确制定未来向知识型经济服务中心发展的总体蓝图，尽快凝聚社会共识和支持，进一步加强教育和人才培养，更好地吸引全球最顶尖人才汇聚香港，不断加大对知识服务 R&D 的投入，同时选定现代物流、创新金融、健康服务、创意设计、专业服务、检测论证、标准制定、平台引进等重点产业作为未来的主攻方向，为本地经济更好地发展打下稳固的根基，也为国家新一轮的改革发展做出更大贡献。

### 4. 设法逐步化解内部深层次矛盾

目前香港正面对不少深层次问题，包括产业结构单一化问题变本加厉，就业职位有朝低级化发展的趋势，部分核心产业的竞争力在下降，生产领域的行业集中度高，楼价较高、租金昂贵，创业机会及中小企业发展空间较小，税基较窄，贫富差距较大，社会及政治领域的制度转型给行政及立法关系以及施政效率带来影响，等等，使得香港不能更好地满足国家快速发展的需要，并从中寻找更多机会。例如，香港本地制造业因生产成本高昂、创新能力不足以及缺少产业政策支持而日渐衰落，难以为内地产业转型升级提供实质帮助。再如，CEPA 零关税安排似乎是为挽救香港制造业而来的，但零关税并不能完全改变导致香港制造业竞争力不断下滑的问题。

特别值得一提的是，未来香港必须尽快转变房地产发展模式，把注重投机炒卖、扼杀居住空间和妨碍经济增长的发展模式转变为以改善市民居住条件为核心并能促进经济增长的发展模式。一个较好的方法是实行住房双轨制，由政府兴建更多的新住房，按照与家庭收入水平相适应的价格，提供给家庭月收入在限额以下的本地市民，大幅降低置业门槛，让需要住房的市民尽快住上新房，可以迅速解决市民居住紧张的问题。只有下决心采取措施，对症下药，在上述各个方面提出改进的有效方法，才能真正化解不断激化的深层次矛盾，也才能真正维护香港的长期繁荣和稳定。

# B.4
# 上海自贸区制度创新和
# 政府职能转变研究

黄泽华*

摘　要：世界自贸区历史悠久，并在全球经济一体化大趋势下蓬勃发展。上海自贸区的创立是我国深化经济体制改革、保持经济可持续性发展的需要。自贸区的实践为制度创新提供可复制的经验并向全国推广，也为我国经济进一步融入国际创造条件。自贸区要有一个自由的经营环境，包括贸易自由、航运自由、金融自由等，需要打破现有体制框架，实现制度创新，建立一个完善的市场经济体系，转变政府在经济管理领域中的职能，发挥市场功能，提高社会在国家治理中的参与程度，注重法治，关注社会公平，并为经济走向世界探索一条符合国际游戏规则的新路。

关键词：自贸区　制度创新　融入国际

上海自贸区的成立在海内外引起了很大反响，不但海内外媒体多方面报道，各界人士对上海自贸区的分析和研究文章也纷纷出现，大部分人认为自贸区的建立是新一届政府立志深化体制改革的重大举措，是决心在深水区探索改革新路的表现。尽管人们对自贸区前景有不同的看法，很多境内外企业对自贸区的自由度和开放度也仍在观望，但大家都抱着积极的、正面的心态

---

* 黄泽华，上海社会科学院港澳研究中心常务理事，主要从事港澳台问题及世界经济研究。

在关注上海自贸区的一举一动。

上海自贸区是我国自实施改革开放后在内地成立的第一个以制度创新而不是政策优惠来推动地方经济发展的特别区域，它有别于目前在全国各地数量众多的出口加工区、工业园区、经济开发区、经济特区、贸易保税区，这些往往以优惠政策来吸引外资，从而达到增加出口的目的。上海自贸区是以政府在经济领域的治理质量和效率、经济活动的开放环境以及货物、人员、资金进出的自由和方便，也就是小政府、大市场的理念来连接区内与境外的经济交往的，使之成为中国经济高度开放的地区，并为全国进一步的经济体制改革提供可复制的经验。

# 一　世界自由贸易区概述

从世界看，自由贸易区（Free Trade Zone）是一个历史颇为悠久的事物。自世界第一个当时英属的直布罗陀自由贸易区在18世纪诞生后，19世纪又出现了香港自贸区和新加坡自贸区。20世纪后半叶是全球自贸区蓬勃发展的时期，也是全球产业结构大变迁、国际贸易大发展、国际资本大流动、世界经济日趋一体化的年代。根据世界银行和国际劳工组织的统计，目前全球135个国家和地区内各种类型自贸区的总量达3500个左右，雇用的各类人员数多达6600万人。就当今世界最大经济体美国而言，美国最早对自贸区的立法是在罗斯福总统执政的1934年，当时美国正处在1929年经济大萧条的中期，为了避免胡佛总统任职时美国国会通过的《斯莫特－哈雷关税法》（Smoot-Hawley Tariff Act）对美国进出口商品强征最高达53%的关税而对美国外贸和经济产生影响，美国采取了用自贸区来促进生产和出口的措施。尽管美国自贸区的起步比较晚，前期发展速度也比较缓慢，但进入20世纪90年代后自贸区的发展速度明显加快。目前美国有单独成区的自贸区174个，有类似自贸区内享有免税待遇的制造企业276家，雇用了37万名各类员工。这些自贸区和享有免税待遇的企业贸易总额的增加幅度也引人注目，从1993年的1004亿美元上升到2012年的7320亿美元。自贸区显然

已被人们认为是促进地区经济发展、增加就业、提高国民收入、推进全球经济一体化的有效方法，从而被广泛使用。

纵观世界各类自贸区，尽管形式多样、名称不同，但定义却有很高的相似性。加拿大经济学家麦克卡勒（McCalla）的定义是："总体来说，自由区是一个政治用词，却在经济上推行。它们是一些国家法律和规则比较宽松的特定区域，如关税、所得税规则，银行规则，最低工资水平等。"世界银行的定义是："小型的、有围栏的免税区域，为贸易、转运、转口运作提供货仓、储存和分流设施，主要坐落在世界各地的进出港"。加拿大学者赫伯（Hebb）的定义是："一个与贸易相关的法律法规所确定的地方，这个地方比这个国家其他地方更为自由。通常这个区域被认为在这个国家的海关管辖外，从而使这个地区对贸易活动更具吸引力，因为在区内的经营活动可以避免沉重的关税、各种货物税以及增值税。"美国国会研究服务中心的两位学者玛丽·简·波乐（Mary Jane Bolle）和布鲁克·维廉斯（Brock R. Williams）于2013年11月为美国国会提供了一份关于美国自贸区的专题研究报告——《美国外国贸易区：背景和问题》。作者在文中特别指出他们用的外国贸易区（Foreing-Trade Zones）是对自贸区的不同称呼。他们的定义是："美国外国贸易区是一些地理上的区域，其宣称是在美国海关管辖范围之外，意味着外国货物进入区内并以不同的产品出口，海关程序简捷，而且不收关税。货物一旦进入美国消费而走出外国贸易区外，则必须申请所有海关手续，并缴纳所有关税。"从不同人和机构对自贸区定义的描述看，尽管文字有差异，但都认为自贸区是一个国家和地区里一块特别的地方，有着这个国家和地区其他地方所不具备的自由的经营环境，尤其是在关税以及与经济活动相关的法律和税收方面。

由于企业在自贸区内的经营活动具有相对的自由性，自贸区以其特有的经营环境在国际经济一体化的大趋势中显示了相较于非自贸区的市场竞争优势。这些优势表现在以下几方面：①自贸区能吸引各类资本，尤其是外资的进驻；②能促进出口贸易的增长从而获得更多的外汇收入；③能增加就业，这对任何经济体政府都具有巨大吸引力；④能通过外资的进驻而获得先进技术的转让，并学到先进的管理技能；⑤能带来区内和区外经济更多的交往，从而促进更大区域内的经济发展。这些交往包括：基础设施的建造；电力、煤气和水的供应；区内劳动人口的薪酬在区外消费；等等。

当然，自贸区的优势最终要以经济利益回报给自贸区的设立者，而这种回报的前提是自贸区必须经营成功。自贸区的成功标志是自贸区的建立能够有力地促进区域经济的发展和经济活动品质的提升。从世界众多自贸区的经营经验看，一个成功的自贸区一般需要具备多项促成其成功的基本因素。这些因素包括：第一，设立自贸区的国家和地区要有一个稳定的政治环境，政治环境多变地方的自贸区是很难获得投资人的青睐的；第二，设立自贸区的国家和地区政府对自由经济的承诺和经济自由的政策不能多变；第三，自贸区设立在一个有经济发展战略意义的地方，即选址十分重要；第四，自贸区要有充足的劳动力供应和低廉的劳工成本；第五，自贸区要有完好的基础设施。在自贸区具备了这些基本要素时，其成功就取决于自贸区设立者的管理能力。

自贸区的流行是在世界经济日益一体化的大趋势下，每个经济体为使自己的经济更好地融入经济全球化而采用的一种积极进取的姿态所促成的，也是每个经济体宣示其经济会进一步开放的一种表现。

## 二 上海自贸区的目标

上海自贸区的成立对于我国现有的经济体制来说是一个重大突破，是我国深化体制改革、在制度创新道路上迈出的重要一步，也预示着改革步入了一个新领域。在一个新领域内去认识一个新事物，并要完成一项新任务，任何一个人都会面临成败的巨大挑战。迎接挑战，勇于探索，善于总结，建立一套符合自贸区自由经济环境所需的体制，是上海自贸区成功的必经之路。

2013 年 11 月，在上海自贸区正式运行一个月后的一次记者招待会上，一位记者问："上海自贸区的'政策红利'体现在哪里？"上海市委书记韩正

说："是制度创新，不是政策优惠。自贸区建设的关键是制度创新，不是挖掘政策洼地。"韩正的回答显然把上海自贸区的性质与我国自改革开放以来建立的不少以政策优惠来吸引外资、促进出口为目的的各类经济开发区做了区隔，凸显了上海自贸区制度创新的重要性，这也为上海自贸区确立了一个需要努力奋斗的目标。

什么是制度创新？加拿大学者、"社区创新世代社（Social Innovation Generation）"执行主任蒂姆·德尔敏（Tim Draimin）给出了一个比较明确的定义："制度创新是内在互相关联的一系列创新，并且互相影响，这种创新既存在于制度的各个部分，也存在于它们互相影响的过程中。"英国学者查理·理德比特（Charlie Leadbeater）预言："制度创新将成为公司、政府、城市和全社会最主要的焦点。在过去十年里，对创新而言，不断增长的焦点集中在把产品和服务作为竞争优势的源泉。在今后十年里，这种焦点将转移到各种制度的创新上。"

制度创新理论的创始人之一、诺贝尔经济学奖获得者、美国经济学家道格拉斯·诺斯（Douglas North）第一次创造性地研究了生产率的变化与制度变革之间的关系。诺斯认为经济增长的关键因素在于制度。科技进步对经济的发展虽然起了重要作用，但真正起关键作用的是制度。他认为在制度创新能使创新者获得额外利益的驱动下，人们会对现存制度提出改革和更新的强烈愿望或要求。这里的制度包含产权制度、金融制度、公司制度、工会制度、税收制度、教育制度、分配制度、社会福利制度、法律法规等。制度创新理论是制度经济学和熊彼得创新理论两大学术流派的融合，这一理论认为制度创新有两类：一类是由民间发起推进制度变革的诱致性制度变迁；另一类是民间无法产生一致动力而由政府推行的强制性制度变迁，这种制度的变迁往往由政府命令和法律引入加以实现。

上海自贸区的制度创新显然离不开政府的引领和制度的设计。作为一个全新的、在制度上有重大突破的区域在制度创新时就一定会有一个未来区域内制度变迁的目标，而且根据中央政府的要求，这个自贸区成功的运作制度可以复制并推广到其他地区以推动全国的制度创新，进一步深化体制改革。

上海自贸区的制度创新是各级政府主管部门对自贸区的一种制度设计。在讨论上海自贸制度创新前，我们应该提及一些长期存在于体制改革中的有争议的基础问题，因为这些问题的争论对今后自贸区制度创新仍有积极的意义。首先应提及的是自贸区政府和市场的关系。是大政府、小市场，还是小政府、大市场？十八届三中全会提出要完善社会主义市场经济，并提出资源的配置由市场起决定作用。这里明确了市场在经济活动中的地位，政府在资源配置中的作用将降为其次。但在现实的实践里人们对这个问题的认知仍有所不同，不同的理念会对制度创新产生不同的理解，并在制度设计与规范政府职能上产生不一样的结果。或者推行混合经济的制度设计，这也需要确定政府对经济的影响力，影响力过大或过小都会改变制度创新的原定目标。其次应提及的是政府制度和其他经济活动中存在的各种制度之间的关系，即以谁为基础。也就是说，在市场活动中遇到问题谁说了算，是场内的游戏规则，还是场外的规矩？这是各种混合经济体中经常碰到的争论。最后应提及的是政府与法律法规的关系。这是一个对政府职权的认知问题，广义的政府是否包括立法、司法和行政执法的各个部门？这些部门实行分权管理还是政府对所有的权利都有决定权？这就是人们一般认为的法大还是权大的争议。这些争议肯定会在自贸区制度创新和政府职能转变过程中不断出现，人们在这些问题上的探索也永无止境。但不管争议如何，自贸区在制度创新上表现出政府主导下强制性制度变迁一定会朝着提高经济运作效率、提倡法治、追求社会公平和公正、更有利于中国经济与国际接轨的方向进行，同时政府在经济和社会治理方面的部分职能也可以交由社会去承担，从而使政府有更多的资源去完善治理体制，提高治理能力，实现政府职能从指导经济活动到服务经济活动的转型，有效地减轻政府的负担。

如果把自贸区制度创新的目标确定为使中国经济更好地融入国际经济体系，为日后加入各种以投资互惠为主的多边国际经济组织，并作为试验区为中国深化经济体制改革提供可复制的经验，自贸区必须在制度创新上勤于探索，建造自贸区公平、公正、法治和自由的经营环境。自贸区要实现这些目标应做好以下几方面的工作。

### 1. 建立一个完善的市场体系

十八届三中全会在关于社会主义市场经济的表述中把市场在资源配置中的作用由原来的"基础性"改变为"决定性",把完善市场作为深化经济体制改革的一大重要目标。经过 30 多年的改革,中国已初步建立起社会主义的市场经济体系,但这离各种资源配置由市场起决定性作用的目标还相差甚远,上海自贸区作为经济体制深化改革的试验区任务十分艰巨。

自由贸易区,顾名思义就是要做到以下几个自由。

第一,要做到贸易自由。随着全球经济一体化的蓬勃发展,贸易自由的范畴已超越了传统认知上的降低关税、提高通关效率、减少货物进出成本,以及扫除货物进出的非关税壁垒等有形贸易领域,还包括有形贸易中的转口(货物的目的地并不在货物的到达地)和离岸贸易(贸易的结算在公司所在地,但货物的进出却发生在第三地)。除了有形贸易外,在全球贸易活动中占有同样重要地位的还有无形贸易,即人们所称的服务贸易,如金融、保险、软件开发、船运、广告、咨询、传媒、设计等种类繁多的交易。如今在国际盛行的国与国签署的双边或多边自由贸易协定(Free Trade Agreement,FTA)中涉及谈判量最大、协商内容最广泛的都与服务贸易有关。由于服务贸易涉及面广,影响的产业众多,也是每个经济体考虑各自利益最多的领域,所以准入的标准差异大,谈判的难度高。上海自贸区在贸易自由的制度创新上面临众多的挑战和困难,因为这涉及众多主管部门的权限,因此自贸区要选择由浅入深、由简到繁地逐步推进。第一步当然是做好有形贸易的自由,而自贸区目前在降低关税,提高通关效率、简化进出口手续方面都展现了新的气象。如何进一步减少非关税壁垒,使自贸区的有形贸易更自由,应成为自贸区下一个制度创新的目标。至于服务贸易,自贸区也开始分步进行制度创新。在这方面我们首先要区分服务贸易中的核心利益和非核心利益,对非核心利益和次核心利益的服务品先开放试点,等到获得一定的经验积累后再逐步涉及核心利益的服务品,这样可以及时弥补制度设计的不足,以减少因制度设计失误而带来的损失。目前自贸区采用负面清单的管理方式逐步开放非核心利益的服务贸易类项目,这是一项非常有意义的尝试,负面清单是目前国际上重要的投资准入制度，如今国际上有 70 多个国家采用了准入前国民待遇和负面清单管理模式，这是自贸区与国际接轨的重要一步。

第二，要做到航运自由。从制度创新的难易程度看，航运自由比贸易自由更具技术性。要实现贸易自由，除需要具备自由的经营环境外，还要有与其配套的各项硬件和软件，其中很重要的硬件之一就是要建立一个完好的航运产业链。这个产业链包括船舶交易、航运经纪、航运指数、航运咨询、航运审计、航运会计、船舶租赁、航运保险与再保险、江海陆物流联运等。上海自贸区的制度设计要对这一产业链的建立有所作为，因为这一行业对自贸区的发展关系重大。除航运产业链这个硬件之外，发展航运业还要有使硬件发挥更好作用的服务配套，即所谓的软件服务链，主要包括船舶注册、航运通关、航运金融、航运便利化、港口管理服务、海事法律服务、境外所得税免征利得税和薪俸税等。创造一个良好的航运自由环境，既要有政府的监督，也需要其他行业为之提供支援服务。在航运业硬件和软件的创立与磨合方面，中国香港和新加坡有着成熟的经验，值得上海借鉴。

第三，要做到金融自由。这是上海自贸区完善市场体系难度最大的一个部分，也是自贸区创出深化经济体制改革新路的关键所在，因为金融自由是贸易自由和航运自由的基础条件。金融自由包括人民币的完全自由兑换、资金进出自由、存量资产证券化自由、汇率市场化、利率市场化、金融产品创新和交易自由以及门类齐全的金融服务和服务的快捷与便利。实施金融自由的难度不但在于现有金融体制的非市场化、自贸区和非自贸区金融体系的融合，还有高度开放的金融市场如何防范国际游资的兴风作浪，这些都是自贸区金融制度创新需要花大力气研究的课题。是完全区隔自贸区内和区外的金融市场，还是部分区隔，加大开放后的政府监管力度，这是需要充分论证的。加强监管需要规则的保障、训练有素的监管人员以及强大的数据收集和分析能力。2014 年 2 月出台的在上海自贸区内允许支付机构开展跨境人民币支付业务，开启了金融制度创新的新篇章，接下来创立各种商品交易市场、期货市场和逐步扩大利率的浮动幅度等也在紧锣密鼓地进行中。尽管这些还处于金融制度创新的浅水区，但人们看到的是自贸区在脚踏实地地向前

迈进。在金融制度创新方面香港也有非常完整的经验可供上海借鉴，沪港在金融领域的合作是最有潜力的。

上海要建设成为一个国际都市，而这一国际都市的特征就是上海将建设成为国际经济中心、国际贸易中心、国际航运中心和国际金融中心，上海自贸区的创立为上海实现四大国际中心提供了一个实践制度创新的良好机会。自贸区一旦在贸易自由、航运自由和金融自由上有所突破，并为非自贸区的深化体制改革走出一条新路，那么上海以自己特有的优势把自身建设成为国际都市便指日可待。

其实，对于一个在资源配置中由市场起决定作用的经济体，市场不只是表现在贸易、航运和金融方面，资源也不局限于商品和资本，一个完善的市场体系也包括土地和劳动力市场化，这应成为自贸区制度创新的重要内容而加以考虑。这个市场体系还要体现出充分竞争，任何企业都不该有免受竞争的保护，因为没有充分竞争是无法做到由市场来决定资源配置的。

### 2. 转变政府职能

政府是一个机构，通过社会来制定和实施公共政策。政府由一群人组成，通过他们来行使权力、管理社会民众。这是政府最传统的一个定义，也就是说政府的职能是制定政策、管理民众。然而人们对政府如何制定政策和怎样管理民众产生了不同理解并影响政府的运作方式，是通过强化政府的职能还是弱化政府的职能，才能使政府的治理体系得以完善，使政府对社会的治理能力得以提高？不同的意见和观点引起了对政府职能的争论。

在传统的计划经济体制下，长期以来人们所认知的政府是经济活动的计划者，是经济活动的管理者，也是经济活动的监督者，还是经济利益的分配者，政府对经济活动拥有绝对的权力。但随着经济体制改革的深入和社会主义市场经济体系的逐步建立，政府对经济活动的权力正在发生变化，政府对经济活动的权力职能也正在转变，但政府对经济活动仍具有巨大的影响力和指导力。政府仍可运用项目投资的审批、财政的投入和分配以及政府的法令法规来涉足经济活动，这在创立社会主义市场经济体制过程中出现了认知上的困惑和实践上的矛盾。中国过去30多年来在经济发展上取得的巨大成就要归功于改革，归功于改革红利的不断溢出，深化经济体制改革是中国经济可持续发展的重要内容之一。如今改革步入深水区，如何改变政府职能，使其由经济活动的参与者转变为经济活动的服务者、监管者，为上海自贸区的制度创新提供了又一个极好的机会。上海自贸区自成立至今的实践已表明自贸区在这个创新领域内迈出了可喜的一步。例如，对自贸区内外商投资项目由核准制改为备案制，对外商投资企业合同章程也由审批改为备案管理，这不仅规范了政府对经济活动的权限，而且提高了政府服务经济活动的效率。再如，上海自贸区采用负面清单管理方式，负面清单是相对于正面清单而言的，正面清单规定哪些经济活动是可以做的，所谓"法无明文规定不可为"；而负面清单则规定哪些经济活动是不可以做的，所谓"法无明文禁止即可为"。这是上海自贸区政府对传统经济管理体制的又一重大创新举措。长期以来人们所认知的政府对经济体制的改革是政府不断开放经济领域的活动范围，这就是正面清单管理方式，如今自贸区采用的是规定不能开放的领域范围，除此之外全都开放的负面清单管理方式。这两种管理方式虽然只有一字之差，却体现了两种完全不同的管理理念，是管理方式的革命，这也对政府管理经济活动的权限做出了规范。自贸区在制度创新上走出的管理新路对全国深化经济体制改革有着重大意义。

当然，上海自贸区在政府职能转变的制度创新中也应遵循由易到难的原则，以便通过实践积累经验。下一步自贸区的制度创新应该是如何缩小负面清单的范围，使政府对经济活动的管理变得更为简捷，进一步改善自贸区自由经营的环境。再下一步的制度创新应该关注政府公共政策决策的透明度，以及社会对公共政策决策的参与度。政府对其工作全面公开，并接受社会监督，可以有效地提高政府公共政策的权威性，同时提高政府的社会治理能力。在这个基础上，政府制度创新的再下一个目标应该是对各职能部门的权力制定互相制约的机制，这种互相制约的目的是防止权力被滥用。权力的规范和制约也是发挥市场对资源配置起决定作用的关键，因为维护这个市场有序运作的基础是社会的公平和公正。也许有人会质疑，强调公平将会失去社会的效率，是公平优先还是效率优先一直是人们在政府职能认定中的基本分

歧点，显然注重经济发展更多讲的是效率，但要孕育一个成熟的市场，改变经济发展的已有模式则需要更关注公平和公正。政府释放出的那些权力可以由社会去承担，在完善市场体系过程中所有经济活动都应该做到只有制度、没有关系，只认事、不认人。

在自贸区制度创新中还需提及如何发挥社会在经济管理中的作用，这是政府职能转变的一项重要内容。社会通常是指群体人类活动和聚居的一个范围，是位于国家和个人之间的表现形态，是国家构成的内容和体现个人价值的地方，也是连接国家和个人的中间环节。最近被确认的我国社会主义价值体系就分为国家、社会和个人三个层次，说明社会在一个国家中的地位。深化体制改革、推动制度创新、提高政府的社会治理能力、构建和谐社会都与如何让社会在其中扮演角色密切相关，都离不开社会的参与。那么，社会如何参与自身的管理呢？首先是行业组织。非政府的行业组织通常被认为是行业自律的重要推行者，是企业社会责任的倡导者和监督者。企业的社会责任包括企业的诚信、企业的环保意识、企业劳工权益的保护、企业对社区的贡献等。行业组织可以通过对业内企业的资质认定、技术和管理证书的发放、业内环保的规范、产品质量的监控、对业内不良企业的道德谴责、加强业内企业与政府部门的沟通、参与政府行业政策的决策等来达到行业的自我管理。行业组织可以在很大程度上替代政府企业治理的功能。其次是公益组织。非政府组织和非营利的公益组织在社会自我管理中和行业组织相似，参与政府公共政策的制定，为政府提供与社会福利相关的公共用品，推广市政公益项目，落实政府公共政策，披露和谴责社会中的不良现象，在社会治理中可以替代政府的很多作用。最后是相对独立的劳工组织。行业组织代表了经营者、资方，而劳工组织则代表了劳方的利益。随着市场经济体系的完善，劳资纠纷也将常态化，这些纠纷包括劳工的薪资、福利待遇、工作环境、劳动保护，以及劳工对企业管理的话语权等。面对日后逐步增多的劳资纠纷甚至冲突，政府应该让社会去寻找平衡点，让劳资双方去讨论解决之道，政府只在法律层面上对违法者纠错。让社会扮演好自己的角色是自贸区今后精简政府机构、减轻政府负担、转化政府职能、提高政府社会治理能力的一项有意义的探索。

### 3. 完善法治环境

法治环境的完善是上海自贸区制度创新中不可缺失的一项内容。法治，顾名思义就是依法治国、依法施政。法治环境是指国家权力和社会关系按照明确的法律秩序运行，并按照司法程序协调人与人之间的关系，解决社会纠纷，实现在法律面前人人平等。确定法律在国家管理中的最高地位是法治社会的最主要特征，也应是上海自贸区管理的最主要特征。我国已有的法律和政府部门的行政法规法令数量众多，几乎涵盖所有领域，而自贸区不具立法权力，在我国现行的法律体制下自贸区要保留相当大的经济活动自由性，体现"境内关外"的特色，自贸区应该提出一份哪些法律法规在自贸区不实行、哪些属于部分不实行的负面清单，使自贸区的法治环境符合自贸区运行的现状。自贸区要成为一个成熟的法治社会，在自贸区的社会治理中体现法治精神，使社会对法律至上地位普遍认同和坚决支持，养成自觉遵守法律法规，并通过司法程序解决政治、经济、社会和民事等方面纠纷的习惯和意识。当然，在日常经济活动中任何纠纷都通过司法程序解决也会增加经营成本，所以在完善的市场经济体系中还要有解决纠纷非司法程序的仲裁机制。自贸区仲裁机制的建立和运行是自贸区完善法治环境的一个组成部分，也需要自贸区在制度创新中加以思考和实践。

自贸区的法治建设不但是自贸区自身发展的需要，以保障自贸区有一个公平和公正的竞争环境，吸引外资进入和国内资本运作，更重要的是自贸区可以缩短与其他经济体在法治环境上的差距，为自贸区进一步融入国际经济体系创造条件。在完善法治环境中，香港有许多成功的经验和司法专业人士，尤其是在国际仲裁领域，沪港有着广阔的合作空间。

### 4. 与国际更好地接轨

自贸区的制度创新不但要为深化体制改革提供可复制的经验，也要为中国经济进一步融入国际经济体系积累经验。

当今在世界经济一体化进程中，国与国的经济合作变得日益多样化，国际多边经济体合作组织也日益增多，参加这些组织可享有更多的国际公平竞争空间，这使得许多经济体愿意将本地经济参与国际经济体系以促进

本地经济的发展。要么接受挑战，参与并发展；要么旁观，经济被边缘化。目前全球投资规则谈判代替贸易规则谈判成为主流趋势，双边和区域贸易协定的谈判，如跨太平洋伙伴关系协议（TPP）、跨大西洋贸易与投资伙伴关系协定（TTIP）等已逐步取代世界贸易组织（WTO）而成为全球投资准入等规则的改革方向，因此自贸区一定要建立起一套符合国际化、法制化要求的跨境投资和贸易的规则体系。这不但是自贸区自身完善法治环境的需要，更是自贸区走入各种多边国际投资和贸易组织、为中国经济进一步"走出去"创造条件的需要。

自中国开放以来，经济活动跨出国门、走向世界，中国已成为世界第一大贸易国家和第二大经济体，取得了巨大成就，但与此同时，世界许多经济体对中国的质疑声浪也不断升高，批评中国在经济活动的某些领域不按游戏规则行事，这也使中国经济进一步融入世界遇到不少障碍。这些来自国际的挑战主要包括以下五个方面。第一是知识产权保护。知识产权保护随中国经济融入国际引起越来越多人的关注，中国在这方面也花了很大精力加以改进，取得了很大成绩，但知识产权领域的侵权事件还时有发生。因为知识产权保护不仅是要不要遵守国际经济活动中的游戏规则，保障中国企业在国际经济活动中的利益不受不良企业违规行为影响的问题，而且也关系到国内自主的技术创新能否健康成长。这是一个老话题，人人都明白其中的道理，但这个老话题还时时被人提及，原因在于利益的驱使和执法的不足使这个老问题一直无法获得让人满意的解答。对自贸区来说，要引领中国经济进一步走向国际，这是面临的一个棘手问题。如何在这方面从制度创新上找到一个解题之道，显然是自贸区的一大挑战。第二是市场准入。市场准入问题的核心就是公平竞争，在这方面，自贸区应该有所作为，这是自贸区正在努力实现的一个目标。市场准入条件的简单或复杂往往和这个市场的开放程度有关，对于市场越是开放的经济体，市场准入的门槛就越低，在加入国际多边经贸协议的谈判时，也容易获得谈判对手的认同。随着自贸区的加速开放和与国际的接轨，市场准入将会是自贸区融入国际经济的一个突破点。第三是汇率市场化。随着中国外贸顺差额的节节上升，人民币汇率是否合理的争议也逐步扩大。人民币汇率是否被操纵？只要中国一旦使汇率市场化，这一质疑也就可以迎刃而解。实现汇率市场化是自贸区金融制度创新的主要内容之一，也是人民币成为国际货币的关键所在，自贸区应该面对这项挑战并取得突破性进展。第四是环境保护。环境保护在国际经济交往中得到了越来越多人的关注，成为许多国际经贸协议谈判的一项内容。自贸区的制度创新也要在这个问题上做到与国际接轨，体现制度在这个领域与国际游戏规则的融合。第五是劳工权益保护。劳工权益保护也是当今许多国际经贸协议谈判的一项内容，自贸区的制度创新也应为此做出设计，不但是中国经济融入国际的需要，也是为全国深化经济体制改革提供可复制经验的需要，因为保护劳工权益是体现社会的公平。要引领中国经济更好地融入国际，自贸区在实现这一目标上应该做到"任重道不远"。

## 三　结束语

上海自贸区的制度创新对中国经济的可持续发展意义非同一般，人们高度期待创立自贸区的目标早日实现，为中国深化经济体制改革闯出一条新路。世界上任何事物在其有着美好前景的同时也会存在风险。自贸区的制度设计是否会造成区内资源和区外资源配置出现扭曲？自贸区自由的经济环境是否会出现国土安全的漏洞和与经济活动相关的刑事犯罪案件的增加？风险不可怕，只要把制度设计考虑周密就可以把风险降到最低，以最小的风险获得最大的利益回报，这正是制度创新所要达到的最好目标。

**参考文献**

1.《上海自贸试验区：不是"政策洼地"而是制度创新高地》，新华网，2013年11月7日。
2. 鲁宁：《上海自贸区有多"自由"？》，观察者网，2013年8月29日。
3. 中文维基百科：《什么是制度创新理论》。

4. Mary Jane Bolle and Brock R. Williams, "Foreign-Trade Zones: Background and Issues for Congress", Crs Report for Congress, November 2013.

5. M. Ferguson and C. Steverango, "Maximizing the Potential of the Foreign Trade Zone Concept in Canada", McMaster Institute for Transportation and Logistics, January 2013, http://mitl.mcmaster.ca/research/documents/ftz_ final_ report. pdf.

6. FIAS, "Special Economic Zones: Performance, Lessons Learned, and Implications for Zone Development", April 2008.

7. Jamil Tahir, "An Assessment of Free Economic Zones in Arab Countries: Performance and Main Features", Published by North – Holland, October 1999, http://www. erf. org. eg/CMS/uploads/pdf/9926. pdf.

8. International Regulatory Bulletin, "New Milestones: China (Shanghai) Pilot Trade Zones Opens", December 18, 2013.

# 上海自贸区带动区域发展的
# 机制分析

张云逸*

**摘　要：** 中国（上海）自由贸易试验区成立后，作为中国改革开放的新高地，引发了社会各界的广泛关注。专家学者们从各个角度探讨了自贸区成立的背景、意义等，特别对自贸区的政策进行了详细解读。但目前来看，缺乏对自贸区如何带动其他区域发展的系统研究。本文在梳理现有研究成果的基础上，立足上海自贸区自身特点，分析得出上海自贸区带动区域发展的动力来源于开放力、继承力和创新力，要通过进一步完善集聚效应、溢出效应和示范学习效应推动上海自贸区的发展。

**关键词：** 中国（上海）自由贸易试验区　动力　机制　区域发展

## 一　上海自贸区概况

2013年8月22日，中国（上海）自由贸易试验区（以下简称"上海自贸区"）经国务院正式批准设立，于9月29日上午10时挂牌开张。上海自贸区的设立引起了国内外的广泛关注。作为目前中国改革开放的新高

---

* 张云逸，博士，现任职于上海市统计局。

地，上海自贸区有什么功能和特色、如何带动中国经济发展等成为各界探讨的热点。

### 1. 基本情况

上海自贸区包括外高桥保税区（核心）、外高桥保税物流园区、洋山保税港区和上海浦东机场综合保税区4个海关特殊监管区域，总面积为28.78平方公里。它是中国大陆第一个运用新的国际贸易规则设立的自由贸易园区，肩负着我国在新时期加快政府职能转变、积极探索管理模式创新、促进贸易和投资便利化，为全面深化改革和扩大开放探索新途径、积累新经验的重要使命。其中，外高桥保税区是我国第一个保税物流园区，洋山深水港区是我国第一个保税港区。

### 2. 设立的必然性

上海自贸区的成立顺应了时代的需要，具有其必然性。目前，我国正面临国内外双重改革的压力，亟须找到一个改革试验的抓手。从国内看，转型发展进入深水期，要素价格、财税体系、金融管理、分配制度、产权制度等的制约作用进一步凸显。从国际看，WTO谈判长期停滞不前的局面已然催生了世界贸易规则的新变化，跨太平洋伙伴关系协议（TPP）、跨大西洋贸易与投资伙伴协议（TTIP）以及诸（多）边服务业协议（PSA）等全球经济新规则的建立对中国发展提出了全新的挑战。

作为中国改革前沿的上海，具有得天独厚的先行先试条件。一是上海是中国开放程度最高的地区之一。上海集聚了诸多优质的国内外资源，国际化企业集聚度高。二是上海具有优越的区位条件。上海地处长三角沿海，既拥有广阔的经济腹地，又有洋山港这样优质的深水港区，具备了深化开展国际航运贸易的条件。三是上海的监管制度和管理经验较为成熟。多年对洋山保税港、外高桥保税区等特殊监管区域的管理经验，为上海承接自贸区建设任务提供了基础，更有助于进一步探索创新监管模式。

基于此，上海自贸区应运而生。它肩负着推动国内改革和国际新规则接轨的重任，力图完成加快政府职能转变、扩大投资领域开放、推进贸易发展方式转变、深化金融领域开放创新和完善法制领域制度创新等重要任务。

## 二 上海自贸区带动区域发展的动力

《中国（上海）自由贸易试验区总体方案》为上海自贸区建设发展指明了方向。但自贸区的建设不是一蹴而就的，需要进一步认清上海自贸区的特征，明确其带动区域发展的动力。根据世界贸易组织对自由贸易区的分类，上海自贸区是在某一国家或地区境内设立的实行优惠税收和特殊监管政策的小块特定区域，属"自由贸易园区"（Free Trade Zone），这也决定了其具有不同于中国–东盟等已有的其他自由贸易区的作用方式和重点。结合自贸区的建设任务，我们认为，上海自贸区的发展动力应该集中在以下三个方面。

### 1. 开放力

开放力是上海自贸区的基本动力。只有开放才能更好地打开壁垒，促进资源整合和流动，实现物尽其用。开放力的发挥，依赖于开放范围、开放方式和开放领域的全面改革。一是从开放范围看，上海自贸区突破了东盟等国家原有自贸区只针对契约国实现有限开放的原则，实现了"一线"完全开放，即境外的货物可以自由地、不受海关监管地进入园区，自由贸易园区内的货物也可以自由地、不受海关监管地运出境外。这是上海自贸区实现国际链接的重要动力，也为上海自贸区全面利用国际资源提供了基础和条件。二是从开放方式看，上海自贸区首次推出"准入前国民待遇与负面清单"管理模式。外资企业在自贸区投资享受全过程的"国民待遇"，从投资准入阶段开始，享有不低于中国国内投资者所拥有的涉及法律地位与权利义务、投资权益保护以及征收与国有化补偿等方面的待遇。"负面清单"则是指除自贸区明确列出限制外资进入的行业领域外，其他所有部门均对外资开放。这种方式更大范围地拓展了外资进入的渠道，加大了对境外资源的吸引力。三是从开放内容看，上海自贸区除了传统贸易领域的开放外，加大了金融服务、航运服务、商贸服务、专业服务、文化服务以及社会服务等领域的开放。其中包括允许符合条件的外资金融机构设立外资银行、先行先试外贸进出口集装箱在国内沿海港口和上海港之间的沿海捎带业务等具体项目均是在

中国大陆的首次开放。这不仅顺应了国际贸易发展的新趋势，也通过开放进一步降低了经营成本，促进了国内服务业的大发展。

### 2. 继承力

上海自贸区有着独具特色的运行基础。近年来，上海转型发展取得成效，"四个中心"建设顺利推进。2013 年，金融市场交易额达到 639 万亿元，集装箱水水中转比例提高到 45.4%，商品销售总额超过 6 万亿元，集聚了中国建设银行上海中心、上海国际能源交易中心、波罗的海国际航运公会上海中心等一大批功能性机构，钢铁、石化、电子、汽车等行业也在升级发展。从自贸区自身看，4 个海关特殊监管涵盖了区域港口、海运、空运、仓储等领域的物流市场，已经具有一定的国际影响力。这使得上海自贸区建设不仅具有金融优势、航运物流优势，还具有制造业优势，能够更大范围地为自贸区建设提供经济支持和产业空间，在一定程度上规避了外资因利积聚、利薄散去的系统性风险。上海自贸区在金融、航运等方面的继承和发扬，为加快形成区域优势，建设成为集转口、加工、服务贸易和金融于一体的综合型自贸区提供了条件，能够进一步增强作为"中介人"的功能，加大其协调带动作用。

### 3. 创新力

创新是上海自贸区带动发展的突破力量。既要有制度创新，也要有管理创新。制度创新主要体现在金融和税收政策的创新上。在金融方面，通过试行利率市场化、汇率自由兑换、金融业对外开放、建立离岸金融中心等措施，鼓励了金融企业的创新发展，助推了人民币国际化，提升了上海的金融地位，能够进一步加快上海的国际金融中心建设步伐；在税收方面，实施了更加优惠的税收政策，如对离岸贸易、金融采用低税率，对境外投资收益采取分期缴纳所得税，等等，进一步降低了企业经营成本，加大了对企业入驻的吸引力。管理创新主要体现在政府监管上。采用"负面清单"制度后，政府由重事前审批转为重事中、事后管理。海关监管方面也由货物贸易转向货物和服务贸易并重，由在岸业务为主转向在岸业务和离岸业务并重，等等。这些创新确保了上海自贸区的"高地"地位，激发了经济活力，为自贸区持续保持竞争优势和发挥带动作用提供了保障。

# 三 上海自贸区的带动机制

上海自贸区的开放、继承和创新动力需要通过一定的传输机制才能更好地发挥带动作用。自贸区建设必须发挥集聚、扩散和示范学习效应，才能扩大自贸区的辐射范围，带动其他地区发展。

## 1. 集聚效应

随着全球经济一体化的深化发展，世界分工体系发生了明显变化。其核心组织纽带从全球生产网络（GPN）向全球创新网络（GIN）升级。发达国家通过高端资源集聚，占据了产业链高端。而广大的发展中国家必须通过创新升级才能获得更强的发展能力。上海自贸区要想发挥其带动作用，首先需将自身培育成一个资源要素高地，发挥集聚效应，这也是国家对自贸区施行"一线"完全开放和各类创新改革措施的首要目标之一。

集聚效应主要体现在：通过实施货物进出口自由、减免关税、放松管制等，加快国际物质资源集聚；通过外资准入的前国民待遇、减少审批环节、创新金融方式等，吸引更多外资企业特别是技术型外资企业汇集；通过提升政府服务能力，完善经济发展的软硬环境，加快对金融、航运、商贸、专用、文化、社会服务业的推进步伐，全面提升上海自贸区经济发展能级，为下一步发挥扩散作用打下坚实的基础。

目前来看，上海自贸区的集聚效应已初步显现。上海自贸区管委会资料显示，2014 年 1~4 月，自贸区内企业人民币跨境结算总额达到 460 亿元，比上年同期增长 90%。截至 2014 年 3 月底，上海自贸区成立的半年时间内累计新设企业 7772 家，其中注册资本在 10 亿元及以上的企业有 22 家，世界 500 强企业有 23 家，相当于其前身上海综合保税区 20 余年的数量。一些大型跨国机构已经入驻。如在新加坡上市的扬子江船业所设立的上海润元船舶管理有限公司，成为自贸区第一家外资国际船舶管理企业。德意志银行已在上海自贸区开设一家分支机构。上海信邦典当行有限公司自贸区分公司成为上海自贸区内第一家典当机构。

## 2. 扩散效应

集聚是上海自贸区强化自身力量的手段,扩散则是带动自贸区外地区发展的重要途径。要疏通扩散渠道,充分发挥上海自贸区的扩散(溢出)效应,具体应集中在以下几个方面。

一是有效降低企业经营成本。通过上海自贸区建设,使得货物贸易更加通畅、金融制度更加完善、配套环境更加优越、进出口成本下降,从而降低企业特别是和进出口及海洋经济相关度大的企业生产经营成本。同时,随着自贸区国际化水平的提高,企业进入国际市场的信息搜寻成本也会大幅度降低,从而带动更多企业市场的国际化发展。

二是形成产业链互动。一方面,自贸区引入龙头企业后,能够带动区外更多的基于产业链配套的企业的发展,形成联动发展格局,如区内服务业的发展离不开区外制造业企业的支持,港口航运业配套发展也将为区外企业带来新的契机。另一方面,自贸区内产业的快速发展会催生更多的新兴业态及新的市场需求,带动区外相关产业的发展。

三是带来技术溢出效果。上海自贸区的创新发展将会吸引更多高技术企业。这些企业的先进技术、管理经验、配套要求、创新模式等,都会通过企业间联动和产业链配套,在产业链内部得到扩散和溢出,从而提升全产业链的技术水平,带动区域产业升级。此外,上海自贸区建设过程中汇聚的高端人才也将是提升区域创新能力的重要载体。我国台湾地区就是靠 20 世纪70~80 年代的出口加工区技术集聚,成功实现了"出口替代"的经济发展战略。上海自贸区较之有更多的技术创新条件。

四是促进产业转移。随着自贸区入驻企业的增多和经济能级的不断提高,自贸区内的土地稀缺性会越发明显,甚至会影响全上海商务成本的提高。目前,上海自贸区内的土地价格已出现了上涨趋势。这在一定程度上使得部分企业特别是制造业企业转移到其他具有相对低廉的土地、人工、商务成本的地区成为可能。

## 3. 示范学习效应

上海自贸区带动区域发展还有一个重要的机制,就是通过示范学习效应强化互动发展。上海自贸区建设的根本目的之一就是在全国范围内进行试点，形成改革创新的示范基地。其制度创新的"可复制性"，是其他地区学习的基础。上海自贸区在贸易监管、金融制度、税收政策、政府职能等方面的改革探索对全国都将产生影响。这种改革创新即将带来的优势和利益成为全国各地争相学习的典范，刺激其他地区迎头赶上。国家已明确表示，支持在国内其他有条件的地区进行自贸区扩容，建立自由贸易区或自由贸易港。自上海自贸区获批后，深圳、重庆、舟山、广州、厦门等地都在积极争取设立自贸区。今后，还会有更多区域借鉴学习上海自贸区的创新制度。通过逐步试用和推广新的改革措施，并根据内部、外部环境不断修正和完善，推动全国范围的改革创新深化发展，加快国家发展转型步伐，为我国全面融入新的国际贸易规则、嵌入全球产业链高端打开一扇大门。

上海自贸区带动区域发展的动力机制见图1。

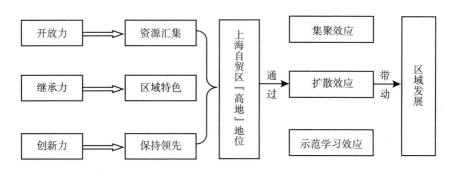

**图1 上海自贸区带动区域发展的动力机制**

## 四 进一步发挥上海自贸区带动作用的建议

### 1. 加大上海自贸区改革创新步伐，扩大集聚示范力量

一是进一步缩小限制领域。尽管上海自贸区已经代表了中国开放的新高度，但同国际其他类似的自由贸易区相比，在贸易自由化、行业准入、政府管理等方面仍具有一定差距。第一批自贸区开出的"负面清单"包括18个

门类、89 个大类、419 个中类、1069 个小类，也说明上海自贸区尚处于试水的谨慎开放阶段。未来应在积极稳妥的前提下，进一步加大开放力度。加强关键领域的研究和论证，尽快推出第二批更短的"负面清单"。

二是推动制造业高端发展。目前上海自贸区最大的特点在于服务业的开放。但服务业的发展离不开制造业的支持。中国仍处于工业化加速发展阶段。工业对实体经济的支持力度不容忽视。如何利用自贸区优势加快先进制造业发展应作为下一步自贸区发展考虑的重点问题。发达国家推动制造业回归，在一定程度上说明了服务业与制造业联动发展的必要性。上海自贸区建设应从推动制造业服务化、高端化出发，推动制造业转型升级。

### 2. 建立区域合作机制，拓宽扩散通道

从短期看，上海自贸区是一个资源集聚过程。要想带动更多的区域发展，必须加大优势扩散范围。国内越来越多的地区和城市希望建设自己的自由贸易区，复制上海自贸区模式。但是自贸区优势的扩散不应该是完全复制，而应该是合作与错位发展。一是应将与上海自贸区对接列入长三角区域合作内容，研究从政府合作、技术交流、企业对接等多角度出发的区域合作机制，为上海自贸区加快与其他地区的合作发展提供制度范本。特别是上海自贸区周边还拥有宁波港、舟山港等大型优质港口资源，如何实现错位整合发展对上海自贸区建设有重要意义。二是从国家层面上，应制定自贸区发展规划。在国内自贸区扩容的过程中，依据不同地区的特点，有重点地规划不同功能，避免自贸区之间的过度竞争，更好地发挥上海自贸区改革试验成果，加快推动全国经济领域的创新发展。

**参考文献**

1. 国务院：《中国（上海）自由贸易试验区总体方案》（国发〔2013〕38 号），2013。
2. 商务部、海关总署：《关于规范"自由贸易区"表述的函》（商国际函〔2013〕15 号），http：//www. mofcom. gov. cn/aarticle/b/e/200805/20080505531434. html。

3. 华顿:《"放开一线,管住二线"——上海自贸区解析》,《上海经济》2013 年第 8 期。

4. 郑永年、王璐瑶:《全球经济新规则下的自贸区试验》,《文化纵横》2013 年第 6 期。

5.《2014 年上海市人民政府工作报告》,2014。

6.《上海自贸区对周边经济的影响及应对策略分析》,新华网,http://www.js.xinhuanet.com/2013 - 09/29/c_ 117560209. htm。

# 投 资 篇

Reports on Investment

## B.6

# 上海吸引外资的现状、特点及趋势

朱文斌*

摘　要：　上海是全国吸引外资最多的省份之一，本文主要对上海吸引外资的现状、特点与趋势等问题进行了较为详尽的阐述，并指出外资已成为上海经济发展不可或缺的重要组成部分。随着投资环境的不断改善，上海吸引外资的规模将会不断扩大，质量将会进一步提高。

关键词：　上海外资　现状　特点　趋势

---

\* 朱文斌，上海市外资协会副会长。

# 一 上海利用外资的规模和水平不断提高

截至 2012 年底，已有来自全世界 161 个国家和地区的投资者在沪投资。累计批准设立外资企业 67869 家，吸引合同外资 2175.65 亿美元，实际到位外资 1327.22 亿美元。

上海国土面积约占全国的 0.06%，但吸引外资总额约占全国的 10%，成为继广东和江苏之后，全国第三个实际利用外资过千亿美元的省份。

2012 年上海市外资企业增加 4043 家；吸引合同外资达 223.4 亿美元，同比增长 11.1%；实际到位外资 151.9 亿美元，同比增长 20.5%。自 2009 年金融危机以后，合同、实际利用外资连续双增长。

2012 年上海外商直接投资前十位资金来源地情况见表 1。

表 1　2012 年上海外商直接投资前十位资金来源地

单位：亿美元

| 排名 | 资金来源地 | 合同外资金额 | | 排名 | 资金来源地 | 实到外资金额 | |
|---|---|---|---|---|---|---|---|
| | | 金额 | 比重(%) | | | 金额 | 比重(%) |
| 1 | 中国香港 | 120.65 | 54.0 | 1 | 中国香港 | 68.43 | 45.1 |
| 2 | 日　本 | 25.05 | 11.2 | 2 | 部分自由港 | 19.13 | 12.6 |
| 3 | 新加坡 | 13.86 | 6.2 | 3 | 日　本 | 18.10 | 11.9 |
| 4 | 美　国 | 13.21 | 5.9 | 4 | 新加坡 | 9.75 | 6.4 |
| 5 | 部分自由港 | 8.21 | 3.7 | 5 | 美　国 | 7.02 | 4.6 |
| 6 | 荷　兰 | 5.46 | 2.5 | 6 | 中国台湾 | 4.34 | 2.9 |
| 7 | 中国台湾 | 3.65 | 1.6 | 7 | 荷　兰 | 3.56 | 2.3 |
| 8 | 德　国 | 3.24 | 1.5 | 8 | 法　国 | 2.84 | 1.9 |
| 9 | 韩　国 | 1.97 | 0.9 | 9 | 德　国 | 2.53 | 1.7 |
| 10 | 西班牙 | 1.79 | 0.8 | 10 | 韩　国 | 2.05 | 1.4 |

# 二 上海利用外资的特点

上海引资结构不断改善，形成了现代服务业主导和总部经济集聚的特

色。以前是以绿地投资的制造业为主，2000 年第三产业合同外资占比仅为 33%，2005 年占比首次超过第二产业，2009 年占比超过年度引资总额的 80%，2012 年达到 83.68%。

制造业占比降低，不表示上海不要制造业，而是在"创新驱动，转型发展"的战略调整中，上海要减少劳动密集型的能耗高、污染大的普通制造业，集中有效资源重点发展高新技术、高附加值、符合战略性发展的先进制造业，包括高端装备、民用航空、云计算、物联网、智能电网、新能源、大规模集成电路、生物医药、生物器械、节能环保、新兴产业技术创新等。

2012 年，电气机械制造业吸收合同外资 8.89 亿美元，化工行业吸收合同外资 7.16 亿美元，通信及电子设备制造业吸收合同外资 5.27 亿美元，分别同比增长 214.3%、117.9% 和 4.4%。新设新能源、节能环保领域外资企业 42 家、生物医药研发和生产企业 49 家。

现代服务业要大力发展金融、航运物流、信息服务、文化创意、旅游会展、专业服务（医疗保健、家庭服务、教育培训等），尤其要注重吸引地区总部、研发中心等总部经济项目。

2012 年，租赁和商务服务业吸收合同外资 48.14 亿美元，商贸业吸收合同外资 46.65 亿美元，分别同比增长 24.3% 和 12.1%；金融服务业吸收合同外资 15.25 亿美元，交通运输仓储业吸收合同外资 7.71 亿美元，分别同比增长 8.1% 和 50.7%。新引进融资租赁公司 60 家、商业保理公司 4 家。

越来越多的跨国公司选择上海作为其中国乃至亚太地区的总部。截至 2012 年底，累计集聚 403 家跨国公司地区总部，批准设立 265 家投资性公司、351 家外资研发中心。上海已成为中国内陆吸收外资总部机构数量最多、领域最广泛的城市。

## 三　外资企业是上海经济社会发展的重要组成部分

外资企业贡献了上海市 2/3 的进出口额和工业总产值，贡献了上海市 1/3 的税收和就业。以 2012 年为例，上海市外资企业销售收入增长 8.8%，纳税总额增长 9.9%，就业人数为 322.64 万人，进出口总额占全市的 66.4%，规模以上工业总产值占全市的 61.5%。这些数据充分说明了外资企业在上海经济社会发展中举足轻重的地位。

同时，许多外资企业在实现自身发展的过程中，对社会责任的理解和实践有了显著的进步。例如，在构建和谐劳动关系方面，许多企业坚持人性化管理，自觉维护员工的合法权益，积极创造条件，让员工与企业一同发展。在发生重大自然灾难时，也总能看到外资企业伸出的援助之手。

鼓励和支持外资企业进一步发展壮大，是上海继续扩大开放、转型发展、服务全国的需要。

随着经济全球化的不断深入，开放和合作已经成为各个国家和地区实现发展的基本途径。今后，一方面将继续扩大开放领域，优化外资结构，发挥外资对上海经济结构转型的促进作用；另一方面，将更多地鼓励跨国公司将营运中心、结算中心、研发中心等高端功能集聚上海。

## 四　不断改善投资环境，为外资企业在 上海的发展提供新的机遇

自外资企业的所得税优惠取消以后，国家给外资企业的新优惠是市场准入的提高和审批手续的简化。外资企业享受更高的国民待遇，原来有许多不向外商投资开放的领域和行业逐步放开了。各级地方外资审批机关的权限越放越大，审批的数量大幅度减少。

继续落实和完善跨国公司地区总部的各项政策，对跨国公司在沪设立结算中心、研发中心、财务管理中心、采购中心、成本和利润核算中心等功能性机构分类制定政策。积极争取将外资融资租赁公司、担保公司、创业投资（管理）企业、股权投资（管理）企业等金融服务企业纳入享受本市金融业发展鼓励政策的范围。

进一步完善外商投资的法律法规体系，保障外商投资企业的合法权益。要坚持服务企业的宗旨，在反映企业诉求、解读政策法律以及增进企业与企

业之间、企业与政府之间的沟通交流等方面，开展卓有成效的工作。我国政府按照国际惯例加强反垄断、反商业贿赂的审查，是整治和改善市场环境的重要举措，它绝不是仅仅针对外资企业，而是为了创造一个更加公平、合理、规范有序、清正廉洁的市场环境。

　　未来几年，上海应充分利用世博园区及其周边地区作为优质载体，吸引国际化、高能级、高附加值、功能性的大项目和主体落户，建设现代服务业集聚区，最大限度地发挥世博会带来的无形资源的潜在效益。中国将更加主动地推进投资便利化，上海自贸区就是进一步开放的一个表现，它和上海虹桥商务区、浦东迪士尼等项目的建设，将进一步培育面向全球竞争的新优势，构建与世界经济体系合作发展的新平台，拓展经济新空间。这些重点区域的发展，将推进上海经济社会发展的新增长极，为外商投资提供前所未有的发展空间和发展舞台。

# 沪港投资合作前景及对策建议

关达昌*

摘　要：　本文在回顾香港回归17年沪港投资合作成果的基础上，着重对上海自贸区的建立为沪港经济合作带来的新契机进行了分析，并对新形势下如何加强沪港经贸合作提出了对策建议。

关键词：　沪港投资合作　前景　对策建议

## 一　沪港投资合作成果回顾

香港回归17年来，"一国两制"的伟业取得了巨大成功，越来越多的香港企业和品牌走出香港、融入中国经济，香港的经济也得益于内地经济的持续高速发展而得到了稳定发展。

自香港与内地2003年签署首份《内地与香港关于建立更紧密经贸关系的安排》（CEPA）至2013年第十份补充协议，10年间内地与香港按照积极、务实、互利、共赢的原则，在投资、金融、贸易等最广泛的领域开展了全方位的经贸合作，有效地促进了两地经济的融合。在此框架下，CEPA的开放程度也随着平均每年追加一个补充协议的推进速度而不断提高，服务提供方式进一步拓宽。CEPA实施10年，累计已提出403项开放措施，截至2014年7月底，超过524亿港元的港产货物享受零关

---

* 关达昌，东亚银行（中国）有限公司执行董事兼行长。

税的优惠进入内地，节省关税超过 36 亿元人民币。CEPA 推动了内地对香港基本实现服务贸易自由化的目标，大幅减少了香港企业市场准入的管理程序，为香港服务业拓展了新的发展空间和机遇，也为内地经济带来了新的活力。

借助内地与香港建立更紧密经贸关系的大好契机，2003 年 10 月，时任上海市市长韩正和香港特别行政区行政长官董建华在香港共同主持召开了沪港经贸合作会议，正式宣布建立沪港经贸合作会议机制，在该机制下，双方确定了合作重点涉及航空港、港口航运和物流、世博会、旅游会展、投资和商贸、教育卫生和体育事业、金融服务、专业人才等服务贸易领域。2012 年 1 月 5 日在上海召开的沪港经贸合作会议上，两地就上述相关领域的合作达成共识，并在商贸合作、文化交流、公务员交流以及医疗等方面签署了合作协议。

在 CEPA 效应和上述沪港经贸合作机制的带动下，沪港两地投资贸易规模不断扩大。2003 年 CEPA 协议签署之年，香港对上海投资合同项目 10150 个，合同投资总额达 182.6 亿美元；到 2012 年，香港对上海投资合同项目 20618 个，合同投资总额达 814.9 亿美元。十年间分别增加了 1 倍多和 3 倍多，上海近三成外商直接投资来自香港，香港已成为上海引进外资的首要来源地。香港在沪新设企业数量逐年增多，规模逐渐增大，并且发展情况良好。同时，上海对香港投资步伐正在加快，截至 2010 年，上海在香港投资设立的项目近 300 个，投资总额约 20 亿美元；到 2012 年，上海对香港投资项目 392 个，投资总额达 40.6 亿美元。两年间投资规模扩大了 1 倍多。

截至 2013 年 6 月底，CEPA 框架下内地公司有 743 家在香港上市，市值达 11.5 万亿港元，分别占香港上市公司数目的 47% 和 56%。

包括东亚银行在内的香港银行业也受惠于 CEPA 优惠政策，及时地把握内地市场的良机。目前，东亚中国在上海有 1 间分行及 14 间支行，在长三角地区设有 6 间分行及 19 间支行。东亚银行也在香港和内地多次发行了人民币债券。

## 二 沪港投资贸易合作新契机：上海自贸区 + CEPA 补充协议十

在国务院总理李克强的大力支持和推动下，2013 年 8 月，国务院正式批准设立中国（上海）自由贸易试验区。自贸区总面积为 28.78 平方公里，范围包括外高桥保税区（核心）、外高桥保税物流园区、洋山保税港区和上海浦东机场综合保税区 4 个海关特殊监管区域。自贸区的发展目标是建成具有国际水准的监管高效便捷、货币兑换自由、投资贸易便利、法治环境规范的自由贸易试验区，为内地扩大开放和深化改革探索新思路和新途径，更好地为全国服务。

上海自贸区建设是适应全球经贸发展新趋势、主动对外开放的重大举措。以此作为李克强总理推动经济由投资和出口向服务和消费转型的推力，进而实现经济可持续增长。上海自贸区肩负着在新时期积极推进体制机制创新、加快转变经济发展方式、全面提高开放型经济水平的重要使命，是国家战略的需要。

上海自贸区根据先行先试要求，对上海及周边地区辐射带动需要，逐步拓展实施范围和试点政策范围，形成与上海国际经济、金融、贸易、航运中心建设的联动机制，而这一举措对上海和香港进一步提升城市功能、深化合作内涵提供了新的机遇。香港有着 170 多年自由贸易港的历史，香港的贸易自由、投资自由、金融自由、经营自由和人员进出自由，被称为港式经济模式的灵魂，是香港发展成为全世界最繁华的现代化大都市之一的主要动力。国际货币基金组织认为，香港是"全球透明度最高、管治得最好、政府干预最少的营商地区"。同时，香港具备支撑自由港成功运行的完备的贸易法律体系和人才储备，涵盖海关、检验检疫、外汇管理、电子交易、国际事务等方方面面，在促进贸易便利化、公共服务、人才引进、财政税收优惠政策等方面，香港所具备的许多经验、做法都值得上海参考和借鉴。同样，随着香港在内地及上海投资和贸易的不断增长，香港也面临学习借鉴内地经验，

熟悉内地政策、法律、文化和商业习惯的课题,两地的深度交流和交融成为必要。

2013 年 8 月 29 日,香港与内地签署了 CEPA 第十份补充协议,进一步提高了 CEPA 的开放程度,拓宽了服务提供方式。此外,CEPA 补充协议十亦进一步开放了证券业,合格的港资金融机构,可在内地设立资金管理公司,并持股逾 50%;港资金融机构在上海市、广东省、深圳市三地,更可设立一家两地合资的全牌照证券公司,港资持股可高达 51%。新措施扩大了港资在内地的业务范围,容许港资成为最大股东,为香港金融业界带来突破性的进展。

基于此,本文认为沪港合作可以进一步拓展思路、创新机制、开拓领域。上海自贸区的挂牌成立和 CEPA 补充协议十的签署不仅将加速推动内地和香港两地实现货物贸易及服务贸易自由化的目标,上海和香港也将在竞争中加强合作,在合作中共促发展。

## 三 加强沪港经贸合作的应对策略

目前,沪港经贸合作的机制和平台主要包括:CEPA 和沪港经贸合作会议机制(2003 年成立);基于 2010 年 1 月沪港签署的《关于加强沪港金融合作的备忘录》而建立的沪港金融合作工作会议;沪港金融高管联席会议机制;等等。同时,香港特区政府驻上海经济贸易办事处、香港贸易发展局以及香港商会也为加强两地投资经贸合作起到了重要作用。现有的沪港两地的经贸合作机制对沪港目前所取得的合作成就功不可没,但是面对沪港经贸合作发展带来的新机遇,我们呼吁建立更紧密的沪港经贸合作关系,将两地的合作模式,由先前的主要停留在机构和人员间的定期沟通交流的工作方式,提升到建立更紧密的、覆盖更广泛领域的全方位战略联盟关系,具体包括以下两个建议。

第一,在自贸区建设方面。

建立沪港上海自贸区联席会议机制,以自贸区为建立"沪港更紧密合作关系"的全方位战略合作联盟的切入点,先试先行,逐步推开。通过沪港上海自贸区联席会议机制，切实推进以下方面的合作。

在行政、监管等政府机构沟通层面，以政府部门为对口联系部门，建立和实施两地政府机构官员与工作人员的互派、实习和培训制度，并使之成为常态，以切实提高沪港两地行政、监管等政府部门间的沟通融合与相互学习借鉴的深度和广度。

在立法和制度、政策设计层面，建立沪港两地政策和立法决策先期沟通机制，使两地的政策和法律在出台前能够通过相互广泛的意见征求，加强两地在政策和法律层面的充分借鉴。

在机构和人才交流层面，为香港的企业和人才进驻自贸区提供便利条件。

在信息共享方面，在海关、金融监管等层面建立信息共享机制，共同打击违法行为。

第二，在金融人才建设方面。

香港特区政府财经事务及库务局副局长梁凤仪指出，无论香港与上海的国际金融中心采用什么定位，都有一个共同点，即属于国家的国际金融中心。香港的人才具备专业知识和国际视野，上海的人才则熟悉内地情况和法规，两者能优势互补，共同为国家发展做出贡献。上海市副市长屠光绍曾指出，沪港金融中心合作应提升合作的主动性、自觉性和针对性。要面向全球，明确金融中心合作的国家战略目标，增强中国在国际金融舞台上的话语权及影响力。同时，应面对未来，共同拓展合作的空间。

上海与香港各有优势，前者拥有中国经济巨大实力和核心资本市场的优势，后者拥有国际资本市场的成熟基础与稳定的软实力。沪港合作形成国际金融中心利益共同体，只有在构建中国国际金融的整体竞争力与发展新格局中，才能真正实现沪港双赢。

推进沪港金融人才一体化融合和人才的相互渗透，具体措施如下。

加强沪港金融监管部门人员交流方面的合作，使互派官员、在职培训和实习等成为常态，提高沪港两地金融监管部门间的沟通融合和相互学习借鉴的深度和广度。

　　鼓励港资金融机构和中资金融机构之间建立战略联盟关系，加强两者之间的人员互派和人才培训，推进沪港两地金融人才的相互渗透和融合。

　　建立沪港金融业国家队名单制度，为更广泛地吸收香港金融人才充实上海和内地的金融国家队提供人才库资源，为切实推进金融人才一体化融合，以及2020年将上海建成国际金融中心服务。

　　改革开放30多年来，香港商人已经在上海这个舞台上大展拳脚，其中不少人已经成为行业的领军人物。很多企业、机构以及社团也参与进来，为两地的经济、社会发展起了有力的推动作用。

　　我们有理由相信，沪港之间的深化合作将以上海自贸区为一个新的起点，双方越来越频繁的经贸往来也将进一步带动区域经济的发展，进而辐射至周边地区。我们对沪港投资前景是非常乐观的，也相信上海、香港这两颗璀璨的明珠将再次受到世界的瞩目。沪港两地定能在合作和双赢中齐头并进，再领风骚数百年！最后，引用李克强总理在2014年夏季达沃斯论坛开幕式上的致辞：展望未来，中国发展前景光明，今天，中国经济发展的奇迹已进入提质增效的"第二季"，后面的故事我们愿意也希望更精彩。

# 优化商品贸易投资环境

## ——20世纪90年代的香港经验

段　樵*

摘　要：　作为一个高度市场化的外贸导向经济体，香港一贯依赖市场力量配置生产资源，包括引资与外资的利用，政府仅扮演优化营商平台的角色。20世纪90年代初期的香港，以商品贸易为经济成长动力，政府协助优化引资环境的重心聚焦于配合制造与贸易行业外商的需求。此时期的香港官方负责机构（以香港政府工业署与香港贸易发展局为例）的构成与具体作为，或可为许多处于类似发展阶段的内地大都市在当前深化市场经济与开放、有针对性地引资与利用外商投资提供决策参考。

关键词：　企业环境　外商直接投资利用　香港经验

## 一　引言

《中共中央关于全面深化改革若干重大问题的决定》明确了中国以市场力量为决定性因素配置资源、推动经济可持续发展的战略。伴随而来的各层面的改革，如行政平台（简政放权）及外部环境（人口、教育、土

---

* 段樵，香港中文大学决策科学与企业经济系客座教授，上海社会科学院港澳研究中心研究员。

地等）的优化，也将被同时推动。此战略精神在上海自贸区公布的措施中似乎可以得到体现。如配合上海经济服务业化的现实，目前的香港服务行业比重占宏观经济产值九成以上，其多年发展服务业的许多经验与教训，值得上海乃至一些服务型都市参考。

但为促进区域平衡发展与提供就业机会，中国作为世界制造业大国，在很长的时间里，如何以商品贸易拉动成长，有针对性地引进外资，并辅以有计划的国内跨区投资，以带动区域制造业的梯度发展，仍将是一项重要的挑战。对上海等少数都会以外的许多大城市，应该也是较为可行的发展战略。在这方面，20世纪80~90年代的香港经验就值得借鉴。

本文选择20世纪90年代伊始，在市场力量主导下，不以行业优惠，但以优化投资与营商环境为战略重心，负责协助企业部门进行工业、商品贸易与投资的香港政府工业署和香港贸易发展局为对象，较深入地了解其内部组织功能与具体作为。

聚焦此时点（20世纪90年代初），有其背景因素。

（1）1980~1990年，香港在本地以及与广东开放区域内的制造业跨境加工贸易仍处在最终经由香港再出口的阶段。制造业是香港雇用劳动人口最多的部门。本地生产、出口、转口、商品贸易、运输活动也贡献了逾半的香港地区生产总值。

（2）20世纪90年代伊始，基于前述认知，香港政府仍以商品贸易与投资为经济发展的重心来执行其市场力量主导下的企业外在环境优化的政策。此时，内地的改革开放路线尚未经邓小平南方谈话与1993年后的再确立，香港政府无法预测到其后经济的迅速服务业化以及服务行业发展的跨行业整合与集中化（大金融、大物流等）趋势。

（3）1980~1990年，香港政府陆续放开了若干以前被视为敏感服务行业的准入与营业范围的全面自由化，如银行、金融、法律、会计等行业，以及政府采购。这无形中帮助了当时的制造业发展，以及香港经济结构的平稳顺利转型，使香港成为大珠江三角洲经济区域的都会核心。

基于此认知，本文认为对许多内地大城市而言，当时聚焦工业与商品贸易、投资的香港经验，或许比今日香港政府纯粹注重服务业引资发展的种种措施更具现实意义。

# 二 20世纪90年代的香港经济

## （一）总体经济

### 1. 本地生产总值（GDP）

1991 年香港的估计生产总值约为 6437 亿港元（折合 826 亿美元），平均每人 111859 港元（折合 14341 美元），在"亚洲四小龙"中与新加坡互争短长。但实质总产值的增长率则自 1988 年的 7.9% 下降到 1989 年与 1990 年的只有 2.3%，1991 年与 1992 年的估计增长率也分别只有 3.5% 与 4.5%，在"亚洲四小龙"中叨陪末座，但在欧美国家企业眼中，成绩仍然良好。

### 2. 物价与工资

以较高收入家庭为对象计算的恒生消费者物价指数为例，香港物价以 1989 年 10 月～1990 年 10 月平均价格为基准，1991 年增加了 14%，1992 年的增幅也大致相当。而实质制造业工资率则在 1982～1991 年的 10 年间只增加 7.7%。1992 年较上年略有下降。在绝对工资上，1992 年 3 月制造业日工资平均为男工 266 港元、女工 186 港元。在制造业工资方面，与"亚洲四小龙"相比，中国香港早已低于中国台湾和新加坡而接近韩国。

根据 1992 年 10 月英国《经济学人》杂志就游客购物、公差购物对世界上 11 个大城市所做的调查，香港居 11 个城市之末，平均物价比台北低 7 个百分点，比新加坡低 14 个百分点，比东京低 34 个百分点（《信报》1993 年 1 月 7 日），这一物价水平对国际性企业的管理阶层应该有相当的吸引力。

### 3. 就业人数

香港就业人口由 1980 年的 195.14 万人增至 1991 年的最高值 249.78 万人，1992 年略降为 245.99 万人。失业率则保持在 3% 左右，1987～1991 年更是降

为 1.1%~1.8%的低水平,1992 年略回升到 2%。

在行业分布上,占最重要地位的制造业在 1980 年雇用了 92.67 万人,但自 1984 年起即呈现雇员减少现象,由 1984 年的 92.24 万人减少到 1992 年的 58.73 万人,占全体就业人数的比例由 42.4%下降到 23.9%。服务业就业人口比例相应增加,由 1981 年的 50.1%增加到 1991 年的 64.3%与 1992 年的 65.5%。

### 4. 部门产值比重

在部门总产值上,香港在 1980~1990 年出现了经济结构转型蜕变为服务业导向经济的明显趋势。由表 1 可见,制造业相对比重日减,服务业逐渐兴起并占据了主导地位。但除了少数业界人士外,政府仍预期制造业升级的努力可为香港奠定相当程度的本土工业基础。

表 1　香港部门产值比重（占 GDP 比重）

单位：%

| 项目 | 1980 年 | 1990 年 |
|---|---|---|
| （1）初级产业 | 1.0 | 0.3 |
| （2）制造业 | 23.8 | 17.2 |
| （3）建筑与公用事业 | 8.0 | 7.9 |
| （4）服务业 | 67.2 | 74.6 |
| 　其中:贸易、餐旅业 | 20.4 | 24.3 |
| 　　运输、通信、仓储业 | 7.5 | 9.4 |
| 　　金融、商业服务业 | 22.8 | 20.8 |
| 　　其他服务业 | 16.5 | 20.1 |

资料来源:香港特区政府统计处:《香港统计月报》(1992 年各月,英文本)。

## （二）对外商品贸易

香港的对外贸易依存度（进出口总值占本地总产值的比重）在 20 世纪 80 年代中期保持在 190%~240%。对外贸易总值也令香港长期居于世界第 11~12 位。

在商品出口方面，香港的特点是自 1987 年第 4 季度之后转口值超越一向表现优异的港产品出口值，且相对高速成长（见表 2）。这主要是由内地开放、香港制造业跨境加工与两岸间接贸易自 20 世纪 80 年代中期起大幅成长引起的。

**表 2　香港港产品出口值与转口值**

单位：百万港元

| 年份 | 港产品出口值 | 转口值 | 年份 | 港产品出口值 | 转口值 |
|------|------|------|------|------|------|
| 1984 | 137936 | 83671 | 1989 | 224104 | 346405 |
| 1986 | 153983 | 122546 | 1990 | 225875 | 413999 |
| 1988 | 217664 | 275405 | 1991 | 231045 | 534841 |

资料来源：香港特区政府统计处：《香港统计月报》（1992 年各月，英文本）。

依国家或地区看，1991 年香港的前五大贸易伙伴依次为：

（1）进口：中国内地、日本、中国台湾、美国、韩国；

（2）港产品出口：美国、中国内地、德国、英国、日本；

（3）转口：中国内地、日本、中国台湾、美国、韩国。

### （三）与内地的关系

香港与内地在 20 世纪 90 年代前后的经济关系可以从外贸与转口、两地投资以及香港与内地开放城市的竞争三个层面来讨论。

#### 1. 外贸与转口

在 20 世纪 70 年代，尤其是"文化大革命"与中苏交恶时期，香港几乎是内地唯一的对外贸易窗口与外汇来源。内地改革开放以来，香港的这一地位并未因此而稍减。随着内地的改革开放，经济特区的两头在外加工逐渐兴起，内地、香港间的进出口以及转口贸易自 20 世纪 80 年代中期起即保持两位数的增长。1991 年两地外贸（进出口）总金额为 642.41 亿美元，占对外贸易总金额的 32.4%，较前一年增长 27%；而 1992 年同期增幅也达27%。其中转口增幅 1991 年为 38%，1992 年为 37%，是最为可观的一项。

而 1991 年进口增加 24%，港产品出口增加 15%，两地商品贸易中香港有
109.79 亿美元逆差，1992 年逆差则为 80.99 亿美元（见表 3）。

表 3　香港与内地贸易概况

| 项目 | 金额（百万美元） | | 贸易伙伴排名 | |
| --- | --- | --- | --- | --- |
| | 1991 年 | 1992 年 | 1991 年 | 1992 年 |
| （1）出口总值 | 26631（＋31%） | 24869（＋31%） | 1 | 1 |
| 其中：港产品出口 | 6975（＋15%） | 5751（＋15%） | 2 | 2 |
| 转口 | 19656（＋38%） | 19118（＋37%） | 1 | 1 |
| （2）进口总值 | 37610（＋24%） | 32968（＋23%） | 1 | 1 |
| （3）进出口总值 | 64241（＋27%） | 57837（＋27%） | 1 | 1 |
| （4）顺（逆）差 | （10979） | （8099） | — | — |

资料来源：香港特区政府统计处：《香港统计月报》（1992 年，英文本）。

不仅内地是香港最大的贸易伙伴，由于港商在内地的投资生产活动，香
港也是内地最大的贸易伙伴。1991 年香港与内地间的外贸总额占内地外贸
总额的 37%。内地出口到香港的金额也占其全地区总出口额的 45%。内地
出口到香港的商品除部分留用外，多数作为再转口之用。据香港特区政府统
计处估计，以金额计，1989 年有 58.1%、1990 年有 61.8%、1991 年有
67.6% 由内地进口的商品与港商在内地的制造业加工业务有关。换言之，香
港从内地进口的商品多半是港商输入其在华南地区加工生产的产品。1991
年的绝对金额约为 253 亿美元。

在香港对内地的港产品出口上，前述情况亦十分显著。根据同一估计，
1989～1991 年，分别有 76%、79% 与 76.5% 的香港对内地港产品出口与港
商在华南地区的"跨境或外向加工"业务有关。换言之，香港对内地出口
的大部分商品是港商在内地输入港产原料、部件进行外向加工而来的。

在经香港转口到内地的商品中，与内地、香港的外向加工贸易有关的比
例较低，1989 年为 43.6%，1990 年为 50.3%，1991 年为 48.2%。

这种特殊的两地贸易关系，在本文有关投资方面的叙述中可见其
根源。

### 2. 两地投资

香港是内地最大的境外投资者。1979～1991年，内地共吸收了525亿美元的外国直接投资，其中58.5%（307亿美元）来自香港。此外，在42178个投资项目中，港商投资的项目约占73%（30978个）；在已利用的242亿美元外资中，港商利用的外资约占56%（135亿美元）。

香港企业此时的投资区域主要在广东（108亿美元）与福建（26亿美元），但是在北京、黑龙江、天津、四川与内蒙古等地区领先于其他外资。

关于香港投资者此期间在内地的活动，主要以广东省（占香港对内地投资的2/3）的制造业为例做简要叙述。

港资在广东以生产成衣、玩具、钟表、电子产品等轻工业消费产品为主。地区多集中在深圳、广州、佛山、中山、东莞、江门、惠州等地。据香港贸易发展局估计，在广东约有25000家由港商投资，或是承接港商来料加工等（外向加工）业务的工厂。前者大约雇用100万名劳工，后者大约雇用200万名劳工。但"来料加工"对经济的贡献远不止于此。仅计外包金额，港商在1979～1991年就向广东省"贡献"46亿美元的来料加工费（1991年为9.28亿美元）。

广东省1991年的出口总值为130亿美元（较上年增长27%），其中一半系为外商（以港商为主）的工商出口或来料加工费。同年，在福建省出口金额31亿美元与进口金额26亿美元中，据贸发局估计，亦有一半与港商的业务有关。海南省更有2/3的外贸总额（13亿美元）系港资的贡献。以上三个地区是内地外贸纪录最高的省份。对于港商在华南的垄断性地位，美国商会官方出版物将其称为"香港的经济殖民地"，这一印象的形成并非偶然（当然，更客观全面的说法应该是"港企生产空间的跨境延伸"）。自20世纪80年代迄今，此印象有助于吸引外国企业利用香港作为对内地贸易的跳板（或大门）也不言而喻。

不仅如此，在第三产业，尤其是与跨境加工配套的"生产性服务业"中，香港在内地开放了的部门中领先于其他外资的地位也是非常明显的。

以下是 20 世纪 90 年代初香港的发展情况。

——香港的 163 家外资与本地银行成为内地外资企业最主要的融资来源。汇丰银行、渣打银行与东亚银行已在内地主要城市设立分行。

——深圳与上海证券交易所基本上以香港联交所为蓝本。

——广东国际投资与信托公司于近年起在中国香港及日本发行债券以筹资发展经济。

——香港企业自 1970 年起即同时涉及交通、通信与基建工程。主要项目包括大亚湾核电厂，广州、深圳、珠海高速公路，北广州与深圳、惠州新公路网络，武汉货柜中心、轻铁系统、空运站与电厂扩建等。广东省通信网的升级工程、港深第二光纤网的铺设，以及北京、上海通信系统的扩建等均有港资参与。此等风险（长期回本）领域，其他外资甚少涉足，为港资提供了抢占先机、稳固阵地（经验、人脉）的机会。

——自 1991 年粤、闽等地陆续开放房地产市场以来，大型香港物业发展商如新鸿基、和记黄埔、瑞安、新世界、天安等均已在两地设立合资公司进行成片开发，建设工厂厂库、货仓、商业中心、整体配套的居民点等，领先于其他外资。

——此外，在技术转移方面，由于人脉关系，内地多以本地企业或在港外商作为中间人进口。1990 年后内地也在港举办数次科研成果展览以期对外销售其应用科技。在管理训练上，无论是学术单位、酒店（餐饮业）还是金融业、贸易业等，由于地理位置接近、语言相通，再加上政治（包括居留）顾虑较少，香港较其他地区提供了更多的训练项目，培训了更多的人才。

——在旅游、汇款方面，香港充当中间人角色数十年，其网络与经验是其他地区难以企及的。在与旅游有关的行业（包括酒店）中，香港在内地的投资亦占据外资中的首位。在零售业方面，自 1992 年初内地开放合资经营起，先施、大家乐、太平洋、八佰伴、新鸿基、新世界等企业集团即已陆续有所作为。

同样，香港也是 20 世纪 90 年代内地向外投资金额最多、历史最悠久的地区。由于官方统计不可得，香港、"中资"在本地往往亦不易区分，有关数据只有依赖若干估计，但一般来说以下内容是真实的。

——总金额（1992年）不会低于200亿美元，居各国首位（据日本大藏省统计，日本投资约80亿美元；再据美国商务部1990年统计，美国在港投资金额为65亿美元）。

——如仅计上市公司，1993年1月，中资仅有14家，市值共计395.6亿港元，占全港股市总值（13387.6亿港元）的2.95%。但因香港公司法例有利于私人公司形式经营（如确保股权、股东名单除政府外不予公开，不予公开财务资料等），有内地资本的企业其实为数甚多，只是不以上市公司形态存在。尤其是20世纪80年代中期以来，各省、区、市与有进出口总公司的部、委在港均设立公司营业，并运用其积存外汇。这些公司如运用其人力与财力，也成为香港对内地投资的力量之一（据新华社公布，仅1992年第3季度内地在港存款即超过530亿港元）。至于运用人脉关系协助港资在内地进行各种项目以利公、利私，更是已成为此地企业的惯例。

——如从香港本地经济发展的角度来看，中资取代英资地位在1997年香港回归前已成为必然（中国银行于1994年发钞、中信泰富于1993年初冒升为大型企业集团即为二例）。从金融手法、股市发展、商界竞争的角度来看，未来固然有许多值得讨论的地方，但从外国企业的观点来看，香港商业圈中"内地与香港不分"、利害相当一致的特色，或许正是获取内地市场资讯，或是开展内地业务最佳的据点或起点。

### 3. 与内地开放城市的竞争：20世纪90年代的香港心态

内地开放城市自20世纪80年代开始与外界进行直接联系。这既是经济发展的必然，也是大都市间的关系由互补到竞争的开端。

以当时较为典型的例子来说，上海市力争减轻财政负担，制定改革开放吸引外资的特别法例，以恢复远东商业都会的昔日光荣；深圳、珠海地区改善基本设施，建设国际航空港、盐田货柜港等，都逐渐形成未来对香港的竞争态势，引起相关各界的关注。不过，在外资心目中，香港有其比

较优势。

以下摘引美国商会1990年出版的《在港经商》中比较香港与北京、上海的企业经营环境一节（第64～66页）中的若干要点来说明。

（1）在商业经营效率上，香港领先各开放城市。

——专业的、合理定价与消费者导向的支援服务，涉及法律、税务、会计、广告、公关、建筑、设计、包装、货运、高级行政人员征聘、人事、调研、翻译、印刷、市场调查、软件发展、旅行、完整而多形式（包括专门化）的金融与投资安排、管理顾问与培训等；

——宽松、简明但完备的商业法规、税制与有效的官僚系统；

——不分内外，不分国籍，在经商时机会均等、待遇均等；

——自由港、国际级的商业中心与配套设施；

——高效率、高生产力、普遍通晓英语，价值观相近，易于沟通的当地熟练或半熟练技术人才。

（2）在生活质量上，香港亦非其他内地城市所能企及。

——衣食住行等生活条件多样化，质量佳，价格合理，环境为西方人士所熟悉；

——在精神生活上，宗教、娱乐、休闲、教育等软硬件设施完备；

——英语普遍通行，民众具有国际化心态，交流与获得家庭服务较为便利；

——中外无差别，法律系统与环境（民事行为与个人自由等）与西方接近，传媒与资讯高度发达，且言论高度自由。

香港产、官、学界则大体相信内地与香港地区的经济持续成长，两地分享的商业机会"大饼"事实上将不断扩大，竞争与取代格局并不会在短期内形成。1993年2月15日《信报》转载新华社发表数据："内地在港有200亿美元直接投资，内地各银行在港银行存款净额为524亿美元"，更是确定了香港与内地利害与共的事实。个别地方城市或有取而代之的雄心，但实际上仍会受中央"全国一盘棋"思想的抑制，威胁程度尚颇有限。

# 三 20世纪90年代的香港引资：直接外来投资概况与来港原因

由于香港政府编制与发放国际收支账（尤其是资本）的年代较迟，香港在20世纪90年代中期之前，并无资金进出包括外国直接投资的统计。所以外商在港的经营情形，亦即在香港的商业环境与政府积极不干预的经济政策下，在吸引外来投资方面官民的努力达到了何等程度，并没有一个完整的描述。本部分仅对有较为客观准确数据的几个部分［制造业投资与企业运营、服务业（以金融业为重点）、地区总部与办事处］略作铺陈。

## （一）制造业投资与企业运营

海外制造业来港投资始于20世纪60年代，但开始有明显成长，并由政府编制较为完整且对外公开的调查数据则始于20世纪80年代中期。因此表4中1984年之前的数据或有较大部分可斟酌之处，而此后数据则较接近完整，且最重要的投资国依投资金额排序为日本、美国、中国内地与澳大利亚。

表4 主要外商在香港制造业投资成长情况（1970～1991年）

| 资本来源地 | 设立年份 | 厂数/投资宗数（家） | 投资金额(千港元) | | | | | |
|---|---|---|---|---|---|---|---|---|
| | | | 固定资产增加(A) | 固定资产存量账面值(B) | 以初期成本计之固定资产存量(C) | 工作资本财(D) | 总投资账面值(B)+(D) | 以期初成本计之总投资(C)+(D) |
| 日本 | 1970前 | 16 | 315887 | 845552 | 1868826 | 1335608 | 2181160 | 3204434 |
| | 1970～1979 | 50 | 453550 | 1138459 | 2122235 | 1418887 | 2557346 | 3541122 |
| | 1980 | 4 | 830 | 10412 | 13371 | 16612 | 27024 | 29983 |
| | 1981 | 9 | 29641 | 99735 | 176921 | 19272 | 119007 | 196193 |
| | 1982 | 7 | 8967 | 43556 | 108936 | 99153 | 142709 | 208089 |
| | 1983 | 4 | 12906 | 115606 | 180421 | 18585 | 134191 | 199006 |
| | 1984 | 3 | 8257 | 25577 | 53293 | -6153 | 19424 | 47140 |
| | 1985 | 5 | 22792 | 87863 | 119515 | -8238 | 79625 | 111277 |

续表

| 资本来源地 | 设立年份 | 厂数/投资宗数（家） | 投资金额（千港元） | | | | | |
|---|---|---|---|---|---|---|---|---|
| | | | 固定资产增加（A） | 固定资产存量账面值（B） | 以初期成本计之固定资产存量（C） | 工作资本财（D） | 总投资账面值（B）+（D） | 以期初成本计之总投资（C）+（D） |
| 日本 | 1986 | 13 | 163211 | 481096 | 763141 | 785644 | 1266740 | 1548785 |
| | 1987 | 17 | 30091 | 191183 | 330971 | 60649 | 251832 | 391620 |
| | 1988 | 17 | 104035 | 332432 | 420001 | 130140 | 462572 | 550141 |
| | 1989 | 17 | 27383 | 257006 | 328336 | 112176 | 369182 | 440512 |
| | 1990 | 5 | 12775 | 180933 | 296306 | 30414 | 211347 | 326720 |
| | 1991 | 7 | -1337 | 106405 | 111666 | 74948 | 181353 | 186614 |
| | 日本合计 | 174 | 1188988 | 3915815 | 6893939 | 4087697 | 8003512 | 10981636 |
| 美国 | 1970 前 | 19 | 154044 | 760084 | 1330270 | 715418 | 1475502 | 2045688 |
| | 1970～1979 | 30 | 87594 | 946536 | 1805308 | 1678264 | 2624800 | 3483572 |
| | 1980 | 4 | 2387 | 34319 | 82911 | 165401 | 199720 | 248312 |
| | 1981 | 5 | 8347 | 66337 | 159345 | 152105 | 218442 | 311450 |
| | 1982 | 4 | 1144 | 4918 | 12041 | 11725 | 16643 | 23766 |
| | 1983 | 6 | 11792 | 29189 | 67018 | 144015 | 173204 | 211033 |
| | 1984 | 10 | 71471 | 258087 | 512211 | 1174986 | 1433073 | 1687197 |
| | 1985 | 6 | 4814 | 52616 | 132932 | 98964 | 151580 | 231896 |
| | 1986 | 13 | 17048 | 148887 | 256620 | 303793 | 452680 | 560413 |
| | 1987 | 7 | 3615 | 23497 | 55931 | 51610 | 75107 | 107541 |
| | 1988 | 11 | 17469 | 77355 | 112387 | 139396 | 216751 | 251783 |
| | 1989 | 7 | -461 | 9841 | 14207 | -1731 | 8110 | 12476 |
| | 1990 | 3 | 55305 | 305289 | 384075 | 50449 | 355738 | 434524 |
| | 1991 | 2 | — | — | — | — | — | — |
| | 美国合计 | 127 | 434769 | 2748386 | 4957665 | 4680010 | 7428396 | 9637675 |
| 中国内地 | 1970 前 | 4 | 196904 | 965202 | 1603724 | 541849 | 1507051 | 2145573 |
| | 1970～1979 | 5 | 2669 | 155051 | 292721 | 61079 | 216130 | 353800 |
| | 1980 | 1 | — | — | — | — | — | — |
| | 1981 | — | — | — | — | — | — | — |
| | 1982 | 2 | — | — | — | — | — | — |
| | 1983 | — | — | — | — | — | — | — |
| | 1984 | 5 | 5311 | 100000 | 141148 | 52155 | 152155 | 193303 |
| | 1985 | 3 | -5064 | 14158 | 30287 | 84511 | 98669 | 114798 |
| | 1986 | 8 | 6106 | 103958 | 140068 | -60527 | 43431 | 79541 |
| | 1987 | 6 | -16050 | 20284 | 38068 | 138537 | 158821 | 176605 |
| | 1988 | 5 | 24836 | 125092 | 170593 | 79914 | 205006 | 250507 |

续表

| 资本来源地 | 设立年份 | 厂数/投资宗数（家） | 投资金额（千港元） | | | | | |
|---|---|---|---|---|---|---|---|---|
| | | | 固定资产增加（A） | 固定资产存量账面值（B） | 以初期成本计之固定资产存量（C） | 工作资本财（D） | 总投资账面值（B）+（D） | 以期初成本计之总投资（C）+（D） |
| 中国内地 | 1989 | 5 | 1051 | 56224 | 74078 | 25567 | 81791 | 99645 |
| | 1990 | 2 | — | — | — | — | — | — |
| | 中国内地合计 | 46 | 244009 | 1659549 | 2736042 | 1011178 | 2670727 | 3747220 |
| 澳大利亚 | 1970 前 | 3 | 646 | 181877 | 265484 | 1094394 | 1276271 | 1359878 |
| | 1970～1979 | 4 | 360 | 3405 | 8106 | 25509 | 28914 | 33615 |
| | 1980 | — | — | — | — | — | — | — |
| | 1981 | — | — | — | — | — | — | — |
| | 1982 | 1 | — | — | — | — | — | — |
| | 1983 | — | — | — | — | — | — | — |
| | 1984 | 1 | — | — | — | — | — | — |
| | 1985 | — | — | — | — | — | — | — |
| | 1986 | 1 | — | — | — | — | — | — |
| | 1987 | 4 | 16625 | 298653 | 362419 | 226752 | 525405 | 589171 |
| | 1988 | 1 | — | — | — | — | — | — |
| | 1989 | 1 | — | — | — | — | — | — |
| | 1990 | 1 | — | — | — | — | — | — |
| | 1991 | 1 | — | — | — | — | — | — |
| | 澳大利亚合计 | 18 | 52857 | 551306 | 727054 | 1377026 | 1928332 | 2104080 |

资料来源：香港特区政府工业署：《在港外资制造业调查报告》（1992 年，英文本）。

由表 4 可知，1970 年前，香港有日资制造商 16 家，1970～1979 年新开设 50 家，投资金额共计 67.5 亿港元。

1980～1989 年的 10 年间新增日资制造商 96 家，金额共约 37 亿港元。1990～1991 年新增 12 家，新增投资约 5.1 亿港元。截至 1991 年，日资制造商共计 174 家，各年累计投资金额为 109.8 亿港元，占全部外商制造业累计总额的 32%。

美资制造商在 1989 年之前，以投资总额来说仍居第一位，但是截至 1991 年，累计金额以 96.4 亿港元居第二位（占全部外资的 28%）。厂数共计 127 家，其中一半以上也是在 1980 年之后设立的。

内地资本的制造商多半在 20 世纪 80 年代之后开设。至 1990 年时共有 46 家厂商，累计投资金额为 37.5 亿港元，占全部外资的 11%。

澳大利亚外资规模较大，但厂数有限，读者易于据以推估个别厂商资料，香港政府为求保密将表4中多处数据删去，但总金额和厂数仍可参考。截至1991年共有18家厂商，投资金额为21.0亿港元，占全部外资的6%。

据1991年的调查，香港共有536家制造业外商，有各国投资610宗（因一厂可能由两个国家资本投资设立），累计金额为344亿港元。除四大投资国外，金额较大者还有英国（55宗，19亿港元）、荷兰（11宗，14亿港元）、德国（28宗，8.6亿港元）、利比里亚（8宗，6.4亿港元）、菲律宾（3宗，5.4亿港元）、新加坡（19宗，4.9亿港元）。其他各地合计尚有121宗，但总金额仅21亿港元，占1991年外国在港制造业总投资金额的6%。

如以规模计，香港的外资厂商大多为中小规模。雇用500位以上员工的大厂在1991年仅有36家，占全部厂数的6.7%；总投资金额为145.70亿港元，占总投资金额的42.4%。雇用100～499人的厂商共159家，占全部厂数的29.7%；总投资金额则为122.74亿港元，为全部制造业外资的35.7%。超小型外资厂（1～19人）与小型外资厂（20～99人）分别有80家与261家，共占总厂数的63.6%；而总投资金额则为75.55亿港元，仅占总值的22.0%。

与本地厂商相比，大中型外资厂的比重固然略高，但整体而言，大型投资厂的比重仍然偏低，而与1985年相比，大中型厂商的比重也略有下降，其趋势与本地厂商一致（见表5）。

表5  香港本地厂商与外资厂商规模（1985年、1991年）

| 规模（雇用员工）（人） | 外资厂数/比重（家/%） | | 外资厂累计外资（百万港元）（1991年） | 本地厂商/比重（家/%） | |
|---|---|---|---|---|---|
| | 1991年 | 1985年 | 1991年 | 1991年 | 1985年 |
| 1～19 | 80(14.9) | 84(16.5) | 569(1.7) | 202108(30.9) | 211447(24.9) |
| 20～99 | 261(48.7) | 219(43.0) | 6986(20.3) | 219352(33.5) | 291271(34.3) |
| 100～199 | 89(16.6) | — | 4339(12.6) | 81596(12.5) | 122734(14.5) |
| 200～499 | 70(13.1) | 161(31.6) | 7935(23.1) | 87652(13.4) | 117266(13.8) |
| 500以上 | 36(6.7) | 45(8.8) | 14570(42.4) | 63955(9.8) | 106182(12.5) |
| 合  计 | 536(100.0) | 509(100.0) | 34399(100.0) | 654663(100.0) | 848900(100.0) |

资料来源：香港特区政府工业署出版的《香港制造业的海外投资》（1986年、1992年）、《香港制造业》（1991年）。

在产业分布上，依投资金额大小分，1991 年前五位行业为电子（32.3%）、电气（13.0%）、纺织成衣（9.3%）、皮革制品（5.3%）、化学制品（5.1%）。依厂数多寡分，依次为电子（20.3%）、纺织成衣（19.4%）、电气（10.6%）、化学制品（6.3%）、食品饮料（4.7%）。除皮革制品与食品饮料外，与本地工业的顺序（厂数）大致相近。尤其是本地以外销为主的前四位行业为成衣、电子、纺织、钟表，与外资厂的三龙头产业也是一致的。

外资厂商的雇员大部分（96.5%）来自本地，即使是管理人员与研发人员，本地雇员的比重亦达 85% 与 91%。外商的投资也是以机器设备等为主，投资在土地与厂房上的只有 27.8%。

1991 年外资制造业厂商的产品约有 64.1% 供外销，尤其是电子、电气、成衣产品的比例更高，分别为 82%、76% 与 91%。以内销为主的产品只有非金属矿物制品（内销 98.7%）、食品饮料（内销 84.1%）、印刷品（内销 86.2%）。

以外包工序来说，1991 年在 536 家外资厂中，有 274 家采用过发包制造。其中，157 家公司曾发包予中国内地厂商，156 家曾发包予本地制造商，49 家曾发包予其他国家或地区（因一家公司可能发包予一个以上的地区，故总数会超过公司数）。

与 1985 年的调查相比，1991 年有更多的公司采用外包（1985 年，在 509 家工厂中只有 125 家采用发包制，占 24.6%），而且让内地工厂承包的比重也大增（1985 年，发包予内地厂商的只有 31 家，由香港厂商承包的有 103 家，由其他地区厂商承包的有 18 家）。

在外资厂商发包工序的分量上，1991 年较 1985 年也有明显增加。1985 年，61.6% 的发包外资厂商本身承制全部工序的 3/4 或更多，但 1991 年则有 39.1% 的发包外资厂商如此。对于发包全部工序的 3/4 或以上的外资厂商，在 1991 年占 25.5%，而 1985 年只占 13.6%。

因此，整体而言，有较大比例的在港制造业外商着眼于产品出口，生产规模较本地厂商略大，但就绝对量而言，仍然以中小企业为主。它们充分利用香港的优势资源，包括管理人员、技术人员与劳工。随着香港制造业工序的北移，近半外商也利用内地的工厂进行更大幅度的发包。由此，由纯制造

业向服务业导向经营方式蜕变的端倪已然可见，这与本地整个制造业已由工业生产渐变为制造业管理的趋势是一致的。

### （二）服务业（以金融业为重点）

20 世纪 90 年代初期，在港外资如以居前两位的美国、日本企业来说，有 2/3（以金额计）经营批发（进出口）贸易与银行金融行业。据美国总领事馆提报商务部统计，1990 年美国在港各行业的投资共 65.3 亿美元。其中按行业分布分别为批发贸易业（24.4 亿美元）、金融保险业（26.8 亿美元）、制造业（7.7 亿美元）、石油业（1.9 亿美元）、其他服务业（1.1 亿美元）、其他行业（3.4 亿美元）。根据日本大藏省的资料，1951～1989 年，日本在港累计投资金额约为 80.7 亿美元。按行业分布的数据虽不可得，但依据各项估计的日商数据与在港曝光度观察，以金融与贸易业为多。

由于银行、金融业受政府一定程度的管理，总计面的数字及运营状况较其他服务业更易获得，再加上其重要性，故本部分以银行业的外资活动状况为重点，摘要铺陈。

香港银行业采取三级制，自 1990 年起，分持牌银行（可经营全面业务）、有限制牌照银行（经营业务范围较小，一般为商人或投资银行业务，无零售业务）与接受存款公司三类（沿用 20 世纪 90 年代的名称），但以持牌银行最为重要。1990 年持牌银行接受存款数额即占了全部的 95%，而后两类也许有许多是持牌银行的附属公司，因此本部分"银行业"也仅介绍持牌银行。

香港在"二战"前即以其商业转口港与自由贸易政策为国际企业界所熟知，在 1900～1950 年即成为居亚洲第二至第三位的区域金融中心，拥有较多的国际与本地的金融机构。1965 年的本地银行业挤兑风波，令香港政府收紧了可经营全面服务业务的商业银行开设的条件，加上外币存款利息收入仍有征收 15% 利得税的规定，外国银行在港的成长也受到影响。随着 20 世纪 60 年代欧洲美元市场的扩充，亚洲美元市场逐渐萌芽，新加坡凭借其固有的转口港地位与吸引国际金融投资的积极作为，在这方面抢拔头筹。但因其国内市场有限，邻近国家的商业发展不及东亚地区，在国际银行业的压力与新加坡"金融中心"成型的刺激下，香港政府于 1978 年 3 月实质上开放了外国商业银行的设立（但仍规定最低资本额与若干监管上的要求），并在 1982 年 2 月废除了外币存款利息扣缴所得税的规定。

基于前述香港政府的政策，外资银行在本地的成长自 20 世纪 80 年代起即十分迅速。1969 年底，香港共有被称为持牌银行的可经营全面业务的商业银行 73 家，其中 20 家为本地银行，53 家为外国银行。到了 1991 年，已拥有 163 家商业银行，其中在港注册银行 30 家（若按实际拥有国家或地区分，则只有 15 家）、海外银行 133 家。此外，尚有外资银行在香港的办事处 152 家。成长最快的一段时期是 1980～1990 年，平均每年增加持牌银行与办事处各 5 家。

以国别计，20 世纪 90 年代在港外资银行最多者为日资银行（共 33 家持牌银行），其次为美资银行（18 家）与中国内地银行（15 家）。以地区计，则亚太地区居首，欧洲地区次之（见表 6）。

表 6　在港外资金融机构（以实际拥有国计）数目（1991 年）

单位：家

| 国家/地区 | 持牌银行 | 有限制牌照银行 | 接受存款公司 |
|---|---|---|---|
| 中国香港 | 55 | 3 | 19 |
| 日本 | 33 | 12 | 36 |
| 中国内地 | 15 | 1 | 16 |
| 其他亚太地区合计 | 26 | 12 | 48 |
| 欧洲各国合计 | 48 | 11 | 16 |
| 中东地区合计 | 2 | 2 | 3 |
| 美国 | 18 | 8 | 17 |
| 加拿大 | 6 | 2 | 1 |
| 其他地区 | — | 2 | 3 |
| 总　计 | 203 | 53 | 159 |

资料来源：《香港统计年鉴》（1992 年，英文本）。

一般而言，在港外资银行在其所属注册国内大多为有规模的银行。1991 年共有 83 家居世界前 100 位的银行在香港营业。全港银行的总体资产和负债有一半以上是对外地，遍布 100 多个国家或地区。在广义的离岸存贷款方

面，以"存放在海外银行款项"总金额计，1991年全港163家持牌银行共拥有22570亿港元，占资产总值52500亿港元的43%，就实质增长率而言，此指标在1969～1990年约为24%；以"海外银行存款"计的总金额在同年则高达32380亿港元，占持牌银行资产总值的62%，此指标在1969～1990年的实质年成长率高达33%。

再观察1991年香港全体持牌银行的贷款与融资情况。在总额21172亿港元中，共有12624亿港元（60%）用于香港以外地方，1969～1990年实质年成长率达39%；另360亿港元（2%）使用地不明，只有约38%用于本地（同期实质年成长率为16%）。所以作为亚太地区的金融中心，香港确实在融通区内资金（集资与银团贷款）方面扮演了重要角色。在这方面外资银行的贡献不仅在于数量上的压倒性优势，而且在于集聚母国与外地资金来港与运用本地存款作为贷款之用。

在这一时期，在港外资银行的主要业务在于批发与商人银行业务。根据野村研究所1991年11月5日发表的估计数字，1990年中资以外的外资银行大约吸收了23%的本地存款，中资银行吸收了22%，本地银行则占有55%。在用于香港的贷款上，本地银行与中资银行则分别仅占全部银行贷款的34%与13%，美国、日本、欧洲等外资银行共有53%。这方面也可以各行存款比例来印证。根据统一资料，本地银行与中资银行的贷款与存款比例是0.75与0.87；但日资银行与美资银行的这一比例则为1.3～1.55（只有一家分行、较少零售业务的日资银行最高）。全体银行的平均比例则为1.11（均为1990年数据）。

在外资银行的经营环境方面，如根据1990年美国财政部出版的《外国对美国金融机构待遇报告》，在亚太地区由澳大利亚、中国内地、印度、印度尼西亚、日本、菲律宾、韩国、中国台湾、泰国到新加坡，美银都有各种不同项目与不同程度的抱怨（主要在于是否给予"国民待遇"，如进入限制、持股比例规定、业务种类限制等），唯独对香港毫无投诉。此报告虽仅限于美资，又是仅调查金融业，但是显示了香港在创造"一视同仁"（无优惠，但自实质到精神都无差别待遇）的企业环境上，在亚太地区内暂无其他国家或地区可企及。

### （三）地区总部与办事处

外商地区总部与办事处的设立，在吸收直接投资以解决地主国资金或就业问题上，其直接贡献或许不如制造业与银行业等那么显著，但在对外经贸渠道的拓展、管理技术的转移与其他间接利益上，其外溢效果仍不可忽视。所以新加坡在1970年底积极开创经济发展局面、建立区域金融中心的同时，也希望利用努力创造的经营环境与亚欧交通枢纽的位置，成为亚太区域的国际大都会，以财税等优惠措施，吸引更多的跨国企业至当地设立地区总部与办事处。20世纪70年代末，内地开始进行改革开放，外商开始利用地理位置相近、商务联系方便的香港来拓展中国内地、中国台湾等市场，此时香港才开始注意到吸引外资的努力可以由制造业、金融业的实质投资兼顾这一方面。1992年，英国前首相撒切尔夫人在港勉励香港在未来扮演"中国的纽约"的角色，便是对这一共识的生动的说明。

由于香港政府开始思考如何较积极主动地优化外企在港运营环境的具体作为，香港于1991年首次依据在外国注册成立而在本地设立业务单位的海外公司（依《香港公司法》第332节规定登记者）名单与其他来源，定义了3771家可能是亚太地区总部与办事处的"海外公司"。其中约有六成（2281家）向香港政府填报了业务种类，约900家填写了问卷。根据该资料，香港政府发布了虽仍是局部但较之前完整的数据：以香港为海外公司"地区总部"的有602家，管理公司在亚太地区的其他办事处；另278家是"地区办事处"，代表海外母公司处理亚太地区的有关事宜。在填写问卷的602家地区总部样本中，其海外总公司业务有43.4%为制造业，32.1%为批发、零售、进出口贸易，11.5%为运输及有关服务业，11%为地产及商业服务业。但在该地区总部的业务上，则只有11.5%属于制造业，而有51.7%属于批发、零售、进出口贸易。在地区总部中，从事运输及有关服务业和地产及商业服务业的分别占10.0%和12.8%，与其母公司业务在样本中所占比例相近（见表7）。

**表 7　以主要业务划分的地区总部及其海外母公司（1991 年）**

单位：家

| 业务 | 公司数量* | |
| --- | --- | --- |
| | 地区总部 | 海外母公司 |
| 制造业 | 69(11.5%) | 261(43.4%) |
| 建造业、建筑及土木工程 | 36(6.0%) | 36(6.0%) |
| 批发、零售、进出口贸易 | 311(51.7%) | 193(32.1%) |
| 酒楼及酒店业 | 12(2.0%) | 16(2.7%) |
| 运输及有关服务业 | 60(10.0%) | 69(11.5%) |
| 通信业 | 26(4.3%) | 36(6.0%) |
| 金融 | 57(9.5%) | 64(10.6%) |
| 保险 | 24(4.0%) | 35(5.8%) |
| 地产及商业服务业 | 77(12.8%) | 66(11.0%) |
| 其他 | 22(3.7%) | 33(5.5%) |
| 总　　计 | 694 | 809 |

注：①＊部分公司的业务超过一项，因此公司总数多于 602 家地区总部。
②括号中的百分比是指在地区总部总数中所占的比例。
资料来源：香港特区政府工业署：《1991 年就海外公司在香港设立的地区代表所进行之调查报告》（1992 年，中文本）。

因此大致可以推定，在港多国公司的地区总部所经营业务种类相当多样化，但以贸易为主，尤其是为生产制造品的母公司经营地区性的批发、零售与进出口业务。

填写问卷的 278 家地区办事处及其母公司所经营业务的分布大致与地区总部的情况相似（见表 8）。

**表 8　以主要业务划分的地区办事处及其海外母公司（1991 年）**

单位：家

| 业务 | 公司数量* | |
| --- | --- | --- |
| | 地区办事处 | 海外母公司 |
| 制造业 | 36(11.4%) | 129(46.4%) |
| 建造业、建筑及土木工程 | 13(4.1%) | 12(4.3%) |
| 批发、零售、进出口贸易 | 128(40.5%) | 77(27.7%) |
| 酒楼及酒店业 | 0(0) | 3(1.1%) |
| 运输及有关服务业 | 17(5.4%) | 21(7.6%) |

续表

| 业务 | 公司数量* | |
|------|------|------|
| | 地区办事处 | 海外母公司 |
| 通信业 | 9(2.8%) | 11(4.0%) |
| 金融 | 32(10.1%) | 37(13.3%) |
| 保险 | 13(4.1%) | 14(5.0%) |
| 地产及商业服务业 | 10(3.2%) | 14(5.0%) |
| 其他 | 58(18.4%) | 52(18.4%) |
| 总　计 | 316 | 370 |

注：①＊部分公司的业务超过一项，因此公司总数多于278家地区办事处。
②括号中的百分比是指在地区办事处总数中所占的比例。
资料来源：香港特区政府工业署：《1991年就海外公司在香港设立的地区代表所进行之调查报告》（1992年，中文本）。

在602家地区总部中，只有153家是在1979年之前设立的，较明显的增加大约始自1985年，平均每年增加50家以上，这些也与内地改革开放、亚太地区经济成长以及香港政府有关单位较积极的作为等因素不无关系。

在母公司的来源国上，地区总部以美国居首（258家，约占四成），英国（75家）、欧洲其他国家（50家）次之，其他依次为日本（44家）、澳大利亚（9家）等。地区办事处则仍是美国第一（62家，占22%），其他依次为欧洲其他国家（82家）、日本（61家）、英国（25家）、澳大利亚（5家）等。据此推论，在港的海外公司地区总部或办事处中，仍以美国、欧洲国家（含英资）居多，日本次之；如以国别看，则美、英、日资居前三位。

地区办事处负责的地区有126家属于"香港与内地"，52家为包括中国内地在内的"东南亚"，二者合计占全部278家的64%。其余依次为"东亚"（39家）、不包括中国内地的"东南亚"（23家）、"亚太"（38家）。地区总部方面则以范围最广的"亚太"的215家居首；其次是包括中国内地的"东南亚"（166家），接下来是"香港及内地"（78家），二者合计占全部602家的41%。此外，尚有不包括中国内地的"东南亚"（70家）、东亚（73家）。因此，大致可推断在港的外国公司地区总部大致涵盖1/3的业务区，且以亚太地区为主，另2/3则以中国内地、东南亚与邻近东亚地区为

对象；地区办事处则多以中国内地、香港为主。此结果与香港在本地区的地理位置、地区总部与办事处的功能区分等相一致，因而以样本推论整体，失误之处应该不大。

换言之，在香港，此类外资公司逾半在1985年后成立，以经营较大地区业务的"地区总部"居多，业务及营业范围多半包括内地，以制造品贸易（批发、零售、进出口贸易）、金融、运输及有关服务业、保险、地产及商业服务业为主。基本上是利用香港的"东亚"，尤其是内地高速经济成长地区外缘国际、商贸、金融、运输中心地位来拓展地区业务。由于香港对外商地区总部并无财税等优惠，因而其成长就只能归功于内地与香港地区形成的集聚经济与香港政府对外在企业环境的优化了。

### （四）来港原因

在对外资来港经营制造业方面，香港政府工业署在前述每年的外资工厂调查中，都会询问其对香港工业投资环境的看法，并就相关因素做出评估。评估的结果将作为香港政府有关单位具体优化运营环境的依据。在1991年的调查中，这些外资工厂认为影响投资决策最重要的十二项因素是（依序）：

——工资水平；

——金融及财务设施；

——交通、运输、通信设施；

——劳动生产力；

——政府经济政策；

——管理与专门技术人才供应；

——政治气候；

——可能获得的管理技术；

——办公处所租金、成本；

——区域内的位置；

——相关行业支持；

——本地市场潜力。

　　而在此十二项因素中，六成以上外资工厂认为在下列七项因素方面，香港的条件是属于"有利"的（三选一，其他两个选择为"中性"与"不利"）：

　　（1）金融及财务设施（88%认为有利）；

　　（2）交通、运输、通信设施（83%认为有利）；

　　（3）政府经济政策（66%认为有利）；

　　（4）区域内的位置（66%认为有利）；

　　（5）可能获得的管理技术（65%认为有利）；

　　（6）管理与专门技术人才供应（62%认为有利）；

　　（7）劳动生产力（60%认为有利）。

　　在这七项香港的条件是属于"有利"的项目中，前四项均为一般企业经营外部环境，而后三项则是人力资本与劳动力品质。工资、租金等直接生产成本面的考虑项目并不包含在内。

　　在地区总部与办事处的调查问卷中也有类似问题，1991年的报告提及，共有241家公司就"以香港为地区中心"这一问题提供意见。在待选的影响企业经营环境的十项因素中，香港的运输及通信设施获得最高分（见表9）。以重要性计，其次是管理/专业技巧之供应情况，但认为香港在这方面占有利地位的只近六成。因此，如就"重要性"与"有利"一并评价，金融设施应居次席。公司税的结构、商业法例、邻近其他主要市场/供应来源、香港为中国的门户等，依序亦获得颇多厂商认为具有"重要性"并获得"有利"的评价。

<br>

表9　影响香港作为地区中心因素的重要性与有利程度

单位：家

| 因　素 | 重要性* | 公司数量 | | |
|---|---|---|---|---|
| | | 有利 | 中性 | 不利 |
| 运输及通信设施 | 1 | 230（95.4%） | 10（4.1%） | 1（0.4%） |
| 管理/专业技巧之供应情况 | 2 | 138（57.3%） | 45（18.7%） | 58（24.1%） |
| 金融设施 | 3 | 222（92.1%） | 16（6.6%） | 3（1.2%） |
| 公司税的结构 | 4 | 199（82.6%） | 35（14.5%） | 7（2.9%） |

续表

| 因　素 | 重要性* | 公司数量 | | |
|---|---|---|---|---|
| | | 有利 | 中性 | 不利 |
| 政治气候 | 5 | 103(42.7%) | 48(19.9%) | 90(37.3%) |
| 办公室价格/租金 | 6 | 54(22.4%) | 33(13.7%) | 154(63.9%) |
| 商业法例 | 7 | 188(78.0%) | 47(19.5%) | 6(2.5%) |
| 工资水平 | 8 | 71(29.5%) | 55(22.8%) | 115(47.7%) |
| 邻近其他主要市场/供应来源 | 9 | 183(75.9%) | 50(20.7%) | 8(3.3%) |
| 香港为中国的门户 | 10 | 201(83.4%) | 36(14.9%) | 4(1.7%) |

注：①＊调查所采用的十项因素经由每家做出回应的公司就其重要性排列名次，然后由香港政府工业署平均计算出总次序。

②括号内的百分比是指在241家做出回应的公司中所占的比例。

资料来源：香港特区政府工业署：《1991年就海外公司在香港设立的地区代表所进行之调查报告》（1992年，中文本）。

此调查因同时包括制造业与服务业厂商，与前一调查有少许出入亦在意料之中。但值得注意的是，在两次调查中，样本同样最重视香港的基本设施建设、金融便利、法例、政策、地理区位与人力资本（管理技巧等）。在本文第一部分香港的经济发展条件与政策中，香港政府与社会大众致力于"善用地理位置，改善企业经营环境"的"积极不干预"政策哲学，确实在相当程度上取得了较好的效果。

## 四　香港政府与有关机构在吸引外资上的具体作为
### ——优化引资平台的两个案例

前文已述及，香港吸引外资的基本做法不是制定奖励投资条例或对某特定行业给予优惠，而是把握本身的地理优势与其他既有条件，致力于改善企业经营的外部环境。在这一方针的指导下，政府有关机构优化行政平台，有针对性地改善外资关心的其他投资环境项目的具体作为值得参考。本部分将特别介绍香港政府工业署与半官方性质的贸易发展局这两个最关键也是最重要的机构，并涉及其他半官方部门与私营部门的配合措施。本部分主要分为三个方面。

## （一）香港政府工业署

香港政府工业署（以下简称"工业署"）负责执行政府的工业政策。此政策简言之，包括以下方面：①保持与改进各项基本设施及经营环境，以使制造业能有效运营；②提供促进生产力增长、品质改进与产品创新方面的服务以确保竞争能力；③促进外来制造业及其支援行业的投资。而政策的最终目标是令企业家及从业人员借由制造业务实现实质产值的增加，提高人均所得。现将工业署三项主要任务就其内容与执行单位简介于下。

### 1. 改进基本设施与制造业经营环境

工业署在这方面的工作主要由基建支持科（Infrastructural Support Division）负责。该科下辖"土地组"及"环境与资源组"。这方面的任务与工业署扮演的角色基本上是监察及设法消除工业生产、发展过程中的障碍，诸如合适工业用地的供应、熟练劳工与其他人力资源方面的供给以及水、能源与原料的供应等。此外，有关影响工业运营的各项法例（如劳工、环保、就业、税项等）的制定与修订，也是工业署工作的中心之一。

香港的工业用地通常以公开拍卖或投标方式出售，但亦可按特定条件，以投标或私人协约方式批出，以供被认为有助于香港经济未来发展的资金密集或采用先进技术的工业使用。20世纪90年代初，香港已在大埔及元朗设有两个前述性质的工业邨，由香港工业邨公司负责发展管理。

1991年，香港政府共出售10幅工业用地，总面积达43279平方米（私人发展商建造了约521000平方米的多层厂房）。此外，香港的第三个工业邨也开始建设，第一批土地于1994年初出售。

在为工业界培训人才方面，香港职业训练局下辖8家工业学院（工专）及两家工业训练中心，都与工业署密切合作，开办工业教育及训练课程，并提供高质量的劳动力。

1991年，工业署、生产力促进局（HKPC）与职业训练局曾共同参与经济援助厂商（不限行业）选送技师及经理，在本地或海外接受新科技的训练计划。

### 2. 工业发展与推广的支援

为确保香港工业的国际竞争力，这方面的工作主要包括：支持生产力促进局的提升生产力活动；支援香港品质保证委员会的改进品管活动；支持香港设计与创新公司、香港塑胶业技术中心、香港科技工业中心（1993 年开始工作）的各项业务。此外，工业推广服务亦为这方面的重要工作。

为执行有关业务，工业署设有发展支援科、品质服务科、资讯与服务科、技术发展科等负责或协调相关的工作。

1991 年，工业署在这方面的有关工作包括：

——委托顾问公司研究化学品加工业在港发展潜力，以应对多家大规模跨国化学品公司的投资咨询；

——研究塑胶、纺织、制衣业的生产自动化状况；

——拨付 2.5 亿港元，加上 1.88 亿港元贷款，以期支付 1993 年成立科技中心的初期费用；

——署辖标准及校正实验所、产品标准资料组等为厂商提供服务，并与国际及各国检验机构签订协议，相互承认商品标准与检验证书；

——自 1990 年 3 月起推行品质宣传运动与品质改善计划，并加强工业署现有的品质辅助服务与推行品质管理认可计划。根据此项认可计划，香港政府颁授认可资格给采用品质管理系统且符合国际标准化组织 ISO 9000 品质保证准则的公司。1990 年起由政府资助的法人——"香港品质保证局"负责审核与发证工作。ISO 9000 的推动，有助于港商产品外销到欧洲共同市场。

### 3. 吸引海外投资

在鼓励外商至港对制造业或相关行业投资方面，工业署辖下的投资促进科专责其事，并协调其他部门改善投资软硬环境方面的工作，以期相辅相成。该科业务分由服务中心、海外工业推广组（Overseas Industrial Promotion Units）、研究与标定组（Research Targeting Section）等分别负责。

投资促进科的目标是希望能借此由工业投资引进创新或是改进的产品、设计、工序与管理技术。其属下服务中心设于香港，海外尚有五个分中心，附属在香港政府设在旧金山、纽约、东京、布鲁塞尔与伦敦的经济贸易代表处。中心与分中心成员成为"工业推广专案官员"（Industrial Promotion Project Officers），均系具有广泛工业经验的工程师，大多具有市场行销技能并熟悉香港的制造行业。在促进投资活动时常由香港政府贸易官员或驻外贸易代表协助，北美业务区与欧洲业务区英伦分中心分别从 1990 年 3 月及 1991 年 5 月起，进一步设立区域主任以协调各单位进行团队式的促进投资活动。

香港中心与海外分中心的主要任务是吸引海外公司到香港进行工业投资，其常见公开活动包括以下三类：

——经由广告、大众传播、工商研讨会、香港工业家与高级政府官员的演说，宣传香港作为制造业海外生产基地的优点；

——锁定潜在投资者，并经由邮寄资料、公司访问、工商组织、参与工商展览等方式保持不断的联系；

——培植其他联系渠道，如经由银行接触一些其熟知的有意在海外生产、采购或转移专利权与生产技术的厂商；又如经常联系各国驻港商务代表，交换资讯，以期促进双向投资等。

各服务中心、分中心的实质业务则主要在于为有意向的投资者提供各方面的协助，令其投资项目得以落实，这方面的具体工作包括以下五项：

——提供特定产业部门的详尽资料，并对设厂地的取得、价格、有关人力资源、相关法令规章、融资情况等各方面给予投资者及时而完整的资讯，以协助其完成可行性研究与设厂计划；

——协助及指导投资者与逾 30 个有关的政府部门、行业组织、电力公司、瓦斯公司保持密切联系，必要时参与有关特定问题的讨论；

——接待并引导潜在投资者或团体，主动为其制作简报，进行设厂可行地点的检视，访问有关贸促或资促单位，并向前来参观的团体介绍银行、当地各行业业者与有关政府官员；

——撮合外商与本地具有兴趣的业者进行合资、合作经营或技术转移；

——对已在港投资的外国公司做定期的"售后服务"，以协助其扩充或

制订再投资计划。

服务中心、海外分中心与科内研究与标定组合作，收集市场资料，以寻找及锁定促资重点行业与特定对象。

1983~1991年，资促科共协助完成274项海外至香港投资计划（包括扩充与工业相关专案）。其中21项在1991~1992财务年度完成，投资金额为6.42亿港元。根据工业署的评估，在这些工业投资项目中，有7项的技术水准高于当时任何本地厂商，有3项则属于技术水平与本地厂商相当者。

在同一财务年度，五个海外分中心的工作人员进行了84项促资活动，每项活动为时1~2周。其中包括：为公司高层人员制作系列简报；参加25项国际工业展；在10个贸易展设立专位；主办12个研讨会。此外，工业署内的司局级官员尚担任22个在海外举行的公开演讲的主讲人。

1991~1993年，投资促进的工作重心集中于美国东岸、欧洲与日本关西地区，其后在加拿大的多伦多设立第六个分中心。纽约分中心先试行有效的电算机潜在对象锁定系统并推广到其他分中心，在各业务区进行更有效率与前瞻性的"行销"促资活动。

## （二）香港贸易发展局（HKTDC）

香港贸易发展局（以下简称"贸发局"）为独立法人，于1966年依据《香港贸易发展局条例》成立，初期依赖政府基金成立，其后每年政府自进出口商品从价税拨付专款资助（如在1991年的7.8亿港元收入中，约4.2亿港元为此项补助），但独立运作。其角色被界定为：负责促进及拓展香港的海外贸易，并宣传与香港通商的各种机会与利益。由于此种对外宣传与促销活动拓宽并加深了外商对香港的认识，也带来了制造业以外行业的直接投资，在港设立地区总部与办事处，进行各种其他经贸活动，大大强化了香港作为地区性商贸、金融中心的地位。所以，本部分将对贸发局的功能，以及在招商与帮助香港作为地区中心上的贡献进行阐述。

贸发局主席在香港回归前由总督委任，其他18名成员包括各大商会代表、工商界领袖和2位政府官员。除位于香港会议展览中心的总部和观塘的办事处外，尚有数个服务站设于荃湾、观塘、旺角和中环等地，提供资料服务与出售贸发局的各类出版品。

20 世纪 90 年代，贸发局在国外共有 34 个地区或国家办事处，分别是欧洲 12 处（包括法兰克福、伦敦、巴黎 3 个地区总部，荷兰、希腊、匈牙利、意大利米兰、西班牙、瑞典斯德哥尔摩、土耳其、奥地利维也纳、瑞士苏黎世 9 个办事处）、美洲 10 处（包括纽约 1 个地区总部，芝加哥、达拉斯、洛杉矶、迈阿密、墨西哥、巴拿马、旧金山、温哥华、多伦多 9 个办事处）、日本 3 处（包括东京 1 个地区总部，名古屋、大阪 2 个办事处）、中国内地 3 处（包括北京、上海、广州 3 个办事处），还有迪拜、新加坡、悉尼、中国台湾等办事处。1993 年成立深圳办事处。从办事处的分布来看，自 1993 年起，中国内地的重要性超过日本，仅次于美国。

直到香港会议展览中心于 1986 年奠基、1989 年落成，贸发局迁入办公之前，其基本角色仍以举办各种类型的商品展与有关活动，以及协助进出口贸易为主。到了 1989 年，外商（尤其是美商）一时却步，严重影响了当时的海外与香港及内地投资、贸易关系，贸发局自 1990 年起，积极强化香港作为华南大门的角色地位。换言之，经过此番震荡，港粤经济命运共同体的现实终于浮现，而贸发局仍调整步伐，将西向以欧洲、美国、日本为主的开发市场政策转为同时并重北向中国内地，并兼顾市场开发与强化本身媒介角色的路线。1991 年与 1992 年这一策略调整，使华南经济得以快速成长，外资力量逐渐恢复。例如，此前贸发局仅在北京设有办事处，1992 年即加设上海办事处与广州办事处，并在 1993 年设立深圳办事处。此外，贸发局的市场拓展部在 1992 年底有工作人员约 100 人，"中国组"即占 20 人以上，而且是在 1992 年一年内倍增的。通过提供内地与地区市场研究、资讯以方便本地与外地商人与投资者的研究组共有 50 人（其中研究员 15 人），也是在 1992 年一年内扩充编制近一倍的。此扩充持续至今。

总结以上形势，贸发局在为《香港经济年鉴》（1992 年）所撰的专文中表示，该局在未来一年的"贸易拓展"工作共有六大方向。根据该文及作者对当时贸发局的了解，这六大方向及有关活动大致如下。

（1）加强内地与香港的关系：①协助港商巩固在此庞大消费市场中的地位；②鼓励外商通过香港与中国内地做生意；③加强与内地科研单位合作，将其科研成果商品化；④协助内地各地区及企业与外地联系。在这一方面有关的活动包括：

——在北京、大连、武汉、上海等地的百货店举办推广港货活动；

——筹办"香港精品廊"，如广州南方大厦与北京西单商场等；

——在深圳举办机械展、"三资"企业展、内地零售市场中香港投资项目展等（约30项）；

——组团参观内地企业与经济特区；

——接待内地来访团（1992～1993年度共有138个团）并协助其组团赴外地参观经贸建设；

——举办一年一度的港粤和港深合作研讨会，在内地城市（北京、大连、武汉）举办融资、设计、包装、出口市场推广研讨会以扩大香港企业与管理界的无形影响力；

——在港举办研讨会，鼓励外商通过香港与中国内地做生意或在内地投资。

（2）提高香港作为重要"地区贸易中心"的地位。基于地缘与既有联系，随着东亚、东南亚与内地经济及贸易的飞跃成长，香港可以充分发挥其作为贸易与服务中心的功能。在这方面贸发局的工作是：

——充分发挥"香港会议展览中心"硬件功能，并强化配套措施和软件，设立展览服务中心为参展商提供方便的服务，争取使香港成为亚洲的会议（包括研讨会与展览会）中心；

——每年（1992～1993年计划）举办20个国际展览会与消费品展览会；

——协助其他机构（如工业署）强化香港作为国际企业地区总部的作用。

（3）提高香港产品的形象。这方面的活动在1991～1993年主要有：

——组织香港代表团参加全球大型国际贸易展览，将香港产品销往海外市场。这些展览包括布鲁塞尔珠宝展、柏林影音展、芝加哥及拉斯维加斯的电子展等，共参展130多个；

——在美国、英国、日本东京、印度尼西亚雅加达、中国台北以及加拿大温哥华和多伦多等地的大型百货商场举办香港产品推广活动。

（4）拓展新市场。除了组团参展（多在主要既有市场）外，还致力于开发墨西哥、南美、东欧、中南半岛、中东、南非等新市场。除了组织商业代表团前往访问并接待来访外，还在这些地区内举办香港产品展览会，在既有市场中，日本、中国台湾与东南亚地区为这一时期的拓展重心，以深化港商在这些地区的市场占有、贸易关系与企业联系。

（5）改良设计，推广名牌。此方面的工作有：

——在会议展览中心设立"设计廊"，展销香港的最佳设计产品；

——设立设计图书馆与设计师电脑名录，供厂商参阅。提供世界名牌资料供厂商购买与自行创立品牌参考之用。

（6）加强市场资讯服务。提供的资讯分三大类：①产品与市场消息；②买卖双方与贸易查询资料；③各国的进口条例、关税税率、配额价格以及其他贸易资料。自1991年以来，随着该局研究人力的增加，各国市场（尤其是中国内地与成长较快的市场如日本市场）宏观面的调查研究，以及以行业、产品分类的市场调查报告等资讯，都及时对商界公开发售。此外，资料库服务、企业训练项目、图书馆资讯服务与TDC-Link"贸易灵"连线服务，也是近年来扩展的较成功的计划。以下是若干实例。

——1991年，属下的贸易资讯部通过电脑处理了逾27万宗海外及本地贸易资讯，1992年这一数字接近30万宗，其中包括零售式的"贸发传真"，即以电话、传真的方式向厂商提供香港制造商及贸易商名单（5.2万家）、海外（22万家）及内地（6万家）进口商名单、产品品牌及代理商资料、特定公司地址及联络资料、贸易统计数字及市场资讯等。此外，尚有订阅式的"联机电脑资料库"，即"贸易灵"（TDC-Link），可在办公室中直接与资料库连线获取以上资讯，1993年订户逾1000户，在资料库中的中国经贸资料存档逾6万家内地企业及进出口公司名单，是通过省市经济信息中心、展览会访问团等多种渠道获得的。深圳的"三资"企业及驻港中资机构资料在当时亦甚完整，并陆续扩展到其他重点城市。这些由各

国相关资料部门与研究部门收集的资讯,尚体现在资讯部所设的"中国剪报"服务中:每日由专人自香港与内地各省市的报章中收集有关报道加以编排,每份篇幅为40~50页。

——贸发局已成为香港最大的贸易刊物出版商之一。1993年出版的主要定期刊物包括:《香港工商》月刊、《香港工商会议及展览备忘》月刊和报道一般产品的《香港企业》月刊;《香港玩具专辑》半年刊(为配合香港国际玩具及礼品展览会,此专辑每年1月出版),曾获奖的《香港时装》半年刊与《香港时装饰物》交替出版,《香港珠宝》《香港钟表》《香港家具》《香港礼品精选》等亦为半年刊;季刊有《香港电子产品》和日文的《香港特选品》;双月刊有《欧洲单一市场报告》。此外,贸发局尚以八种文字(中、英、法、德、日、西、荷、意)经常刊印《香港商业指南》,供外商参考。

——1990~1992年,贸发局共出版了产品研究报告18种,其中成衣纺织3种(两个地区市场调查)、电子及电气产品7种(五个地区市场调查)、钟表珠宝3种(两个地区市场调查)、玩具及体育用品3种(两个地区市场调查)、加工食品1种(两个地区市场调查)、其他产品(市场调查)1种。

——1991~1993年出版的其他出版物还有:《市场研究》46种,内含中国市场研究10种;《香港工业概况》,内含40种行业或产品;《市场概况》,内含欧洲26种、美洲13种、中国内地(省、市)25种、其他亚洲地区24种、大洋洲3种、非洲12种、中东10种。此外,尚有75国的《进口条例及程序》、一般研究报告4种以及1991年外贸统计年报、海外商会名录等。

——1992~1993年制订商业训练计划14项,其中出口训练证书课程3项、研习班6项(内含"中国贸易"班)、商业语言证书课程5项(内含"普通话"班)。

总之,在贸发局的六大工作方向中,第三到第六项是对过去较注重的固有工作的扩展,而第一项加强内地与香港的关系、第二项提高香港作为重要"地区贸易中心"的地位与第六项研究出版业务中注重对中国的市场调查、经济分析、资讯收集等工作,则是20世纪90年代以来贸发局策略性地强化香港"地区中心""华南或中国大门"功能的落实。

从贸发局的工作在大众传媒上的表现看，1992 年除了在日本、中国台湾、越南的扩展活动偶尔见报外，几乎全与中国内地有关。以下是几项较显著的新闻。

——贸发局增加游说经费五成，编列 1700 万港元预算来游说克林顿政府勿采取对中国内地不利的经贸政策（如最惠国待遇等），以免殃及香港（《星岛日报》1992 年 12 月 5 日）。

——贸发局为使香港成为"内地对外贸易门户"这个概念深入内地城市，1993 年拓展的经贸活动由 1992 年的 30 项增为 50 项，内容包括：在偏远城市举办精品展（店内拓销）；参加内地商展；在香港举办内地－香港经贸合作展览；安排高层代表团访问北京、上海、大连、哈尔滨；派遣 9 个贸易团、考察团访问南宁、北海、重庆、成都等西南城市；举办"香港－内蒙古经济合作研讨会""军转民合作交流会""中国科技成果展"等（《香港联合报》1992 年 11 月 11 日）。

——贸发局于 1992 年 2 月 15 日在香港会展中心举行"内地零售拓展活动展"，介绍该局 1992～1993 年在内地的零售业拓展工作及计划（《香港联合报》1992 年 12 月 9 日）。

——贸发局总裁率经济代表团与湖北省及武汉市签订经济合作协议，包括引进港商的"三资"企业、加强该地零售商业发展以及协助两地在金融及高科技方面的对外交流、培训等工作。武汉市政府则在当地市场协助推广香港品牌商品（《香港联合报》1992 年 12 月 12 日）。

——贸发局为配合香港国际商港的中介功能，并配合内地深化改革进程，于 1993 年在港举办"如何利用内地各省市地方资源"展览，以协助内地公司发展成为跨国企业。此外，为配合沿海、沿江、沿边发展（"三沿"）政策，抓住第三产业市场开放的时机，香港将协助国际企业到内地开展贸易及投资。首先即将进行的是组织韩国经贸访问团经香港访问广州讨论合作事宜，以发挥香港作为国际港的作用（《香港联合报》1992 年 9 月 22 日）。

由此可见，贸发局倾全力协助香港成为国际与内地交往不可或缺的中

介。其基本策略简言之就是把握既有联系（优势），由已有的突破口（沿海省份）迅速扩大战果（向沿江、沿边城市，向基础建设、高科技利用、老企业改造、第三产业市场发展），以尽量在竞争者赶上之前掌握先机。香港因能量有限而无法"吃掉"内地市场，但自占领"三沿"地区有利位置之后，即可借由金融、贸易与中国的联系等因素，发挥其中介功能，一方面成为城市向外的窗口，另一方面成为国际登"陆"的媒介。

## （三）其他半官方部门与私营部门

除了工业署在吸引外资，贸发局在拓展香港的国际贸易、促进内地与香港的关系、强化香港在本地区作为国际经贸中心方面的各项活动与努力外，还有一些法人机构与企业部门也对改善企业经营环境、吸引外资来港（无论是设厂、设分公司还是仅利用香港的中介功能）具有直接与间接的贡献。

### 1. 最值得一提的是香港生产力促进局

香港生产力促进局是 1967 年成立的法人团体，是负责提高科技水准、改善管理以促进香港生产力的机构。局方的最高管理决策单位为理事会，由总督委任 22 名委员与 1 名主席。委员分别代表资方、劳方、学术界、专业人士与政府有关部门。1992 年共有约 500 名员工，分 11 个部门。1991 年工业界委托该局进行了 1050 项顾问服务，其中包括可行性研究、规划生产管理、设计厂房计划、环境管理、品质管理、工业自动化、产品设计及发展等服务。同年，该局举办了 570 种训练课程，学员人数达 13883 名，由管理督导到工业技术的研习都包括在内。生产力中心有多项硬件设施（实验室）供厂商利用，如资料处理、电脑辅助设计、表面结合技术、高频与数码通信、光刻加工、金属表面处理、工业化学、环境控制、金属薄片处理、精密切削及压铸等，令小型工业厂商得以减少研发与设计时人力、财力不足的困难。

从性质上来说，生产力促进局的许多业务是工业署工作的延伸，亦即不针对特定行业、厂商辅助，但协助改善工业界的生产技术与经营环境。从新观念上的推广来说其贡献也很大，最值得一提的是生产力促进局自 1989 年以来即宣扬的"高增值"（附加价值）观念，认为"高增值"是一切经济

活动的最终目标。在制造业方面，达到"高增值"的途径并不只是狭义的
"工业升级"，生产高、精、尖产品这一种。工业品的"高增值"可以通过
以下途径获得：①市场推广，自创品牌；②改良产品的工艺与工程设计；
③通过研发活动，改善工序，添加产品功能；④改善品质，准时交货，对市
场变化灵活回应；⑤增加在香港生产的部件；⑥通过上游作业如采购原材
料、产品研发、设计以及下游业务如仓储、品管、运输、金融、售后服务
等，为在内地生产或装配产品增值。

香港并不是一个国家，无国家尊严、政治利害与意识形态的负担，只要
经济持续成长，不能自立生产高科技产品，甚至"工业空洞化"并不是最
重要的顾虑。前述增值论在一定程度上缓解了工业界要求香港政府学习中国
台湾、韩国、日本强势工业政策的压力，也整合了社会上的共识，朝向国际
商贸、金融大都会与中国大门的目标发展。

**2. 在其他私营部门中，各国商会对香港的友好态度也是香港的助力**

最值得一提的是美国商会。此商会规模庞大，会员超过 3000 人，除美商
外，还欢迎港商与其他外商加入。美国商会经常举行的研讨会广受重视，常
能邀请到许多重量级的演讲者参加。以 1992 年为例，商会的出版物如《在港
经商年鉴》《在港设立办事处》《在广东经商》《香港、澳门的中资企业》《香
港电子业手册》《中国商业关系》等都十分畅销，尤其是前三册，资料丰富，
来港投资外商多半作为指南，影响力颇大。此类出版物对香港的评语几乎是
"一面倒"的好。如对照在新加坡、东南亚等地的类似美国商会出版物中对政
府的规章、条文、限制的批评，此类出版物确有如出自香港政府公关部门的
撰作。在《在广东经商》一书中，甚至有专章鼓吹赴华外资先在港设立合资
企业、办事处，可利用香港企业环境、香港与内地的联系以及在港中资企业
网的人脉关系，以利于在内地的发展。此等溢美之词（多少也是事实）出自
外商商会之口，其可信程度自然大增。

此外，外商组织尚有日本人工商会、英国商会、印度商会、韩国商会等
14 家，都有若干活动。加上各国驻港的 28 个商贸代表团办事处，对外商的
联系可以说亦相当有益。

# 五 小结

香港 20 多年的经济结构转型,已迅速接近完全服务业化,加上毗邻地区的持续经济增长,香港已成为大珠三角地区的核心都市。在此环境下,香港政府工业署已因制造业式微,今日其名称在香港政府组织架构中已不复见。有关具体工作则分别并入其他各相关政策局。由于香港政府在进入 20世纪 90 年代时并未预见香港与内地经济整合会迅速令制造业式微,所以仍在整个 90 年代陆续推出了几个以工业升级、科技发展为目标的重大项目,如成立香港科技大学,建设毗邻香港大学的数码港和毗邻香港中文大学的白石科技园、工业研究院等,但都快速偏离原来设立时的初衷,面临自身组织再造与运营转型的问题。

贸易发展局近年来的工作则逐渐转向以商品贸易与服务贸易发展并重的路线,继续扩大其功能与规模。

生产力促进局则顺应时势,加强了协助港商在本地与内地生产时强化环境保护绿色生产措施,并朝向以服务行业为对象的生产力促进工作。

这些都是香港在 20 世纪 90 年代以后以市场力量为决定性因素,配置资源,动员官方半官方乃至外商组织力量,优化自身服务平台的经验与教训,或许值得目前尚处于制造业主导宏观经济的一些都市参考。

如欲进一步了解香港都会经济近 30 年的发展情况,以及如何带动区域成长,请参阅文末参考文献第 10~12 项。《中国引资与区域经济增长——香港都会经济的增长》一书,将内地与香港的经济互动发展,以城市、区域经济学的观点做出解释,对当今各级政府政策的制定或有可参照之处。

**参考文献**

1. 香港特区政府工业署:《1991 年就海外公司在香港设立的地区代表所进行之调查

报告》（1992 年，中文本）。

2. 香港特区政府工业署：《在港外资制造业调查报告》（1992 年，英文本）。

3. 香港特区政府工业署：《1991～1992 年报》（1992 年，英文本）。

4. 香港特区政府统计处：《香港统计月报》（1992 年，英文本）。

5. 香港贸易发展局：《1991～1992 年报》（1992 年，英文本）。

6. 香港经济导报社：《香港经济年鉴》（1992 年）。

7. 香港美国商会：《在港经商》（1992 年，英文本）。

8. 香港美国商会：《在港设立办事处》（1992 年，英文本）。

9. 香港美国商会：《在广东经商》（1990 年，英文本）。

10. 段樵、林聪标：《香港经济结构及出口之预测》，台北"中华经济研究院"（经济丛书第九号），1985。

11. 段樵：《经济管理的挑战与回应——香港经济发展研究》，经济管理出版社，1992。

12. 段樵、伍凤仪：《中国引资与区域经济增长——香港都会经济的增长》，（香港）中华书局，2013。

# B.9

# 上海自贸区贸易便利化的
# 内涵、特点及效应

张天桂[*]

**摘　要：** 贸易便利化是上海自贸区的基本功能。其主要目的在于通过贸易监管制度创新，不断提高自身的贸易便利化水平，率先形成与国际接轨的高标准贸易投资规则体系，培育国际化和法治化的营商环境。上海自贸区贸易便利化的内涵仍处于不断拓展之中，显现出自身鲜明的特色，并已产生积极效应。

**关键词：** 上海自贸区　贸易便利化　内涵　特点　效应

随着经济全球化的不断推进和国际贸易的迅猛发展，关税减让的空间日渐狭小，贸易便利化的促进作用愈加明显。2008 年金融危机爆发后，贸易保护主义再度升温，通过对贸易便利化的阻碍形成相对"隐性"的"贸易非效率"及市场准入壁垒正是其重要手段之一。2013 年 9 月 29 日，中国（上海）自由贸易试验区（以下简称"上海自贸区"）正式挂牌。作为全面深化改革、扩大开放的国家战略，上海自贸区"以开放促改革"，核心是制度创新。而贸易便利化不仅涉及政府职能的转变、管理模式的创新，还直接关系到贸易投资自由化水平的提高，是营造公平、透明的良好贸易环境，实

---

　* 张天桂，上海社会科学院世界经济研究所助理研究员，主要从事区域经济合作研究。

现对外贸易可持续发展，完成国家赋予的形成可复制、可推广经验这一重要使命的重要途径。

# 一 上海自贸区贸易便利化的内涵

贸易便利化既老又新。尽管早在 1923 年国际联盟就已提出贸易便利化议题，但时至今日全球范围内依然没有形成关于贸易便利化的统一定义。WTO、WCO、OECD、APEC 对于贸易便利化的规定不尽相同。这与它们各自的侧重点存在差异不无关系，但更为重要的是，随着国际贸易的发展和信息通信技术的进步，贸易便利化本身的内涵也在不断变化，已成为无论承担主体还是衡量客体均日渐多元化的复杂体系。最初的贸易便利化，集中于边境措施，海关是其能够取得进展的关键；如今的贸易便利化，更多涉及边境内措施，一国整体的营商环境成为重要考量，检验检疫、工商、税务、外管等政府部门均发挥一定的作用。这也是通常意义上贸易便利化的狭义与广义之分。但无论如何，贸易程序的简化与协调、快捷与统一、开放与公平、透明与可预见性，一直都是贸易便利化的核心内涵，其根本目的则在于降低交易成本，促进贸易要素的跨境自由流动，减少贸易壁垒和扭曲，推动国际贸易高效、稳定、安全发展。

## 1. WTO《贸易便利化协定》与贸易便利化的基本发展方向及要求

作为全球性多边贸易组织和国际贸易规则的主要制定者，WTO 对于贸易便利化的规定无疑是最为基本的。从 2004 年开始，WTO 主要就《1994 年关税与贸易总协定》第 5、第 8、第 10 条，即"过境自由""进出口规费和手续""贸易法规的公布和实施"展开贸易便利化谈判。尽管由于印度等成员方的反对，2013 年 12 月达成的《贸易便利化协定》（见表 1）未能如期在 2014 年 7 月获得通过，但这在一定程度上反映了国际规则层面贸易便利化的基本发展方向和要求。

表1　WTO《贸易便利化协定》的基本规则条款

| 第一部分　推动贸易便利化的基本措施 | 信息 | 第1条　信息的公布和可获得 |
| | | 第2条　评论的机会、生效前信息和磋商 |
| | 程序 | 第3条　事先裁定 |
| | | 第4条　申诉或复议程序 |
| | 边境机构 | 第5条　提高公平、非歧视和透明度的其他措施,包括加强管控或检验的通知、检疫程序和扣押 |
| | | 第6条　强加或与进出口有关的费用及征收纪律 |
| | | 第7条　货物的放行和清关 |
| | 相互间合作 | 第8条　边境机构合作 |
| | | 第9条　以进口为目的,海关监管下的货物移动 |
| | | 第10条　进出口和过境手续 |
| | | 第11条　过境自由 |
| | | 第12条　海关合作 |
| | | 第13条　机构安排,即设立WTO贸易便利化委员会和各成员国家贸易便利化委员会 |
| 第二部分　对发展中国家成员和最不发达国家成员的特殊及差别化待遇 | | 按实施时间及需要的条件将承诺措施分为三类:A类,协定生效后立即实施或最不发达成员方1年内实施;B类,需一定过渡期方能实施;C类,过渡期后通过能力建设获得技术等援助方能实施 |

注:根据WTO《贸易便利化协定》整理而成("Agreement on Trade Facilitation",WT/MIN 13/36,WT/L/91111,11 December,2013,http://wto.org/english/thewto＿e/minist＿e/mc9＿e/desci36＿e.htm)。

### 2.上海自贸区贸易便利化的主要规定及内涵

中国对WTO贸易便利化谈判持开放积极的态度,提交和参与联署过多份提案,并在2014年6月如期向WTO《贸易便利化协定》筹备委员会通报了自身的A类措施,希望通过多边贸易规则的制定及约束推动包括自身在内的全球贸易环境的改善。而随着贸易便利化重要性的日渐突出和覆盖范围的不断拓展,降低跨境交易成本、促进要素跨境流动、提高贸易可预见性所涉及的跨边界尤其是边界内的敏感问题和实施难度也在不断增加,已与中国自身正努力推进的全面深化改革紧密交织在一起。2013年7月24日,国务院常务会议研究确定了包括便利通关、减少进出口环节收费和法定检验种类在内的6项通过制度创新、提高贸易便利化水平的具体措施。两个多月后正式挂牌的上海自贸区只能在此基础上继续前行，将"投资贸易便利、货币兑换自由、监管高效便捷、法治环境规范"以及"率先建立符合国际化和法治化要求的跨境投资和贸易规则体系"① 作为自身的目标之一。其贸易便利化的主要内涵，可从《中国（上海）自由贸易试验区总体方案》（以下简称《总体方案》）和《中国（上海）自由贸易试验区条例》② （以下简称《条例》）的相关规定中一窥究竟。

2013 年 9 月的《总体方案》并未形成"贸易便利化"具体而直接的集中规定，而是散落在各处。无论是"总体要求"中的"促进贸易和投资便利化"，还是"主要任务和措施"，抑或是"营造相应的监管和税收制度环境"，其具体条款均能或多或少、或明或暗地与贸易便利化联系在一起。提高政府行政效率、简化行政手续是贸易便利化的必然要求，"加快政府职能转变""创新监管服务模式"的相关措施对贸易便利化的推动作用明显。而服务业扩大开放、实施准入前国民待遇和"负面清单"管理模式，也是平等准入市场环境的关键。例如，政府管理转为注重事中事后监管、"一口受理、综合审批"、先入区再报关、进境检疫；"负面清单"之外，外商投资项目改为备案制；境外投资，开办企业以备案制为主。

经过近一年的实践，2014 年 7 月颁布的《条例》终于以专门一章共七条（第 4 章第 18 ~ 24 条）的形式对"贸易便利"进行系统阐释，依次可简单归纳为监管模式、海关监管、检验检疫监管、国际贸易单一窗口、推动贸易转型升级、提升国际航运服务能级、商务人员流动领域的具体推进措施，这在某种程度上也是对《总体方案》相关规定的进一步强调、分类细化与补充（见表 2、表 3）。

---

① 《中国（上海）自由贸易试验区总体方案》，中国政府网，http：//www. gov. cn/zwgk/2013 - 09/27/content_ 2496147. htm。

② 《中国（上海）自由贸易试验区条例》，东方网，http：//shzw. eastday. com/shzw/G/20140726/u1ai133283. html。

**表2 上海自贸区贸易便利化的主要相关规定（一）**

| 《中国(上海)自由贸易试验区总体方案》(2013年9月) | |
|---|---|
| 加快政府职能转变 | 政府管理由注重事先审批转为事中事后监管 |
| | 建立"一口受理、综合审批"服务模式,完善信息网络平台,实现部门间协同管理 |
| | 建立质量技术监督、食品药品监管以及知识产权、工商、税务等集中统一的市场监管综合执法体系 |
| | 完善信息公开机制 |
| 创新监管服务模式 | "一线放开",企业先入区再报关,简化进出境备案清单和国际中转、集拼、分拨等业务手续;"进境检疫,适当放宽进出口检验";依货物状态分类监管 |
| | "二线管住",优化卡口,加强电子信息联网和电子账册管理,检验检疫"方便进出,严密防范质量安全风险",区内货物在海关特殊监管区间和跨关区便捷流转,企业运营信息与监管系统对接 |
| | 强化海关、质检、工商、税务、外汇等监管协作,完善一体化监管方式,组建统一的口岸监管机构,统一电子围网管理 |
| 扩大投资领域开放 | 服务业扩大开放 |
| | 实施准入前国民待遇和"负面清单"管理模式;"负面清单"之外,外商投资项目改为备案制,优化登记流程 |
| | 境外投资,开办企业以备案制为主,形成多部门共享的信息监测平台 |
| 推进贸易发展方式转变 | 拓展专用账户服务贸易跨境收付和融资功能,鼓励设立第三方检验鉴定机构,试点建立与跨境电子商务相适应的海关监管、检验检疫、退税、跨境支付、物流等支撑系统 |
| | 发展航运金融、国际船舶运输和管理、国际航经纪等产业;推动中转集拼业务发展,浦东机场增加国际中转货运航班;简化国际船舶运输经营许可流程,形成高效船籍登记制度 |

资料来源:根据《中国（上海）自由贸易试验区总体方案》的相关规定整理汇总而成。

**表3 上海自贸区贸易便利化的主要相关规定（二）**

| 《中国(上海)自由贸易试验区条例》(2014年7月) | |
|---|---|
| 监管模式 | 一线放开、二线管住、区内流转自由 |
| 海关监管 | 电子围网管理,通关无纸化、低风险快速放行 |
| | 境外货物凭进口舱单先行入区,分步办理进境申报手续;口岸出口货物先报关、后进港 |
| | 区内和境内区外进出货物,实行进出境备案清单比对、企业账册管理、电子信息联网 |
| | 区内保税存储货物不设存储期限,允许分送集报、自行运输 |

续表

| 《中国(上海)自由贸易试验区条例》(2014 年 7 月) | |
|---|---|
| 检验检疫监管 | 建立出入境质量安全和疫病疫情风险管理机制,无纸化申报、签证、放行,提供出入境货物检验检疫信息查询服务 |
| | 境外入区货物,属检疫范围的接受入境检疫,除重点敏感货物外免于检验 |
| | 区内货物出区预检验,一次集中检验、分批核销放行;进出区保税展示商品免于检验 |
| | 区内企业间仓储物流货物免于检验检疫 |
| | 按照国际通行规则,采信第三方检测结果 |
| 国际贸易单一窗口 | 通过单一窗口一次性递交各部门要求的标准化电子信息、反馈处理结果 |
| 推动贸易转型升级 | 内外贸一体化发展,培育贸易新型业态和功能* |
| 提升国际航运服务能级 | 加强与海港、空港枢纽的联动,与区外航运产业集聚区协同发展;集聚航运服务功能性机构;实行以"中国洋山港"为船籍港的国际船舶登记制度 |
| 商务人员流动领域的具体推进措施 | 简化区内外籍员工就业许可审批手续,放宽签证、居留许可有效期限;为接受区内邀请的外籍人员提供过境免签和临时入境便利,为区内因业务多次出国、出境的中国籍员工提供办理出国、出境证件的便利 |

注: *鼓励离岸贸易、跨境电子商务、融资租赁、期货保税交割、国际大宗商品交易等新型贸易;鼓励跨国公司设立总部和整合贸易、物流、结算等功能的营运中心。

资料来源:根据《中国(上海)自由贸易试验区条例》的相关规定整理汇总而成。

显然,上海自贸区的贸易便利化属于广义范畴,货物贸易、服务贸易、双向投资均包括在内,市场准入、基础设施、边境管理、商务人员流动、电子商务均已做了规定。除具有贸易便利化的一般内涵之外,由于上海自贸区的特殊使命,再加上贸易便利化本身涉及的体制机制问题又极为广泛,因此上海自贸区贸易便利化不可避免地烙有自身鲜明的印记,其根本目的则在于通过制度创新,"着力培育国际化和法治化的营商环境"。2008 年全球金融危机爆发后,尤其是随着 TTP 的推进和 TTIP 的启动,中国可持续发展所面对的体制机制约束日渐强化,对更高标准国际贸易规则及其话语权的需求愈加强烈。《中共中央关于全面深化改革若干重大问题的决定》明确指出,要"改革市场准入、海关监管、检验检疫等管理体制",加快投资保护、电子商务等新

议题谈判，形成面向全球的高标准 FTA 网络①。上海自贸区新途径的探索和新经验的积累，正是要释放制度红利，在"下一代"贸易和投资问题内涵与外延尚不断拓展、高标准贸易规则正形成之时，积极提升自身的贸易投资规则体系水平，加强透明度和规范性、法治化和公平性，主动在更高标准上与国际接轨，并通过与 BIT、TISA、FTA 谈判的互相促进和互为基础，切实增强相关谈判能力，逐步掌握规则制定的话语权，优化对内对外贸易环境。

## 二　上海自贸区贸易便利化的特点

### 1. 开放体系

从《总体方案》的零散规定到《条例》的系统阐释，从总体框架的初步形成到具体措施的细化落地，上海自贸区对于贸易便利化的推进是一个不断充实、逐步完善的渐进过程。这一方面与上海自贸区本身相对未知的试验特性相吻合，需要在探索中总结经验、反馈信息，于修正中前行；另一方面也与贸易便利化本身历久弥新的演变特性相吻合，需要在经济全球化尤其是区域经济一体化发展和相关技术进步中提升拓展，于发现问题进而解决问题中前行。仅从这一角度讲，二者的叠加效应更意味着上海自贸区贸易便利化总是行走在路上。

### 2. 全面性

上海自贸区贸易便利化的全面性，不仅体现在覆盖的领域上，还体现在承担的主体上，也体现在对内对外的兼顾和贸易投资规则的融合上。虽然推进程度尚待提高，但目前国际上力求解决、正在探讨的问题多有涉及。传统货物贸易的便利化只是其中的一个方面，并非重点。2014 年 6 月底新增 31项扩大开放措施才首次将制造业纳入其中，制造业领域的 14 项措施中有 5项注重于产业能级提升的产品研发与设计②。无形的服务贸易更受关注，通

---

① 《中共中央关于全面深化改革若干重大问题的决定》，《人民日报》2013 年 11 月 16 日。
② 王志彦：《自贸区推出扩大开放"新 31 条"》，《解放日报》2014 年 7 月 2 日。

过金融、航运、商贸、专业、文化和社会服务6个领域前后37项具体措施的扩大开放，在推动贸易方式转型、培育贸易新型业态、促进内外贸一体化发展的同时，尤其是在构建与之相适应的海关、检验检疫、物流等配套体系的过程中，为贸易便利化相关市场准入的改善提供重要支撑。"引进来"与"走出去"并重，一方面，通过实施准入前国民待遇和"负面清单"管理模式、外商投资项目备案制和外商投资企业合同章程备案管理，逐步优化登记流程，使外商投资管理便利化逐步与国际接轨；另一方面，通过境外投资开办企业、一般项目备案制，2014年9月正式上线的集备案直通道、目的地推荐、行业分析于一体的境外投资服务平台等投资服务促进机制，提高了境外投资便利化程度。

### 3. 制度创新

李克强总理在2014年9月夏季达沃斯论坛上表示，上海自贸区是改革"高地"而非政策"洼地"。这一改革开放的红利要靠制度创新才能释放出来。上海自贸区贸易便利化的推进路径也不例外，贸易监管制度的创新正是其核心。上海自贸区已建立的五方面制度框架就包括"深化贸易监管制度创新，提高贸易便利化水平"[①]。无论是无纸化通关、国际贸易单一窗口，还是保税展示交易、第三方鉴定机构的设立及其检测结果的采信，抑或是为接受区内邀请的外籍人员提供过境免签和临时入境便利，均涉及政府管理制度安排，是通过改革相关职能部门的行政管理体制和监管模式，简政放权，优化流程，增加透明度和可预见性，进而促进贸易效率的提高和贸易成本的降低，其根本目的则在于逐步形成适应国际贸易发展要求、接轨国际高标准贸易投资规则的新的行政管理体系，其实质是转变政府职能、创新管理模式的贸易便利化制度建设。

### 4. 便利与安全并重

对贸易便利化而言，便利与安全并不矛盾，可以相辅相成、相互促

---

① 牛一兵等：《上海市长杨雄谈自贸区：改革力度前所未有》，《人民日报》2014年4月28日。

进。而其之所以常常纠结在一起，看似一对矛盾，也只在于为了某种目的和需要而不得不有所取舍、有所侧重，这也使二者的协调统一并非想象中那么容易。上海自贸区贸易便利化便利与安全并重，强调贸易便利与风险管理的共赢，推进的是有安全的便利化。这不仅体现在试验区贸易监管"一线放开、二线管住"的模式上，还体现在试验区政府管理更加注重事中事后监管的方式上，也体现在运用现代化的先进技术加强相关职能部门的协调配合及其对各自具体促进措施的风险防范上。其中，信息平台的完善和信用体系的构建尤为重要。例如，对医用微生物、人体组织等四类特殊物品的卫生检疫，与检疫审批由逐批调整为年度同步进行的是，监管重心向企业诚信与产品风险相结合的方式转移，根据区内企业信用等级实施分类动态监管，查验频次也不再是原来的100%[1]。再如，筹建中的首个国家级"进出口工业产品风险信息监测分中心"，对境内外的各类风险信息进行采集和安全性评估，及时动态调整监管商品种类和检验项目；高风险产品和高不合格率检验项目是法定检验重点，一般产品则以"合格假定在先"为原则，只要抽查出现问题，就对企业进行风险管控。此外，还将试行"进口不合格工业产品处置监管制度"和"进出口工业产品质量安全约谈机制"[2]。

### 5. 海关及海关程序占据重要地位

作为对进出境实施专门监管的政府行政机构，海关在贸易便利化的推进过程中一直起着极为关键的作用。上海自贸区更是如此，它是以上海外高桥保税区和保税物流园区、洋山保税港区、浦东机场综合保税区4个海关特殊监管区域为基础组建的。由于与发达国家在海关技术条件和管理效率等方面尚有较大差距，对于担负与国际高标准规则接轨重任的上海自贸区来说，海关监管制度改革、海关程序便利化既是重点推进的内容，也是截至目前进展相对较快、成效较为明显的重要领域。从2013年9月底到2014年6月底，

---

① 胡苏敏：《自贸区重量级检疫监管政策出炉 "特殊物品"不再100%查验》，《东方早报》2014年7月16日。

② 祝越：《一般产品"合格假定"加快放行》，《文汇报》2014年5月15日。

海关前后分两批出台了 19 项促进贸易便利化的"可复制、可推广"的监管服务制度，且已全部落地实施。第一批公布的 14 项，又可按推广和实施的节点再分为两批：2014 年 5 月 1 日前和 5 月 1 日起、2014 年 5 月 1 日后至 6 月 30 日前。前者 7 项包括先进区、后报关，区内自行运输，保税展示交易，境内外维修，加工贸易工单式核销，期货保税交割和融资租赁；后者 7 项分别为批次进出、集中申报，统一备案清单，简化通关作业随附单证，内销选择性征税，集中汇总纳税，保税物流联网监管和智能化卡口验放管理。第二批为 2014 年 6 月 30 日公布的 5 项有关企业管理方面的创新制度，具体包括企业注册登记改革、协调员试点、信用信息公开、推进海关"经认证的经营者"互认、企业自律管理，已于 2014 年 7 月相继实施。需要强调的是，除通常所讲的便利通关外，海关在促进贸易便利化的进程中，不仅使自身的功能有所拓展，还推动了贸易新型业态的培育。

# 三 上海自贸区贸易便利化的效应

上海自贸区自运行以来，在创新贸易监管方式的推动下，各相关政府部门的制度改革不断深入，职能转变相应加快，贸易便利化的总体推进情况良好，已颁布的具体措施基本落地实施，并达到预期效果。贸易便利化水平有了一定程度的提高，而且正逐步与国际通行的标准规则相衔接，并向构建高标准的贸易投资规则体系继续努力。

## 1. 进出口贸易快速增长，"引进来"与"走出去"同步提升

2014 年上半年，上海自贸区进出口额同比增长 10.9%，达 3708.4 亿元，增幅分别高于同期上海市、上海海关关区总体水平 4.9 个、4.5 个百分点，占上海市进出口总值的比重同比提高 1.2 个百分点，达到 27%。其中，进口 2769.6 亿元，占 36.5%，同比增长 11.4%；出口 938.8 亿元，占 15.3%，同比增长 9.6%；进口、出口增幅分别比同期上海市高出 1.5 个、8.1 个百分点。从 2013 年 9 月底挂牌至 2014 年 6 月底，累计新设外资企业 1245 家，新增注册资本超过 73 亿美元，分别为同期的 8.6 倍、4.0

倍；从 2013 年 10 月的新设 29 家到 2014 年 6 月的新设 207 家，月均新设外资企业数增长了 6 倍多。已办结境外投资项目备案 49 个，对外投资 12.69 亿美元①。

### 2. 贸易流程减少，手续简化，成本降低

检验检疫。"即查即放"，若能全面实现，以 2013 年上海自贸区查验业务量计算，预计 1 年可为试验区企业节省物流时间 25 万小时、增加赢利 1.27 亿元②。进口货物预检验制，使刚性进口现场检验和实验室检测前置，企业可在货物入境进区或在区仓储时申请预检，合格货物核销放行、免于检验，从进境到进口通关整个流程时间缩短 50% 以上，实现进口货物出区"零等待"③。进境动植物检疫，审批时限缩短为 7 个工作日，检疫许可证有效期延长为 12 个月，一次审批、分批核销；进出境动植物检验检疫查验，低风险进境深加工动植物产品免于核查输出国家/地区的检疫证书；出境动植物检验检疫注册登记，输入国家/地区无此要求的，原则上不再对动植物产品的生产、加工、存放企业实施注册登记④。入出境特殊物品卫生检疫管理新规，不仅使相关货物从抵沪到交付用户的时间由 1~2 个月缩短为 4~5 天，还使低风险产品的审批期限放宽至 12 个月，"预审核"更使企业事先得知是否需要地方卫生部门的相关许可，免去在两部门间不必要的辗转⑤。此外，采信第三方检验结果，使通过上海自贸区进口机动车的国内进口车商仅在 2014 年 3~4 月就节约 953.5 万元检验成本⑥。

① 吴宇：《上海自贸区上半年进出口增幅达 10.9%》，新华网，2014 年 7 月 15 日。王志彦：《自贸区新增外企数达同期 8.6 倍》，《解放日报》2014 年 7 月 2 日。杨联民、李刚：《上海自贸区上半年成绩单出炉》，《中华工商时报》2014 年 7 月 7 日。
② 杨群：《口岸如何"管得住"又"快起来"》，《解放日报》2014 年 3 月 4 日。
③ 陈杰：《进口货物出区"零等待"》，《新民晚报》2014 年 5 月 12 日。
④ 《质检总局办公厅关于支持中国（上海）自由贸易试验区建设动植物检验检疫改革措施的通知》（质检办动函〔2014〕159 号），质检总局办公厅 2014 年 3 月 4 日发布。
⑤ 吴宇：《上海自贸为特殊物品出入境打开"安全监管、贸易便利"大门》，新华网，2014 年 7 月 15 日。胡苏敏：《自贸区重量级检疫监管政策出炉 "特殊物品"不再 100% 查验》，《东方早报》2014 年 7 月 16 日。
⑥ 吴宇：《上海自贸区率先试行第三方检验结果采信制度效果良好》，新华网，2014 年 5 月 14 日。

海关。在 19 项监管制度创新中，有 10 项隶属于"通关便利"，并确如其名取得了相应的积极成效（见表 4）。

表 4　上海自贸区海关隶属于"通关便利"创新制度基本效应一览

| 名称 | 基本效应 |
| --- | --- |
| 先进区、后报关 | 进境货物从港区到区内仓库时间平均从 2～3 天缩短至半天，物流成本平均降低 10% |
| 区内自行运输 | 据试点情况测算，每车缩短 30 分钟，企业每年节省约 20 万元物流成本 |
| 加工贸易工单式核销 | 企业库存差异认定时间从原来的 1～2 个月减少到 1 天，申报时间相应减少 |
| 批次进出集中申报 | 扩大申报自主权，减少申报次数，为开展"多批次、小批量"进出口业务提供便利 |
| 简化通关作业随附单证 | "一线"进出境备案清单、"二线"不涉税进出口报关单无须附单证，只在必要时按要求提供随附单证；报关手续简化，通关作业自动化率提高 |
| 统一备案清单 | 外高桥保税区和保税物流园区、洋山保税港区和浦东机场综合保税区的备案清单申报项分别减少 6 项、12 项 |
| 内销选择性征税 | 改变海关特殊监管区域（外高桥保税区除外）内销货物按实际状态征税的状况；根据需要自主选择缴纳进口关税，降低成本，有利于扩大内销，吸引生产企业入区 |
| 集中汇总纳税 | 征缴电子化；在有效担保前提下，企业在 1 个月内对已放行货物自主集中缴付税款，缓解资金压力。据测算，应税货物通关时间可节省 70% |
| 保税物流联网监管 | "系统联网＋库位管理＋实时核注"，申报流程简化，便于企业实现不同状态货物的同库仓储经营，提高物流效率，降低运营成本 |
| 智能化卡口验放管理 | 卡口验放从人工手续"2 上 2 下 4 敲章"变为自动过卡"0 上 0 下 0 敲章"，车辆过卡时间从 6 分钟缩短至 45 秒，每天通车能力提高 8 倍 |

注：根据《市政府新闻发布会介绍中国（上海）自由贸易试验区海关监管服务创新项目情况》（http://www.shanghai.gov.cn/shanghai/node2314/node2319/node12344/u26ai38900.html）提供的资料整理而成。

仲裁。《关于适用〈上海自贸试验区仲裁规则〉仲裁案件司法审查和执行的若干意见》明确规定，小额争议仲裁立案申请当日审查，符合条件的当日立案；自立案日起 10 日内听证或询问当事人，20 日内做出裁定①。

共享资源、联合监管的国际贸易"单一窗口"。WTO《贸易便利化协

---

① 陈琼珂：《涉自贸仲裁案加速加力》，《解放日报》2014 年 5 月 5 日。

定》要求成员方努力建立或维持一个"单一窗口",虽然只在"一般贸易进口货物的申报与结果反馈"和"船舶出口岸联网核放"中试点,但它的上线运行对贸易便利化与国际接轨的促进作用毋庸置疑。以前者为例,企业登录后一次录入海关、检验检疫、海事等监管部门要求的申报信息,"单一窗口"平台自动产生相关申报单,并在企业报检后自动将通关单号回填到报关单中,即时完成报关手续①。

### 3. 催生新型贸易业态,促进结构转型升级

在海关贸易便利化推进措施中,有 4 项贸易监管创新制度隶属于功能拓展领域,分别为保税展示交易、融资租赁、境内外维修、期货保税交割。正是在这些制度的推动下,上海自贸区有了首个"前店后库"保税展示交易平台和首个标准化的面向境内外的融资租赁产权交易平台,全球维修检测发展迅速,期货保税交割试点范围和标的实现新突破。挂牌半年多,就有包括总部经济在内的 10 个领域约 350 家企业实现功能拓展,涉及进出口货值超百亿美元②。

在检验检疫贸易便利化推进措施中,也有 3 项贸易监管创新制度对高技术、新产业在自贸区的发展和集聚起到积极的促进作用。入出境特殊物品卫生检疫管理新规,就是在上海检验检疫局支持自贸区生物医药产业发展政策发布会上推出的,主要涉及科研、生产、检验、医药服务外包等类别的企业。待区内运行稳定后,有望首先复制推广到浦东张江等生物医药企业集聚区域③。"简易核准 + 入境核销 + 周期监管"的入境再利用产业检验监管模式,使获得入境再制造和维修企业资质的企业入境维修业务全流程最快缩短65% 的时间、最高降低 50% 的资金成本,成为相关企业再制造业务发展的重要推进器。截至 2014 年 2 月,已有 12 家区内企业通过入境再利用业务资质评估,维修产品出口 10897 批次,涉及金额 1.3 亿美元,规模经济效应初

---

① 吴宇:《上海国际贸易"单一窗口"上线运行》,新华网,2014 年 6 月 18 日。
② 杨群:《自贸区:海关推 14 项新制度》,《解放日报》2014 年 4 月 23 日。
③ 胡苏敏:《自贸区重量级检疫监管政策出炉 "特殊物品"不再 100% 查验》,《东方早报》2014 年 7 月 16 日。

步显现①。中转货物原产地签证制度规定，对经确认未进行加工或装配的国际中转货物，自贸区签证机构可凭企业申请签发转口证明书，这极大地促进了区内国际中转贸易的发展。2013 年 10 月~2014 年 6 月，上海检验检疫局外高桥保税区办事处"转口证明书"签发量月均增长 25%，仅 2014 年第 2 季度的签发量就是 2013 年全年签发量的 14 倍②。

海关"直购进口""网购保税进口"的通关模式和检验检疫部门跨境电商企业备案及商品登记全"线上"监管平台，更好地满足了跨境贸易电子商务的发展需求，促进了国内首个跨境贸易电子商务服务平台"跨境通"的运营。

### 4."可复制、可推广"成效初步显现

《国务院关于印发上海自贸试验区总体方案的通知》明确要求，"形成可复制、可推广的经验，发挥示范带动、服务全国的积极作用"。"可复制、可推广"的贸易监管创新制度，既是上海自贸区贸易便利化的关键手段，也是其所应具有的重要效应，更是最大限度地释放改革红利的迫切需要。正如上海自贸区进行"可复制、可推广"贸易监管制度创新时，根据具体情况，或直接在全区展开，或在区内较小范围试点再复制、再推广。试验区内业已形成的"可复制、可推广"经验，也并非全部一次到位无条件地复制、推广到全国，其大部分有一个逐渐扩展覆盖区域的过程。

海关贸易监管创新制度共 19 项，其复制推广已在海关总署、上海海关两个层面启动。第一个层面，根据海关总署的部署，分三个阶段复制推广：2014 年 8 月 18 日起长江经济带 51 个海关特殊监管区域、9 月 3 日起全国海关特殊监管区域、9 月 18 日起海关特殊监管区域以外的地区③。第二个层

---

① 沈娉：《国家质检总局出台支持中国（上海）自由贸易试验区建设意见》，《中国国门时报》2013 年 10 月 8 日。杨群：《口岸如何"管得住"又"快起来"》，《解放日报》2014 年 3 月 4 日。

② 《开拓创新谋发展　助推经济绘蓝图——中转贸易原产地签证新政助力上海自贸试验区》，上海出入境检验检疫局网站，http://www.shciq.gov.cn/xwzx/bjxw/201408/t20140805_39880.shtml。

③ 《18 日起海关复制推广上海自贸区监管创新》，《东方早报》2014 年 8 月 17 日。

面，上海海关分别于 2014 年 8 月 18 日、9 月 16 日施行第一批 9 项、第二批 8 项共 17 项创新制度的复制、推广，按照复制、推广区域的不同可大体分为两类：一类是复制、推广到试验区外其他海关特殊监管区域、保税物流中心及保税监管场所 11 项，包括先进区、后报关，区内自行运输，融资租赁，统一进出境备案清单，批次进出、集中申报，仓储联网监管，保税展示交易，智能化卡口验放，一次备案、多次使用，简化无纸通关随附单证，集中汇总纳税；另一类是复制、推广到整个上海关区 6 项，主要包括加工贸易工单式核销、推进海关"经认证的经营者"互认、企业协调员、企业信用信息公开、自律管理和授权试验区内海关办理企业适用 A 类管理事项①。事实上，天津、西安、重庆海关已在 2014 年 7 月率先启动相关监管创新制度的复制、推广，重庆海关更是创新性地将保税商品展示交易中心复制、推广到非保税港区的重庆解放碑商圈②。

检验检疫贸易监管创新制度的复制、推广尚在准备中。2014 年 8 月下旬，国家质检总局已对首批可复制、推广的 8 项创新制度进行了现场调研及评估，分别为进境货物预检验、第三方检验结果采信、全球维修产业监管、中转货物原产地签证、入出境特殊物品风险管理、动植物及其产品检疫审批负面清单管理制度、检验检疫分线监督管理规定、检验检疫通关无纸化改革指导意见③。

① 《上海海关关于复制推广第一批中国（上海）自由贸易试验区海关监管服务创新制度的公告》（2014 年第 34 号），2014 年 8 月 15 日发布；《上海海关关于复制推广第二批中国（上海）自由贸易试验区海关监管服务创新制度的公告》（2014 年第 39 号），2014 年 9 月 16 日发布。
② 彭大伟：《上海自贸区海关便利新政 3 日起在中国多区域复制推广》，中新社，2014 年 9 月 3 日。
③ 《总局对中国（上海）自由贸易试验区首批"复制、可推广"创新制度调研评估》，国家质量监督检验检疫总局网站，http：//www.aqsiq.gov.cn/xxgk_13386/tzdt/gzdt/201408/t20140828_420309.htm。

# 金　融　篇

Reports on Finance

B.10

# 上海自贸区金融改革方向及路径

张　娟*

摘　要：　上海自贸区的先行先试侧重金融改革。通过分账管理、推行投融资汇兑便利化、利率市场化、外汇管理体制改革和风险管控等措施，上海自贸区推动着人民币国际化、资本项目开放、金融业转型和宏观审慎监管。但是上海自贸区的金融改革还存在一些问题和风险，因此需要主管部门尽快发布资本市场支持自贸区建设的实施细则，采取措施推进利率市场化、汇率形成机制改革、防范上海自贸区资本进出风险、建立综合金融监管平台。

关键词：　上海自贸区　金融改革　路径

---

* 张娟，上海对外经贸大学国际经贸研究所副教授。

在国际投资新规则形成和我国改革开放深化的背景下，中国（上海）自由贸易试验区（以下简称"上海自贸区"）诞生了。上海自贸区是中国经济新的"试验田"，旨在探索市场开放和政府职能转变等方面的改革措施。它对标美国倡导的跨太平洋伙伴关系协议（TPP）的自由贸易内涵，要求更高水平的开放，并且侧重金融领域。与以往的金融改革和开放相比，上海自贸区的金融改革和开放更重视推动要素流动，主要体现在分账核算、投融资汇兑便利化、利率市场化、外汇管理体制改革和风险管控等方面。上海自贸区建立以来，在金融改革方面积累了一些在全国可复制、可推广的创新业务及管理模式经验，但是还存在一些问题，也面临一定的风险，需要积极应对。

## 一 上海自贸区金融改革的路线图

近年来，我国金融业改革和发展取得了明显成效，服务经济发展能力不断增强，但也存在金融机构经营方式总体粗放、农村金融和中小金融机构发展相对滞后、金融体系对实体经济和民生改善支持不够等问题[1]。因此，党的十八大提出，要全面深化我国金融体制改革，健全促进宏观经济稳定、支持实体经济发展的现代金融体系，加快发展多层次资本市场，稳步推进利率和汇率市场化改革，逐步实现人民币资本项目可兑换[2]。鉴于结构错配和方向错配不仅扭曲了我国的金融资源配置，而且产生了大量不良资产、闲置资产和沉淀资产[3]，因此十八届三中全会以来，提高金融配置资源效率以及金融支持实体经济发展成为我国新一轮金融改革的突破口和方向。上海自贸区建立以来，"一行三会"等监管部门关于上海自贸区金融改革开放的条例和实施细则陆续出台（见表1）。其中，中国人民银行发布的政策对上海自贸区的金融改革最具指导意义。

---

① 温家宝：《总结经验 明确方向 不断开创金融工作新局面》，《人民日报》2012年1月30日。
② 胡锦涛：《坚定不移沿着中国特色社会主义道路前进 为全面建成小康社会而奋斗——在中国共产党第十八次全国代表大会上的报告》，2012年11月8日，第17页。
③ 张茉楠：《纠正金融资源错配刻不容缓》，《中国证券报》2013年9月23日。

表 1　上海自贸区金融改革相关政策

| 监管机构 | 发布时间 | 名称或内容 |
|---|---|---|
| 国务院 | 2013 年 9 月 18 日 | 《国务院关于印发中国(上海)自由贸易试验区总体方案的通知》(国发〔2013〕38 号) |
| 银监会 | 2013 年 9 月 29 日 | 《关于中国(上海)自由贸易试验区银行业监管有关问题的通知》(银监发〔2013〕40 号) |
| 保监会 | 2013 年 9 月 29 日 | 《保险业八项举措支持上海自贸区建设》 |
| | 2013 年 11 月 21 日 | 《上海保监局三大举措积极推动保险业对接上海自贸区建设》 |
| | 2014 年 5 月 15 日 | 《中国保监会办公厅关于进一步简化行政审批支持中国(上海)自由贸易试验区发展的通知》(保监厅发〔2014〕36 号) |
| 证监会 | 2013 年 9 月 29 日 | 《关于资本市场支持促进中国(上海)自由贸易试验区若干政策措施》 |
| 财政部、国家税务总局 | 2013 年 11 月 15 日 | 《关于中国(上海)自由贸易试验区内企业以非货币性资产对外投资等资产重组行为有关企业所得税政策问题的通知》 |
| 中国人民银行 | 2013 年 12 月 2 日 | 《中国人民银行关于金融支持中国(上海)自由贸易试验区建设的意见》(银发〔2013〕244 号,以下简称《意见》) |
| 中国人民银行上海总部 | 2014 年 2 月 18 日 | 《关于上海市支付机构开展跨境人民币支付业务的实施意见》(银总部发〔2014〕20 号) |
| | 2014 年 2 月 21 日 | 《关于支持中国(上海)自由贸易试验区扩大人民币跨境使用的通知》(银总部发〔2014〕22 号) |
| | 2014 年 2 月 26 日 | 《中国人民银行上海总部关于在中国(上海)自由贸易试验区放开小额外币存款利率上限的通知》(银总部发〔2014〕23 号) |
| | 2014 年 2 月 27 日 | 《中国人民银行上海总部关于切实做好中国(上海)自由贸易试验区反洗钱和反恐怖融资工作的通知》(银总部发〔2014〕24 号) |
| | 2014 年 5 月 22 日 | 《中国(上海)自由贸易试验区分账核算业务实施细则》(以下简称《业务实施细则》);《中国(上海)自由贸易试验区分账核算业务风险审慎管理细则》(以下简称《审慎管理细则》) |
| 国家外汇管理局上海分局 | 2014 年 2 月 28 日 | 《国家外汇管理局上海分局关于印发支持中国(上海)自由贸易试验区建设外汇管理实施细则的通知》(上海汇发〔2014〕26 号) |

资料来源:根据中国政府网、银监会网站、保监会网站、保监会上海监管局网站、证监会网站、中国人民银行网站、中国人民银行上海总部网站的公告整理。

依据上述管理条例和实施细则，上海自贸区的金融改革有条不紊地推进，在分账管理、投融资汇兑便利化、利率市场化、外汇管理体制改革和风险管控等方面进行积极的试点。

### 1. 分账管理

我国实行外汇管制，人民币资本项下尚不能自由兑换。自由贸易账户（FT账户）相当于离岸账户，是央行为发展上海自贸区的离岸金融而实施的创新，也是放松离岸金融管制的重要举措。为了满足实体经济的需求，促进贸易和投融资便利化，上海自贸区内居民可通过设立本外币自由贸易账户实现分账核算管理。其中，同一非金融机构主体的居民自由贸易账户与其他银行结算账户之间因经常项下业务、偿还贷款、实业投资以及其他符合规定的跨境交易需要可办理资金划转[①]。这体现了离岸金融市场与在岸金融市场之间的渗透机制，是《意见》最重要的内容之一。鉴于目前境外美元融资成本为年化利率 1%～2%，而国内同期外币贷款利率为 3%～4%，香港的离岸人民币贷款也可以比基准利率下调 15%[②]，因此这项金融改革措施有助于企业降低融资成本。但是推行这种便利化需要一个过程。自由贸易账户要求遵守"先本币、后外币"的原则，自贸区分账核算业务从本币起步，6 个月以后接受央行和外汇管理局的评估，条件成熟时开展外币业务[③]。

《业务实施细则》全面规范了上海自贸区的分账核算业务。除了遵守《意见》提出的原则之外，还明确自由贸易账户是规则统一的本外币账户，区内主体和境外机构可根据需要开立。《业务实施细则》的核心内容包括以

---

① 《中国人民银行关于金融支持中国（上海）自由贸易试验区建设的意见》，中国人民银行网站，2013 年 12 月 2 日，http：//www.pbc.gov.cn/publish/goutongjiaoliu/524/2013/20131202094934794886233/20131202094934794886233_.html。

② 姚玉洁：《央行上海总部详解自贸区金融举措"路线图""时间表"》，新华网，2013 年 12 月 3 日，http：//news.xinhuanet.com/fortune/2013－12/03/c_118404055.htm。

③ 《中国（上海）自由贸易试验区分账核算业务实施细则》，中国人民银行上海总部网站，2014 年 5 月 22 日，http：//shanghai.pbc.gov.cn/publish/fzh_shanghai/4187/2014/20140522150003361284728/20140522150003361284728_.html。

下两方面①。①业务类型。上海地区的金融机构可以通过建立分账核算单元，为开立自由贸易账户的区内主体提供经常项目、直接投资和《意见》第三部分投融资创新相关业务的金融服务，以及按准入前国民待遇原则为境外机构提供相关金融服务。中国外汇交易中心、上海清算所等机构可在获准后，向上海自贸区和境外提供各类跨境金融交易和清算结算服务。②业务管理原则。自由贸易账户与境外账户、境内区外的非居民机构账户，以及自由贸易账户之间的资金流动按宏观审慎的原则实施管理；对自由贸易账户与境内（含区内）其他银行结算账户之间的资金流动，根据有限渗透加严格管理的原则，按跨境业务实施管理；对同一非金融机构的自由贸易账户与一般账户之间的资金划转，应按《业务实施细则》规定的四个渠道办理。对已实现可兑换（包括经常项目和直接投资相关）的业务，自由贸易账户内资金可自由兑换。

自 2014 年 6 月 18 日上海自贸区自由贸易账户正式启动以来，已经有 10 家中资银行顺利获得央行验收。未来，该试点将逐步由中资银行向外资银行扩展，由银行业向证券、保险、公募基金、信托等非银行金融机构扩展。

### 2. 投融资汇兑便利化

中国实行严格的投融资汇兑管制。虽然贸易项下的投资基本开放，但是我国政府严格管制资本项下的投资资金进出，资本项下的投资资金流出实行合格境内机构投资者（QDII），流入实行合格境外机构投资者（QFII）和人民币合格境外机构投资者（RQFII）。因此，面向企业、非银行金融机构和个体工商户等跨境投融资主体，上海自贸区探索进一步促进投融资汇兑便利化的具体措施包括②：①区内企业办理跨境直接投资项下的跨境收付、兑换业务时，可直接向银行办理，与前置核准脱钩；②区内机构根据经营需要，可按

---

① 《中国（上海）自由贸易试验区分账核算业务实施细则》，中国人民银行上海总部网站，2014 年 5 月 22 日，http：//shanghai. pbc. gov. cn/publish/fzh_ shanghai/4187/2014/20140522150003361284728/20140522150003361284728_ . html。

② 《中国人民银行关于金融支持中国（上海）自由贸易试验区建设的意见》，中国人民银行网站，2013 年 12 月 2 日，http：//www. pbc. gov. cn/publish/goutongjiaoliu/524/2013/20131202094934794886233/20131202094934794886233_ . html。

规定从境外融入本外币资金；③区内主体可结合自身生产经营和跨境商务活动的特点，在更大空间内充分利用区内和境外金融市场管理对冲相关风险。

### 3. 利率市场化

央行制定的利率市场化改革遵循"先贷款、后存款，先外币、后本币，先大额、后小额，先单位、后个人"的原则。近年来，我国金融市场不断推出新业务，使得理财产品和债券在一定程度上替代了贷款，小微金融呈现多元化创新，这些现象极大地推动了我国的利率市场化进程。2013 年 7 月20 日，央行全面放开金融机构贷款利率管制，只保留对存款利率的管制。至此，利率市场化已完成绝大部分，我国利率市场化进入关键时期。

上海自贸区的利率市场化在宏观审慎金融管理框架内，根据服务区内实体经济发展需要，以及金融市场主体培育和市场环境建设情况逐步推进。具体包括：①完善区内居民自由贸易账户和非居民自由贸易账户本外币资金利率的市场化定价监测机制；②将区内符合条件的金融机构纳入优先发行大额可转让存单的机构范围，在区内实现大额可转让存单发行的先行先试①。央行于 2014 年 2 月 27 日在自贸区内试点放开小额外币存款利率上限之后，市场总体表现平稳。2014 年 6 月 27 日，央行将这一改革措施推广到全上海市之后，利率也基本持平，实际执行利率微升，外币存款总量平稳有序增长。

### 4. 外汇管理体制改革

进入 21 世纪以来，在注重防范国际经济风险的前提下，我国外汇管理由"宽进严出"向均衡管理转变，有序推进资本项目的可兑换，进一步发挥利率和汇率促进国际收支平衡的作用。从 2012 年 8 月开始，货物贸易外汇管理制度改革在全国推广，缩短了企业对外贸易的收付汇时间，降低了企业的财务成本，极大地促进了企业的发展。虽然中国在外汇管理体制改革方面取得了较大发展，但是仍然存在较多问题，如过于集中的外汇交易主体、隔离的外汇市场与其他金融市场、不活跃且缺乏创造性的外汇衍生品市场、

---

① 《中国人民银行关于金融支持中国（上海）自由贸易试验区建设的意见》，中国人民银行网站，2013 年 12 月 2 日，http://www.pbc.gov.cn/publish/goutongjiaoliu/524/2013/20131202094934794886233/20131202094934794886233_.html。

滞后的外汇管理法规等。

上海自贸区的外汇管理体制改革要求区内的外汇管理模式与国际接轨，并面向市场，充分发挥市场配置资源的基础作用，从而为经济发展和转型提供内生动力。上海自贸区自建立以来，外汇管理部门颁布了五条举措，包括支持发展总部经济和新型贸易、简化直接投资外汇登记手续、支持自贸区开展境内外租赁服务、取消区内机构向境外支付担保费的核准、支持银行开展面向客户的大宗商品衍生品的柜台交易①。上海从2010年开始试点国际贸易结算中心，试点企业的数量截至2012年已发展到50家。目前，上海正在稳步推进的试点工作包括跨国公司外汇资金集中管理、跨国公司资金池以及服务贸易项下的外汇收支等。上海自贸区的跨国公司总部资金池已经积累了许多成功案例，主要包括：中国银行携手中银香港为绿地控股集团（上海）国际投资有限公司办理人民币资金池业务；渣打银行携手宝信汽车集团有限公司在自贸区内开展集团人民币资金池业务，以支持其境内外的流动资金需求、跨境人民币贸易结算等；上海银行签约为东方国际集团内117家海内外成员公司提供经常项下跨境人民币集中收付服务②。

### 5. 风险管控

上海自贸区金融改革坚持风险可控、稳步推进，"成熟一项、推动一项"，适时有序组织试点。央行重视上海自贸区的金融风险管控，将切实加强对反洗钱、反恐融资、反逃税的监管；会同上海市政府和金融监管部门，加强监测分析，密切关注跨境异常资金的流动；按年度对区内机构进行评估，根据评估结果对区内机构实施分类管理，并建立相应的扶优限劣机制；央行可根据形势判断，加强对上海自贸区短期投机性资本流动的监管③。

---

① 《国家外汇管理局上海分局关于印发支持中国（上海）自由贸易试验区建设外汇管理实施细则的通知》，中国人民银行上海总部网站，http：//shanghai. pbc. gov. cn/publish/fzh_shanghai/1400/2014/20140228134116517637515/20140228 134116517637515_ . html。

② 彭羽：《总部资金池业务政策创新与操作》，《国际市场》2014年第3期。

③ 《中国人民银行关于金融支持中国（上海）自由贸易试验区建设的意见》，中国人民银行网站，2013年12月2日，http：//www. pbc. gov. cn/publish/goutongjiaoliu/524/2013/20131202094934794886233/20131202094934794886233_ . html。

《审慎管理细则》全面规范了上海自贸区分账核算业务的风险审慎管理，要求上海地区金融机构建立面向金融宏观审慎管理政策的响应机制。它的核心内容包括两方面①。①管理制度。上海市金融机构应按要求建立上海自贸区分账核算管理制度，建立健全财务和资产管理、展业管理以及内部控制制度，并以市级机构为单位接入中国人民银行上海总部的相关系统。②风险管理机制。风险管理包括渗透风险管理、流动性风险管理、币种敞口风险管理、资产风险管理、风险对冲管理等。根据金融宏观审慎管理的需要，通过建立相应的激励机制，调整金融机构开展的自贸区分账核算业务范围。中国人民银行上海总部将开展非现场监测，并根据不同预警指标，在出现资金异常流动的情形下，采取延长账户存放期、征收特别存款准备金、实行零息存款准备金以及临时资本管制等干预手段，维护上海自贸区金融环境的稳健运行。

## 二 上海自贸区金融改革的影响

上海自贸区现阶段及下一阶段金融创新的重点与核心内容是建设自由贸易账户体系，这也为整个金融创新提供了载体和平台。通过设立自由贸易账户，实施投融资汇兑便利化、利率市场化、汇率市场化和风险管控等措施，上海自贸区金融改革在人民币国际化、平稳有序开放资本项目、促进金融业转型发展和宏观审慎监管方面积累了在全国可复制、可推广的经验。

### 1. 人民币国际化

中国于2009年4月在国内5个城市启动跨境贸易人民币结算试点，允许符合要求的外贸企业与其香港贸易伙伴进行跨境贸易人民币结算。2010年6月，该试点扩大到20个省级单位。2013年3月，该试点扩大到全国所有跨境贸易企业。虽然人民币结算试点发展迅速，但是人民币贸易计价的进

---

① 《中国（上海）自由贸易试验区分账核算业务风险审慎管理细则》，中国人民银行上海总部网站，2014年5月22日，http://shanghai.pbc.gov.cn/publish/fzh_shanghai/4187/2014/20140522150003361284728/20140522150003361284728_.html。

展速度远远低于人民币结算业务的发展速度。2013年，人民币贸易结算总额达4.63万亿元①，较2012年同比增长57%②。但是大多数以人民币结算的贸易活动仍未采用人民币计价。

从2011年1月开始，人民币可用于国内企业的对外直接投资。2011年10月，人民币的使用范围进一步扩大到外商直接投资，同时简化了人民币的结算流程。2012年，跨境直接投资人民币结算额达到5337亿元，比2012年增长88%，其中外商直接投资人民币结算规模大幅升至4481亿元③。根据国际清算银行统计的日均交易量，目前人民币已成为全球外汇市场中第九大活跃的交易币种。

上海自贸区自建立以来，对跨境人民币结算、人民币境外借款、双向人民币资金池与经常项下集中收付等业务进行了具体规定，使得直接投资的流程进一步简化，个人跨境人民币结算业务范围进一步扩大，互联网第三方支付手段被引入。其中，双向人民币资金池与经常项下集中收付业务是上海自贸区最重要的金融业务创新。①跨国公司通过在上海自贸区的子公司建立跨境人民币资金池，可以很好地实现境内外资金池的人民币资金在一定额度内的自由流动，这既有助于提高人民币资金在集团内的使用效率，服务于跨国公司的全球资金管理目标，又有助于提升人民币作为跨国公司内部主要交易结算货币的地位，服务于总部经济。②跨境人民币经常项下集中收付业务的内容包括代收、代付和净额结算。它有助于简化跨境结算手续，大幅减少跨境收支交易数量和金额，进一步提高资金运用和结算效率，降低资金头寸管理成本和外汇风险。

离岸金融政策可以帮助上海自贸区建立起庞大的金融资产蓄水池，通过完善人民币的全球循环路径来打通资本账户，实现金融资源的全球优化配

---

① 《2013年金融统计数据报告》，中国人民银行网站，http://www.pbc.gov.cn/publish/goutongjiaoliu/524/2014/20140115094127727196947/20140115094127727196947_.html。

② 《2012年金融统计数据报告》，中国人民银行网站，http://www.pbc.gov.cn/publish/goutongjiaoliu/524/2013/20130109165552137337875/20130109165552137337875_.html。

③ 《2012年金融统计数据报告》，中国人民银行网站，http://www.pbc.gov.cn/publish/goutongjiaoliu/524/2013/20130109165552137337875/20130109165552137337875_.html。

置，从而推动人民币国际化。上海自贸区很可能成为人民币回流最大集散地。截至 2014 年 7 月末，上海自贸区内完成境外人民币直接借款 78 笔，累计金额超过 170 亿元；跨境双向人民币资金池试点企业为 36 家，资金池收支总额为 232.5 亿元；跨境人民币结算额为 1356.4 亿元，同比增长 2.5倍①。上海自贸区内人民币业务在上海市的比重不断增长，从 2014 年 4 月的不到 10% 增加到 2014 年 7 月的 15%。

### 2. 平稳有序开放资本项目

人民币国际化离不开资本项目开放。在利率和汇率市场化尚未完成的情况下，上海自贸区通过开设自由贸易账户，实施了隔离型的资本项目可兑换策略，自贸区内资本市场逐步形成。结合上海自贸区内企业对外直接投资实施的备案制，自由贸易账户进一步简化了企业境外股权投资的流程，并提高了境外投资效率，鼓励企业对外投资。例如，中国银行已经为自贸区企业办理了大宗商品衍生品交易，打通了国际大宗商品套期保值交易通道。自贸区设立的国际金融资产交易平台可以为区内企业提供融资、资产转让、风险对冲等服务。例如，2014 年 11 月推出的"沪港通"有利于逐步开放中国资本项目，增强人民币的流动性，并有望成为人民币国际化的新加速器。

相对于自贸区的企业，虽然个人自由贸易账户目前仍局限于经常项下的交易，但是未来有望借助自由贸易账户以合格境内个人投资者身份直接投资境外资本市场。对区内券商而言，因为证监会支持上海自贸区的政策尚未发布实施细则，所以券商的自由贸易账户很难开立。为更好地管理自贸区内外的金融套利，除加强监管外，关键还在于我国政府能否尽快完善国内的人民币利率与汇率市场化的条件。

### 3. 促进金融业转型发展

我国金融业过度依赖银行业，金融业态的发展很不平衡。而且我国金融

---

① 《上海自贸试验区金融创新好戏连台　管委会初步制定发展指导意见》，http：//www. shanghai. gov. cn/shanghai/node2314/node2315/node4411/u21ai923643. html。

业以行政管制为基本特征，造成资源配置向制造业、房地产业、地方政府项目和国有企业倾斜的现象，导致产能过剩、资产泡沫，金融部门对实体部门明显产生"挤出效应"，货币产出效率急剧下降，金融风险不断积累。因此，我国金融业亟须转型发展，以适应市场经济发展的需要。

上海自贸区实践着"一行三会"提出的扩大区内金融机构准入与增强服务能力的构想。作为我国金融改革先行先试的"试验田"，上海自贸区集聚了多种形式的金融机构。截至2014年8月底，上海自贸区新设持牌类金融机构87家、类金融机构453家、金融信息服务公司296家、投资和资产管理公司2179家，共计3015家，占新设企业总数的25%；已有10家中资银行接入自由贸易账户信息监测管理系统，共开立了3235个自由贸易账户①；虽然上海自贸区的自由贸易账户系统现在局限于人民币业务，但是有望根据业务开放原则逐步推出外币业务。

上海联合产权交易所已在区内设立交易服务平台，上海国际金融资产交易中心正加紧筹建，上海保险交易所也在积极筹划，上海国际黄金交易中心将在自贸区成立一周年之际正式开展交易，而上海国际能源交易中心的原油期货已于2014年12月获得证监会的批准。中国外汇交易中心、中国金融期货交易所和上海清算所等都将在区内新设或增设交易场所②。

上海自贸区的金融改革与国际金融市场接轨，基于市场导向，发展多样化的金融业态，以服务实体经济和分散市场风险。鉴于金融改革开放最终将带来要素价格均一化，上海自贸区的金融业转型可以为全国金融改革积累经验。

### 4. 宏观审慎监管

2005年以来，境内外利率和投资回报率差距与人民币升值，导致境外资金通过多种渠道绕过我国严格的政策管制，大量、快速流入境内。这对我国资本市场开放带来严峻挑战。

---

① 陈韶旭：《开放：自贸区金融改革主题》，《文汇报》2014年9月29日。
② 《上海自贸试验区金融创新好戏连台 管委会初步制定发展指导意见》，http://www.shanghai.gov.cn/shanghai/node2314/node2315/node4411/u21ai923643.html。

上海自贸区的成立，实际上在我国境内形成了一个离岸金融市场，区内和境外的资本流动壁垒将基本消除。因此，自贸区可能成为境外资金渗透到境内寻求套利机会的跳板，从而影响我国金融稳定性。中国人民银行上海总部发布的《业务实施细则》和《审慎管理细则》从业务管理和风险防范两个方面，共同构建了有利于风险管理的上海自贸区账户体系框架，为下一步推动上海自贸区投融资汇兑创新业务发展奠定了基础。

## 三　进一步推动上海自贸区金融改革的政策建议

在金融改革支持实体经济的前提下，上海自贸区可以缩短负面清单，允许设立多种类型的中外资金融机构和现代中介服务企业，以倒逼机制促使中国资本项目的开放，通过将上海自贸区建设成为中国境内的离岸金融中心，进一步推动金融改革，以适应实体经济对多样化金融服务的需求。

### 1. 发布资本市场支持自贸区建设的实施细则

积极推动证监会颁布资本市场支持自贸区建设的实施细则。积极推动证券、保险等非银行金融机构以自由贸易账户为依托开展分账核算业务；积极支持自贸区内符合条件的个人按照规定双向投资于境内外证券期货市场；积极推动境外机构通过自由贸易账户进入上海证券及期货市场投资。重视"沪港通"，扩大人民币在国际交易货币中的份额，加速推进人民币国际化。实际上，这些举措也能够提升上海国际金融中心的地位，加强中国金融市场的对外联系和开放度。

### 2. 推进利率市场化

为完善央行通过公开市场操作影响市场利率的机制，应进一步发展银行间资金拆借市场和债券市场，建立完整的利率联动体系。为控制短期信贷的增长速度，减少短期冲击对经济的影响，央行放松商业存贷款利率管制的顺序应该按照"先长期、后短期，先大额、后小额"的原则。

此外，上海自贸区可以面向小额存款尝试建设地区性存款保险制度，以期与国家存款保险形成保险与再保险机制。明确存款保险覆盖的范围，小额存款执行全国的存款基准利率上浮规定比例的政策，大额存款的利率完全市场化，并向存款人提供相应的风险溢价收益。

### 3. 推动汇率形成机制改革

在上海自贸区设立之前，主要由香港交易所或者芝加哥商品交易所掌握离岸人民币的定价权，而在上海自贸区设立之后，实际上在我国境内形成了一个离岸金融市场。随着中国企业"走出去"以及人民币国际化的深入，把握人民币定价权显得更加重要。为避免海外的离岸人民币主要定价权对我国货币政策的有效性和独立性造成冲击，应该参照上海银行间同业拆放利率（SHIBOR），逐步实现境内人民币（CNY）、离岸人民币（CNH）和无本金交割远期外汇（NDF）的价格收敛。在上海自贸区积极探索完善人民币汇率形成机制的模式，并将它推广到全国。

### 4. 防范上海自贸区资本进出风险

虽然资本进出都可能给上海自贸区和我国境内资本市场稳定带来风险，但是资本流入带来的风险可能更大，因此需要加强分类管理。上海自贸区应该以境内金融和离岸金融分账管理为前提，根据实体经济的引资需要，加快要素流动速度，允许一定比例的离岸账户资金流入实体经济，减少国内企业发展限制，同时避免引起在岸金融泡沫。

严格规范自由贸易账户内的资金运用。加强核验自贸区内机构及企业跨境贸易的资金收支与实际贸易行为的真实性和一致性，着力强化监测和分析涉及自由贸易账户的跨境资金交易，特别是大额交易和可疑交易，以阻止资本项下境外资金的大规模渗透，避免境外和区内金融市场的系统风险向区外境内传播。

加强监控区内机构和企业的人民币境外融资专用账户。为防范人民币境外融资专用账户的资金通过项目建设投资、资本市场投资、集团资金归集等渠道不合规地渗透到区外境内，商业银行应确保区内机构和企业境外融资专用账户单独设账、统计、核算，并严格审查、追溯区外境内新增项目、新增资本市场投资和集团资金归集的资金来源。

除此之外，可以通过征收外汇交易税或设置高比例存款准备金提高短期

资本进出国内金融市场的交易成本。一方面，让有能力在海外实现高效率资源配置的企业和金融机构更自由地实现全球化的投资和经营；另一方面，控制热钱的进出对上海自贸区和我国境内金融市场、汇率稳定的负面影响。

### 5. 建立综合金融监管平台

虽然我国现在主要由"一行三会"对金融业实施分业监管，但是为了推进便利化，上海自贸区可建立综合金融监管平台，进行"一站式"管理。同时，应该对这个机构尽可能地放权，以应对跨国公司的混业经营和其财务中心的各币种全球调拨。

## 参考文献

1. 陈昊、王军：《上海自贸区发展进程中的金融改革与银行业发展策略研究》，《南方金融》2014 年第 6 期。

2. 丁剑平、赵晓菊：《自贸区金融开放与改革的理论构思——基于要素流动速度不对称视角》，《学术月刊》2014 年第 1 期。

3. 姜晶晶、孙科：《深化金融改革背景下人民币国际化分析》，《国际经济合作》2014 年第 3 期。

4. 蓝庆新、韩羽来：《以金融改革促进开放型经济发展》，《探索与争鸣》2014 年第 3 期。

5. 彭羽：《总部资金池业务政策创新与操作》，《国际市场》2014 年第 3 期。

6. 吴大器、肖本华、殷林森：《以金融自由化为背景的上海自贸区金融改革创新的思考》，《上海金融学院学报》2014 年第 3 期。

7. 武剑：《中国（上海）自贸区金融改革展望》，《金融与保险》2013 年第 11 期。

8. 张伟、杨文硕：《上海自贸区金融开放的定位与路径分析——兼与香港自由港金融演进路径比较》，《商业研究》2014 年第 1 期。

9. 赵东：《中国（上海）自由贸易试验区金融创新研究》，《上海金融学院学报》2014 年第 2 期。

10. 《上海自贸试验区金融创新好戏连台，管委会初步制定发展指导意见》，http：//www.shanghai.gov.cn/shanghai/node2314/node2315/node4411/u21ai923643.html。

# 改革新载体

## ——上海自贸区试点：金融突破和制度创新简解

潘德洪[*]

摘　要：　上海自贸区的设立是继经济特区、各类经济开发区以后扩大开放和深化改革的新思路、新途径，旨在通过自贸区金融突破和制度创新的试验，解决高速增长积累的经济不平衡、不协调、不可持续发展问题，与国际高标准制度规范接轨，以适应国际贸易新趋势。自贸区试点涉及经济体制改革和政府职能转型，审批权力弱化，会产生矛盾，需要排除阻力，相信在风险可控的条件下可稳步推进。

关键词：　上海自贸区　金融突破　制度创新

2013 年 10 月 1 日正式启动的中国（上海）自由贸易试验区（以下简称"上海自贸区"），是我国坚持开放改革、找寻新的增长动力的载体，以应对国际外需放缓、贸易保护主义抬头。上海自贸区建设不仅会为上海带来巨大商机，而且对全国未来发展也会产生示范效应。

## 一　维持持续增长需要更高层次的开放

### 1. 中国经济"升级版"——扩大开放，深化改革

我国对外开放从由政府机构主导，以经济特区（如深圳、珠海、汕头

---

\* 潘德洪，香港国际投资总商会秘书长，上海社会科学院港澳研究中心常务理事。

及厦门）和新区（如天津滨海、深圳前海以及南沙、横琴等）为载体形式，带动了沿海、沿江、沿边城市的发展，再到全方位、多层次、宽领域的对外梯次开放，实现了持续30多年的高速经济增长。

20多年来，为了补充功能，寻求体制上的突破，国务院批准设立享受国家特定优惠政策的各类开发区。截至2012年，全国共设立国家级经济技术开发区171个，27个省市共设立包括出口加工区、综合保税区等六类海关特殊监管区110个，各类开发区更是多达3837家。虽然充分发挥了产业集聚效应和区域辐射效应，促进了地方经济发展，但是依靠资源消耗和无限要素投入的发展模式已经难以为继，出现了阻碍经济持续发展的"瓶颈"问题，如服务业尤其是金融业发展相对滞后、政府干预难以适合市场经济协调等体制改革深层次矛盾。

国家需要寻求新的"载体"，以释放新的增长能量。建设上海自贸区，就是中国继加入世贸组织后又一次更高层级的开放，是打造"中国经济升级版"的新引擎。

### 2. 参与国际"再入世"——顺应全球经贸发展新趋势

金融危机后全球的贸易和投资规则加速重构。正在形成的新的全球贸易秩序的关键内容包括投资自由化、服务贸易开放等，世界各有其策，为货物、投资与金融"开绿灯"，让自贸区促进经济发展，目前全球已有1200多个自由贸易区，世界正融入全球一体化。

传统的世贸组织多边贸易体系经过多年发展，其局限性日益突出——主要涉及货物贸易而很少涉及服务贸易，只协调关境外壁垒而不涉及关境内壁垒。从近年来的情况看，加入世贸组织给我国带来的发展红利正逐步递减，在这样的趋势下，中国需要"再入世"，按照国际新规则参与自由贸易。所以，从宏观角度看，中国建立符合国际惯例的自贸区，是顺应全球经贸发展的新趋势。

## 二 上海设立自贸区试点是适宜的选择

### 1. 上海设立自贸区是"国家战略"

以自贸区作为经济发展的催化剂是国际通行的做法。中国是贸易大国、世界第二大经济体，金融危机之后，传统的"以外资为主、以制造业为主、以出口为主"的"两头在外、大进大出"的对外经济发展方式发生了本质改变，承接国际产业转移已经不能满足经济发展的需要，无法在国家政策上有重大突破，无法突破发展中出现的"瓶颈"，致使各类园区运作不规范，原地踏步，存在一定隐患。国务院批准设立上海自贸区，成为中国扩大开放和深化改革的重要载体，为自贸区管理模式和金融创新探索新思路和新途径，旨在创造新增长极，为日后全国的推广积累经验。

**2. 上海先行先试的基础条件**

自贸区的构想，甚至可以追溯到中央建设海南特区的 1988 年，设想实行"一线放开、二线管住"的特别关税制度和世界上通行的自由港经济政策，但由于多方面的主客观原因，海南最终采用了国际旅游岛的方案，享受购物免税政策。上海自贸区正式获批前后，天津、舟山、重庆、厦门等地都提出设想，有意申请建立自由贸易试验区。

必须指出，涉及特殊区域的功能政策修改调整，需 10 多个中央国家部委协调，意见一致方能报国务院审批，而国家率先批准上海进行自贸区试点，是出于"国家战略"的考虑，其出发点是在特定的区域内进行深化改革，在更高水平上开放，此类将为全国进一步改革开放树立典范。

（1）中央选择发展水平、产业结构、国际化程度较高的上海作为试点城市，旨在提高自贸区的成功率。上海是我国经济发展水平和工业化程度最高的城市，而且已开始后工业化社会的某些进程，是率领中国参与经济全球化的城市。近年来，上海港继续保持货物和集装箱吞吐量世界第一的地位。2012 年上海口岸外贸货物吞吐量累计达 3.6 亿吨，比上年增长5.9%；2013 年上海外高桥保税区的贸易额在 1000 亿美元以上，居内地各城市之首。因此，国家选择上海作为试点城市，是希望上海能在我国新的历史时期，在发展和改革开放中起领先、示范和带动作用，并将试点成功的制度推广普及。

（2）自贸区试点是一项挑战极大、风险不小的探索，要避免万一失败对国民经济造成冲击。1978 年，上海经济占全国经济的比重接近 17%。截

至 2013 年，上海经济占全国经济的比重已跌到 3.8%。国家选择上海进行主动试点，即使一旦自贸区试点失败，希望对国内经济造成的冲击降低，不至于对国家宏观经济增长速度产生不可估量的影响。

（3）加速上海"四个中心"建设。近 10 年来，上海努力构建国际经济、国际贸易、国际航运和国际金融"四个中心"，然而却缺少带动"四个中心"共同发展的"杠杆平台"。而全新定义的"上海自贸区"恰是一个现阶段最合适的"杠杆平台"。有这个"杠杆平台"为依托，定能加快促成上海"四个中心"建设并早日形成。

## 三　上海自贸区升级转型面临的挑战

### 1. 上海自贸区的历史使命

国际上，不同国家或地区根据自身经济需要，所建自贸区特点各不相同，如中国香港、新加坡的整体型自由港，德国汉堡、韩国釜山、印度尼西亚巴淡的自由贸易港区，巴拿马科隆的贸易型自贸区，韩国马山、中国台湾高雄等的出口加工区，阿联酋的工贸结合型自贸区，以及荷兰鹿特丹港等的物流型自贸区。

国务院正式批准设立的上海自贸区并非上海原有 4 个区域的简单归并，更不是面积的简单扩容，而是赋予了全新的时代内涵，不仅要令其具备国际上传统型自贸区的功能，而且将成为我国深化改革开放的一个重要突破口。

### 2. 真正的自贸区必备"境内关外"的管理模式

1973 年签订的《京都公约》关于"自由区"的定义，即在一国领土内划出一个区域实行自由贸易，其核心是强调"境内关外"的自由贸易政策，而我国现存的免税区、保税仓库、自由港、出口加工区、自由过境、自由关税区、对外贸易区，虽然在经济自由化程度上比一般园区高，但总体上属于"境内关内"的海关特殊监管区，与真正的自贸区相比还有一定差距。上海自贸区需高效体现"境内关外"的更为开放的管理模式和政策，成为我国首个真正国际意义上的自贸区。

### 3. 突破管理模式，实施上海自贸区各领域配套改革

真正意义上的自贸区必须与国际通行的做法相衔接。上海自贸区的运作需要有新的突破，即以国际通行的"境内关外"政策，取代内地保税区实行以行政许可和审批制度为手段的"境内关内"政策，这样才具备国际定义的自贸区的功能。

人大常委会通过的《关于授权国务院在上海自贸区等国务院决定的试验区内暂时停止实施有关法律规定的决定》，期限为 3 年，而且配合"探索负面清单管理"，即整理出法律禁止事项，"法无禁止即可为"，这意味着在上海自贸区内，外资企业分立、合并或者其他重要事项变更审批将改为备案管理；取消外资持股比例或经营范围等诸多限制；出口货物越过关境线即为出口，进口货物在贸易区内免于向海关申报；以备案制取代过往的报关制；等等。这预示着未来上海自贸区范围内的外商企业管理将由审批制转为备案制，逐步和国际接轨。

实施"境内关外"模式，能够增加市场灵活性，根治外贸企业面临的通关难、结汇难等老问题，降低经营成本，提高市场竞争力，将有利于吸引更多的加工、制造、贸易和仓储物流企业聚集。

### 4. 上海自贸区的亮点在于金融创新

长期经济高速增长积累了一些不平衡、不协调、不可持续问题，对我国经济持续健康发展形成了"瓶颈"制约：金融业开放相对滞后是严重的实际问题，如严苛的外汇管理制度；中国资本账户开放的速度缓慢；离岸人民币市场在贸易结算方面进展缓慢；等等。解决这类"瓶颈"问题，不突破不行，在全国推广的风险很大，于是唯一的选择就是选点试验。

而自贸区重点是离岸贸易，涉及跨境融资、贷款等金融配套，自然离不开金融政策开放和创新，由上海自贸区作为"先行先试"的载体进行金融创新的探索切合实际，不仅可以降低改革风险，解决自贸区离岸贸易的跨境融资"瓶颈"问题，而且可以总结经验，为相关政策和措施的全面推广创造条件。

2013 年 9 月 27 日，国务院正式发布《中国（上海）自由贸易试验区总

体方案》（以下简称《总体方案》），虽然只是政策框架，实施细则尚未出台，但是可设想将包括以下金融创新内容的探索。

探索方向之一：构建区内离岸金融中心。

拓展离岸金融业务是自贸区的重要组成部分。自贸区将着手推动离岸金融业务与拓宽外商金融投资范围，借鉴欧美国家银行准入规定，《总体方案》首批公布的开放措施包括允许外资银行、中外合资银行、中资银行经营离岸业务，允许外资经营专业健康医疗保险业务，以及放松对融资租赁（又称现代租赁）公司的注册资本和业务范围规限，由此，国际贸易结算业务流量将会明显增大。

我国加入世界贸易组织后，在金融对外开放和市场化改革方面仍多遭诟病，外资认为限制过多，市场准入门槛过高。在自贸区内扩大服务业开放中，中外银行可享有同等待遇，对外资银行而言意味着更多的机遇。虽然自贸区尚未正式运作，但外国金融机构竞相搭上头班车，在自贸区内开设网点展开激烈的争夺。改革开放的实践证明，在改革开放不同阶段的先行者一般都会获得预想不到的好处。

中资银行也"不甘人后"抢滩自贸区，希望拿到"先行先试"的政策，纷纷向监管机构递交了开设分行的申请。在国内的各类服务业中，金融业国有资产比重最大，受保护的力度也是最大的。一些金融机构依靠简单的利息差，"躺"在那里赚钱，这种情况既不合理，也不可持续。引入外资银行参与业务竞争，对于自贸区内中资银行来说，短期内可能迎来一定的冲击，但从长远来看，与高水平的对手同台竞技，汲取对方的先进经验，不断提高其经营效率，还能提高中资银行资本运营和风险管理的意识和技能，转换经营方式，对中资银行业务水平提高具有战略意义。

探索方向之二：推动人民币国际化。

不容置疑，随着我国国力的增强，人民币开始走上国际化之路，尽管路途遥远且曲折。作为人民币发行国，为有效降低境外人民币业务对内地金融市场的影响与冲击，中国可以先通过离岸市场试验实行人民币国际化，而上海自贸区在人民币国际化方面就可作为重要的平台。

国际清算银行最新调查报告显示，人民币首次进入全球十大交易最频繁货币排行榜。2013年4月，人民币日均成交额已飙升至1200亿美元，在全球货币交易中列第9位，占全球货币交易总量的2.2%。

虽然在金融领域，中国的资本项目仍未对外开放，但是人民币事实上已被中国贸易伙伴逐步接受为结算货币。如果人民币在对外经济贸易中能更广泛地作为结算货币，甚至进一步作为投资货币及储备货币，国内企业须承担的外汇风险就会更低，政府经营外汇储备的压力也会大为缓解。由于中国实行外汇管制政策，中国庞大及持续的贸易顺差不仅将这种不平衡带到全球经济体中，而且影响了自身经济持续与健康发展，并对中国的汇率、利率政策带来重重压力。

《总体方案》指出："在风险可控前提下，可在试验区内对人民币资本项目可兑换、金融市场利率市场化、人民币跨境使用等方面创造条件进行先行先试。"例如，人民币资本项目在自贸区内的逐步开放，表现为人民币与外币在资本项目下的自由兑换，促进人民币汇率形成机制的合理化，等于放宽境内机构对外直接投资的限制，支持内地企业进军海外市场。同时，也为外国资本流入后的合理使用创造一个有利的微观经济环境，促进对外经贸的进一步扩大，可以在一定程度上缓解大量资本流入造成的国际收支失衡现象。

资本管制解除之后，在货币汇兑自由、利率市场化的前提条件下，自贸区的试点内容还可能涉及金融产品创新。例如，区内中外企业要扩大再生产，就必须拥有方便快捷的低成本筹融资服务，那就得允许企业把区内的存量资产证券化，允许合格的境外机构在境内发行人民币债券和中国存托凭证，等等。再如，扩大再生产还涉及设备融资租赁，这就又涉及在区内建立民营的融资租赁服务体系以及作为硬件配套的民营金融租赁公司和民营金融消费公司等。

探索方向之三：试验区内税制改革和低税率的优惠。

低税收是各国争抢"自贸蛋糕"的一柄利器。上海自贸区将可能推动税收创新，包括对离岸贸易采用低税率、对境外投资收益采用分期缴纳所得税等优惠政策，以鼓励企业发展。其中，包括对自贸区内符合条件的企业减

按 15% 的税率征收企业所得税。现有流转税是否予以取消？增值税和消费税收还是不收？区内注册企业是否即期享受出口退税？这些都是税收改革需要针对的内容。

截至 2013 年上半年，全球跨国公司 500 强在上海建立公司总部或大区总部的已不下 400 家。但是，从数量上看，足以大到令世界羡慕的上海跨国公司总部，绝大多数是"行政总部"而非"结算总部"。跨国公司只有在上海成为"结算总部"，才能为上海带来真金白银。因此，要有政策吸引各类跨国公司到"上海自贸区""安营扎寨"赚钱。钱赚到后，也允许企业把所赚到的钱用于人民币境外直投和实施跨境结算。如果区内中外企业愿意扩大再生产，就必须拥有方便快捷的低成本筹融资服务。

## 四　对上海自贸区的未来审慎乐观

上海建设自贸区，要着眼于全国发展，不但要探索我国现有保税区的升级，更重要的是要探索我国新阶段经济增长方式的转型之路，寻求涵盖贸易、金融、投资等多个领域适应我国国情的突破和创新，构建更加市场化与最小风险化的体制机制，着眼于全国新一轮改革开放，因此上海自贸区如果既能够与国际高标准制度规范接轨，又具有中国特色，才是最成功的。所以，国内外舆论都对上海自贸区的"历史使命"有许多正面评价，对上海自贸区新一轮改革开放的试点寄予厚望，但是不能有不切实际的期待。

### 1. 改革开放须排除阻力

上海自贸区试点涉及自上而下的经济体制改革，而这种改革不可能是一帆风顺的，虽然中央层面已批准，但是自贸区具体实施细则方案的制订、政策的调整、规则的修改，都需要获得包括商务部、财政部、海关在内的众多部委和地方政协监管部门的一致同意，方能报国务院审批出台。在沟通中，现行行政许可、审批制度等规范的做法与创新做法之间的矛盾，以及政策实施进度快慢的意见会产生激烈碰撞，无论是意识形态的解放还是既得利益的排除都面临阻力，只要有机构依然对上海自贸区的一些开放举措的尺度有所保留，所有规划或实施细则的出台都可能遇到阻碍。有理由估计：日后出台的政策法规，可能是讨价还价的结果，或平衡不同意见妥协的产物。

### 2. 改革创新依然审慎

按照国际惯例规划国际贸易，在构建更加有效的行政体制、推进政府职能转型方面，上海自贸区肯定会有很大突破，审批权力将弱化，而注重风险防控，但是在金融、投资等多个领域的改革创新方面将会"小步快跑"，依然会保持谨慎。

开放和改革向来与风险相生相伴，若上海自贸区实行完全利率市场化及资本项目开放，存款利率可能高于央行上限，同时资本项目放开，这些都会吸引国际、国内资本的大量流入，都有可能引发资本投机，金融风险散播的速度会更快，国内外资本和国际游资很可能利用上海自贸区这一平台，实施资本的快进快出疯狂套利，轻则扰乱中国金融市场，重则冲击中国的金融秩序并对实体经济造成冲击。保持金融稳定是政府的第一要务，因此在金融创新方面探索的步伐不会太大。不能冀望于上海自贸区实时推出十分激进的改革创新措施。

### 3. 为国家发展积累经验

事实上，国家已经找到了一种改革创新的载体，在可控范围内采用改革创新，松绑、解禁形式，解决阻碍经济发展的"瓶颈"问题。基于"风险可控、稳步推进"的思路，上海自贸区会沿着市场化的方向，循序渐进地在外贸、金融和投资等领域进行改革和创新的试点，一旦形成可复制的经验，条件成熟就可陆续在全国推广。人们亦可合理地预见，自贸区的改革创新"试验"内容将会一步接一步地深化，在可控的范围内加快进度，假以时日上海自贸区改革创新效果必将逐渐显现，以此带动中国新一轮的开放。

# B.12

# 上海自贸区发展对香港的启示

关家明*

摘　要：　本文主要对上海自贸区的概念及与香港的关系进行了分析，并从区域物流配送方面的分工发展、两地专业服务业的引进提升、促进香港离岸人民币市场发展、推动与其他地区的合作四个方面分析了上海自贸区发展对香港将会产生的长远影响。

关键词：　上海自贸区　香港　启示

## 一　何谓"自贸区"？

上海自贸区的成立，体现了中国经济的进一步开放，但也被一些人视为要在上海及国内复制香港，与香港竞争，甚至取代香港。笔者认为前者不无根据，但后者则是捕风捉影，过于敏感。

什么是"自贸区"？一般的理解是，自贸区是商品贸易自由、货物进出口零关税的地方。香港作为一个"自由港"是符合这个要求的，但世界上有超过100个地方都符合这个要求，只是名称各异，包括出口加工区、保税区甚至经济特区等。按此定义，中国事实上也已经有不少"自贸区"。

那么，中国意义上的"自贸区"有何特色？按上海已公布的"自贸区"规划和细节来看，中国式"自贸区"也确实比世界上一般的"自贸区"更

＊　关家明，香港贸易发展局研究总监。

丰富复杂。既有商品贸易零关税，也有部分服务贸易的自由化、投资领域的开放（准入自由）、资金的跨境自由流动、货币的自由兑换，甚至非经济领域如行政管理和法制的相应改革。严格来说，这不只是一个"自贸区""自由港"，它更像一个"自由经济区"。

可以说，"自贸区"虽然有点名不副实，但亦不失其意义，关键在于"自由"二字。

## 二　与香港何干？

以上种种，与香港有何关系？可以说是"既无亦有"。

"无"者在于不少细节，如服务业开放中有关准入条件和经营范围的内容、资本流动分账管理的种种措施。这些规则条款，在一直奉行国民待遇、资本自由流动的香港是难以找到的。

"有"者在于一些大的政策方向，特别是市场主导。"自贸区"的种种措施，不论是减免关税、开放服务业、负面清单管理投资，还是推动利率市场化和资本项目可兑换，都是加大市场调节经济的功能。市场主导就是给予"市场"更大的"自由"。这也是香港发展经验中最重要的一条。用当前流行的说法，也就是让市场在资源配置中起决定性作用。

在香港发展经验中，除了尽量发挥本地市场的作用以外，还通过给予"国际市场"最大的"自由"来促进本地市场和经济的发展，也就是以"开放"促改革、促发展。

要赋予"国际市场"最大的"自由"，首先要在保障民生安全的前提下，尽量实行"国民待遇"，对市场参与者不分内外、不分国籍，待遇相同，没有优惠，亦无歧视，权利义务相等，公平竞争。政府的主要功能在于制定及维持市场秩序，在对等原则下提供公平方便的经营环境。而一些行业性职能如制定标准、资格认证、专业培训等，则可以尽量交给行业协会等非官方团体自律管理执行。

以上种种，在不同程度上均见于自贸区的蓝图或政策中。譬如准入前国

民待遇、负面清单表列，以及政府职能转换等。如果说"自贸区"是要复制香港，从市场主导、给予"市场"更大的"自由"来看，这是对的。但如果说"自贸区"是要通过复制香港来与香港竞争，甚至取代香港，那便过于敏感。因为复制的只是香港发展经验中的一个重要元素、原则——市场主导，具体落实到上海或其他地区时还需要按当地的情况做出调整，肯定不能生搬硬套，也可以肯定复制出来的样子会跟香港不同。就是真的在某方面构成与香港的竞争，也不见得会取代香港。

## 三　长远带给香港更多机遇

事实上，如果上海自贸区真的在某方面与香港形成竞争，那应该是香港之福，也是上海和中国之福。因为有竞争便表示复制到位，有竞争才有进步，才可提高。从长远看，如果上海和中国其他地区通过自贸区的试验、推广，变得越来越像香港，更以市场为主导，更加开放自由，香港的企业、专才将会在广阔的国内市场中面对一个更熟悉的经营环境，发挥所长。从另一方面看，国内企业也能在一个更宽松、开放、公平、合理的经营环境中发展、成长。再看深一层，如果开放能协助提升内地经济发展，那么香港作为中国和世界接轨的国际商贸平台，将会带来更多机遇。

香港与上海自贸区具体的竞争、分工、协作，主要在于以下几个方面。

### 1. 区域物流配送方面的分工发展

香港拥有战略性的区域位置、自由港政策、优良基建、高效率通关及透明法律体系，这使香港成为重要的国际商贸平台和货物转运中心，近年来发展为区域物流配送中心。上海自贸区也可能朝这个方向发展，因而不可避免地会对香港在这方面的功能构成竞争。但因彼此腹地及服务优势不同，应有分工发展的可能。香港作为转运中心，大部分货物与珠三角地区有关。例如，内地海关统计显示，2013年内地出口到香港的货物，近80%由珠三角地区出口。相信香港与上海在转运中心功能上可有不同地区分工。

在地区配送中心功能上，香港相对于区内其他中心，能够提供更多增值服务，处理更多高价值和散装产品。香港的地区配送中心功能也有较多是与零售业务有关的高价值商品。香港当然要继续发展其他如电子、成衣等商品的地区配送中心功能，但可以在高价值商品如奢侈消费品、葡萄酒、药品等方面挖掘更多市场潜力。

内地制造业正在转型升级，出口更多高增值产品；经济增长转为由消费拉动，对进口消费品需求上升。在这一趋势下，中国乃至整个亚洲地区都需要更多的配送中心以满足这方面的服务需求。

### 2. 两地专业服务业的引进提升

除了货物自由流动外，服务业开放是自贸区的重点。当前内地与香港服务业交流存在"大门开、小门未开"的情况。"小门未开"的原因之一，是内地与香港在行业结构和管理制度上存在差异。自贸区对外商投资实行"负面清单"，由"审批制"转为"备案制"，有助于消除香港服务业进入的障碍，方便港商在自贸区内设立据点，建立长三角乃至地域范围更大的服务网络，符合全球化及全中国化的发展策略趋势。

### 3. 促进香港离岸人民币市场发展

上海自贸区内将先行先试人民币资本项目可兑换、人民币跨境使用和利率市场化等改革，一般视为中国境内的人民币"离岸中心"。这一发展一方面将对香港带来竞争；但另一方面，当整体人民币国际化的水平提高、人民币在国际市场的流量不断扩大时，将对香港人民币业务量带来更多正面影响。

香港国际金融中心一直担当着中国金融改革及人民币国际化的"试验田"角色，多年来已累积了丰富的经验。香港"先行者"的地位在国际上争取人民币离岸业务中的优势明显，在伦敦、新加坡以及中国的台湾等地相继推出人民币离岸业务后，香港的人民币业务不仅未见收缩，反而持续增长。以人民币贸易结算为例，香港目前仍占中国整体跨境人民币结算的80%左右。经香港处理的人民币贸易结算金额由2010年平均每月310亿元，上升至2012年平均每月2190亿元，2013年更是达到平均每月2800亿元。

上海自贸区发展人民币自由兑换业务，可能提供另一个离岸人民币回流内地金融市场的渠道，为香港带来更多发展机遇，使在港人民币有更多跨境

投资的回流渠道，使整体人民币业务变得更为活跃。

### 4. 推动与其他地区的合作

上海自贸区的成功经验将会在其他地区推广，而其他地区也必然争相效仿。据报道，广东省已经在筹备成立以南沙、前海和横琴等地组成的自贸区。沿海内陆不少地区也在筹划。香港与广东各地的经贸关系密切，应该积极参与，结合自贸区的有利条件，使香港作为国际商贸中心的功能与各自贸区的腹地整合，发挥整体更大的优势。

虽然不少有关自贸区的具体措施仍有待公布，部分政策也未必能够即时全面落实，但毫无疑问，自贸区的成立为中国新一轮对外开放和深化改革提示了重要信息：在全球化的新形势下，中国会持续改革，经济会继续走市场化的道路。自贸区的推行，亦体现了中国经济体制改革的发展策略大方向。长远而言，中国经济规模扩张，香港将有所得益。当内地经济增长有更大的空间，整体商贸活动，特别是民营企业在市场规律下更为活跃时，香港作为重要的国际商贸平台，其金融及各类商贸服务也将迎来更大需求和发展机遇。

# 比　较　篇

Reports on Comparison

B.13

# 沪港经济发展比较

贺晓琴 *

摘　要：香港与上海是中国的两颗明珠，在中国现代化发展进程中具有不可替代的作用，但鉴于经济发展的不同阶段与制度环境，两地经济发展各具特点。本文主要以大量数据图表的方式来分析比较沪港两地经济发展的规模、速度与合作等情况，从而使人们能够更清楚、更直观地看到目前沪港两地经济发展所具有的互补性及存在的差距。

关键词：沪港　经济　比较

---

* 贺晓琴，上海社会科学院世界经济研究所副研究员，主要从事跨国投资、港澳经济等方面的研究。

20 世纪 70 年代末开始的改革开放，使中国大地发生了翻天覆地的变化，中国从此逐渐由封闭走向开放，不断融入世界，并成为支撑世界经济发展不可或缺的一支重要力量。

在改革开放春风的沐浴下，上海这座昔日的远东经贸中心重振雄威，以其经济快速发展的姿态昂然屹立在世界的东方。改革开放尤其是邓小平南方谈话以后，上海由中国改革开放的"后卫"被推到了"前沿"，经济获得了迅猛的发展，经济总量呈不断扩大的态势；"一年一变样，三年大变样"，上海成为世界发展变化最快的城市之一。据统计，1981～2011 年，上海的国内生产总值平均增长 10.4%，人均国内生产总值平均增长 10.7%，成为过去 30 年西太平洋地区经济增长最快的地区之一。值得指出的是，上海的人均 GDP 已从 1978 年的 1445 美元上升到 2009 年的 10125 美元，已突破 10000 美元大关，达到中等发达国家的水平。这是一个巨大的飞跃，2012 年更是高达 13524 美元。2008 年以来尽管遭受由美国次贷危机引发的全球金融危机的冲击，但在中央政府的领导下，2010～2012 年，上海经济在世界经济严重下滑的不利情况下仍然分别获得了 10.3%、8.2%、7.5% 的增长率。在经济全球化、区域化发展的大背景下，特别是在上海自贸区稳步推进的形势下，上海将进一步加大对外开放的力度，加快国际经济、金融、贸易和航运中心建设的步伐。上海在中国未来经济发展中的重要性已日渐凸显，上海经济的稳步快速增长必将加速整个中国的现代化进程。

同样，改革开放也为香港这颗东方之珠注入了新的活力，为香港经济发展创造了更为广阔的空间，香港国际金融、贸易、航运、旅游等多个中心的崛起与中国内地的改革开放是同步的。内地和香港经济的日益融合使香港经济呈现持续快速增长的局面，极大地提高了香港在国际市场上的竞争力，其经济实力更可与发达国家相媲美。2013 年香港的人均 GDP 已高达 38100 美元，超越英国、意大利等多个发达国家。1997 年回到祖国怀抱的香港，尽管遭受亚洲金融危机、美国"9·11"事件以及 SARS 的冲击，经济受到重创，但经过多年的努力，特别是 CEPA 的签署实施，以及"自由行"的展开，香港经济于 2004 年开始走出低谷，进入新的调整发展期。2004～2007

年，香港的 GDP 增长率依次为 4.6%、7.0%、6.7%、9.3%。2006 年香港经济的发展已完全超越 1997 年的水平。据统计，1978～2007 年，香港 GDP 年均增长 11.2%，人均 GDP 年均增长 9.6%，均高于同期西方发达国家的增长率。然而，2008 年以来，香港经济遭受美国金融危机的冲击，经济下滑严重，失业率高企，但在特区政府"稳金融、撑企业、保就业"一系列政策措施的推动和内地经济复苏的带动下，香港经济从 2009 年第二季度开始止跌回升，2010～2012 年分别实现 7.1%、9.0%、5.5% 的增长。毫无疑问，过去 30 年香港经济发展与中国内地的经济高速发展基本是同步的。弹丸之地的香港能够取得如此骄人的成绩，令世人为之叹奇。展望未来，人们有理由相信，融入祖国大家庭的香港，中国经济的持续稳定增长必将为其未来的发展注入新的活力，香港这颗明珠也必将在中国以及新的地区经济发展中放射出更加耀眼的光彩。

毋庸置疑，香港、上海——这两颗明珠同是亚太地区经济发展最活跃的增长点，各自经济都已达到了相当的水准。香港的人均生产总值已超越部分发达国家，上海的经济实力居全国领先地位。香港、上海在整个中国现代化经济建设中的独特地位和作用是无法替代的。因此，有人将香港、上海比作中国这条巨龙的两只眼睛和中国经济腾飞的两架发动机，是非常恰如其分的。本文将以数字、图表及文字相结合的形式生动地展示近 10 年或更长时期以来上海和香港经济的发展变化，尤其是揭示香港经济如何走出低谷，进入良性发展状态的轨迹，同时反映、记录沪港两地经济发展的规模、速度与合作等，从而使人们能够更清楚、更直观地看到目前沪港两地经济发展所具有的互补性及存在的差距。需要说明的是，由于统计方法等的不同，我们只能在两地政府部门公布的权威性统计资料中就一些比较接近的指标、项目进行反映和比较，期望在以后的"沪港蓝皮书"中能够得到不断的充实。

## 一　沪港经济发展的综合比较

上海和香港两地的统计部门与世界上绝大多数城市的统计部门一样，以

认真、严谨、细致的态度从事着繁重而又琐碎的工作，用数据记录着各自城市社会经济发展的过去、现在和将来。正是由于统计部门卓有成效的工作，才使我们得以方便地通过这些数据了解和分析比较沪港两地的社会经济发展状况，并以此作为推动两地互动合作发展对策建议的依据。本部分主要就两地社会经济发展的一些综合指标、社会经济指标占全国的比重，以及两地国内生产总值进行比较分析。

**1. 沪港两地主要社会经济指标比较**

表1中的社会经济发展指标清楚地表明沪港两地社会经济发展存在的差异。香港的土地面积不到上海的18%，人口不足上海的1/3，但香港的国内生产总值规模却与上海大体相当，而人均国内生产总值几乎是上海的3倍，进出口商品总额是上海的2倍多，这表明香港的经济能量大于上海。从吸收外来直接投资总额、跨国公司地区总部数量以及来访旅游人数来看，香港都远在上海之上，这表明香港的开放度、经济外向化都优于上海。从第三产业占GDP比重看，香港已完全是一个以服务业为主的轻型经济体，而上海第三产业占GDP比重仅为62.2%，现代服务业的发展还处在起步阶段，这表明两地在这方面合作的空间很大。但从其他指标看，上海的集装箱吞吐量已超过香港，社会商品零售总额以及股票成交总额也超出香港。此外，上海用于R&D的支出也高于香港。这既说明上海经济增长很快，尤其是金融、航运发展迅速，以及科研力量强于香港，同时也说明两地在金融、航运和科研等诸多方面具有很大的互补优势。总而言之，沪港经济合作主要是互补型的。

表1　沪港两地主要社会经济指标（2013年）

| 指标 | 上海 | 香港 |
|---|---|---|
| 土地面积(平方公里) | 6340.50 | 1104.46 |
| 年末总人口(万人) | 2415.15 | 718.75 |
| 人口粗出生率(‰) | 8.18 | 7.9 |
| 人口粗死亡率(‰) | 5.24 | 5.9 |
| 人口自然增长率(‰) | 2.94 | 2.0 |
| 人口密度(平方公里/人) | 3754 | 6650 |

| 指标 | 上海 | 香港 |
|---|---|---|
| 总就业人数(万人) | 1115.50 | 374 |
| 失业率(%) | 4.2 | 3.4 |
| 职工工资(元/港元) | 56300/年 | 14100/月 |
| 国内生产总值(亿元/亿港元) | 21602.12 | 20967.96① |
| 人均国内生产总值(美元) | 14547 | 38100 |
| 第三产业占GDP比重(%) | 62.2 | 93 |
| 存款总额(亿元/港元) | 69256.32 | 91780.00 |
| 贷款及垫款总额(亿元/亿港元) | 44357.88 | 64574.00 |
| 进出口商品总额(亿美元) | 4413.98 | 11578.24 |
| 出口商品总额(亿美元) | 2042.44 | 5355.48 |
| 社会商品零售总额(亿元/亿港元) | 8019.05 | 4944.51 |
| 集装箱吞吐量(万标箱) | 3361.68 | 2235.2 |
| 股票成交总额(亿元/亿港元) | 230266.03 | 152646 |
| 股票市场日均成交额(亿元/亿港元) | 967.50 | 626 |
| 股票市场资本总额(亿元/亿港元) | 151165.27 | 240428.00 |
| 外来直接投资总额(亿美元) | 167.8 | 766.33 |
| 跨国公司地区总部数量 | 1094② | 1379 |
| 来访旅游人数(万人次) | 757.4 | 5429.88 |
| 大专院校数量(所) | 68 | 8③ |
| 杂志出版数目(种) | 626 | 651 |
| 报纸出版数目(种) | 100 | 50 |
| R&D经费支出相当于GDP的比例 | 3.4 | 0.73④ |

注:①数据在日后会做出修订。

②该数据包括跨国公司地区总部445家、投资性公司283家以及外资研发中心366家。

③主要指香港特区政府教育资助委员会资助的大学。

④数据在日后会做出修订。

资料来源:《上海统计年鉴》(2013年)、《香港统计年刊》(2009~2014年)、《香港》(2013年)及香港特区政府统计处相关资料。

## 2. 上海主要社会经济指标占全国的比重

早在20世纪30~40年代,上海就是远东闻名的金融、贸易中心,1949年以后,上海的经济发展尽管与国际主流社会发展相脱节,但它仍是中国最大的经济城市,在整个中国经济发展中具有举足轻重的作用。改革开放以后,上海的经济活力得到了充分的释放,其经济在全国经济中的地

位依然十分重要，特别是上海的对外贸易等在全国经济中占有相当的比重（见表2）。

表2　上海主要社会经济指标占全国的比重（2012年）

| 指标 | 全国 | 上海 | 占全国比重（%） |
| --- | --- | --- | --- |
| 土地面积（万平方公里） | 960.00 | 0.63 | 0.1 |
| 国内生产总值（亿元） | 519322.10 | 20181.72 | 3.9 |
| 　第一产业 | 52377.00 | 127.80 | 0.2 |
| 　第二产业 | 235318.60 | 7854.77 | 3.3 |
| 　　工　业 | 199859.60 | 7097.76 | 3.6 |
| 　第三产业 | 231626.50 | 12199.15 | 5.3 |
| 港口货物吞吐量（亿吨） | 107.76 | 7.36 | 6.8 |
| 邮电业务总量（亿元） | 15021.50 | 190.83 | 1.3 |
| 全社会固定资产投资总额（亿元） | 374676.00 | 5254.38 | 1.4 |
| 社会消费品零售总额（亿元） | 210307.00 | 7412 | 3.5 |
| 上海关区进出口总额（亿美元） | 38667.61 | 8013.10 | 20.7 |
| 进口额（亿美元） | 18178.26 | 3101.54 | 17.1 |
| 出口额（亿美元） | 20489.40 | 4912 | 24.0 |
| 外商直接投资实际到位金额（亿美元） | 1117.16 | 151.85 | 13.6 |
| 国际旅游入境人数（万人次） | 13240.50 | 800.40 | 6.0 |
| R&D经费支出（亿元） | 10240.00 | 679.46 | 6.6 |
| 图书出版量（亿册） | 81.00 | 3.35 | 4.1 |
| 期刊出版量（亿册） | 34.00 | 1.76 | 5.2 |
| 报纸出版量（亿份） | 476.00 | 14.54 | 3.1 |
| 医生（万人） | 261.60 | 5.42 | 2.1 |
| 医院床位数（万张） | 416.10 | 9.00 | 2.2 |

注：全国港口货物吞吐量统计口径为沿海规模以上港口货物吞吐量。

资料来源：《上海统计年鉴》（2013年）。

### 3. 沪港国内生产总值比较

### （1）沪港GDP、人均GDP比较

贫瘠的土地、稀缺的资源，是香港经济发展的弱势，但香港拥有资金雄厚、人才充足、信息灵通等大量经济资源[①]。香港人善于利用这些资源，从而使香港成为"二战"后经济发展最快的地区之一。1947～1987年的40年间，香港人均国内生产总值实际增长10倍，英国用了两个世纪（1750～

----

[①]　杨奇：《香港概论》，三联书店（香港）有限公司，1990年10月，第5页。

1950 年）才取得同样的成绩；美国在 1840～1960 年的 120 年时间，人均国内生产总值也只提高了 8 倍左右①。2013 年香港的国内生产总值达到 20967.96 亿港元，人均国内生产总值达到 38100 美元。目前，香港正全力向世界一流国际大都会的目标迈进。

改革开放以来，在中国经济高速发展的大背景下，上海经济发展不断迈上新台阶，成为世界经济增长的亮点。2013 年实现国内生产总值 21602.12 亿元，按可比价格计算，比上年增长 7.7%。其中，第一产业增加值为 129.28 亿元，下降 2.9%；第二产业增加值为 8027.77 亿元，增长 6.1%；第三产业增加值为 13445.07 亿元，增长 8.8%②。2013 年第三产业增加值占上海市生产总值的比重达到 62.2%，比上年提高 1.8 个百分点。按常住人口计算的上海市人均生产总值为 9.01 万元，表明上海的人均生产总值已突破 10000 美元。

国内生产总值及人均国内生产总值是衡量一个国家或地区经济是否发达的重要指标③。从表 3 可以看出，近年来上海国内生产总值的规模不断扩大，并已超越香港，但人均国内生产总值还落后于香港很多，这说明近 10 年来，上海经济发展迅速，但经济发达程度仍不及香港。

#### 表 3　沪港国内生产总值比较（1984～2013 年）

| 年份 | 上海 | | | | 香港 | | | |
|---|---|---|---|---|---|---|---|---|
| | 国内生产总值（亿元） | 增长率（%） | 人均国内生产总值（元） | 增长率（%） | 国内生产总值（亿港元） | 增长率（%） | 人均国内生产总值（港元） | 增长率（%） |
| 1984 | 390.85 | 11.6 | 3232 | 8.8 | 2619.92 | 20.6 | 48536 | 19.4 |
| 1985 | 466.75 | 13.4 | 3811 | 15.2 | 2781.28 | 6.2 | 50975 | 5.0 |
| 1986 | 490.83 | 4.4 | 3956 | 3.7 | 3205.25 | 15.2 | 58018 | 13.8 |
| 1987 | 545.46 | 7.5 | 4340 | 8.8 | 3947.70 | 23.2 | 70741 | 21.9 |
| 1988 | 648.30 | 10.1 | 5080 | 14.6 | 4660.76 | 18.1 | 82820 | 17.1 |
| 1989 | 696.54 | 3.0 | 5362 | 5.3 | 5365.58 | 15.1 | 94361 | 13.9 |
| 1990 | 781.66 | 3.5 | 5911 | 9.3 | 5992.56 | 11.7 | 105050 | 11.3 |

---

① 尤安山：《沪港经济发展报告》（2009～2010），上海社会科学院出版社，2010，第 258 页。

② 《2014 年上海市国民经济和社会发展统计公报》。

③ 尤安山：《沪港经济发展报告》（2009～2010），上海社会科学院出版社，2010，第 258 页。

续表

| 年份 | 上海 | | | | 香港 | | | |
|------|------|------|------|------|------|------|------|------|
| | 国内生产总值（亿元） | 增长率（%） | 人均国内生产总值（元） | 增长率（%） | 国内生产总值（亿港元） | 增长率（%） | 人均国内生产总值（港元） | 增长率（%） |
| 1991 | 893.77 | 7.1 | 6661 | 11.3 | 6913.23 | 15.4 | 120188 | 14.4 |
| 1992 | 1114.32 | 14.8 | 8208 | 18.8 | 8071.30 | 16.8 | 139148 | 15.8 |
| 1993 | 1519.23 | 15.1 | 11061 | 25.8 | 9310.10 | 15.3 | 157772 | 13.4 |
| 1994 | 1990.86 | 14.5 | 14328 | 22.8 | 10496.10 | 12.7 | 173909 | 10.2 |
| 1995 | 2499.43 | 14.3 | 17779 | 19.4 | 11190.06 | 6.6 | 181772 | 4.5 |
| 1996 | 2957.55 | 13.1 | 20647 | 13.9 | 12353.01 | 10.4 | 191951 | 5.6 |
| 1997 | 3438.79 | 12.8 | 23397 | 11.8 | 13730.83 | 11.2 | 211592 | 10.2 |
| 1998 | 3801.09 | 10.3 | 25206 | 7.2 | 13080.74 | -4.7 | 199898 | -5.5 |
| 1999 | 4188.73 | 10.4 | 27071 | 6.9 | 12859.46 | -1.7 | 194649 | -2.6 |
| 2000 | 4771.17 | 11.0 | 30047 | 9.9 | 13375.01 | 4.0 | 200675 | 3.1 |
| 2001 | 5210.12 | 10.5 | 31799 | 7.1 | 13211.42 | -1.2 | 196765 | -1.9 |
| 2002 | 5741.03 | 11.3 | 33958 | 8.8 | 12973.41 | -1.8 | 192367 | -2.2 |
| 2003 | 6694.23 | 12.3 | 38486 | 11.7 | 12566.69 | -3.1 | 186704 | -2.9 |
| 2004 | 8072.83 | 14.2 | 44839 | 14.2 | 13169.49 | 4.8 | 194140 | 4.0 |
| 2005 | 9247.66 | 11.4 | 49649 | 11.0 | 14121.25 | 7.2 | 207263 | 6.8 |
| 2006 | 10572.24 | 12.7 | 54858 | 10.7 | 15033.51 | 6.5 | 219240 | 5.8 |
| 2007 | 12494.01 | 15.2 | 62041 | 13.5 | 16507.56 | 9.8 | 238676 | 8.9 |
| 2008 | 14069.87 | 9.7 | 66932 | 9.4 | 17074.87 | 3.4 | 245406 | 2.8 |
| 2009 | 15046.45 | 8.2 | 69164 | 4.9 | 16592.45 | -2.8 | 237960 | -3.0 |
| 2010 | 17165.98 | 10.3 | 76074 | 9.9 | 17763.32 | 7.1 | 252887 | 6.3 |
| 2011 | 19195.69 | 8.2 | 82560 | 8.5 | 19344.30 | 8.9 | 273549 | 8.2 |
| 2012 | 20181.72 | 7.5 | 85000 | 2.9 | 20370.59 | 5.3 | 284720 | 4.1 |
| 2013 | 21602.12 | 7.7 | 90100 | 5.7 | 21318.04ʳ | 4.7 | 296599ʳ | 4.2 |

注：①上海1981～1992年的人均国内生产总值按户籍人口计算，1993年以后按半年以上常住人口计算。

②r为修订数据。

③国内生产总值按主要开支组成部分划分，以当时市价计算；增长率为按主要开支组成部分划分的国内生产总值以名义计算的按年变动百分率。

资料来源：①香港数据引自《香港本地生产总值》（2014年年刊）。

②上海数据引自《上海统计年鉴》（2011年）、《2013年上海市国民经济和社会发展统计公报》。

（2）沪港国内生产总值增长率比较

据统计，1983～2012年，上海国内生产总值年均增长10.5%，人均国内生产总值年均增长11.0%。其中，国内生产总值1983～1992年年均增长8.3%，1993～2002年年均增长12.3%，2003～2012年年均增长11.0%；人均国内生产总值1983～1992年年均增长9.9%，1993～2002年年均增长

13.4%，2003～2012 年年均增长 9.7%。2000～2013 年，上海国内生产总值年均增长 10.7%，人均国内生产总值年均增长 9.2%。从 1997 年开始，上海国内生产总值的增长速度尽管有所放缓，但始终保持两位数的增长，2003 年实现了 12.3%的增长率，2007 年更是高达 15.2%，居全国领先地位（见图 1）。2008～2013 年，虽遭受美国金融危机的冲击，但在中央政府以及上海市政府一系列政策措施的作用下，上海经济仍保持了年均 8.6%的增长率。上海经济的稳步快速增长不仅为整个中国经济的增长做出了重要贡献，而且充分显示了上海经济发展的潜力和增长态势。

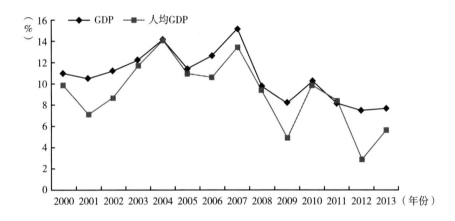

**图 1　上海国内生产总值增长率（2000～2013 年）**

资料来源：根据《上海统计年鉴》（2013 年）、《2013 年上海市国民经济和社会发展统计公报》数据编制。

1990～2009 年，香港国内生产总值年均增长 6.0%，人均国内生产总值年均增长 5.0%，均高于世界经济同期年均增长率。然而，需要指出的是，由于受亚洲金融危机的影响，1998 年香港国内生产总值出现了 4.7%的负增长，人均国内生产总值亦出现了 5.5%的负增长。这是近几十年来香港经济首次出现负增长①。之后又因美国"9·11"事件以及 SARS 等的影响，香港经济增长速度显著放慢，一路下滑，直到 2003 年香港实行"自由行"以

---

① 尤安山：《沪港经济发展报告》（2009～2010），上海社会科学院出版社，2010，第 260 页。

及 CEPA 签署后，其经济才开始止跌回升，且在 2004～2007 年连续四年强劲增长，国内生产总值增长率依次为 4.8%、7.2%、6.5%、9.8%，年均增长 6.9%，远高于香港过去 10 年 1.7% 的年均增长率。这表明，香港经济已走出低谷，进入良性发展轨道。2008 年始于美国的全球金融危机，虽使香港经济重新陷入困境，2009 年出现了 2.8% 的负增长，但在特区政府的各项措施以及内地经济强劲增长的带动下，香港经济迅速恢复，2010～2012 年出现了 7.1%、8.9%、5.3% 的较高增长（见图 2）。人们有理由相信，在 CEPA 框架下，在新一轮经济结构调整中，香港正显示出其新的竞争力。

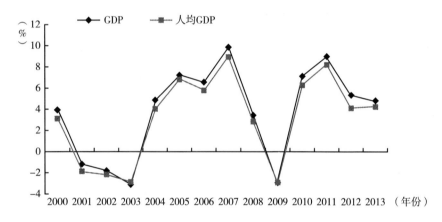

**图 2　香港国内生产总值增长率（2000～2013 年）**

资料来源：根据《香港本地生产总值》（2014 年年刊）数据编制。

（3）三次产业占 GDP 比重比较

改革开放以来，尤其是 20 世纪 90 年代，为适应浦东开发开放，以及将上海建成国际经济、金融、贸易、航运中心的需要，上海进一步加大产业结构调整的力度，提出了优先发展第三产业、积极调整第二产业、稳定提高第一产业的"三、二、一"产业发展方针。经过几年的调整，上海三次产业在国内生产总值中的比重发生了较大的变化，第二产业虽然仍是国民经济的支柱产业，但在国内生产总值中的比重逐年下降，从 1980 年的 75.5% 下降至 1997 年的 46.3%，以及 2013 年的 37.2%；第三产业则"重振雄风"，在国内生产总值中的比重不断增大，从 1980 年的 21.1% 上升至 1997 年的 51.6%、2009 年的 59.4%，以及 2013 年的 62.2%（见图 3～图 5），成为国内生产总值中最重要的组成部分。目前，上海第三产业仍以高于第一、第二产业的速度在发展，这是上海产业结构日趋发达的标志。

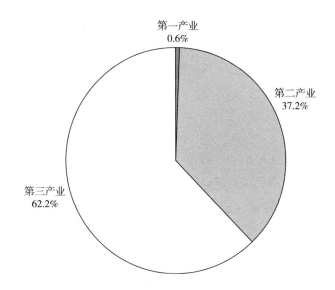

**图 3　2013 年上海三次产业占 GDP 比重**

资料来源：根据《2013 年上海市国民经济和社会发展统计公报》数据编制。

　　国内生产总值的构成主要是指三次产业在国内生产总值中所占的比重。香港经济发展的特点是第三产业在整体经济中占主导地位，特别是 20 世纪 80 年代中期以后，随着制造业的大量北移，以及作为亚太地区著名的国际金融、贸易、旅游、信息中心地位的加强，第三产业在国内生产总值中的比重进一步加大①。从图 6～图 8 中可以看出，香港第三产业在国内生产总值中的比重从 1980 年的 68.3% 上升至 1997 年的 85.2%、2009 年的 92.6%，以及 2013 年的 93%，经济结构高度轻型化，完全是一个以服务业为主体的经济体系。

---

①　尤安山：《沪港产业结构的历史演进》，《沪港经济》2006 年第 11 期。

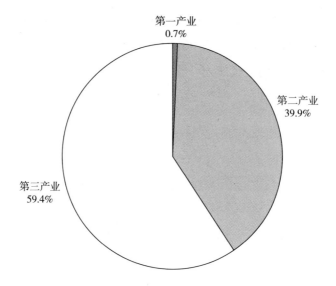

**图4  2009 年上海三次产业占 GDP 比重**

资料来源：根据《上海统计年鉴》（2010 年）数据编制。

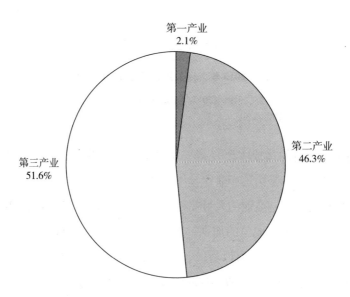

**图5  1997 年上海三次产业占 GDP 比重**

资料来源：根据《上海统计年鉴》（2008 年）数据编制。

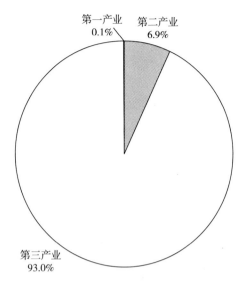

**图 6　2012 年香港三次产业占 GDP 比重**

资料来源：根据《香港统计月刊》（2013 年）数据编制。

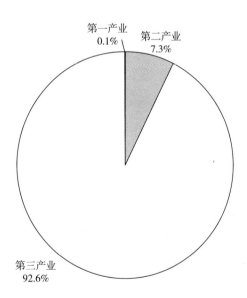

**图 7　2009 年香港三次产业占 GDP 比重**

资料来源：根据香港特区政府统计处国民收入统计组（2013 年 5 月）数据编制。

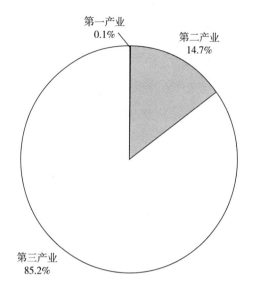

第一产业
0.1%

第二产业
14.7%

第三产业
85.2%

**图8　1997年香港三次产业占GDP比重**

资料来源：根据《香港统计月刊》（1998年）数据编制。

## 二　沪港经济发展的结构比较

金融、投资、贸易、旅游、航运等是两地经济发展的主要组成部分，这些领域的发展情况将直接影响沪港两地社会经济的发展。近20年来，沪港两地在金融、贸易等各方面成绩斐然。香港已是当今世界知名的国际金融、贸易、航运和旅游等多个中心，上海也正在向国际经济、金融、贸易、航运四个中心的目标不断推进。然而，通过数据对比的方式分析比较两地金融、贸易等领域的发展，有助于人们了解两地在这些领域的差距，从而更好地推进两地的合作与发展。

### 1. 沪港金融业投资比较

（1）股票市场规模比较

香港是世界闻名的国际金融中心，而金融中心的功能主要通过金融市场体系来表现。所以，金融市场发达与否，是衡量金融中心发展情况的最基本、最重要、最直接的指标。改革开放以来，上海金融业取得了较大的发展。伴随着国际金融中心建设工作的展开，上海的各类金融市场亦在加快发育发展之中①。

2009 年，香港共有上市公司 1145 家。受美国金融危机的影响，2008 ~ 2009 年香港证券市场的总市值从 2007 年的 206975.44 亿港元分别下降至 102988.00 亿港元、178743.08 亿港元，2010 年回升至 210769.58 亿港元，2011 年又回落至 175372.56 亿港元，2012 年再回升至 218717.30 亿港元，2013 年继续上升至 240428.00 亿港元；日均成交额则从 2007 年的 880.71 亿港元分别下降至 720.52 亿港元、623.10 亿港元，2010 ~ 2011 年略有回升，分别为 691.17 亿港元、694.76 亿港元，2012 年又回落至 537.15 亿港元，2013 年回升至 626.00 亿港元。目前，香港股票市场无论规模还是成交量都非常大，在亚洲仅次于日本、中国内地而居第 3 位，在全球股市中稳居第 8 位②。特别是 2010 年，以首次公开招股的集资额计算，香港在世界排在第 1 位。除发行新股所得的资金外，在交易市场筹集的资金也达 4090 亿港元。

2009 年，上海共有上市公司 870 家，总市值达 184655.23 亿元，日均成交额为 1420.13 亿元。2009 年上海股票筹资总额为 6701.33 亿元，筹资额在全球主要交易所中排在第 4 位，在亚洲排在第 1 位。受金融危机等因素的影响，2010 ~ 2012 年，上海股票市场的年成交额从 2009 年的 346511.91 亿元分别下降至 304312.01 亿元、237560.45 亿元和 164545.01 亿元，2013 年则较 2012 年有所回升，达到 230266.03 亿元（见表 4、图 9、图 10）。从表 4 中还可以看出，上海在股票市场年成交额方面已超过香港，可见上海股票市场发展之迅速。但应该指出的是，在证券市场的成熟度、开放度等方面，上海还不及香港。现在上海上市股票分为 A 股和 B 股，国内投资者投资 B 股、境外投资者投资 A 股均有诸多限制，两个市场完全隔离③。香港股票市场则高度开放，且外资是主导力量。

---

① 尤安山：《沪港金融市场比较》，《沪港经济》2006 年第 3 期。
② 尤安山：《沪港经济发展报告》（2009 ~ 2010），上海社会科学院出版社，2010，第 264 页。
③ 尤安山：《沪港经济发展报告》（2009 ~ 2010），上海社会科学院出版社，2010，第 265 页。

表 4　沪港股票市场规模比较

| 地区 | 年份 | 年末收市指数 | 上市公司数（家） | 总市值（亿港元） | 年成交额（亿港元） | 日均成交额（亿港元） |
|---|---|---|---|---|---|---|
| 香港 | 1997 | 13295.00 | 658 | 32026.30 | 37889.60 | 154.65 |
| | 1998 | 10048.58 | 680 | 26617.13 | 17011.12 | 68.87 |
| | 1999 | 16962.10 | 708 | 47347.64 | 19174.40 | 78.00 |
| | 2000 | 15095.53 | 790 | 48624.40 | 30782.81 | 124.63 |
| | 2001 | 11397.21 | 867 | 39463.06 | 19895.04 | 81.87 |
| | 2002 | 9321.29 | 974 | 36113.19 | 16429.32 | 67.00 |
| | 2003 | 12575.94 | 1037 | 55478.48 | 25837.69 | 104.00 |
| | 2004 | 14230.14 | 1096 | 66958.93 | 39740.79 | 159.60 |
| | 2005 | 14876.43 | 1135 | 81799.37 | 45204.15 | 182.90 |
| | 2006 | 19964.70 | 1173 | 133377.00 | 83763.00 | 339.00 |
| | 2007 | 27812.65 | 1048 | 206975.44 | 216655.00 | 880.71 |
| | 2008 | 14387.48 | 1087 | 102988.00 | 176528.00 | 720.52 |
| | 2009 | 21872.50 | 1145 | 178743.08 | 155152.49 | 623.10 |
| | 2010 | 23035.45 | 1244 | 210769.58 | 172100.68 | 691.17 |
| | 2011 | 18434.39 | 1326 | 175372.56 | 171540.74 | 694.76 |
| | 2012 | 22656.92 | 1368 | 218717.30 | 132675.08 | 537.15 |
| | 2013 | 162413.00 | 1643 | 240428.00 | 152646.00 | 626.00 |

| 地区 | 年份 | 年末收市指数 | 上市公司数（家） | 总市值（亿元） | 年成交额（亿元） | 日均成交额（亿元） |
|---|---|---|---|---|---|---|
| 上海 | 1997 | 1194.10 | 363 | 9218.06 | 13763.17 | 55.76 |
| | 1998 | 1146.70 | 438 | 10625.91 | 12386.11 | 50.35 |
| | 1999 | 1366.58 | 484 | 14580.47 | 16965.70 | 70.99 |
| | 2000 | 2073.08 | 572 | 26930.86 | 31373.86 | 100.00 |
| | 2001 | 1645.97 | 646 | 27590.56 | 22709.38 | 183.93 |
| | 2002 | 1357.65 | 715 | 25363.72 | 16959.09 | 204.76 |
| | 2003 | 1497.04 | 780 | 29804.92 | 20824.14 | 344.03 |
| | 2004 | 1266.50 | 837 | 26014.34 | 26470.60 | 108.93 |
| | 2005 | 1161.06 | 834 | 23096.13 | 19240.21 | 79.51 |
| | 2006 | 2675.47 | 842 | 71612.38 | 57816.60 | 239.90 |

续表

| 地区 | 年份 | 年末收市指数 | 上市公司数<br>（家） | 总市值<br>（亿元） | 年成交额<br>（亿元） | 日均成交额<br>（亿元） |
|---|---|---|---|---|---|---|
| 上海 | 2007 | 5261.56 | 860 | 269838.87 | 305434.29 | 1262.13 |
| | 2008 | 1820.81 | 864 | 97251.91 | 180429.95 | 733.46 |
| | 2009 | 3277.14 | 870 | 184655.23 | 346511.91 | 1420.13 |
| | 2010 | 2808.08 | 894 | 179007.24 | 304312.01 | 1257.49 |
| | 2011 | 2199.42 | 931 | 148376.22 | 237560.45 | 973.61 |
| | 2012 | 2269.13 | 954 | 158698.44 | 164545.01 | 677.14 |
| | 2013 | 2115.98 | 953 | 151165.27 | 230266.03 | 967.50 |

注：①股票指数：上海为综合指数，香港为恒生指数。
②创业板于1999年11月25日推出，自1999年开始，香港股票市场包括了所有主板及创业板市场内上市股票数据。
资料来源：香港数据引自香港交易及结算所有限公司，上海数据引自《上海证券交易所年鉴》。

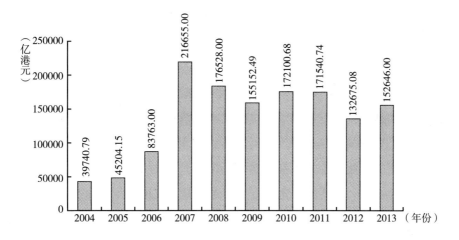

图9　香港股市年成交额（2004～2013年）

资料来源：根据香港交易及结算所有限公司数据编制。

（2）沪港吸收外资比较

沪港经济关系，除了两地之间的贸易往来以外，香港对上海的直接投资也是一个重要方面。自改革开放以来，香港一直是上海获取境外直接投资最多的地区——无论是投资项目数、协议投资金额，还是直接投资金额，香港

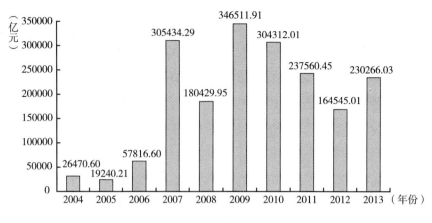

图10　上海股市年成交额（2004～2013年）

资料来源：根据相关年份《上海统计年鉴》、《上海证券交易所年鉴》以及《2013年市场资料》（上海证券交易所）数据编制。

都占40%左右①。尤其是1992年邓小平南方谈话后，香港对上海的直接投资出现了新的变化，主要表现在以下几方面。①投资规模迅速扩大，大的合作项目逐渐增多。1992年上半年，上海吸引外资的单个项目平均规模仅为236万美元，香港平均投资规模为139万美元。但近10多年来，随着香港大商人、大公司、大财团频频登陆沪上，香港对上海单个项目的投资规模有了突破性的进展，到2009年底，港商在沪签署的超过1000万美元的项目达4400多个。②投资的项目层次不断提高。20世纪80年代中期以前，香港来沪直接投资的产业主要集中在以劳动密集型产品为主的产业，1985年以后逐渐转向计算机、电器、精密机械、技术含量较高的电子玩具、游戏机等，逐渐扩散至仓储、运输、咨询、金融、物业管理等行业②。应该指出的是，随着欧美等外来资金的不断流入，以及亚洲金融危机的影响，香港对上海的直接投资在上海外来投资总额中的比重虽有所下降，但仍占第一位。在2012年香港对上海的直接投资中，实际投资额为68.43亿美元，占上海吸引外商直接投资总额的45.1%；合同投资额为120.65亿美元，占上海

① 尤安山：《沪港经济发展报告》（2009～2010），上海社会科学院出版社，2010，第266页。
② 尤安山：《沪港经济发展报告》（2009～2010），上海社会科学院出版社，2010，第267页。

合同投资总额的54.0%；合同项目为1436个，占上海总项目数的35.5%（见表5、图11～图15）。

表5　香港对上海的直接投资（1986～2012年）

| 年份 | 合同项目（个） | | | 合同投资额（亿美元） | | | 实际投资额（亿美元） | | |
|---|---|---|---|---|---|---|---|---|---|
| | 上海总数 | 香港 | 比重（%） | 上海总额 | 香港 | 比重（%） | 上海总额 | 香港 | 比重（%） |
| 1986 | 62 | 17 | 27.4 | 2.97 | 0.20 | 6.7 | 0.98 | 0.29 | 29.6 |
| 1987 | 76 | 35 | 46.1 | 2.47 | 1.22 | 49.4 | 2.12 | 0.28 | 13.2 |
| 1988 | 219 | 129 | 58.9 | 3.33 | 0.99 | 29.7 | 3.64 | 0.93 | 25.5 |
| 1989 | 199 | 105 | 52.8 | 3.59 | 1.11 | 30.9 | 4.22 | 1.72 | 40.8 |
| 1990 | 201 | 83 | 41.3 | 3.75 | 1.11 | 29.6 | 1.77 | 0.40 | 22.6 |
| 1991 | 365 | 171 | 46.8 | 4.50 | 1.28 | 28.4 | 1.75 | 0.47 | 26.9 |
| 1992 | 2012 | 1036 | 51.5 | 33.57 | 17.65 | 52.6 | 12.59 | 7.25 | 57.6 |
| 1993 | 3650 | 1718 | 47.1 | 70.16 | 43.38 | 61.8 | 23.18 | 9.25 | 39.9 |
| 1994 | 3802 | 1574 | 41.4 | 100.26 | 63.08 | 62.9 | 32.31 | 16.76 | 51.9 |
| 1995 | 2845 | 990 | 34.8 | 105.40 | 36.47 | 34.6 | 32.50 | 18.44 | 56.7 |
| 1996 | 2106 | 643 | 30.5 | 110.68 | 38.61 | 34.9 | 47.16 | 22.32 | 47.3 |
| 1997 | 1807 | 526 | 29.1 | 53.20 | 13.24 | 24.9 | 48.08 | 17.56 | 36.5 |
| 1998 | 1490 | 356 | 23.9 | 58.48 | 7.68 | 13.1 | 36.38 | 10.26 | 28.2 |
| 1999 | 1472 | 347 | 23.6 | 41.04 | 10.72 | 26.1 | 30.48 | 11.74 | 38.5 |
| 2000 | 1814 | 419 | 23.1 | 63.90 | 9.44 | 14.8 | 31.60 | 7.86 | 24.9 |
| 2001 | 2458 | 479 | 19.5 | 73.73 | 7.75 | 10.5 | 43.91 | 11.59 | 26.4 |
| 2002 | 3012 | 619 | 20.6 | 105.76 | 16.81 | 15.9 | 50.30 | 12.22 | 24.3 |
| 2003 | 4321 | 864 | 20.0 | 110.64 | 20.28 | 18.3 | 58.50 | 14.96 | 25.6 |
| 2004 | 4334 | 884 | 20.4 | 116.91 | 24.48 | 20.9 | 65.41 | 16.37 | 25.0 |
| 2005 | 4091 | 916 | 22.4 | 138.33 | 31.00 | 22.4 | 68.50 | 8.74 | 12.8 |
| 2006 | 4061 | 919 | 22.6 | 145.74 | 35.39 | 24.3 | 71.07 | 13.53 | 19.0 |
| 2007 | 4206 | 1141 | 27.1 | 148.69 | 55.07 | 37.0 | 79.20 | 19.74 | 24.9 |
| 2008 | 3748 | 1267 | 33.8 | 171.12 | 136.74 | 79.9 | 100.84 | 31.00 | 30.7 |
| 2009 | 3090 | 1122 | 36.3 | 133.01 | 74.84 | 56.3 | 105.38 | 39.55 | 37.5 |
| 2010 | 3906 | 1335 | 34.2 | 153.07 | 68.08 | 44.5 | 111.21 | 46.35 | 41.7 |
| 2011 | 4329 | 1448 | 33.4 | 201.03 | 86.01 | 42.8 | 126.01 | 56.44 | 44.8 |
| 2012 | 4043 | 1436 | 35.5 | 223.38 | 120.65 | 54.0 | 151.85 | 68.43 | 45.1 |

资料来源：根据《上海统计年鉴》（1998～2013年）数据编制。

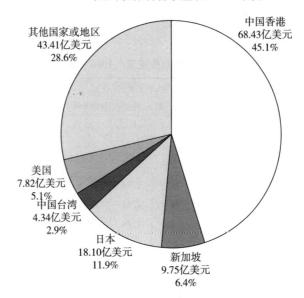

2012年上海吸引外商投资金额：151.85亿美元

其他国家或地区
43.41亿美元
28.6%

中国香港
68.43亿美元
45.1%

美国
7.82亿美元
5.1%

中国台湾
4.34亿美元
2.9%

日本
18.10亿美元
11.9%

新加坡
9.75亿美元
6.4%

图 11　2012 年上海吸引外商投资金额

资料来源：根据《上海统计年鉴》（2013 年）数据编制。

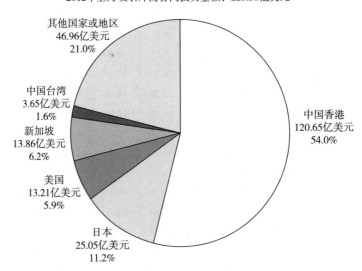

2012年上海吸引外商合同投资金额：223.38亿美元

其他国家或地区
46.96亿美元
21.0%

中国台湾
3.65亿美元
1.6%

新加坡
13.86亿美元
6.2%

美国
13.21亿美元
5.9%

日本
25.05亿美元
11.2%

中国香港
120.65亿美元
54.0%

图 12　2012 年上海吸引外商合同投资金额

资料来源：根据《上海统计年鉴》（2013 年）数据编制。

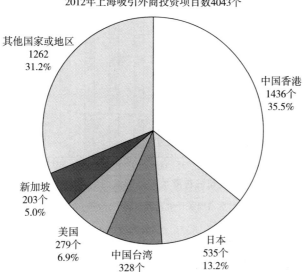

**图 13 2012 年上海吸引外商投资项目数**

资料来源：根据《上海统计年鉴》（2013 年）数据编制。

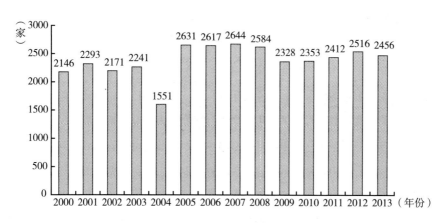

**图 14 海外公司驻香港地区办事处数目（2000～2013 年）**

资料来源：根据香港特区政府统计处资料编制。

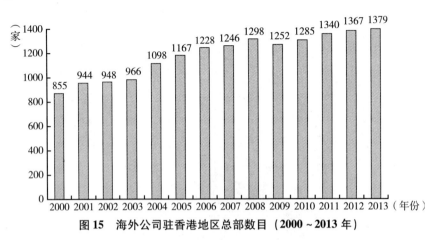

**图15 海外公司驻香港地区总部数目（2000～2013年）**

资料来源：根据香港特区政府统计处资料编制。

一个城市能否成为跨国公司地区总部的集聚地，不仅取决于这个城市的地理位置，而且取决于这个城市是否具有国际认可的法律、经济、生活环境。香港之所以能成为跨国公司地区总部的中心，一个重要因素是，香港市场经济发达，高度开放，法律制度完全与国际惯例接轨。因此，借鉴香港的发展经验，对推进上海总部经济的发展具有十分重要的意义。

### 2. 沪港贸易发展比较

香港是当今世界，特别是亚太地区重要的国际贸易中心，1997年香港的外贸总值达到3966.73亿美元，2008年更是升至7511.80亿美元。若以人均计算，香港的出口水平远远高于美国、日本、法国等发达国家，2008年香港在全球贸易总额排行榜上名列第13位。受美国金融危机影响，香港的对外贸易受到很大影响，2009年的外贸总值已从2008年的7511.80亿美元下挫至6658.21亿美元，2010～2013年又分别上升至8232.54亿美元、9664.28亿美元、10463.93亿美元、11578.24亿美元（见表6）。

作为国际贸易中心，香港同170多个国家和地区开展贸易往来，有八种重要产品的出口值或出口量名列世界第一[①]。

---

① 尤安山：《沪港经济发展报告》（2009～2010），上海社会科学院出版社，2010，第271页。

**表6 沪港进出口贸易比较（1978～2012年）**

| 年份 | 上海（亿美元） | | | | 香港（亿美元） | | | |
|---|---|---|---|---|---|---|---|---|
| | 外贸总值 | 出口总值 | 进口总值 | 差额 | 外贸总值 | 出口总值 | 进口总值 | 差额 |
| 1978 | 30.26 | 28.93 | 1.33 | 27.60 | 248.47 | 114.53 | 133.94 | -19.41 |
| 1979 | 38.78 | 36.75 | 2.03 | 34.72 | 322.67 | 151.40 | 171.27 | -19.87 |
| 1980 | 45.06 | 42.66 | 2.40 | 40.26 | 421.99 | 197.52 | 224.47 | -26.95 |
| 1981 | 41.50 | 38.07 | 3.43 | 34.64 | 466.24 | 218.27 | 247.97 | -29.70 |
| 1982 | 38.93 | 36.05 | 2.88 | 33.17 | 445.81 | 210.06 | 235.75 | -25.69 |
| 1983 | 41.40 | 36.48 | 4.92 | 31.56 | 459.76 | 219.59 | 240.17 | -20.58 |
| 1984 | 44.00 | 35.87 | 8.13 | 27.74 | 568.91 | 283.23 | 285.68 | -2.45 |
| 1985 | 51.74 | 33.61 | 18.13 | 15.48 | 598.90 | 301.87 | 297.03 | 4.84 |
| 1986 | 52.04 | 35.82 | 16.22 | 19.60 | 708.06 | 354.39 | 353.67 | 0.72 |
| 1987 | 59.96 | 41.60 | 18.36 | 23.24 | 969.41 | 484.76 | 484.65 | 0.11 |
| 1988 | 72.45 | 46.05 | 26.40 | 19.65 | 1270.59 | 631.63 | 638.96 | -7.33 |
| 1989 | 78.48 | 50.32 | 28.16 | 22.16 | 1452.95 | 731.40 | 721.55 | 9.85 |
| 1990 | 74.31 | 53.21 | 21.10 | 32.11 | 1646.50 | 821.60 | 824.90 | -3.30 |
| 1991 | 80.44 | 57.40 | 23.04 | 34.36 | 1988.17 | 985.77 | 1002.40 | -16.63 |
| 1992 | 97.57 | 65.55 | 32.02 | 33.53 | 2428.94 | 1194.87 | 1234.07 | -39.2 |
| 1993 | 127.32 | 73.82 | 53.50 | 20.32 | 2738.94 | 1352.44 | 1386.50 | -34.06 |
| 1994 | 158.67 | 90.77 | 67.90 | 22.87 | 3132.40 | 1513.99 | 1618.41 | -104.42 |
| 1995 | 190.25 | 115.77 | 74.48 | 41.29 | 3665.01 | 1737.50 | 1927.51 | -190.01 |
| 1996 | 222.63 | 132.38 | 90.25 | 42.13 | 3793.00 | 1807.50 | 1985.50 | -178.00 |
| 1997 | 247.64 | 147.24 | 100.40 | 46.84 | 3966.73 | 1880.59 | 2086.14 | -205.55 |
| 1998 | 313.44 | 159.56 | 153.88 | 5.68 | 3585.20 | 1740.02 | 1845.18 | -105.16 |
| 1999 | 386.04 | 187.85 | 198.19 | -10.34 | 3534.05 | 1738.85 | 1795.20 | -56.35 |
| 2000 | 547.10 | 253.54 | 293.56 | -40.02 | 4146.65 | 2018.60 | 2128.05 | -109.45 |
| 2001 | 608.98 | 276.28 | 332.70 | -56.42 | 3909.70 | 1898.94 | 2010.76 | -111.82 |
| 2002 | 726.64 | 320.55 | 406.09 | -85.54 | 4077.36 | 2000.92 | 2076.44 | -75.52 |
| 2003 | 1123.97 | 484.82 | 639.15 | -154.33 | 4556.58 | 2237.62 | 2318.96 | -81.34 |
| 2004 | 1600.26 | 735.20 | 865.06 | -129.86 | 5303.34 | 2592.60 | 2710.74 | -118.14 |
| 2005 | 1863.65 | 907.42 | 956.23 | -48.81 | 5888.70 | 2893.37 | 2995.33 | -101.96 |
| 2006 | 2274.91 | 1135.75 | 1139.16 | -3.41 | 6573.50 | 3226.69 | 3346.81 | -120.12 |
| 2007 | 2829.73 | 1439.28 | 1390.45 | 48.83 | 7121.56 | 3445.09 | 3676.47 | -231.38 |
| 2008 | 3221.38 | 1693.50 | 1527.88 | 165.62 | 7511.80 | 3626.75 | 3885.05 | -258.30 |
| 2009 | 2777.31 | 1419.14 | 1358.17 | 60.97 | 6658.21 | 3185.10 | 3473.11 | -288.01 |
| 2010 | 3688.69 | 1807.84 | 1880.85 | -73.01 | 8232.54 | 3901.43 | 4331.11 | -429.68 |

续表

| 年份 | 上海（亿美元） | | | | 香港（亿美元） | | | |
| | 外贸总值 | 出口总值 | 进口总值 | 差额 | 外贸总值 | 出口总值 | 进口总值 | 差额 |
|---|---|---|---|---|---|---|---|---|
| 2011 | 4374.36 | 2097.89 | 2276.47 | -178.58 | 9664.28 | 4555.73 | 5108.55 | -552.82 |
| 2012 | 4367.58 | 2068.07 | 2299.51 | -231.44 | 10463.93 | 4929.07 | 5534.86 | -605.79 |
| 2013 | 4413.98 | 2042.44 | 2371.54 | -329.1 | 11578.24 | 5355.48 | 6222.76 | -867.28 |

注：香港的出口总值由港产品出口与转口两部分组成。

资料来源：上海数据根据《上海统计年鉴》（2000~2012年）与《2012年上海社会经济统计公报》数据编制；香港数据根据 UNCTAD Handbook of Statistics（2012）数据编制。

但应该指出的是，第二次世界大战结束以来，香港的有形贸易只有四年（1985~1987年和1989年）略有顺差，其余年份都是逆差[①]。连年逆差的根本原因是香港缺乏资源，基础工业十分薄弱，高度依赖进口设备和原料。有形贸易逆差主要靠无形贸易即旅游、金融、咨询等服务贸易的顺差来弥补。香港在形成贸易中心和航运中心的同时，形成了金融业、咨询业和旅游业等服务产业群，成为具有综合性功能的服务贸易中心，这些综合性功能互为依托，相互促进，共同发展。多年来，香港虽处于有形贸易逆差的不利地位，但由于服务贸易规模巨大，形式多样，竞争力强，整体贸易（商品贸易和服务贸易）平衡，国际收支状况未有恶化，这主要得益于香港服务贸易的巨大贡献，使香港整体贸易长期处于顺差的有利地位，即使出现逆差，数额也不大。

上海历来是中国进出口贸易最大的口岸城市，在整个中国的对外贸易中具有举足轻重的地位[②]。改革开放以后，尤其是20世纪90年代以来，由于实施大外贸战略，进一步优化出口商品结构，促进出口主体多元化，上海的外贸保持了良好的出口增长势头。1991~2013年上海对外贸易年均增长20.3%。目前上海正在按照中央的要求，全力向国际贸易中心迈进。

---

① 尤安山：《沪港经济发展报告》（2009~2010），上海社会科学院出版社，2010，第271页。
② 尤安山：《沪港经济发展报告》（2009~2010），上海社会科学院出版社，2010，第272页。

（1）沪港出口贸易地位及规模比较

表7清楚地表明，香港的贸易规模远大于上海。长期以来，香港的贸易额一直是其生产总值的2倍多，但自2004年以后，则一直保持在3倍以上，即使受美国金融危机的影响，香港的贸易规模仍是其生产总值的3倍以上；上海的贸易额虽不及香港那么大，但其贸易总量增长很快，1990～2001年，贸易总额一直相当于GDP的100%以下，2002年以后则保持在1倍以上。可以预计，随着经济的快速发展和上海国际贸易中心建设的加快，上海外贸总额将会迅速增大。

**表7　沪港对外贸易总额与GDP之比（1990～2012年）**

单位：%

| 年份 | 香港商品贸易总额与GDP之比 | 上海商品贸易总额与GDP之比 | 年份 | 香港商品贸易总额与GDP之比 | 上海商品贸易总额与GDP之比 |
|---|---|---|---|---|---|
| 1990 | 212 | 47.0 | 2002 | 251 | 104.8 |
| 1991 | 232 | 47.9 | 2003 | 287 | 139.0 |
| 1992 | 235 | 48.2 | 2004 | 325 | 164.1 |
| 1993 | 230 | 48.5 | 2005 | 330 | 166.6 |
| 1994 | 233 | 69.2 | 2006 | 342 | 174.9 |
| 1995 | 252 | 64.3 | 2007 | 343 | 179.3 |
| 1996 | 237 | 63.7 | 2008 | 350 | 163.3 |
| 1997 | 223 | 61.0 | 2009 | 318 | 127.3 |
| 1998 | 216 | 68.3 | 2010 | 369 | 148.0 |
| 1999 | 223 | 76.3 | 2011 | 383 | 147.2 |
| 2000 | 244 | 94.9 | 2012 | 387 | 136.6 |
| 2001 | 242 | 96.7 | | | |

资料来源：根据相关年份《香港年报》《上海统计年鉴》数据资料编制。

（2）沪港进出口贸易增长率比较

香港的有形贸易主要由进口、转口、港产品出口三部分组成，整体出口则包含转口和港产品出口两部分。1990～2009年香港对外贸易年均增长4.18%，在区域内乃至整个世界贸易中具有重要的影响。受亚洲金融危机以

及美国金融危机的影响，除 1998 年、1999 年、2001 年、2009 年香港进出口贸易出现负增长外，其余年份均实现了正增长（见图 16）。

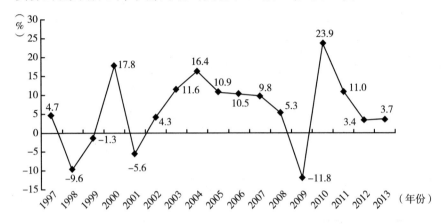

**图 16　香港进出口贸易增长率（1997～2013 年）**

资料来源：根据香港特区政府统计处资料编制。

　　20 世纪 80 年代中期至 1997 年，上海进出口贸易分别以年均 24% 和 11% 以上的速度增长，有力地推动了上海经济的发展。20 世纪 90 年代中期以来，尽管面临世界经济增速减缓等诸多不利因素，上海的对外贸易仍然保持增长势头。2008 年上海对外贸易总额为 3221.38 亿美元，较上年增长 13.8%；而通过上海关区进出口的贸易总额更是高达 6065.57 亿美元，较上年增长 14.1%。2009 年因受美国金融危机的影响，无论是上海的进出口贸易还是通过上海关区的进出口贸易，均出现了负增长。2010～2011 年上海对外贸易又进入增长轨道，增长率分别达到 32.8% 和 18.6%，2012 年又下降至 -0.2%，2013 年则回升至 1.1%（见图 17）。需要指出的是，在整个上海出口贸易中，外商及港澳台投资企业出口增长显著，2011 年达到 1424.43 亿美元，增长 13.1%，占全市外贸出口总额的比重达到 67.9%。另外，全年高新技术产品出口 933.63 亿美元，比上年增长 11%，占全市外贸出口总额的比重达到 44.5%[①]。

---

　　①　《2011 年上海市国民经济和社会发展统计公报》。

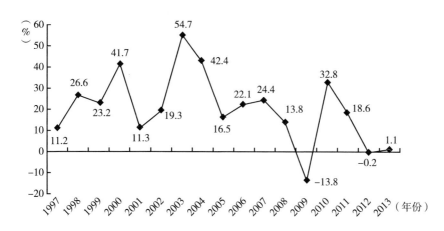

**图 17　上海进出口贸易增长率（1997～2013 年）**

资料来源：根据《上海统计年鉴》（1993～2011 年）、《2013 年上海社会经济统计公报》数据编制。

（3）沪港贸易往来

上海、香港作为中国的两颗明珠，贸易往来一直是两地合作的基础和主要形式①，尤其是自 20 世纪 90 年代以来，两地贸易往来一直以两位数的增长率增长。1997 年尽管受亚洲金融危机影响，两地贸易一度出现负增长，但随着香港经济的复苏，以及上海经济的进一步发展，1988～1997 年，上海对香港的进出口贸易年均增长 13.1%。进入 21 世纪以来，在中央政府的全力支持下，通过实施内地赴港"个人游"以及 CEPA 等措施，香港经济从 2003 年开始出现转机②，沪港两地贸易又出现快速增长的态势。2003～2007 年，两地贸易获得了年均 21.1% 的高增长。尽管受美国金融危机的影响，2008～2009 年出现了负增长，但 2010 年又进入增长轨道，2010～2013 年年均增长 8.7%。我们有理由相信，在 CEPA 框架下，两地贸易必将有新的更大的发展。1978～2013 年上海对香港的贸易情况见表 8。

---

① 尤安山：《"上海旋风"沪港经济合作二十年回顾》，《沪港经济》2003 年第 12 期。

② 尤安山：《沪港经济发展报告》（2009～2010），上海社会科学院出版社，2010，第 276 页。

### 表8    上海对香港的贸易情况（1978～2013年）

单位：亿美元，%

| 年份 | 贸易总额 | 增长率 | 出口总额 | 增长率 | 进口总额 | 增长率 |
|---|---|---|---|---|---|---|
| 1978 | 5.82 | — | 5.80 | — | 0.02 | — |
| 1979 | 6.67 | 14.6 | 6.58 | 13.4 | 0.09 | 350.0 |
| 1980 | 8.30 | 24.4 | 8.01 | 21.7 | 0.29 | 222.2 |
| 1981 | 8.21 | -1.1 | 7.60 | -5.1 | 0.61 | 110.3 |
| 1982 | 6.83 | -16.8 | 6.49 | -14.6 | 0.34 | -44.3 |
| 1983 | 8.03 | 17.6 | 7.39 | 13.9 | 0.64 | 88.2 |
| 1984 | 8.39 | 4.5 | 6.89 | -6.8 | 1.50 | 134.4 |
| 1985 | 9.56 | 13.9 | 5.85 | -15.1 | 3.71 | 147.3 |
| 1986 | 9.68 | 1.3 | 6.67 | 14.0 | 3.01 | -18.9 |
| 1987 | 12.25 | 26.5 | 8.02 | 20.2 | 4.23 | 40.5 |
| 1988 | 14.63 | 19.4 | 7.85 | -2.1 | 6.78 | 60.3 |
| 1989 | 15.75 | 7.7 | 8.91 | 13.5 | 6.84 | 0.9 |
| 1990 | 15.60 | -1.0 | 10.30 | 15.6 | 5.30 | -22.5 |
| 1991 | 16.53 | 6.0 | 10.78 | 4.7 | 5.75 | 8.5 |
| 1992 | 18.97 | 14.8 | 11.60 | 7.6 | 7.37 | 28.2 |
| 1993 | 23.60 | 24.4 | 14.04 | 21.0 | 9.56 | 29.7 |
| 1994 | 37.29 | 58.0 | 20.13 | 43.4 | 17.16 | 79.5 |
| 1995 | 35.21 | -5.6 | 23.26 | 15.5 | 11.95 | -30.4 |
| 1996 | 36.36 | 3.3 | 24.13 | 3.7 | 12.23 | 2.3 |
| 1997 | 36.61 | 0.7 | 22.95 | -4.9 | 13.66 | 11.7 |
| 1998 | 25.97 | -29.1 | 20.50 | -10.7 | 5.47 | -60.0 |
| 1999 | 28.82 | -11.0 | 19.09 | -6.9 | 9.73 | 77.9 |
| 2000 | 39.70 | 37.8 | 23.02 | 20.6 | 16.68 | 71.4 |
| 2001 | 42.49 | 7.0 | 26.22 | 13.9 | 16.27 | -2.5 |
| 2002 | 48.48 | 14.1 | 31.19 | 19.0 | 17.29 | 6.3 |
| 2003 | 60.92 | 25.7 | 45.26 | 45.1 | 15.66 | -9.4 |
| 2004 | 80.82 | 32.7 | 69.20 | 52.9 | 11.62 | -25.8 |
| 2005 | 96.99 | 20.0 | 85.66 | 23.8 | 11.33 | -2.5 |
| 2006 | 110.65 | 14.1 | 102.02 | 19.1 | 8.63 | -23.8 |
| 2007 | 139.69 | 26.2 | 125.08 | 22.6 | 14.61 | 69.3 |
| 2008 | 137.90 | -1.3 | 125.72 | 0.5 | 12.18 | -16.6 |
| 2009 | 119.77 | -13.1 | 109.86 | -12.6 | 9.91 | -18.6 |
| 2010 | 146.70 | 22.5 | 134.09 | 22.1 | 12.61 | 27.2 |
| 2011 | 171.93 | 17.2 | 161.46 | 20.4 | 10.47 | -17.0 |
| 2012 | 168.23 | -2.2 | 159.69 | -1.1 | 8.54 | -18.4 |
| 2013 | 174.94 | 4.0 | 167.70 | 5.0 | 7.24 | -15.2 |

资料来源：根据相关年份《上海统计年鉴》数据编制。

（4）沪港进出口贸易额及增长率比较

1997～2013 年沪港进出口贸易增长率及 2002～2013 年上海对香港的进出口贸易额情况见图18、图19。

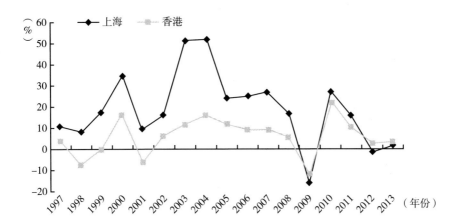

**图18　沪港进出口贸易增长率（1997～2013 年）**

资料来源：根据《上海统计年鉴》（1991～2013 年）、《2013 年上海社会经济统计公报》、《香港》（1991～2013 年）、《香港统计月刊》（2014 年）数据编制。

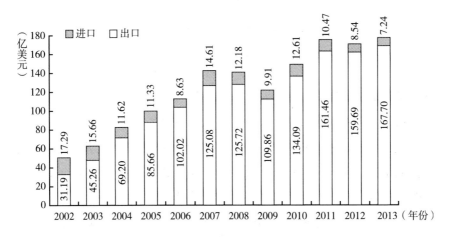

**图19　上海对香港的进出口贸易额（2002～2013 年）**

资料来源：根据《上海统计年鉴》（2003～2013 年）、《2013 年上海社会经济统计公报》数据编制。

（5）沪港进出口贸易伙伴比较

2013 年港产品出口主要贸易伙伴、2013 年香港主要进口贸易伙伴、
2013 年香港主要转口贸易伙伴、2012 年上海主要出口贸易伙伴、2012 年上
海主要进口贸易伙伴情况见图 20 ~ 图 24。

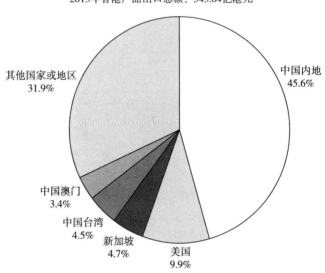

图 20　2013 年港产品出口主要贸易伙伴

资料来源：香港特区政府统计处。

### 3. 沪港商业比较

商业零售业在整个香港经济中占有较大的比重，也是香港第三产业的
重要组成部分。过去 30 年，香港的零售业总销售额一直处于递增状态，
从中人们可以感受到香港作为购物天堂、美食世界的魅力。但由于受亚洲
金融危机的冲击，1997 年后，香港零售业增长率出现放缓的态势。1998
年香港的零售业销售总额仅为 1956.75 亿港元，1999 年降至 1799.17 亿港
元，较 1998 年减少了 157.58 亿港元，出现了 8.1% 的负增长。2000 年则
止跌回升，零售业销售总额达到 1867.00 亿港元，较上年增长 3.8%，
2001 年又回落至 1843.87 亿港元，出现了 1.24% 的负增长。受 SARS 影

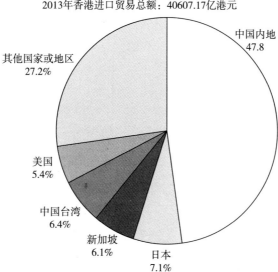

**图21 2013年香港主要进口贸易伙伴**

资料来源：香港特区政府统计处。

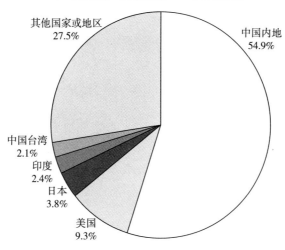

**图22 2013年香港主要转口贸易伙伴**

资料来源：香港特区政府统计处。

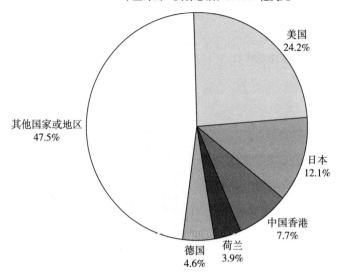

**图 23　2012 年上海主要出口贸易伙伴**

资料来源：《上海统计年鉴》（2013 年）。

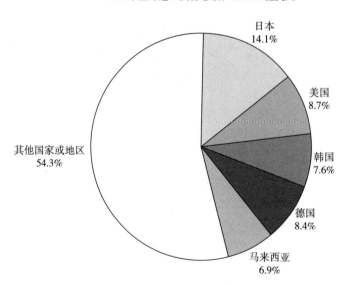

**图 24　2012 年上海主要进口贸易伙伴**

资料来源：《上海统计年鉴》（2013 年）。

响，2002 年香港的零售业销售额继续下跌，出现了 4.30% 的负增长。
2003 年香港"个人自由行"放开后，大量内地游客的涌入，刺激了香港的
消费，从而使香港零售业负增长的态势得到了缓和。2004 年开始止跌回
升，出现 10.80% 的大幅增长，2005 年亦增长 6.80%，2007 年的增长率更
是高达 12.80%。然而，受美国金融危机的影响，2009 年只获得 0.60% 的
增长率，2010～2011 年重回两位数增长，分别为 18.30%、24.90%，
2012 年则放缓至 9.80%，2013 年的增长率为 11.00%，1997～2012 年的
年均增长率为 4.4%（见图 25）。从目前的发展态势看，香港零售业的增
长态势将进一步保持（见图 26）。

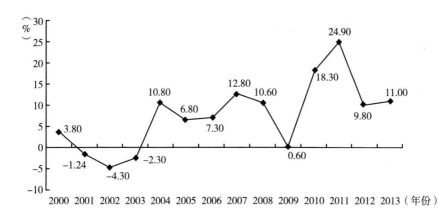

**图 25　香港零售业总销货价值增长率（2000～2013 年）**

资料来源：根据香港特区政府统计处资料编制。

　20 世纪 80 年代中期以来，上海社会消费品零售总额基本呈增长态势。
从图 27、图 28 可以看出，2005 年上海实现社会消费品零售总额 2972.97 亿
元，较上年增长 11.9%；2007 年为 3847.79 亿元，比上年增长 14.5%，增
幅创 1998 年以来新高。2008～2009 年尽管受美国金融危机影响，上海社会
消费品零售总额仍保持了 18.2% 和 13.0% 的增长率，2010～2012 年继续保
持较高的增长率，分别为 17.3%、12.3%、11.5%。这显示了上海经济健
康发展、人民生活水平不断提高的良好态势。

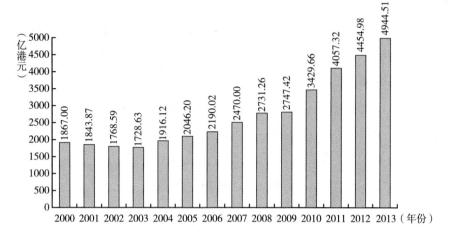

**图 26　香港零售业总销货价值（2000～2013 年）**

资料来源：根据香港特区政府统计处数据编制。

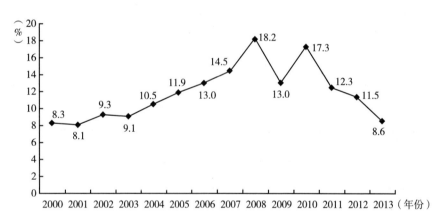

**图 27　上海社会消费品零售总额增长率（1997～2012 年）**

资料来源：根据《上海统计年鉴》（2013 年）、《2013 年上海社会经济统计公报》数据编制。

### 4. 沪港旅游业比较

作为国际旅游中心，香港是外国游客光顾最多的地区之一，旅游业因而也是香港赚取外汇最多的行业之一。香港现有旅行社约 1000 家，不少星级酒店早已闻名世界，香港这个土地面积 1000 多平方公里、人口 700 多万人的弹丸之地，每年接待游客几千万人次，旅游收益保持数百亿港元，

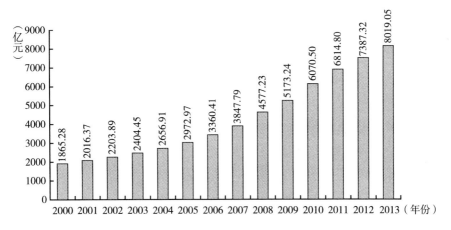

**图28　上海社会消费品零售总额（2000～2013年）**

资料来源：根据《上海统计年鉴》（2013年）、《2013年上海社会经济统计公报》数据编制。

并连年上升，这在世界上是不多见的①。但由于亚洲金融危机和SARS的影响，香港旅游业受到重创，游客锐减，并于1997年、1998年和2003年分别出现13.1%、9.9%和6.2%的负增长。然而随着CEPA的实施，尤其是2003年实施"个人游"计划后，内地来港游客人数大幅飙升。1997～2006年，内地游客平均每年升幅高达21.4%②。2009年内地游客超过1700万人次，占访港游客总人数的60.7%。表9、图29、图30显示，尽管美国金融危机使香港经济受到很大冲击，但对旅游业的影响不大，2008～2009年访港游客继续呈增长之势，1997～2009年访港游客年均增长7.7%，2010年更是达到3603.00万人次的历史新高，首次超越3000万人次的水平。其中，内地游客依然是香港最大的客源，达2268万人次，占访港游客总数的62.9%。2011～2012年来港游客继续攀升，分别为4192.10万人次和4861.50万人次，其中仍以内地游客为最。应该指出的是，2013年来港游客再创5430.00万人次的历史新高，其中内地游客达4075万人次，继续成为香港最大的旅游客源。

---

① 尤安山：《沪港经济发展报告》（2009～2010），上海社会科学院出版社，2010，第284页。

② 尤安山：《沪港经济发展报告》（2009～2010），上海社会科学院出版社，2010，第284页。

表9 沪港旅游人数（1997～2013 年）

| 年份 | 上海 | | 香港 | |
|---|---|---|---|---|
| | 境外来沪旅游人数（万人次） | 增长率（%） | 来港旅游人数（万人次） | 增长率（%） |
| 1997 | 165.35 | 15.5 | 1127.34 | -13.1 |
| 1998 | 152.71 | -7.6 | 1015.98 | -9.9 |
| 1999 | 165.68 | 8.5 | 1132.83 | 11.5 |
| 2000 | 181.40 | 9.5 | 1305.95 | 15.3 |
| 2001 | 204.26 | 12.6 | 1372.53 | 5.1 |
| 2002 | 272.53 | 33.4 | 1656.64 | 20.7 |
| 2003 | 319.87 | 17.4 | 1553.68 | -6.2 |
| 2004 | 491.92 | 53.8 | 2181.06 | 40.4 |
| 2005 | 571.35 | 16.1 | 2335.94 | 7.1 |
| 2006 | 605.67 | 6.0 | 2525.10 | 8.1 |
| 2007 | 665.59 | 9.9 | 2816.90 | 11.6 |
| 2008 | 640.37 | -3.8 | 2950.00 | 4.7 |
| 2009 | 628.92 | -1.8 | 2959.00 | 0.3 |
| 2010 | 851.12 | 35.3 | 3603.00 | 21.8 |
| 2011 | 817.57 | -3.9 | 4192.10 | 16.4 |
| 2012 | 800.40 | -2.1 | 4861.50 | 16.0 |
| 2013 | 757.40 | -5.4 | 5430.00 | 11.7 |

资料来源：根据《上海统计年鉴》（2006～2013 年）、《2013 年上海社会经济统计公报》、《香港统计月刊》（2000～2014 年）数据编制。

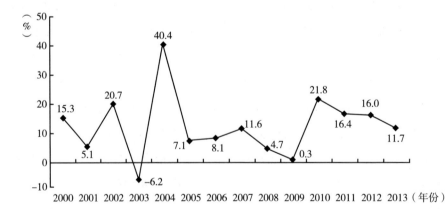

图29 来香港旅游人数增长率（2000～2013 年）

资料来源：香港特区政府统计处。

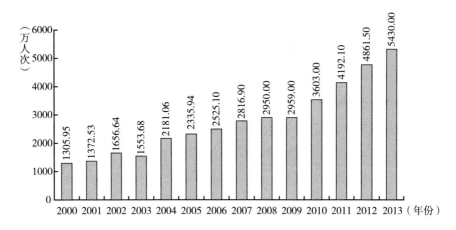

**图30　来香港旅游人数（2000～2013年）**

资料来源：香港特区政府统计处。

20世纪70年代末，中国国门打开后，海外来华观光旅游的人数与日俱增，作为中国最大的工业城市及长江的龙头，特别是近10年随着经济的快速发展，以及投资、生活环境的不断改善，上海早已成为海内外游客来中国旅游首选的目标之一。受亚洲金融危机的影响，1998年来沪旅游的境外游客人数较上年减少了12.64万人次，出现了7.6%的负增长。然而，这一局面在1999年得到了改观，来沪旅游的境外游客人数达到165.68万人次，增长率为8.5%，不仅高于1997年，更是高于1998年。1997～2007年，来沪旅游的境外游客人数年均增长16.5%，2007年来沪旅游的境外游客人数增至665.59万人次，较上年增长9.9%。表9、图31、图32显示，2008～2009年受美国金融危机的影响，来上海旅游的境外游客有所减少，连续两年出现负增长，分别为-3.8%、-1.8%。但2010年由于世博会的成功举办，来沪旅游的境外游客急剧增加，多达851.12万人次，较2009年增长35.3%。然而，2011～2013年，来沪旅游的境外游客又出现了负增长，分别为-3.9%、-2.1%、-5.4%。应该指出的是，上海目前的旅游格局及接待境外游客的规模与香港相比有很大的差距，但上海旅游业蓬勃发展的局面正在逐渐形成，随着投资、生活环境的不断改善，境外来沪旅游的人将会越来越多。

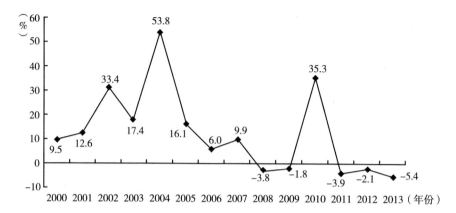

**图31 境外来沪旅游人数增长率（2000～2013年）**

资料来源：根据《上海统计年鉴》（2013年）、《2013年上海社会经济统计公报》数据编制。

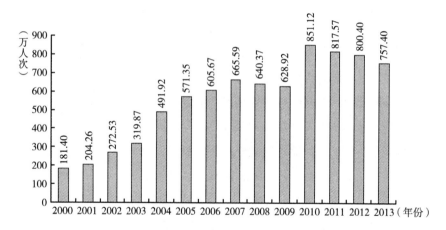

**图32 境外来沪旅游人数（2000～2013年）**

资料来源：根据《上海统计年鉴》（2013年）、《2013年上海社会经济统计公报》数据编制。

### 5. 沪港运输业比较

#### （1）集装箱吞吐量比较

香港是当今世界著名的国际航运中心，是全球最重要的集装箱枢纽港之一。香港的集装箱运输业发展速度惊人，于1980年、1985年、1987年实现三大跨越，先后超过日本神户、美国纽约和荷兰鹿特丹而成为世界第一大集装箱港①。20 世纪 90 年代以来，香港集装箱的货运需求以年均 10% 以上的速度增长，2007 年香港的集装箱吞吐量达到 2395.8 万标准箱，低于新加坡和上海，结束了长达 10 多年的全球第一大集装箱港的地位，成为世界第三大集装箱港。图 33 显示，2010～2012 年，香港的集装箱吞吐量分别为 2370.0 万标准箱、2438.4 万标准箱、2311.7 万标准箱，仍落后于新加坡和上海，居第三位。2013 年香港的集装箱吞吐量为 2235.2 万标准箱，在全球集装箱吞吐量的排行榜上又降了一位，低于上海、新加坡和深圳，列全球第四位。目前，香港特区政府有关部门正在研究规划创造条件推动香港集装箱运输的持续快速发展，可以预见，良好的港口条件以及积极的政策措施，会使香港国际航运中心发展前景良好。

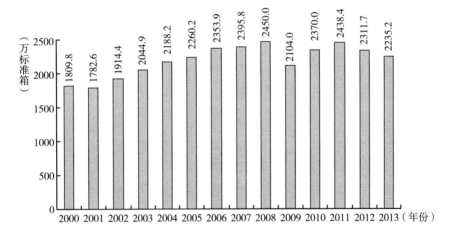

**图 33　香港集装箱吞吐量（2000～2013 年）**

资料来源：根据香港特区政府统计处数据编制。

上海建成国际航运中心的重要标志之一是成为国际集装箱枢纽港。自 20 世纪 90 年代以来，上海港集装箱吞吐量已连续 10 年保持 20% 以上的速度增长，在全国各港口中居领先地位。随着洋山深水港一期、二期、三期工程相继建成开港，上海国际航运中心建设取得了重大突破②。2003 年上海的

①　尤安山：《沪港经济发展报告》（2008），上海社会科学院出版社，2008，第 248 页。
②　尤安山：《沪港经济发展报告》（2008），上海社会科学院出版社，2008，第 248 页。

集装箱吞吐量突破1000万标准箱，居世界第三位。2010年港口货物吞吐量为6.53亿吨，连续六年居全球第一；2007年港口集装箱吞吐量达到2615.00万标准箱，超过香港位居世界第二。2008年上海集装箱吞吐量为2800.60万标准箱，2009年虽受金融危机的影响，这一数据较上年有所减少，为2500.20万标准箱，但上海仍然保持集装箱吞吐量世界第二的位置；2010年则上升至2906.90万标准箱，超过新加坡，首次跃居全球第一，2011~2013年继续上升，分别为3173.90万标准箱、3252.94万标准箱、3361.68万标准箱（见图34）。需要指出的是，从目前的发展态势看，上海集装箱的吞吐量虽已登上世界第一的宝座，且集装箱吞吐能力仍在不断提高，但上海要真正建成国际航运中心且达到香港的水平还有较长的路要走。

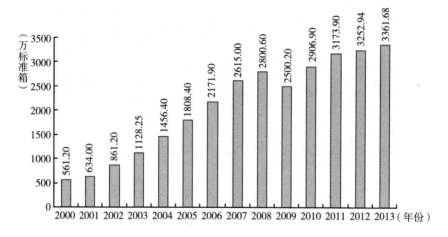

图34  上海集装箱吞吐量（2000~2013年）

资料来源：根据《上海统计年鉴》（2006~2013年）、《2013年上海社会经济统计公报》数据编制。

事实上，上海和香港在国家现代化建设大格局上的互补互利合作空间十分广阔。尤其是在物流领域，沪港之间的合作与交流还有很大的空间，上海可以借助香港的现代商业、物流以及服务中心的优势，加快整体软件建设，香港则可以借助上海软件建设的广阔空间促进自身的经济转型。

近年来，上海与香港的港口、航运领域合作交流较为密切，香港和记黄埔集团有限公司参与上海港的投资和经营，双方合作发展良好。继2003年上海市市长韩正率上海政府代表团到香港访问后，在《内地与香港关于建立更紧密经贸关系的安排》的框架下，沪港两地的交流与合作，尤其是在现代服务业方面的合作得到了进一步加强。上海市港口管理局与香港经济发展及劳工局进行了多次互访活动，并在人员培训、业务交流、发展研讨以及为企业搭建平台等方面开展了一系列合作。

（2）沪港进出货运量比较

2004～2012年进出香港的货物及上海货物运输量情况见图35、图36。

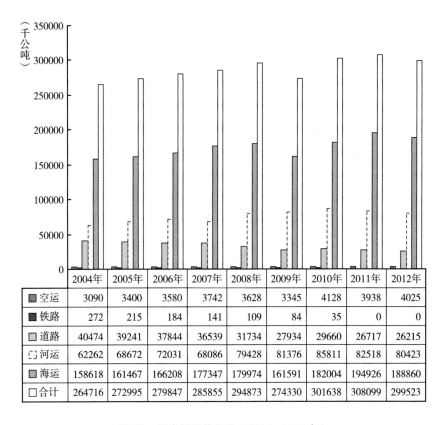

| | 2004年 | 2005年 | 2006年 | 2007年 | 2008年 | 2009年 | 2010年 | 2011年 | 2012年 |
|---|---|---|---|---|---|---|---|---|---|
| ■空运 | 3090 | 3400 | 3580 | 3742 | 3628 | 3345 | 4128 | 3938 | 4025 |
| ■铁路 | 272 | 215 | 184 | 141 | 109 | 84 | 35 | 0 | 0 |
| ▨道路 | 40474 | 39241 | 37844 | 36539 | 31734 | 27934 | 29660 | 26717 | 26215 |
| ▤河运 | 62262 | 68672 | 72031 | 68086 | 79428 | 81376 | 85811 | 82518 | 80423 |
| ▦海运 | 158618 | 161467 | 166208 | 177347 | 179974 | 161591 | 182004 | 194926 | 188860 |
| □合计 | 264716 | 272995 | 279847 | 285855 | 294873 | 274330 | 301638 | 308099 | 299523 |

**图35 进出香港的货物（2004～2012年）**

资料来源：根据香港特区政府统计处数据编制。

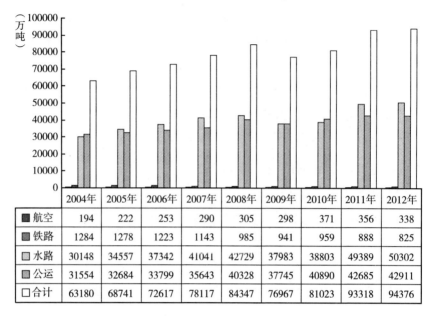

| | 2004年 | 2005年 | 2006年 | 2007年 | 2008年 | 2009年 | 2010年 | 2011年 | 2012年 |
|---|---|---|---|---|---|---|---|---|---|
| ■ 航空 | 194 | 222 | 253 | 290 | 305 | 298 | 371 | 356 | 338 |
| ■ 铁路 | 1284 | 1278 | 1223 | 1143 | 985 | 941 | 959 | 888 | 825 |
| □ 水路 | 30148 | 34557 | 37342 | 41041 | 42729 | 37983 | 38803 | 49389 | 50302 |
| ▨ 公运 | 31554 | 32684 | 33799 | 35643 | 40328 | 37745 | 40890 | 42685 | 42911 |
| □ 合计 | 63180 | 68741 | 72617 | 78117 | 84347 | 76967 | 81023 | 93318 | 94376 |

**图 36    上海货物运输量（2004～2012 年）**

资料来源：根据《上海统计年鉴》（2006～2013 年）数据编制。

### 6. 沪港教育比较

2012 年上海各类各级学校数量、在校学生数量以及 2012～2013 年香港各级学校数量、在校学生数量情况见图 37～图 40。

### 7. 沪港人口与就业比较

（1）沪港出生率、死亡率和自然增长率比较

2000～2012 年沪港人口出生率、死亡率和自然增长率比较见图 41、图 42。

（2）沪港居民平均预期寿命比较

2000～2012 年沪港居民平均预期寿命比较见图 43、图 44。

（3）沪港失业率比较

香港自然资源匮乏，但拥有较好的劳动力资源。香港人聪明能干，精力充沛，是香港经济奇迹的直接创造者。自香港开埠以来的 160 多年里，在完全自由的市场经济条件下，香港的劳动力市场稳定，就业充分。尤其是"二战"以后的 40 多年里，香港基本处于劳工紧缺的状态，这种充分就业

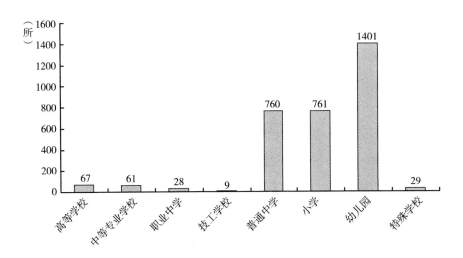

**图37　2012年上海各类各级学校数量**

资料来源：根据《上海统计年鉴》（2013年）数据编制。

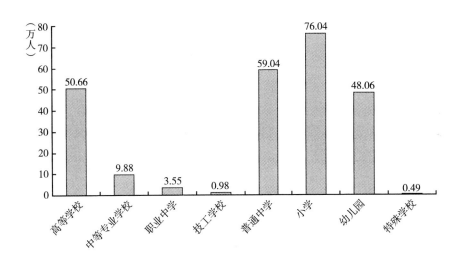

**图38　2012年上海各类各级学校在校学生数量**

资料来源：根据《上海统计年鉴》（2013年）数据编制。

的状况长期以来为周边国家或地区所羡慕。但需要指出的是，自20世纪90年代以来，由于经济结构调整的深化，香港的失业率开始呈上升趋势，尤其是受亚洲金融危机的影响，失业率更是一路攀升，一谈论失业就色变的老百

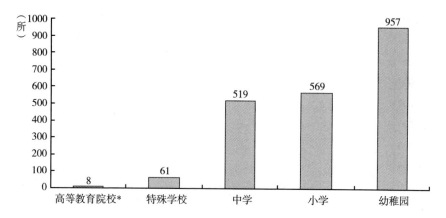

**图 39　2012～2013 年香港各级学校数量**

注：＊主要是指由人学教育资助委员会资助的院校。
资料来源：根据香港特区政府统计处数据编制。

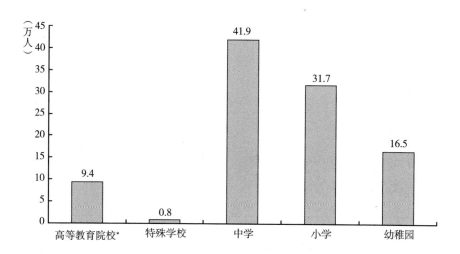

**图 40　2012～2013 年香港各级学校在校学生数量**

注：＊主要是指由大学教育资助委员会资助的院校。
资料来源：根据香港特区政府统计处数据编制。

姓的恐慌心理更是取代了劳工紧缺的局面，1998 年香港的失业率为 4.7%，2003 年更是高达 7.9%，就业不足率为 3.3%。但自 2004 年开始，随着经济的快速恢复与发展，香港的就业形势趋于缓和，2008 年香港的失业率已从

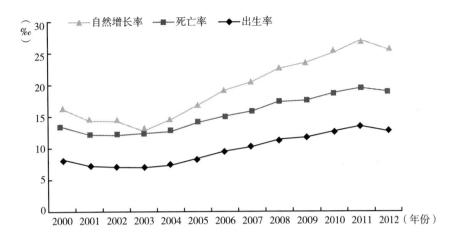

**图 41　香港的人口出生率、死亡率和自然增长率（2000～2012 年）**

资料来源：根据香港特区政府统计处数据编制。

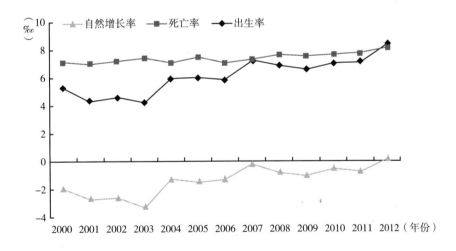

**图 42　上海的人口出生率、死亡率和自然增长率（2000～2012 年）**

资料来源：根据《上海统计年鉴》（2013 年）数据编制。

2004 年的 6.8% 和 2005 年的 5.6% 下降至 3.6%；就业不足率也从 2004 年的 3.3% 和 2005 年的 2.8% 下降至 1.9%。图 45 显示，受美国金融危机的影响，2009 年失业率和就业不足率又分别攀升至 5.4% 和 2.3%，但 2013 年再分别下降至 3.4% 和 1.5%。1997～2012 年，香港的年均失业率为 5.0%，年均

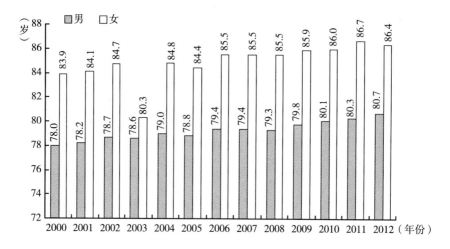

**图43　香港居民平均预期寿命（2000～2012年）**

资料来源：根据《香港统计月刊》（2000～2013年）数据编制。

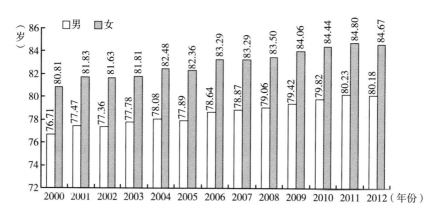

**图44　上海居民平均预期寿命（2000～2012年）**

资料来源：根据《上海统计年鉴》（2006～2013年）数据编制。

就业不足率为2.4%。可见，香港的就业状况还有待进一步改善。

　　1949年以后的近30年里，在统包统配的劳动就业制度下，中国的就业尽管是低层次、低效率的，或称"高就业、低工资"，但基本不存在失业问题。改革开放以来，由于在改革传统劳动就业制度的同时吸取了一系列行之有效的政策措施，也较好地解决了近10多年来上海所出现的就业、失业等问题。

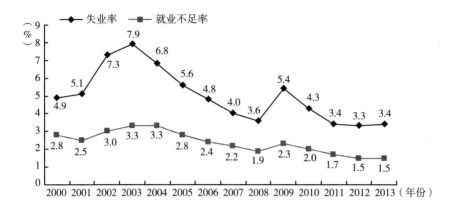

**图45 香港的失业率和就业不足率（2000～2013年）**

资料来源：根据《香港统计月刊》（2000～2011年）数据编制。

但由于新的劳动就业制度尚未真正建立，再加上历史问题的沉淀和经济结构调整等多种原因，从20世纪80年代中期开始，上海的城镇失业率逐年提高。图46显示，上海城镇失业率从1997年的2.8%上升至2003年的4.9%。2004年后开始下降，2010～2013年均为4.2%。1997～2010年，上海城镇年均失业率为4.0%，低于香港1.2个百分点。随着改革的深化和产业结构调整力度的加大，上海的就业形势不容乐观，并将成为中国经济发展最棘手的问题之一。

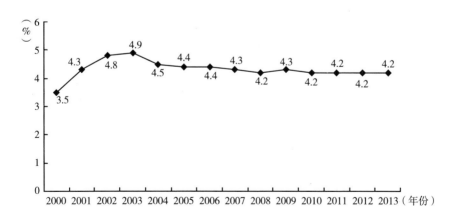

**图46 上海城镇失业率（2000～2013年）**

资料来源：根据《上海统计年鉴》（2006～2013年）数据编制。

（4）沪港三次产业占总就业比重比较

长期以来，以服务业为标志的第三产业在香港 GDP 中的比重一直占主体，然而，随着低增长及劳动密集型制造业逐渐向中国内地转移，香港第三产业进一步扩大，从 20 世纪 80 年代开始取代第二产业，成为香港吸纳就业人数最多的产业①。2013 年在整个就业人数的构成中，第三产业占总就业的比重从 1980 年的 50.1% 上升至 88.3%，第二产业从 48.4% 下降至 11.6%，第一产业则从 1.5% 下降至 0.1%（见图 47～图 49）。从整个产业的角度分析，应该说这一变化符合世界就业结构变化规律，反映了香港作为国际金融、贸易、航运、旅游和信息中心地位进一步加强的内在需要，也是香港作为国际大都市的重要标志之一。

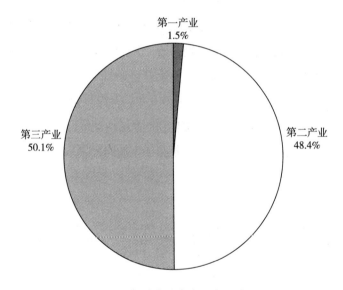

**图 47　1980 年香港三次产业占总就业比重**

资料来源：根据《香港》（1999 年）数据编制。

随着经济的发展和产业结构的调整，上海的第一产业日渐式微，第二产业基础扎实、稳步发展，第三产业则发展迅速。因此，就业的比重也相应发

---

① 尤安山：《沪港经济发展报告》（2009～2010），上海社会科学院出版社，2010，第 298 页。

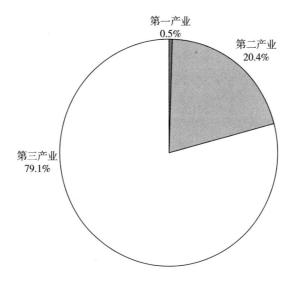

**图 48　1997 年香港三次产业占总就业比重**

资料来源：根据《香港》（1998 年）数据编制。

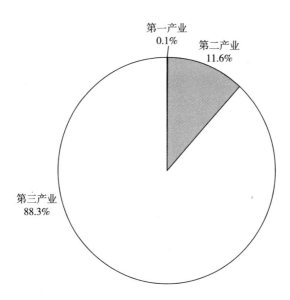

**图 49　2013 年香港三次产业占总就业比重**

资料来源：根据《香港》（2013 年）数据编制。

生变化。图50～图52显示，第二产业目前仍然是吸纳就业人数最多的行业之一，但从20世纪90年代开始，第二产业吸纳就业人数的比重一直呈下降趋势，从1980年的48.9%下降至1997年的46.0%和2012年的39.4%。相反，第三产业吸纳就业人数的比重则一直呈上升趋势，从1980年的22.4%上升至1997年的41.5%和2012年的60.0%。目前这种态势仍在发展之中，应该说，这完全符合将上海建设成为国际大都市的产业要求。

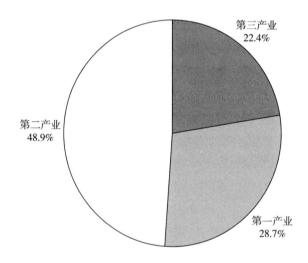

图50　1980年上海三次产业占总就业比重

资料来源：根据《上海统计年鉴》（1999年）数据编制。

## 三　结束语

沪港合作历史悠久，特别是20世纪70年代末中国改革开放以来，香港对上海的经济发展做出了积极的贡献，第一个来沪投资制造业的是香港，第一个在沪兴办合作企业的是香港，第一个进入上海经济开发区的也是香港。从目前的发展趋势看，沪港经济合作良好，潜力很大，前景广阔。

上述图表与数据的比较分析显示，无论是改革开放30多年，还是香港回归10多年，其中尽管受到亚洲金融危机以及各类天灾人祸的影响，但在

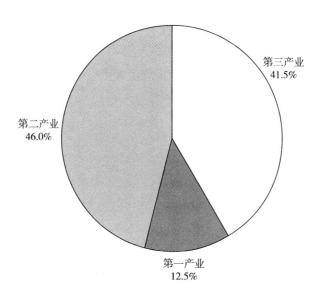

**图 51　1997 年上海三次产业占总就业比重**

资料来源：根据《上海统计年鉴》（1999 年）数据编制。

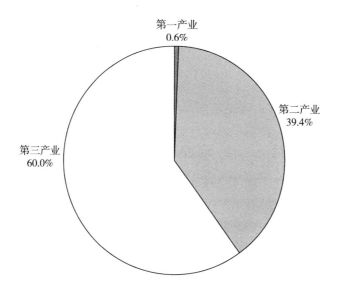

**图 52　2012 年上海三次产业占总就业比重**

资料来源：根据《上海统计年鉴》（2013 年）数据编制。

中国经济高速发展的大背景下，沪港经济均获得了空前的发展。特别是在此次美国金融危机的冲击下，中国内地和香港经济虽都受到了不同程度的影响，但在中央政府以及特区政府的一系列政策措施下，内地和香港经济均先后走出危机阴影。2009年在世界经济普遍不景气的情况下，内地经济可谓"一枝独秀"，获得了8%的增长率，上海也获得了8.2%的增长率，且在2010~2013年分别获得了10.3%、8.2%、7.5%、7.7%的增长率；香港则在2009年走出危机阴影，并于2010~2013年分别获得了7.1%、9.0%、5.5%、2.9%的增长率，经济发展重新跃入增长的轨道。应该指出的是，尽管上海经济发展的速度很快，整体竞争力不断提升，但与香港相比，上海在经济发展的质量、经济社会发展所需的法治环境以及人的总体素质等方面，还落后于香港很多。因此，对上海而言，如何借鉴学习香港的发展经验，将是未来沪港经济合作的一个重要内容。

就目前上海、香港经济发展的规模、速度而言，沪港两地经济合作的进一步加强，必将对整个中国经济发展产生重要的影响。

第一，沪港合作有助于进一步建立和完善中国社会主义市场经济体制。香港是目前世界上市场经济最发达的地区之一，上海的市场经济实践亦走在全国的前列，并卓有成效。因此，借鉴香港经验，对上海加快实现"四个率先"，以及早日实现"四个中心"的发展目标具有积极的推动作用。

第二，沪港合作共同推动中西部地区的开发与建设。沪港合作可以利用资金、技术、管理以及产业等方面的综合优势，参与中西部地区的开发建设，从而逐步缩小东西部之间的差距。

第三，香港和上海将成为中国现代化建设资金供应的集散地。香港是重要的国际金融中心，上海是全国的金融中心，香港回归后沪港联手必将成为中国经济建设所需资金的重要来源地。

第四，沪港合作将成为中国内地走向世界的桥梁，同时也是为内地培养大批市场经济发展所需人才的重要基地。

第五，香港是国际金融中心、贸易中心、航运中心、信息中心，上海不仅具有较为完整的工业体系，而且在科研、教育和人才方面有一定优势。因此，沪港合作有助于将两地的优势结合起来，形成新的更大的优势，并向内地辐射。

改革开放 30 多年来，沪港经济合作经历了由制造业、传统服务业转向现代服务业的过程。在 CEPA 框架以及上海自贸区发展的背景下，沪港必将在现代服务业及管理制度改革与合作方面取得重大突破。在中国崛起的大背景下，香港、上海这两颗东方明珠在未来的合作中，必将交相辉映、相得益彰，而两地经济联动所产生的合力，必将大大推动整个中国现代化的进程。

## B.14

# 上海自贸区和香港发展
# 总部经济：分析比较与经验借鉴

陈　琦*

摘　要：　作为中国新一轮改革"试验田"的上海自贸区将大力发展
总部经济作为自贸区总体目标之一。上海自贸区将打造成跨
国公司地区总部的"吸金石"。但上海自贸区发展总部经济
的环境与成熟国际化城市还有相当的差距。因此，上海自贸
区总部经济的发展应借力成熟市场和国际城市的经验才可实
现高效、跨越式的发展。本文选取了地区总部选址的影响因
素和标准，比较分析了上海自贸区和香港发展总部经济的现
状、重要标准及关键性指标，针对存在的差距提出上海自贸
区总部经济发展的实证性建议。

关键词：　地区总部　上海自贸区　总部经济　香港

## 一　研究背景

　　总部经济即全球化和区域经济一体化发展到一定阶段，城市运用其特有
的经济资源优势吸引国内外企业总部集聚进而形成的一种高端经济形态。目
前各国都希望通过地区总部大量集聚在某个城市而形成的各产业相关联的乘
数效应，促进该城市的产业升级并带动边缘地区的经济发展。香港是亚洲范

---

　　*　陈琦，上海金融学院国际经贸学院讲师。

围内发展总部经济的典范。

近10年来，在宏观政策引导下，上海依托其金融、贸易、航运的中心地位，总部经济规模迅速扩大，形成了几个特大规模的总部经济集聚区。作为中国新一轮改革"试验田"的中国（上海）自由贸易试验区（以下简称"上海自贸区"）更是提出将大力发展总部经济作为自贸区总体目标之一。上海自贸区将打造成跨国公司地区总部"吸金石"。

但就目前的情况看，上海自贸区发展跨国公司地区总部的环境与成熟的国际化城市还有相当的差距。因此，上海自贸区跨国公司地区总部的发展一定要借力国际城市的经验才可实现高效、跨越式的发展。

作为中国的一次重大改革，上海自贸区被赋予重大的意义，因此，研究构建更加适合自贸区总部经济的运营系统和营商环境，实际上是为区域协调发展、发挥上海自贸区示范引领作用，进一步提升总部能级和全球资源配置能力探索新路。

本文选取了跨国公司地区总部选址的影响因素和标准，比较分析了上海自贸区和香港发展总部经济的现状、重要标准及关键性指标，针对上海自贸区的差距提出总部经济发展的实证性相关建议。

## 二 影响跨国公司地区总部选址的因素和标准分析

跨国公司地区总部（Regional Headquarter，RHQ）是指在总部制定的全球经营战略的框架下，从区域级层面上对区域内数个国家的总公司各项活动（生产、销售、物流、研究与开发、人才培养、融资）进行统筹管理和协调，并负责制定公司区域性经营战略的组织形式。地区总部的核心职能是促进公司各种经营资源（人力资源、物质资源、资金资源等有形资产和技术、经营管理经验和诀窍等无形资产）在区域内的有机联系和相互利用，实现生产要素的重新组合和优化配置，达到系统的最优效率，并提高公司决策效率①。

① http：//baike. baidu. com/view/2532431. htm？fr = aladdin.

因此，跨国公司地区总部是在某一特定的地区中，负责整合和协调跨国公司行为，并且代表该地区和总部之间进行联系的组织单元（Hellmut，1998）。Aoki 和 Tachiki（1992）描述了他们认为在跨国公司地区总部进行选址决策时首要考虑的两个问题：第一，要考虑将区域性总部建在该跨国企业已经有制造能力或者拥有很大市场份额的城市或国家；第二，要考虑使文化和经济差异最小化，包括运输时间和成本、沟通和本土运营费用。Yoost 和 Fisher（1996）认为优良的基础设施和税收激励是香港和新加坡在亚洲最吸引地区总部的重要原因①。

Jakobsen 等（2005）认为，跨国公司总部选址要考虑历史条件（公司的生命周期、在当地的嵌入程度）、政策条件（国家规范、公共所有权、所在地的激励措施）和区位条件（城市化优势、环境优势和区位劣势），这些条件均决定了公司总部选址。Baaij 等（2004）认为公司选址的因素可以分为四类，包括公司具体因素（管控方式、历史原因）、行业因素（产业集群、一体化与差异化优势）、城市因素（接受良好教育的劳动力、生活质量、基础设施、高水平的商务服务、其他主要公司驻留）、地区和国家因素（税率、公司治理、法规）。其他学者包括 Wanner 等（2004）、Testa 等（2005）、Strauss-Kahn 等（2009）也有类似的分析结论。众多学者均认为，高水平的专业服务、良好的基础设施以及总部集聚群是影响总部选址的重要因素。Davis 等（2012）的研究发现，一个城市的专业服务供应商（如会计师事务所、律师事务所等）每增加10%，总部数量便会增加3.6%。在基础设施方面，Bel 等（2005）的研究发现，一个城市的洲际航班每增加10%，总部数目便会增加4%；而不同公司总部的集聚则是为了追求信息获取和交换的溢出效应（Spillover Effect），傅仁和、洪俊杰（2008）与魏后凯、白玫（2008，2009）的研究证明了这一点，即个人和组织都可以从这种知识溢出中受益②。

---

① 薛求知、孙蛟：《跨国公司地区总部的区位选择》，《世界经济情况》2006 年第 12 期，第 1 ~ 4 页。

② 徐建新、马香媛：《公司总部选址与搬迁研究的文献综述》，《杭州电子科技大学学报》（社会科学版）2012 年第 4 期，第 18 ~ 24 页。

中国欧盟商会联合罗兰·贝格管理咨询有限公司研究 2011 年源自欧盟的跨国公司在亚太地区选择其地区总部考虑的因素，结果表明其选址主要考虑五大因素：政治、法律、经济/运营、地理/环境和社会文化。通过调查问卷方式，跨国公司评价这五大因素范围内的重要标准，按照重要性顺序依次为与客户/市场的距离、有利的法律和监管环境、稳定且有利的政治环境、有利的商业环境、有利的税收环境、人力资本的获取、较低的运营成本、透明且宽松的市场准入制度。以上标准构成了跨国公司对城市竞争力的基本评价体系①。

因为该研究调查中显示香港具有集聚跨国公司地区总部的显著优势，并且该调查是通过大规模调查问卷方式获取的最新的研究跨国公司总部经济的成果，因此本文沿用此调查中确定跨国公司地区总部所在地时所给予的重视程度排在前 8 位的重要标准，并细化每个重要标准的关键表现指标（见表1）。比较分析上海自贸区和香港地区总部选址重要标准，并发现上海自贸区的差距。

表1　跨国公司地区总部所在地选址重要标准及各标准对应的关键表现指标

| 重要标准 | 关键表现指标 |
| --- | --- |
| 与客户/市场的距离 | 地理位置；交通网络设施 |
| 有利的法律和监管环境 | 法律制度完善度；法律便捷度；知识产权保护力度；监管环境；贸易便利化的程度 |
| 稳定且有利的政治环境 | — |
| 有利的商业环境 | 公平的贸易条件；政府对外贸易投资宣传力度；政府对企业、行业的政策支持；政府信息公开透明度；良好的金融环境；人流、物流、资金流、信息流的自由度 |
| 有利的税收环境 | 税制；税率；缴税方便度 |
| 人力资本的获取 | 政府对教育的投入和支持；引进人才方式；人员综合素质；高等教育水平 |
| 较低的运营成本 | 服务业外包成本；土地成本及租金成本；劳动力成本 |
| 透明且宽松的市场准入制度 | 企业准入制度；投资准入制度 |

---

① 中国欧盟商会、罗兰·贝格咨询管理有限公司：《2011 年亚太地区总部调查》。

## 三 沪港总部经济发展历程和特点对比

### （一）沪港总部经济发展历程对比

香港总部经济发展历程较长，始于 20 世纪 80 年代初第三次经济转型，这一时期香港将产出效率相对较低的加工工业向中国内地转移，从而为新兴产业的发展提供了空间资源、人力资源等。在大量的企业外迁过程中，企业总部（研发、营销、资本运作、战略管理等职能部门）继续留在香港，以利用香港人才、资本、信息等方面的优势条件。到 20 世纪 80 年代末期，香港完成了从制造业主导型向服务业主导型经济体系的转变，服务业占香港本地生产总值的比重超过 80%。服务型经济结构的确立与香港总部经济的发展相互促进，服务型经济吸引了企业总部的集聚，总部集聚强化了服务型经济。在企业价值创造活动中，香港开始专门从事高端服务，香港的资源利用效率不断得以提升，香港总部经济的模式进一步突破了资源限制，并向现代化生产经营方向发展①。

上海从 2002 年 7 月开始加快总部经济建设，其间上海市颁布了《上海市鼓励外国跨国公司设立地区总部的暂行规定》，随后于 2003 年 8 月发布了《〈上海市鼓励外国跨国公司设立地区总部的暂行规定〉实施细则》，对跨国公司地区总部的认定范围和条件更为宽泛。2011 年 12 月上海市发布了《上海市鼓励跨国公司设立地区总部的规定》，随后上海市商务委、上海市财政局、上海市人力资源社会保障局、上海市公安局出入境管理局、中国人民银行上海分行、外汇管理局上海市分局、上海海关、上海出入境检验检疫局八部门修订发布了《关于〈上海市鼓励跨国公司设立地区总部的规定〉的实施意见》（以下简称《实施意见》）。《实施意见》修订的主要原则是鼓励和支持跨国公司"提升能级、整合业务、拓展功能"，细化了跨国企业地区总

---

① 赵弘：《总部经济》，中国经济出版社，2004。

部开办资助、运营奖励、资金管理、人员出行流动、通关等方面的政策，对跨国企业地区总部外汇资金管理、税收优惠、人员流动等方面提供更大的便利程度。此后上海市不断出台一系列的鼓励措施和行政改革，有效地推动了上海总部经济的发展。

2013 年 9 月上海自贸区的成立是推动上海总部经济发展的一个重要里程碑，在《中国（上海）自由贸易试验区总体方案》中提到将大力发展总部经济作为总体目标之一。随着上海自贸区的不断发展，其金融、贸易及管理创新政策对跨国公司以及国内企业总部的吸引力将进一步提高，上海的总部经济发展水平有望获得新一轮的快速发展。

## （二）沪港跨国公司地区总部特点对比

### 1. 沪港跨国公司地区总部数量比较

香港营商环境优越，优势明显，因此香港跨国公司地区总部的数量一直呈平稳的上升趋势，其数量绝对值大（见表2）。

表 2　沪港地区总部数量比较

单位：家

| 年份 | 上海 | 香港 |
| --- | --- | --- |
| 2002 | 25 | 948 |
| 2003 | 56 | 966 |
| 2004 | 86 | 1098 |
| 2005 | 124 | 1167 |
| 2006 | 154 | 1228 |
| 2007 | 184 | 1246 |
| 2008 | 224 | 1298 |
| 2009 | 257 | 1252 |
| 2010 | 305 | 1285 |
| 2011 | 353 | 1340 |
| 2012 | 403 | 1367 |
| 2013 | — | 1379 |

资料来源：上海市商务委和香港特区政府统计处。

上海已成为中国内地吸引跨国公司地区总部最多的城市，自 2002 年起上海加快推进总部经济建设，在沪跨国公司地区总部数量有了很大增加。截至 2012 年底，已落户上海的跨国公司地区总部达到 403 家，新增 4 家"财富 500 强"企业在上海设立了地区总部，新增亚太总部 1 家。

随着上海自贸区的成立和区内政策细节的落地，上海和自贸区吸引了众多大型跨国公司地区总部落户。截至 2014 年 6 月底，外商在上海累计设立跨国公司地区总部 470 家。上海自贸区成立近一年就已经有 12 家跨国公司地区总部落户上海自贸区。上海自贸区管委会副主任简大年曾对媒体表示，按照计划自贸区将用 3 年时间培育 100 家拥有足够实力，能够统筹国内、国际市场，统筹在岸、离岸业务，统筹贸易、物流和结算功能的亚太区营运总部，提升中国在全球经济格局中的国际竞争力。因此，未来上海自贸区跨国公司地区总部数量将有大的飞跃①。

### 2. 沪港跨国公司地区总部投资来源地比较

按地区总部投资来源地分析，美国世界经济霸主地位决定了在香港设立的跨国公司地区总部数量最多，占 2013 年香港地区总部总数的 23%，其次是日本、英国。香港良好的投融资环境成为中国内地企业走向世界的平台，截至 2013 年，中国内地在香港设立的地区总部数量已达到 144 家，占香港地区总部总数的 10.4%（见表 3）。

表 3　2009～2013 按投资来源地划分的香港地区总部数目统计

| 投资来源地 | 2009 年 | 2010 年 | 2011 年 | 2012 年 | 2013 年 |
| --- | --- | --- | --- | --- | --- |
| 美　　国 | 289 | 288 | 315 | 333 | 316 |
| 日　　本 | 224 | 224 | 222 | 219 | 245 |
| 英　　国 | 115 | 113 | 117 | 122 | 126 |
| 中国内地 | 96 | 99 | 97 | 106 | 144 |
| 德　　国 | 74 | 72 | 84 | 86 | 81 |
| 法　　国 | 66 | 62 | 63 | 62 | 66 |
| 荷　　兰 | 54 | 52 | 54 | 51 | 46 |

---

① 张钰芸：《上海自贸区"撬动"全面改革》，《新闻晚报》2013 年 10 月 12 日。

| 投资来源地 | 2009 年 | 2010 年 | 2011 年 | 2012 年 | 2013 年 |
|---|---|---|---|---|---|
| 意 大 利 | 40 | 43 | 43 | 42 | 44 |
| 瑞 士 | 46 | 47 | 39 | 41 | 43 |
| 新 加 坡 | 43 | 41 | 43 | 42 | 41 |
| 中国台湾 | 19 | 30 | 22 | 31 | 33 |
| 澳大利亚 | 22 | 24 | 32 | 34 | 32 |
| 瑞 典 | 21 | 26 | 31 | 30 | 29 |
| 加 拿 大 | 12 | 15 | 16 | 18 | 19 |
| 丹 麦 | 15 | 16 | 16 | 16 | 1 |
| 香港地区总部数目 | 1252 | 1285 | 1340 | 1367 | 1379 |

资料来源：香港特区政府统计处。

上海跨国公司地区总部投资来源地主要为美国、欧洲和日本。截至 2012 年底，已落户上海的跨国公司地区总部共 403 家。其中，美国企业 131 家，占 32.5%；欧洲企业 106 家，占 26.3%；日本企业 94 家，占 23.3%；另外，来自中国港澳台的企业 32 家，占 7.9%；其他国家的企业 40 家，占 9.9%（见表 4）。

**表 4　2012 年按国内划分上海跨国公司地区总部统计**

| 投资来源地 | 数目（家） | 占比（%） |
|---|---|---|
| 美 国 | 131 | 32.5 |
| 欧 洲 | 106 | 26.3 |
| 日 本 | 94 | 23.3 |
| 中国港澳台 | 32 | 7.9 |
| 其 他 国 家 | 40 | 9.9 |

资料来源：上海市商务委。

### 3. 沪港跨国公司地区总部主要业务范围比较

香港跨国公司地区总部业务以服务业为主。按主要业务范围分析 2013 年香港跨国公司地区总部，其中 690 家地区总部从事进出口贸易、批发及零售业，236 家从事专业、商用及教育服务业，175 家从事金融及银行业，127

家从事运输、仓库及速递服务业。一般而言，地区总部的主要业务与其母公司的主要业务范围相一致，而香港跨国公司地区总部境外母公司的主要业务范围与其在香港地区总部的业务范围略有不同。2013年的统计数据显示，境外母公司从事进出口贸易、批发及零售业的有534家，从事制造业的有494家，从事金融及银行业的有196家，从事专业、商用及教育服务业的有143家，从事运输、仓库及速递服务业的有131家。特别是2013年境外母公司从事制造业的地区总部数量共494家，远超过本身在香港的主要业务范围为制造业的地区总部数量（35家）。这主要是由于不少从事进出口贸易、批发及零售业的香港地区总部，实际上负责为境外母公司制造的产品提供销售及相关服务。总之，这些都说明香港跨国公司地区总部业务范围以服务业为主（见图1）。

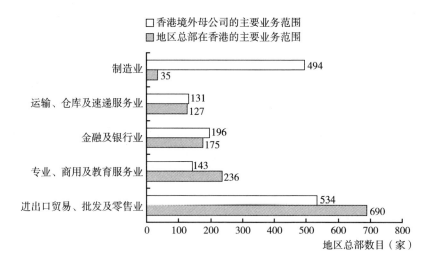

**图1 2013年按在香港主要业务范围划分的地区总部数目**

资料来源：香港特区政府统计处。

上海跨国公司地区总部的业务范围以制造业为主，服务业比重逐年提高。截至2012年，按主要业务范围分析，在已落户上海的跨国公司地区总部中，从事制造业的企业总部有311家，占77.2%；从事服务业的企业总部有92家，占22.8%。近年来，随着上海经济结构转型和服务业领域对外开放程度的不断扩大，在上海设立地区总部的跨国公司从传统制造业领域逐步拓展到商业、人力资源、广告、物流、法律等服务业领域，服务业领域跨国公司地区总部的比重呈平稳增长趋势。

### 4. 沪港跨国公司地区总部负责业务的管辖区域比较

2013 年，在总计 1379 家香港地区总部中，有 1128 家地区总部除负责香港的业务外，也负责中国内地的业务。地区总部的地域责任为新加坡的有446 家，其次是中国台湾 437 家、韩国 331 家、日本 321 家。香港地区总部业务负责管辖区域以亚太区为主（见图 2）。

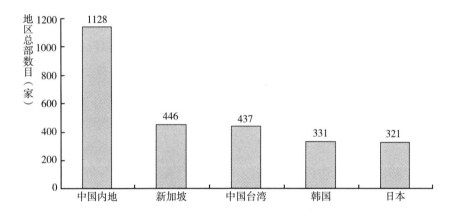

**图 2　2013 年按区内地域责任（香港除外）划分的香港地区总部数目**

资料来源：香港特区政府统计处。

截至 2012 年 9 月底，在 403 家上海跨国公司地区总部中，约有 60 家属于亚太区总部或亚洲区总部，占比仅为 14.9%[①]。

从以上对沪港跨国公司地区总部特点的比较分析中可以看出，香港的跨国公司地区总部数量多，能级较高的总部数量较多，总体产业结构合理，这些均进一步提升了香港的国际金融中心地位和城市国际影响力。

上海跨国公司地区总部数量仍偏少，传统产业居首，亚太区或亚洲区能

---

① 《近 60 家跨国公司在上海设立亚太或亚洲区域总部》，新华网，http://news.xinhuanet.com/fortune/2012-11/04/c_ 113598931.htm。

级较高的地区总部占比小。因此，上海发展总部经济不仅要实现数量的突破，而且要实现质量的突破，即吸引资源配置能力较强、产业带动效应明显、管理级别较高、行业地位突出、市场竞争力和社会影响力巨大的综合性功能中心的高能级地区总部入驻。

因此，上海自贸区需积极构建更加适合总部经济运营的环境系统，进一步提升总部机构的能级和全球资源配置能力，同时搭建扩大和加强总部经济辐射能力的环境系统，带动区域的发展。

## 四 上海自贸区和香港跨国公司地区总部选址重要标准比较

按照表1跨国公司地区总部所在地选址重要标准及各标准对应的关键表现指标，以下依次分析上海自贸区和香港两地地区总部选址重要指标的情况。

### （一）与客户/市场的距离

#### 1. 地理位置

香港位于亚洲中心，接连区内多个重要市场（见图3）。香港成为亚洲金融中心和国际运输枢纽，得以跻身为世界第九大贸易经济体，最重要的是地利。由于地理位置优越，过去数十年米，香港的经济发展态势良好，跨国公司进入香港，一方面可以踏上进入亚太的最佳"跳板"，另一方面跨国公司进入香港也就进入了开拓中国市场的最佳基地和重要枢纽。

上海背靠富庶的长江三角洲，地处太平洋西岸的中部和黄金水道长江入海口，腹地广袤，再加上四通八达的国际交通，上海成为联系中国和世界各地的交通要道。上海良好的区位优势使上海的跨国公司地区总部更贴近目标客户和市场，可快速及时地为客户提供迅速且专属定制的解决方案，更全面地把握其发展规律和客户群，捕捉到潜在的商业发展机会。同时，上海具有的国内国际强大的辐射效力可以发散到长三角地区或更远腹地乃至亚洲区的各个国家。跨国公司选址上海作为地区总部，就可将上海作为"跳板"布局中国市场和亚太市场。

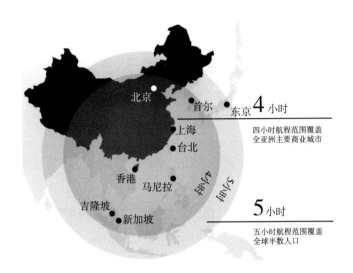

**图3　香港良好的地理位置**

资料来源：香港特区政府投资推广署网站。

### 2.交通网络设施

道路、桥梁、机场和港口是运输货物所需的基建设施，其质素和整合程度非常重要。因此，为确保商业运作畅通无碍，降低时间成本，香港建成了高效便捷的本地和地区交通、顶级的通信设施以及世界领先的海运和航空货运系统与物流枢纽，并周期性升级港口、机场、铁路和公路等大型硬件设施。为了进一步构建与外部地区的交通网络，自2007年始香港又开始建设"十个主要基建项目"系列，如广深港高速铁路、港珠澳大桥等。香港目前所构建的便捷的交通运输和网络系统有利于香港跨国公司地区总部与子公司、分支机构、加工基地之间的联系，从而使跨国公司的决策机制和市场机制紧密地联系起来。

上海目前已经建立了较为健全的城市交通网络，通过长江、京杭大运河、铁路、公路覆盖到全国所有地方，形成了连接国内的发达的公路、铁路

和内河交通网络，拥有两个国际机场和中国最大的海港港口。但与其他国际金融贸易中心相比，上海无论在国际航线分布上，还是在内陆货运能力、服务水平、信息技术手段等方面还有一定差距。

总体而言，上海自贸区和香港在与客户/市场距离这一指标的比较上，各自区位优势明显，上海的交通设施略逊香港一筹。

### （二）法律和监管环境

#### 1. 法律制度完善度

健全完善的市场环境，离不开法制基础。香港多年来通过制定一系列法律法规来规范市场行为，保持市场的有效竞争和运转。目前香港的条例和附属立法有1000多件，而与经济相关的法规约占总数的45%。由于香港制定了涉及面较广的法规，因此较好地规范了各部门和商业活动各个环节，同时香港法规为构建完善的自由竞争规则奠定了基础。

香港法制沿用英式普通法，司法制度完全独立。香港司法机构不是行政机关的一部分，而是可独立行使审讯权的组织机构。自香港特区成立以来，司法独立得到《基本法》的保障。由于法律制度健全，香港被认为是办理业务合约或处理各类纠纷的理想地点。此外，香港各类调解及仲裁服务广受国际信赖，在香港做出的判决在全球多个不同司法辖区内均具效力。

上海是全国吸引跨国公司地区总部数量最多的城市，制度框架主要以《上海市鼓励跨国公司设立地区总部的规定》和《关于〈上海市鼓励跨国公司设立地区总部的规定〉的实施意见》为主。上海自贸区成立以来，为了突破现有的金融环境和投资体制，相继公布了《中国（上海）自由贸易试验区管理办法》《中国（上海）自由贸易试验区外商投资项目备案管理办法》《中国（上海）自由贸易试验区外商投资企业备案管理办法》《中国（上海）自由贸易试验区境外投资项目备案管理办法》《中国（上海）自由贸易试验区境外投资开办企业备案管理办法》等众多管理办法，消除了跨国公司地区总部审批、外汇管理等多种障碍，使其在更大范围内、更高水平上配置亚太资源乃至全球资源。

尽管如此，我国吸引跨国公司地区总部的制度环境和管理方式还有待进一步与国际惯例接轨。例如，香港对本地公司与外资公司的监管一视同仁，也没有所谓的对特定企业认定的环节，而在上海的跨国公司地区总部需经上海有关部门认定才可享受相应的政策优惠。因此，有部分不满足跨国公司地区总部认定条件，但承担了地区总部职能的外资企业将享受不到政策优惠，进而会削弱这类跨国公司入驻上海的吸引力。

又如，跨境服务增值税免税属国家政策，涉及的业务面很广，但跨境服务相比实物贸易而言，因服务贸易没有实物的流转，不需要物流递送，没有报关单据，监管难度更大。目前上海自贸区对跨境服务的申请实行备案制，而对于企业来说提交给自贸区税务部门的备案申请，有时税务部门并未告知是否通过，"备案申请"实际上遭到了搁置，企业无所适从。因此，备案制的执行过程也需要监管部门有一整套完整的流程以方便企业运作。

### 2. 法律便捷度

香港没有针对跨国地区总部设立特殊政策，香港颁布的政策均适用于各类企业。因此，香港简洁、透明、公平、便捷的经济政策，成为其培育总部经济发展的重要工具。

目前上海政府多个部门协同对上海跨国公司地区总部进行管理。例如，上海市商务委负责对跨国公司地区总部进行认定工作，同时上海市商务委协调工商、财政、税务、外事、人力资源和社会保障、出入境管理、外汇管理、海关、出入境检验检疫等部门在各自职责范围内负责对地区总部进行相关管理工作。这种政府部门多头管理的模式，会造成跨国公司地区总部在运营整合业务时可能对政府多部门相互衔接配套的政策体系不熟悉，降低了工作效率，削弱了业务拓展能力，在一定程度上影响了跨国企业投资进程和职能拓展。

### 3. 知识产权保护力度

香港的法律制度为专利、外观设计、商标及版权等知识产权提供了全面的法律保护。专利权要在香港获得保护，必须根据《专利条例》（《香港法

例》第 514 章）注册。香港设有两类专利，分别为标准专利和短期专利。缴付续期费后，标准专利的保障期最长为 20 年，而短期专利则最长为 8 年。《商标条例》阐明了在香港商标注册的基础及准则，以及注册商标可享受的权利。注册商标的拥有人有权在其货物或服务中专享使用该商标，并可向未经拥有人同意而使用该商标的人士采取法律行动。在香港，版权受《版权条例》（《香港法例》第 528 章）保护。在世界任何地方独创的作品及表演，其版权在香港都受到保障。版权无须注册，如果该作品本身蕴含版权，便自动受到保障。香港根据《注册外观设计条例》（《香港法例》第 522 章）成立了一个独立的"外观设计注册处"。注册只保障作品的外观。一个可注册的设计包括一件作品的形状、构形、式样或装饰，设计必须具有特色。注册有效期共 25 年，每 5 年须重新续期①。

香港知识产权立法和执法分属两个部门负责。香港知识产权署确保香港的知识产权制度能鼓励创意，使企业享有公平自由的经营环境，以保持香港作为国际商贸中心和金融中心的地位。与中国内地及台湾的海关不同，香港海关不以增加收入作为主要工作，而是专注保护及促进合法贸易、保障知识产权和防止走私。因此，香港海关负责知识产权的刑事执法事宜，调查侵犯商标、版权和假冒商标的投诉。香港海关被赋予广泛的搜查及逮捕权力，并与国外执法机构及知识产权持有人合作，打击侵犯知识产权活动。

上海自贸区运行以来，区内知识产权保护和管理体系已初显轮廓，专利和版权方面的行政管理与执法出自贸区管委会统一行使，商标的行政管理、行政执法则由设在自贸区内的工商局行使。在加强知识产权保护方面，上海自贸区成立了中国（上海）自由贸易试验区仲裁院和具有民间性质的第三方调解平台中国（上海）自由贸易试验区国际商事联合调解庭，尝试从司法保护、行政保护以及通过第三方多元化的机制去解决知识产权纠纷。

尽管如此，目前上海自贸区还存在知识产权机构管理分散、执法体制不完善的问题。按照《中国（上海）自由贸易试验区管理办法》，海关、质

①  http：//www. investhk. gov. hk/zh – cn/setting-up-your-business/ip-rights. html.

检、公安、法院、检察院等部门已在自贸区设立办事机构，其仍依据原法律法规进行不同环节的执法。因此，上海自贸区在商标、版权、专利行政执法方面采取的是自贸区管委会集中管理执法与各部门单设机构管理执法的共管模式，未按照商标、版权、专利"三合一"建立知识产权行政管理和执法体制。自贸区知识产权机构管理和执法不能高度统一，可能造成区内知识产权机构缺乏协调配合和信息共享机制，会出现确定侵权行为难等问题。而且随着跨境电子商务等自贸区新型业态的快速发展，海关保护知识产权的重要作用将日益凸显。

目前自贸区知识产权问题还未突出。但随着自贸区进入实质性运转，未来在知识产权方面会不断出现新情况，因此，可借鉴香港和国际保护知识产权管理和执法的顶层设计，促进知识产权保护和维权机制相互契合。

### 4. 监管环境

香港监管环境透明公正，首先归功于香港的自由港地位。美国传统基金会和《华尔街日报》于2013年初发表报告指出，香港连续19年位列"全球最自由经济体"榜首。香港发展成为国际贸易枢纽、亚洲金融中心以及国际运输物流中心，其自由港地位正是成功的关键。香港绝大多数外国商品可免税进出口。香港港口划在一国关税国境（关境）以外，外国商品除进出港口时免缴关税外，还可在港口内自由改装、加工、长期储存或销售，只有将货物转移到香港境内时才需缴纳关税。另外，还归功于政府清晰的职责定位。香港政府主要负责制定基本的规则和监管公用事业的运作。香港政府官员在商界不担任实质性的角色，香港政府也没有控股公司在香港的大企业中持有股份，官营公司非常少。香港政府发出专营牌照给各种各样的公用事业，如电力、地铁、货柜码头和机场，但政府很少有利益关系牵扯其中。政府清晰的职责定位保证了监管的公开、自由、透明。

香港对企业实行政府各部门行政监管和行业组织自律监管相结合的监管模式。香港行业协会独立性强，内部治理结构较完善，拥有较大的自律监管权，主要表现在以下三个方面。一是香港行业协会采用多种手段对行业会员的质量进行监管，如通过制定行业规章、对产品或服务质量事件进行查处和

处分、对受侵害的消费者予以行业协会的自主赔偿等。二是政府把对行业企业的部分监管权转移给了行业协会，由其来具体行使，如香港政府授权香港中华总商会、香港总商会、香港中华厂商联合会、香港工业总会等多个有重要影响力的大商会，签发各种产地来源证。这种方式在一定程度上充分地发挥了行业协会的作用。三是香港政府为行业协会参政议政提供有效的途径，在议会中专设行业协会一席，使香港的行业协会对涉及本行业领域的政府决策和法规制定具有合法的参与权和现实途径。

香港政府通过建立完善的企业和个人信用管理体系，创立严格的失信惩罚机制，强化香港企业和个人的诚信意识，营造良好的监管环境。香港政府制定严格、详细和可操作的条例来界定与规范涉及信用的贸易往来、信贷融资、信用消费等领域的双方权利、义务及责任，有效地减少了失信情况的发生。

运行以来的上海自贸区简化了许多行政手续，努力为跨国公司地区总部提供更为便捷的服务。上海自贸区取消了前置审批，实行备案管理，无论内资还是外资，只要承诺符合条件，都可最快在 4 个工作日内完成注册全流程。同时，自贸区实行一口受理，即申请人只需将材料递交到一个窗口即可，不必在各个部门之间奔波。另外，区外实行的是实到注册资本，区内则取消了实收资本的规定。海关通关手续也大大简化，效率提高到几分钟即可完成通关手续①。

在投资监管模式上，上海自贸区借鉴国际通行规则，对区内的外商投资实行准入前国民待遇，同时采用外商投资准入特别管理措施（负面清单）管理模式。对外商投资实行准入前国民待遇，即将国民待遇延伸至投资发生和建立前的阶段，如公司设立、获得、扩大等。负面清单管理模式是以外商投资法律法规、《中国（上海）自由贸易试验区总体方案》和《外商投资产业指导目录》（2011 年修订）等为依据，列明自贸区内对外商投资项目和设立外商投资企业采取的与国民待遇等不符的准入措施。而对外商投资准入特

---

① 《自贸区内涵在于创建与国际接轨的制度体系》，《上海法制报》2014 年 1 月 21 日。

别管理措施（负面清单）之外的领域，则按照内外资一致的原则，将外商投资项目由核准制改为备案制，但国务院规定对国内投资项目保留核准的除外，同时将外商投资企业合同章程审批改为备案管理①。自贸区监管环境的进一步优化为跨国公司地区总部的投资提供了便利条件。

### 5. 贸易便利化程度

所有通过海、陆、空进出香港的货物，均受香港海关监管。香港通关手续效率极高，通常在一天内完成，方便货物进出。为了加快货物清关，并尽量减少在关口的延误，香港海关利用信用管理方式作为货物通关查验的标准，海关依据以往经验判断货主过去的通关记录、外部情报等，对通关货物进行抽验而非全部查验，该方式可提高货物流通效率，节省时间成本。同时，香港实施四大电子货物清关系统，方便企业预先提交货物资料并快速处理。四大电子货物清关系统包括：空运货物清关系统（ACCS），即把位于香港国际机场的空运运营商与海关联系起来，加快空运货物清关；电子货物舱单系统（EMAN），其可在货物运抵前以电子方式提交货物舱单；海运简易通关计划（SCCS），其容许货运代理和物流公司通过电子渠道提交副提单资料，方便海运货物清关；道路货物资料系统（ROCARS），方便已登记的付货人或其货运代理以电子方式预先提供道路货物资料。目前货车运载的货物在香港陆路边境管制站可享用无缝的清关服务。香港海关建立的电子货物清关系统配合流动设备等多种平台实时处理货物停留或放行以及抽验货物的方式，能够进一步促进便利贸易，有助于提升香港作为国际贸易物流中心的竞争力。

为了方便跨国公司地区总部业务高效运营，《上海市鼓励跨国公司设立地区总部的规定》提出对符合条件的地区总部及其设立的研发中心、海关和出入境检验检疫部门为其进出口货物提供通关便利。地区总部设立保税物流中心和分拨中心，并进行物流整合的，由海关、外汇、出入境检验检疫等

---

① 《〈中国（上海）自由贸易试验区管理办法〉解读》，上海市人民政府网站。

部门对其采取便利化的监管措施①。

在此基础上，上海自贸区又将贸易便利化推进了一大步，因为贸易便利化是上海自贸区最基本的功能。自贸区按照"一线逐步彻底放开、二线高效管住、区内自由流动"的要求，改革以前的一线进境货物"先申报、后入区"的海关监管模式，允许企业"先入区、再申报"，最大限度地提升一线进出境便利程度和物流效率②。自贸区内实施的贸易便利化措施，能够大幅缩短通关速度，促进跨国公司将境外业务整合到上海。

从对上海自贸区和香港在法律和监管环境标准的比较中可以看出，由于香港是中西方经济文化交融的中心，因此香港的司法、法律等各方面与国际惯例紧密接轨。而且香港司法独立，法律环境完善，对知识产权的保护力度大，监管环境透明公正，贸易便利化程度全球首屈一指。上海自贸区在制度创新的推动下，贸易便利化措施明显，但区内法律制度还需与国际惯例进一步接轨，法律政策衔接、简洁度、便捷化还需要进一步完善，监管环境还需进一步优化。

## （三）政治环境

香港是全球最廉洁的城市之一。在 2013 年由透明国际（Transparency International，TI）实行的全球贪腐观感指数（Corruption Perceptions Index）调查中，香港的排名比日、美、法等发达国家还靠前。香港政府廉政的成绩应归功于香港健全的公共行政架构，能够确保所有公营、私营机构在商业上公平竞争。

但近期香港的一些反对派利用香港市民对政府管治和施政的不满，制造矛盾，分化社会，有泛政治化倾向。这种泛政治化趋势若进一步加剧，将导致香港社会对立严重、营商环境不稳定、企业对未来营商预期较悲观，从而削弱其在香港营商的意愿。

---

① 《上海市鼓励跨国公司设立地区总部的规定》（沪府发〔2011〕98 号）。
② 《中国（上海）自由贸易试验区总体方案》（国发〔2013〕38 号）。

上海自贸区的成立是中国在内忧外患的形势下启动的新一轮改革。首先，中国的发展受内部环境的制约。在拉动经济的"三驾马车"中，外贸出口向来是冲在最前的，带动很多相关企业的发展。但近年来中国的进出口一直呈现疲软态势，并不足以拉动中国的经济增长。从中国的发展经验来看，每当经济发展出现停滞时都能从外贸发展中找到新的爆发点，以开放促发展。其次，中国的发展还受到外部环境的制约。美国通过跨太平洋伙伴关系协议（Trans-Pacific Partnership Agreement，TPP）鼓励世界其他国家开放自己的产业，打开别国市场，允许美国有市场竞争力的产业进入。而且美国又对欧洲国家设计了与 TPP 类似的协议——TPIP。如果这两项协议都能最终达成，则全球经济体都将受到美国的控制。若按照 TPP 的要求，2020 年将是全面开放的大限，届时 TPP 不仅要求成员国相互全部免除关税，甚至还要全面开放包括国家关键产业在内的几乎所有经济领域，实现更自由的资本、人员的流动。这无疑给中国造成了一定的压力。因此，自贸区的成立被赋予重大意义，被称为中国经济发展的新动力和政府拉动经济增长的新引擎。

## （四）商业环境

### 1. 公平的贸易条件

在贸易及服务全球化的趋势下，香港政府积极争取较公平的自由贸易条件，香港工业贸易署代表香港在国际贸易组织中扮演重要角色，推动全球自由贸易。其重要角色主要包括：在国际贸易组织内争取自由贸易、开放市场；与许多国家签订自由贸易条约，争取较高的配额和减少限制；就贸易摩擦及纠纷与外国政府谈判；香港工业贸易署和驻海外的香港经济贸易办事处负责搜集和发布海外可能影响香港对外贸易的信息；等等。香港构建的自由贸易环境能够帮助跨国企业地区总部更有效地跟其他经济体连接起来，促进其业务开拓和发展。

"权利公平、机会公平、规则公平"不仅是新一轮全球化和国际贸易的新要求，也是未来中国经济社会改革的方向。从外部看，全球贸易正出现由

倡导"自由贸易"转向"公平贸易"的新趋势。从内部看,中国目前仍算不上一个健全的市场经济国家,仍存在各种制度壁垒妨碍生产要素的自由流动和公平竞争。上海自贸区设立的重要意义之一是通过创立"权利公平、机会公平、规则公平"的制度安排,形成公平利益分配大格局①。自贸区成立以来,在推动投资自由化、金融改革、贸易便利化、政府简政放权等方面均有创新,未来在贸易方面,自贸区能否逐步取消种种贸易壁垒、对区内进口商品逐步降低关税最终实行零关税、把上海打造成一个自由贸易港将拭目以待。

**2. 政府对外贸易投资宣传力度**

香港政府分设两个部门协同加大香港对外贸易宣传力度。成立于1966年的香港贸易发展局是一家法定机构,现已在世界31个国家设立了43个办事处,负责促进香港的对外贸易。其主要工作包括:主办或组织参加国际推广活动,为香港厂商和贸易商争取国际买家;拓展海外市场,如在海外市场宣传香港产品及服务、帮助香港公司开拓商业机会等;提供资料及咨询服务,为香港供应商和买家与海外的公司建立联系;出版刊物,传递商品及市场信息;等等。

香港投资推广署等部门及驻海外的机构主要负责对外介绍香港的投资环境,为有意投资香港的人士提供免费意见和协助。该部门提供专职人员全程跟进企业策划、筹组、开业、拓展四个阶段,并对客户的信息和进展保密。在策划阶段,由投资推广署专职人员为外商客户提供行业的最新商机、开业程序、商业及会计法规、成本模式参考、雇佣法规、招募员工及实习人员、出入境法规、商标注册、贸易法规、安排实地考察及会见有关机构等专业意见。在筹组阶段,由专职人员提供各种支持服务,如协助物色秘书公司、会计师、律师、房地产代理、人力资源顾问等商业服务供应商,办公室选址咨询,协助联系其他政府部门,办理各类执照、协助申领工作签证及雇佣事宜以及有关在港生活的咨询服务。筹备工作完成时,由投资推广署提供企业宣

---

① 魏建国:《上海自贸区的要义在公平》,《环球时报》2013年11月6日。

传推广服务，如出版客户简介、通过投资推广署双月刊发布客户资讯。为支持企业成功开业，投资推广署高级官员将出席开业仪式并发表讲话，协助客户举行新闻发布会，而且投资推广署与外商客户的伙伴关系不会在客户顺利开业后终止。专职人员仍将与客户保持联系，继续为客户业务拓展提供意见和支持服务，如提供业界及商界联谊的机会，协助介绍行业商会、各国领事馆、贸易组织等资讯，帮助企业进行商业配对；等等。

香港政府两个部门各司其职，一个协助在港企业"走出去"，一个协助拟赴港企业"走进来"。政府正确定位于服务的角色，增强了企业发展的动力，有力地促进了企业的业务拓展。

为了推动自贸区的发展，上海自贸区应鼓励企业拓展国际业务，即为企业"走出去"服务，同时应加大自贸区营销力度，为有意投资上海自贸区的企业提供免费意见和协助，即为企业"请进来"服务。自贸区目前在这两方面还处于筹备建设阶段。据媒体报道，2014年7月，自贸区已计划设立境外投资服务平台，实现线上、线下同步开展境外投资服务，成立专门机构为自贸区"走出去"企业提供全流程服务，"提供从境外企业设立到歇业为止的全流程服务"。海外民间也积极推广自贸区，如2013年9月澳大利亚众多华人社团积极组建了"澳大利亚中国（上海）自由贸易区推广事务委员会"。无论如何，目前自贸区对外宣传推广的力度还显后劲不足，自贸区的对外宣传推广工作还应该借鉴香港经验，由政府牵头，分设两个职能分工明确的部门，向本地企业和海外企业提供全面、免费、专业的服务。

### 3. 政府对企业、行业的政策支持

为培养和提高香港企业的研发实力，香港给予企业科技研发较大的倾斜优惠政策。香港于1993年初推行应用研究发展计划，设立多种基金，对应用研究发展提供75%的费用资助，并以贷款或资本参与的方式资助。例如，创新及科技基金，总值50亿港元，用以鼓励及协助企业进行研发活动，以促进技术发展及效果革新；小型企业研究资助计划（SERAP）旨在为员工人数少于100人的小规模技术型企业提供资助，在两年内助其进行商业性研究项目。获批资助项目将按一元对一元的等额出资方式得到一笔最多为600

万港元的免息贷款。获资助的项目产生的知识产权，将由获款公司拥有；大学与产业合作计划（UICP）由三项计划组成，包括厂校合作研究计划、合作研究等额补助金计划及客席研究员产业研究计划，旨在鼓励企业充分利用各大学的知识及资源，展开研发工作。

香港还为高新技术企业提供支持服务。主要包括由香港生产力促进局在产品开发、培训及科技转移等各方面提供服务；成立香港科技园，其任务是协助促进科技创新及把高新科技应用于工业，充当工业发展的孵化器。香港科技园主要提供三方面服务：培育以科技为基础的业务并提供场地；提供科技转移服务；提供研究及发展的支援服务。此外，香港还通过设立产品设计公司、标准及校正实验所等机构，提供产品设计、测试、检验等服务。提供服务的机构，可获得香港政府的创新及科技基金资助。

上海政府一直给予跨国公司地区总部很大的政策倾斜和优惠力度。2011 年上海政府发布《上海市鼓励跨国公司设立地区总部的规定》，取消了原来的税收优惠政策，规定对跨国公司地区总部实行"资助和奖励"的政策。如新注册并被认定为地区总部的企业，可获得开办和租房资助；具有经营管理、研发、资金管理、销售、物流及支持服务等综合性运营职能，且对经济发展有突出贡献、取得良好效益的地区总部，可以获得相应的奖励；地区总部高管可获得地方政府奖励；等等。2013 年 4 月，上海市商务委和财政局联合发布《上海市鼓励跨国公司地区总部发展专项资金使用和管理办法》，办法规定上海市财政预算安排专项补助性资金用于鼓励本市跨国公司地区总部发展。该资金主要通过开办资质、租房自助、提升能级的资助以及对投资性公司地区总部整合股权的资助等几类无偿资助的方式发放，鼓励和支持跨国公司在上海市以投资性公司和管理性公司形式设立地区总部，鼓励跨国公司地区总部集聚实体业务，拓展功能，提升能级。据报道，2014 年上海拿出总计 19515.81 万元的专项资金用作鼓励跨国公司地区总部发展①。

---

① 胡晓晶：《鼓励更多跨国公司地区总部入驻》，《新民晚报》2014 年 7 月 15 日。

### 4. 良好的金融环境

香港良好的金融环境如独立的货币系统，货币、黄金完全自由买卖，无外汇管制等促进了香港成为亚太区重要的银行和金融中心。国际结算银行调查显示，2013 年，香港是亚洲第三大和全球第五大外汇市场，平均每日成交额为 2750 亿美元。以市值计算，截至 2013 年底，香港是亚洲第二大和全球第六大证券市场。香港交易所共有 1643 家公司上市，其中 179 家公司在创业板挂牌。香港股市总市值达 3.1 万亿美元。香港也是亚洲第二大私募基金中心，在 2013 年底管理的基金总额约占整个地区的 19%[①]。自 2009 年 7 月香港推出跨境贸易人民币结算试点业务以来，香港的离岸人民币业务迅速扩大，推出了更多以人民币计价的金融产品和服务，包括贸易融资、股票、债券和基金。截至 2013 年底，相关的跨境汇款总额为 8.7 万亿元，香港人民币存款达 8600 亿元，在香港发行的人民币计价债券（"点心债"）达 1170 亿元[②]。香港政府恪守尽量不干预金融市场运作的原则，使香港金融市场在有效和具透明度的监管下运作，并且各项监管规定符合国际标准。香港良好的金融环境为跨国企业地区总部提供了各类投资产品及服务，并创造了一个有利于经商的环境。

为了保证跨国公司地区总部资金流的畅通，上海一直打造良好的外部金融环境。如允许行使投资管理的地区总部建立统一的内部资金管理体制，对自有资金实施统一管理。鼓励上海市商业银行按照央行和银监会的要求，积极为跨国公司地区总部提供所需要的结算、汇兑等金融服务。涉及外汇资金运作的符合条件的地区总部可按规定参与跨国公司外汇资金集中管理、境外放款等试点业务。

由于我国对外资企业实行外汇管制、投融资限制等监管方式，因此政府的一些监管政策给跨国公司地区总部扩展业务带来了一定障碍。例如，对内，尽管隶属于同一投资者，按照外汇管理规定，不允许企业间的外汇平衡

---

① http：//zh. wikipedia. org/wiki/% E9% A6% 99% E6% B8% AF% E7% B6% 93% E6% BF% 9F.

② 香港贸发局研究部：《香港经贸概况》，2014 年 8 月 26 日。

和外汇调剂，不允许境内跨国公司地区总部与关联分公司、子公司以贷款、拆借等形式进行资金调拨，因此总部无法实现资金在各分公司、子公司之间的自主流动。对外，按照外汇管理规定，跨国公司无法从境内向境外投资，境内收到的母公司垫款、管理费等正常资金无法实现汇出，无法完成资金在国际的灵活调拨，这些都限制了跨国公司资金管理职能的发挥。

在此背景下，上海自贸区的金融改革为跨国公司地区总部职能发挥和业务开拓提供了方便。2013 年 12 月发布的《中国人民银行关于金融支持中国（上海）自由贸易试验区建设的意见》从贸易便利化、人民币跨境结算、外汇管理三个方面为自贸区的金融环境改善奠定了基调。2014 年 2 月国家外汇管理局、上海市分局发布《关于印发支持中国（上海）自由贸易试验区建设外汇管理实施细则的通知》，体现了大幅度简化外汇管理的审批流程、大面积简政放权的特点。从具体内容看，不仅简化了区内主体和境外之间经常项目交易单证的审核以及直接投资外汇登记的手续，还率先在全国实行外资企业外汇资本金意愿结汇，赋予企业结汇选择权，规避汇率风险；同时，还取消了相当部分的债权债务行政审批手续，促进了跨境融资的大幅度便利化。在改进外债风险管理的前提下，赋予了微观主体更多境内外融资的自主选择权。2014 年 5 月实行的自贸区跨国公司总部外汇资金集中运营管理试点更是为解决跨国公司地区总部资金管理方面的问题扫清了障碍。试点启动后，跨国公司可同时或单独设立国内、国际外汇资金主账户，集中管理境内外成员企业外汇资金，开展资金集中收付汇、轧差净额结算。为方便企业内部调剂资金余缺、方便跨国公司融通资金，国际外汇资金主账户与境外自由划转，无额度限制；国际账户与国内账户在规定的外债和对外放款额度内，实现有限联通。通过外汇资金集中管理，跨国公司可降低财务成本、提高资金使用效率、盘活境内外资产①。

尽管国内还存在外汇管制、债权债务行政审批烦琐等问题，自贸区内银

---

① 《自贸区跨国公司总部外汇资金集中运营管理试点启动》，上海政务网，http：//shzw. eastday. com/shzw/G/20140517/u1ai129355. html。

行与香港的离岸人民币中心和国际金融中心所提供的服务还有很大差距，但自贸区的金融改革还是优化了跨国公司地区总部的金融环境，为其拓展区域业务、发展地区总部资金管理职能向前推进了一大步。

### 5. 人流、物流、资金流及信息流的自由度

香港是全世界最自由和繁荣的商贸港口，基础设施良好，人流、物流、资金流进出自由，信息流通自由。香港与100多个国家有免签证协议，和珠三角等地也推出免签证来往旅游计划；货物进出香港免征关税，海陆空物流处理速度极快；香港无外汇管制，各种外币可自由兑换，资金进出无限制。香港的网络信息高度透明、传递快速，出版及言论自由受保障，网上详载各类公共服务信息。

自贸区对于人流、物流、资金流、信息流的集聚效应非常显著。这种"虹吸效应"一方面由于自贸区赋予企业的国际化运营、贸易便利化、金融自由化等优惠政策会直接促使企业将总部尤其是财务中心、运营中心和营销中心等功能性的企业总部迁至上海；另一方面，自贸区的免税、保税、完税功能将吸引自贸区附近区域的高端消费需求，如高端服务业、高端消费品进口等，这都将集聚更多的人流、物流、资金流、信息流。

通过对商业环境标准的比较可以看出，同世界银行与国际金融公司联合发表的《2014年营商环境报告》所述一样，因香港实行自由市场经济，信息自由流通，拥有公平的竞争环境，因此香港是全球最方便营商的城市之一。上海自贸区创建公平贸易的制度安排正在推进和实现，吸引投资的支持力度正在增强，金融环境改善明显，但对外贸易宣传力度较小，需进一步加大。

### （五）税收环境

#### 1. 税制

世界银行与IFC国际金融企业组织调查了189个经济体系的赋税状况后联合发布《2014赋税环境报告》（*Paying Taxes 2014*），报告显示香港的赋税环境是全球最佳地区之一。香港实行简单低税制，仅征收三种直接税，分

别是利得税、薪俸税及物业税,不设销售税、预扣税、资本增值税、股息税及遗产税。企业利得税征收方式为:法团业务税率为16.5%,非法团业务税率则为15%。企业支付的股息无须缴纳预扣税。企业收取的股息也可获豁免利得税。企业和个人(金融机构除外)存放在认可银行的存款利息收入,可获豁免所得税。亏损可无限期结转以扣减税款[①]。

个人薪俸税应缴税的收入包括佣金、红利、约满酬金、津贴(包括教育津贴)以及其他额外津贴。退休金及因在香港提供服务而取得的收入也需纳税。应付税款按比例递增由2%至17%不等。然而,每名纳税人需缴纳的税款不会高于其总收入的15%。

物业税率统一为可收租金(除差饷外)减去维修及保养免税额20%后的15%。然而,公司为租金收入缴付所得税后,便无须缴纳物业税。

香港税负的优势,不仅在于只设三种直接税,还在于设有宽松的免税额制度和其他可扣税项目,使税负得以再减轻。例如,因兴建工业大楼和建筑物而产生的资本支出,在支出当年,这笔支出的20%可享受免税,其后每年的4%可享受免税;商业楼宇每年有4%的折旧免税额。翻修商用楼宇的资本支出分5年等额扣除。最终楼宇用户持有者产生的与制造业有关的工业装置及机械、电脑软硬件及开发成本的支出,可实时扣除100%。其他可扣税项目有贷款利息、楼宇和占用土地的租金、雇员工资、坏账、商标和专利注册费、科学研究支出,以及雇员退休计划供款等。

我国实行国税、地税两级税制,造成企业税收负担过重,行政收费混杂。一方面,政府为招商引资,对新设企业税收执行上税率各不相同;另一方面,在税收之外的政府收费比较混乱,收费标准混乱且名目繁多,这些均增加了跨国企业业务开展的困难。

2. 税率

香港主要税种企业利得税征收方式最高税率为16.5%,个人薪俸税最高17%,税率均较低。而且除烟草等少量物品外,香港对进口货物一般不

---

① http://www.ird.gov.hk/.

征收关税。

上海自贸区不是政策洼地，是制度创新的试验区。因此，一直谣传的自贸区内企业税率所得税将降低的传闻不太可能实现。目前的企业所得税税率为25%。符合条件的小型微利企业可减按20%的税率征收企业所得税。此外，国家需要重点扶持的高新技术企业可减按15%的税率征收企业所得税。在个人所得税上，实行税前工资制度，最高边际税率为45%。因此，与香港相比，我国主要的企业所得税和个人所得税两个税种的税收水平明显过高。

### 3. 缴税方便度

香港企业平均每年只需要缴纳三次税款。据香港媒体报道，香港企业每年平均处理税务的时间只有80个小时，大大低于东亚和太平洋地区的平均时间215个小时。在香港，报税手续十分简单，大部分企业和个人均可自行办理，更可在网上办理，还可通过众多的会计师事务所办理报税业务。

由于我国税制和税率复杂，企业申报缴纳各类税时或遇到备案、审核以及每月报送等要求，所以企业的纳税方便度较香港低。因此自贸区积极推进税务便利化改革。2014年7月，上海自贸区推出"办税一网通"10项措施，包括在网上操作的自动赋码、发票应用、区域通办、自主办税、审批备案、资格认定、非贸管理、按季申报、信用评价、服务体验。这10项措施体现了自贸区税务改革的三个特点，即服务最大化、干预最小化、纳税诚信化。10项税务便利化措施将提高跨国公司地区总部缴税效率，降低纳税成本。

基于以上对税收环境标准的分析可以看出，香港跨国公司地区总部既可享受香港的简单低税制，税负较邻近的国家少或轻，又受惠于其自由港地位，可加快贸易、物流、服务等业务开拓，因此香港对跨国企业地区总部具有较强的吸引力。上海自贸区内积极推进纳税便利化措施，提高了企业纳税效率，但由于受制于国内的税务体制，税制复杂、税率过高的问题仍是制约跨国公司地区总部发展的一个重要障碍。

### （六）人力资本

#### 1. 政府对教育的投入和支持

自 20 世纪 70 年代后期起香港对教育的拨款明显增加，近年来更是大幅增长。2010～2011 年度经核准的教育经常开支为 522 亿港元，2011～2012 年度为 540 多亿港元，2012～2013 年度达到 600 亿港元。2013～2014 年度，教育的经常开支更是达到 630 亿港元，占香港政府经常开支的 1/5。在在职人员进修方面，香港提供进修开支免税计划，吸引不少雇员参加工业学院、理工大学的夜间课程以及公开进修学院的函授课程等，帮助雇员提高专业技术水平。近年来，由于香港经济结构向以服务业为主转变，制造业就业人数急剧下降，为了帮助解决伴随经济转型出现的结构性失业问题，香港设立了雇员再培训局，拨款辅助失去工作的制造业雇员学习，使他们熟练掌握谋生技能，以便投入其他行业。

上海逐年增加教育投入，上海市统计局数据显示，2009 年全年财政对教育投入为 343 亿元，2010 年为 407 亿元，2011 年为 610 亿元。2012 年更是达到 700 亿元，其中高等教育（包括终身教育）投入为 177 亿元，占 25.3% 左右；基础教育（包括学前教育）投入为 473 亿元，占 67.6%；职业教育投入为 50 亿元，占 7.1%。2012 年全市财政教育支出占地方公共财政支出的比重达到 15%。

为了提高企业在职人员的素质和技能水平，按照上海市人保局颁布的《关于加强本市企业职工职业培训工作的实施意见》及相关操作办法，自 2013 年 4 月 1 日起，加大扶持企业职工职业培训力度，"全覆盖"补贴企业职工职业培训面。根据政策，在企业类型上，政策惠及大、中、小企业；在培训对象上，涵盖凡在企业工作的上海户籍劳动者和外省市来沪从业人员；在补贴项目上，凡符合企业岗位技能需求的项目都可纳入补贴范围，不受补贴培训目录中职业工种的限制；在补贴等级上，从原来中级以上职业资格等级培训项目扩大到包括初级和针对单项技术的专项职业能力在内的所有项目。为满足各类企业职工培训的多元需求，政策鼓励企业通过多种形式开展培训。对新录用员工在上岗前有定向培训需求且具备培训条件的企业，鼓励其参照相应职业标准，制订培训计划，自主实施定向培训，按规定享受培训费补贴①。

## 2. 引进人才方式

除了加强香港本地人才教育培养外，香港还对本地需要而又缺乏的高端人才开放门户，吸引世界各地的专业人士、技术人员、行政人员和管理人员来香港就业。目前主要的引才计划有两个：一是2003年7月实行的旨在吸引内地具有相关资历的优秀人才和专业人才来港工作的"输入内地人才计划"，简称"专才计划"；二是2006年6月实行的旨在吸引中国及海外高技术人才或优秀人才赴港定居的面向全球的"优秀人才入境计划"，简称"优才计划"。两个计划均是为了解决香港人才的紧缺问题。这些人才中有九成是具有专业知识和专业技能的实用人才，主要集中在金融、会计、科技、电信、教育和商贸等行业。这些高端人才满足了香港企业的需求，提升了香港在全球市场的竞争力。

上海为了鼓励跨国公司地区总部人员流动，提供了许多对地区总部中外籍人员出入境的便利措施。如地区总部需多次临时入境的外籍人员可申请办理1~5年内多次入境、每次驻留时间不超过1年的访问签证；为跨国公司地区总部外籍人员来沪就业许可手续的办理提供便捷。在引进人才方面，上海市明确提出将人才建设的目标提升为"国际人才高地"。2010年，上海市委组织部编制的《上海市中长期人才发展计划纲要（2010~2020年)》研究制定了金融、航运、贸易等16个重点领域以及6支队伍的专项人才规划。据上海市委组织部统计，2008~2012年，上海已从海外引进人才31713名。针对地区总部及其设立的研发中心引进的国内优秀人才，提供优先办理本市户籍，其家属可享受同等待遇政策；对其引进的海外人才，实行柔性政策，可优先办理居留许可；对其引进的外国专家，可办理3~5年的外国专家证。

---

① 《关于加强本市企业职工职业培训工作的实施意见》，上海市政府发文沪人社职发〔2012〕10号。

### 3. 人才综合素质

香港人工作投入、高效是促进香港经济繁荣的重要原因。同时，香港人在多年市场经济大潮中的摸爬滚打，培养了其敏锐的市场洞察力，又因毗邻内地而熟悉了解有关中国的商务习俗，还具有英语、粤语、普通话等多语言运用能力，这些都使香港人才的素质更高一筹。

上海作为全国的经济中心，吸引了国内和国际大量的中高端人才。第六次人口普查显示，2010年上海具有大专及以上文化程度的人口是2000年的2.81倍。其中大专、本科和研究生文化程度的人口分别达到221.65万人、240.13万人和42.18万人。上海大专及以上文化程度的从业人数排在前六位的行业依次是制造业，批发和零售业，教育业，租赁和商务服务业，交通运输、仓储和邮政业，金融业，这六个行业中大专及以上文化程度的从业人数占全市从业人员总数的2/3。上海吸引的大量国内国际中高端人才为上海整体人才综合素质的提升起到了关键的作用。

当然，目前国内人才还存在管理能力、外语交流水平、专业水平的差距，尤其是满足跨国公司所需的高端人才严重短缺。

### 4. 高等教育水平

香港是亚洲高等教育水平的佼佼者。在国际高等教育及人力资源研究机构（Quacquarelli Symonds Limited，QS）2013～2014年世界大学排名（World University Rankings）中，香港大学排在亚洲第2位。香港共有3所大学跻身世界50所最佳大学，而在世界200所最佳大学的排名中，香港也占5位。这些高等学府为香港输送了大量高等人才。

在此排名中，中国内地共有7所大学进入前200名。排名最前的是北京大学，列第46位；其后是清华大学，列第48位；复旦大学，列第88位；上海交通大学，列第123位；浙江大学，列第165位；中国科学技术大学，列第174位；南京大学，列第175位。上海有两所大学入围前200名，而且复旦大学进入百强行列，这表明上海的高等教育质量和水平居全国前列。通过此排名，也体现出中国高校的总体评价与美国、英国、德国、加拿大、澳大利亚等发达国家相比仍有较大差距。国内最强的两所大学北京大学和清华大学均落后于中国香港、新加坡和日本等地的一流大学。

通过对人力资本标准的比较可以看出，香港的人才资源优势明显，上海通过加大教育投入力度和引进人才力度，努力提升人才优势，但高等教育及整体人才素质还有待进一步提高。

### （七）运营成本

#### 1. 服务业外包成本

香港开放带来的是服务业的大量集聚，香港贸发局和香港统计处数据显示，目前香港已成为全球服务业主导程度最高的经济体，服务业占 GDP 的 90% 以上。香港 2012 年服务贸易总额为 13582.52 亿万港元（折合近 2000 亿美元），主要服务类别为制造、保养和维修、运输、旅游、建造、保险及退休金、金融、知识产权使用费以及电子通信、计算机和咨询服务等。服务业集聚产生的效应是配套的完善和经济运行成本的降低。大量服务机构在香港的集聚使得企业的各种服务需求都能在香港得到满足，而这又带动了上下游及相关的服务机构来香港落户，使得服务的交易成本不断降低。在香港总体经营成本比较高的情况下，香港企业只需集中精力发展核心业务，而由各种服务机构向其提供各种后勤和专业服务，这样可以使企业精减人员、提高效率。特别是在激烈的市场竞争环境中，由服务机构提供的风险管理和咨询调查等专业服务，有助于企业规避风险，减少或避免经营损失。

近年来，上海服务贸易额稳步增长，根据上海市商务委的统计数据，2012 年上海服务贸易进出口总额为 1515.6 亿美元，同比增长 17.2%；2013 年上海服务贸易进出口总额为 1725.4 亿美元，同比增长 23.5%。其中，出口 595.4 亿美元，进口 1130.0 亿美元。上海最主要的服务贸易项目仍然是运输、旅游两项传统服务贸易，这两项进出口合计占上海服务贸易进出口总额一半以上，而建筑、保险、金融、电影、音像等新兴服务业贸易额占比较小。与香港相比，上海与之相匹配的国际性、多领域的服务市场还未全面形成，中介和服务机构较缺乏，还没有形成有序的竞争。因此，跨国公司地区总部许多原本可以由服务机构代为办理的业务都要由自身处理，原有的专业

分工被打乱，影响了经营效率的大幅提升。

### 2. 土地成本及租金成本

香港政府一般按照城市发展规划定期划出供工业发展的地区，而且每年都供应工业用地。由于香港土地及厂房价格较高，因此1977年成立了香港工业村公司，以收回土地开发成本为原则向符合条件的香港厂商提供比较廉价的工业用地。获得廉价工业用地的条件是企业不适合在大厦经营以及生产技术或产品高于香港现有的水平。香港由于土地缺乏，写字楼租金因而高企不下。高额的写字楼租金增加了跨国企业地区总部在香港的商业运营成本，继而影响其入驻香港的积极性（见表5）。

表5　按楼宇类别和区域划分的香港私人非住宅楼宇新订及续租租约平均租金

单位：港元/（平方米·月）

| 类别/区域 | 2002年 | 2007年 | 2008年 | 2009年 | 2010年 | 2011年 | 2012年 |
|---|---|---|---|---|---|---|---|
| 私人甲级写字楼 | | | | | | | |
| 中环 | 342 | 719 | 945 | 743 | 772 | 996 | 1057 |
| 湾仔/铜锣湾 | 239 | 448 | 526 | 464 | 484 | 571 | 661 |
| 尖沙咀 | 224 | 360 | 401 | 333 | 367 | 431 | 460 |
| 私人乙级写字楼 | | | | | | | |
| 中环 | 241 | 436 | 545 | 478 | 521 | 611 | 643 |
| 湾仔/铜锣湾 | 185 | 304 | 367 | 321 | 353 | 394 | 427 |
| 尖沙咀 | 208 | 293 | 320 | 282 | 322 | 344 | 382 |
| 私人丙级写字楼 | | | | | | | |
| 中环 | 212 | 318 | 380 | 346 | 408 | 438 | 503 |
| 湾仔/铜锣湾 | 187 | 262 | 309 | 275 | 329 | 364 | 397 |
| 尖沙咀 | 206 | 298 | 338 | 297 | 327 | 359 | 396 |

资料来源：香港特区政府统计处发布的《香港统计年刊》（2013年）。

上海的商务成本逐年攀高，突出表现为与企业生产经营直接相关的办公楼租金、地价严重偏高。中国写字楼研究中心（CORC）的统计数据显示，截至2013年12月，上海写字楼市场平均售价为29288元/平方米（建筑面积报价），较2012年同比下降5.6%；平均租金为278元/（平方米·月）（建筑面积报价），较2012年同比下降4.8%；平均空置率为7.9%，较2012年同比上升 7.1%。根据该数据，上海写字楼租赁成本较香港处于低位态势。

### 3. 劳动力成本

香港整体消费水平居高不下，推升了劳动力成本（见表6）。

**表6　2014 年第一季度按行业主类划分的香港员工平均每月薪金**

单位：港元

| 行业主类 | 平均每月薪金 | 行业主类 | 平均每月薪金 |
|---|---|---|---|
| 制造业 | 12438 | 金融及保险业 | 20625 |
| 进出口贸易、批发及零售业 | 16478 | 地产租赁及保养管理业 | 12123 |
| 运输业 | 17101 | 专业及商业服务业 | 9918 |
| 住宿及餐饮服务业 | 12438 | 个人服务业 | 15269 |

资料来源：香港特区政府统计处。

尽管香港的劳动力名义成本很高，但隐性成本较低。例如，由于跨国公司设在香港的地区总部同跨国公司母公司及其海外客户之间存在时差，因此加班成为常态，而香港在职人员一般愿意超时工作；员工良好的素质使得员工的管理成本较内地低；等等。香港劳动力隐性成本较低也是吸引跨国公司地区总部入驻香港的主要因素之一。

国内人力资源企业中智公司发布的《2012 中智薪酬上海外企薪酬调研报告》显示，2012 年上海外企招聘的博士生起薪为 9466 元/月，硕士生为 5742 元/月，应届本科毕业生为 3745 元/月，大专生为 2821 元/月，均比上年有较大增幅。上海外企 2012 年平均调薪幅度高达 10.5%，2012 年外企员工的主动离职率达 19%。企业福利主要集中在车补、饭补、培训津贴以及体检、旅游、商业保险、有薪假期等方面。人才紧缺和企业间人才竞争的加剧，导致上海人才流动率较高，进而增加了外资企业人才培训费用。尽管如此，较香港平均各行业动辄每月上万元的薪酬水平，上海的人力成本仍然是较低的。

通过以上对运营成本标准的比较可以看出，香港在土地、租金、劳动力三个方面高企的商务成本，在一定程度上影响了外商在香港设立地区总部的积极性。而上海国际性服务业市场还未形成，导致服务外包成本高企，降低了地区总部的经营效率和业务拓展能力，在一定程度上降低了其选址上海的意愿。

### （八）市场准入制度

#### 1. 企业准入制度

香港实行自由企业制度，表现为创业自由。在香港开办企业手续十分简单，任何境内外个人、团体只需向香港公司注册处（香港公司注册处是香港政府唯一的公司注册登记机构）缴纳少量费用即可开办公司。除法庭强制清盘情况外，企业有权决定经营上的一切问题，包括企业是否生存。

外国投资者在中国设立公司，一般须与商务委、工商、财政、税务、海关、外管局等多个部门接触，并经过较复杂的审批流程后才能获得各部门的核准，因此上海的行政效率与香港相比存在审批效率低、审批流程长、行业限制多等问题，在一定程度上影响了跨国企业的投资进程和投资积极性。

为了吸引跨国公司地区总部入驻上海，上海对其认定门槛进一步降低，最大限度地给予地区总部资金方面的补贴并提供更多服务。2012 年上海市商务委发布的《关于〈上海市鼓励跨国公司设立地区总部的规定〉的实施意见》规定，管理性公司应符合"母公司已在中国境内投资累计缴付的注册资本总额不低于 1000 万美元，且母公司授权管理的中国境内外企业不少于 3 个；或者母公司授权管理的中国境内外企业不少于 6 个。管理性公司的注册资本不低于 200 万美元"[①]。2014 年 7 月，上海市商务委发布《关于鼓励跨国公司设立地区总部规定实施意见的补充规定》，将"跨国公司地区总部"的定义扩展为"总部型机构"，即那些虽未达到跨国公司总部标准，但实际承担跨国公司在一个国家以上区域内的管理决策、资金管理、采购、销售、物流、结算、研发、培训等多项职能的长驻型外商独资企业，只要同时满足以下三个条件即可被列入"鼓励"的范畴："资产总额不低于 2 亿美元，并在中国境内已投资设立不少于 3 家外商投资企业，其中至少一家注册在上海"；"跨国公司区域业务总负责人及负责相应职能的高级管理人员长

---

① 上海市人民政府办公厅发文，《关于〈上海市鼓励跨国公司设立地区总部的规定〉的实施意见》（沪府办发〔2012〕51 号）。

驻上海工作"；"总部型机构经营场地面积达 500 平方米以上，且履行总部运营管理职能的员工达 50 名以上"①。尽管上海对地区总部认定门槛逐步降低，但较香港企业设立认定无门槛来说还是影响了跨国企业在上海设立地区总部的积极性。

### 2. 投资准入制度

无论是香港本地企业还是外国企业，在法律许可范围内几乎无投资限制，均可平等进入各个行业进行投资而无须获得政府批准，如对外资持有股权无限制，生产、服务或其他投资活动无限制。也就是说，香港政府既不通过产业政策引导投资方向，不进行特别限制，同时也不对个别行业或企业提供特别的支持。对本地资本和外地资本也一视同仁。

《中国（上海）自由贸易试验区总体方案》中明确提出扩大投资领域开放，特别强调扩大服务业开放。上海自贸区选择了包括金融服务、航运服务、商贸服务、专业服务、文化服务、社会服务 6 个领域 19 个行业，探索进一步加快开放步伐。同时，建立以准入前国民待遇和负面清单为核心的试验区投资管理新体制。上海自贸区对投资的开放和对管理的创新将促进跨国公司地区总部进一步提升职能并扩大业务范围。

通过以上对市场准入制度标准的比较可以看出，香港对企业设立、投资等企业行为无门槛限制。而目前上海自贸区在推进准入制度方面创新效果明显，跨国企业地区总部收益较大。

## 五　上海自贸区总部经济发展对策

通过分析上海自贸区和香港跨国公司地区总部选址的 8 个重要标准，可以明显地看出，香港发展总部经济的优势明显。因此，借鉴香港经验，进一步分析上海自贸区总部经济对策。

---

① 上海市商务委员会、上海市人力资源和社会保障局、上海市公安局出入境管理局、上海出入境检验检疫局联合发文，《关于鼓励跨国公司设立地区总部规定实施意见的补充规定》（沪商外资〔2014〕348 号）。

## （一）地区总部选址重要标准和关键表现指标分析汇总

通过对上海自贸区与香港跨国公司地区总部选址重要标准和关键表现指标的比较可以发现，上海自贸区除在地理位置，政治环境，政府对企业、行业的政策支持，引进人才方式方面有较强的优势外，其他方面显示出较大的差距（见表7）。

表7　上海自贸区和香港跨国公司地区总部选址重要标准和关键表现指标分析

| 重要标准 | 关键表现指标 | 香港 | 上海自贸区 |
|---|---|---|---|
| 与客户/市场的距离 | 地理位置 | 强 | 强 |
| | 便捷的交通网络设施 | 强 | 较强 |
| 有利的法律和监管环境 | 法律制度完善度 | 强 | 较弱 |
| | 法律便捷度 | 强 | 较弱 |
| | 保护知识产权力度 | 强 | 较弱 |
| | 监管环境 | 强 | 较强 |
| | 贸易便利 | 强 | 较强 |
| 稳定且有利的政治环境 | 政治环境 | 较强 | 强 |
| 有利的商业环境 | 公平贸易条件 | 强 | 较强 |
| | 政府对外贸易投资宣传力度 | 强 | 较弱 |
| | 政府对企业、行业的政策支持 | 强 | 强 |
| | 金融环境 | 强 | 较强 |
| | 人流、物流、资金流、信息流自由度 | 强 | 较强 |
| 有利的税收环境 | 税制 | 强 | 较弱 |
| | 税率 | 低 | 高 |
| | 缴税方便度 | 强 | 较强 |
| 人力资本的获取 | 政府对教育投入和支持 | 强 | 较弱 |
| | 引进人才方式 | 较强 | 强 |
| | 人员综合素质 | 强 | 较强 |
| | 教育水平 | 强 | 较弱 |
| 较低的运营成本 | 服务业外包成本 | 较低 | 较高 |
| | 土地及租金成本 | 高 | 较高 |
| | 劳动力成本 | 高 | 较低 |
| 透明且宽松的市场准入制度 | 企业设立准入制度 | 低 | 较高 |
| | 投资准入制度 | 低 | 较高 |

## （二）上海自贸区总部经济发展对策

### 1. 自贸区发展总部经济与"积极的不干预政策"

香港政府一直推行"积极的不干预政策"，即只有在市场自动调节功能不能消除内外因素的剧烈震荡时，政府才实行有限度的干预及扶持。香港政府从不对某些行业进行保护、资助或给予优惠政策，也不运用法规或经济政策对经济结构的变化进行干预，即施行"积极的不干预政策"。如政府从不设法通过监管、纳税或补贴以影响工业结构。政府按照自己的一套规则正常运作，不直接参与经济活动。政府制定明确而合理的规则之后，经济活动由企业自由行事。在这种香港政府和香港企业隔绝的情况下，香港企业有相当大的经营自由度。在这种政策规划下，香港政府是公证人，私营公司是经济活动的积极参与者，这种政府与企业关系的清楚划分，使得政府官员与企业保持了距离，不仅限制了官商勾结，从根源上杜绝了腐败，而且有利于企业的发展。

我国政府减少干预的大基调已经提出。2013 年底召开的十八届三中全会指出，经济体制改革是全面深化改革的重点，核心问题是处理好政府和市场的关系，使市场在资源配置中起决定性作用和更好地发挥政府作用[1]。要更多地发挥市场的作用，政府应该做到少干预。借鉴香港政府制度和政策建设的特点和经验，上海自贸区应立足实际，维护自贸区地位，在有效宏观调控下，发展自由市场经济道路。因此，一方面，政府要减少对微观经济活动的干预，充分自由地发挥市场经济内在功能；另一方面，政府要对市场经济予以必要的干预和弥补，推行"积极的不干预政策"，对内制定开明政策，对外实施开放政策，提高政府行政效率。

**2. 上海自贸区发展总部经济的对策建议**

通过比较发现，香港营商环境优越、法律制度健全、保持自由港地位等优势促进了香港总部经济的繁荣。因此，借鉴香港经验，提出上海自贸区提升总部经济吸引力的对策建议如下。

（1）提升法律和监管环境

自贸区的法律政策环境应进一步呈现政府开明的姿态。一方面，上海自贸区围绕跨国公司地区总部的法律制度还需进一步完善，应建立全面的、透明的、可配套的、可持续的、可复制的法律框架，统一协调对总部经济的多

---

① 《十八届三中全会公报》。

头管理，提供法律方面的更高的便利度，并最终实现一个真正的以市场为导向的自由投资的状态。如政府专门为跨国公司地区总部建立一整套涉及政府多个部门相互衔接配套的政策体系及办事平台，政府通过该平台为跨国公司提供更多的细节性服务，以吸引其落户上海自贸区。另一方面，考虑到《中国（上海）自由贸易试验区总体方案》和《中国（上海）自由贸易试验区管理办法》一个是行政规范性文件，一个是地方政府行政规章，并不是法律法规，不构成法定授权依据，随着自贸区制度创新的推进，全国性的法律法规将阻碍自贸区的法律体系建设，因此，自贸区需另行创设公正的法律体系。

同时，自贸区的法律政策环境还应进一步呈现政府开放的姿态。中国与其他经济体签订了诸多自由贸易协定（FTA），这为上海自贸区的发展提供了公平自由贸易的环境，将帮助跨国企业更有效地与其他经济体连接起来。自贸区内法律法规也应与国际惯例接轨。政府应特别注重加强知识产权保护，因为当一个国家进入知识密集型经济时，研发是很重要的因素，因此在法律上对产权等自然权利的尊重与保护需向国际标准看齐，并与其高度发展的经济和金融改革相适应。自贸区在知识产权的行政管理体制上可借鉴香港的管理经验，香港知识产权立法由香港知识产权署负责，执法由香港海关负责，并实行商标、专利和著作权行政执法的"三合一"，即行政执法完全统一由一个部门来实施。

目前上海自贸区对企业的监管主要是多部门协同的以行政监管为主，行业组织自律监管的作用还未体现出来。因此，可借鉴香港的经验，赋予行业组织较大的自律监管权。如政府将对行业企业的部分监管权力转移给行业协会，由其具体行使；行业协会对涉及本行业领域的政府决策和法规制定具有合法的参与权和现实途径；等等。这些方式在一定程度上将充分发挥行业协会的作用，提高行业自律监管能力。

为了营造良好的监管环境，上海自贸区可借鉴香港政府建立完善的企业和个人信用管理体系。上海自贸区对跨国公司地区总部的监管方式可向以信用为基础的量化监管目标努力。如建立跨国公司地区总部与所投资子公司的信用关联、风险统筹的信用评级机制，按信用等级和管理水平进行分类管理。

上海自贸区在贸易便利化方面还有进一步优化的空间。自贸区海关可参照香港海关的政策和办法提高效率、节约成本。如香港海关利用信用管理方式作为货物通关检验标准，对通关货品进行抽验而不是全部查验；只对禁运物品实行进出口管制。总之，海关应一切以快速为导向，尽量减少海关干预，达到自由贸易的目的。

（2）创造有利的商业环境

上海自贸区在投资营销宣传、信息公开透明、金融环境优化等方面还需进一步改进。自贸区应加大对内对外投资宣传力度，对内可在自贸区设立专门窗口，涵盖招商推介、商品展示、研发设计、货物通关等多项功能，对外谋划赴国外开展定点招商，对接产业转移。

一流的自贸区还需要一流的信息化，一流的信息基础设施、平台以及专业化的服务可大大促进信息流的快速流动，加速商品流和货币流的转化。因此，可依托已建立的一些平台，整合数据资源，建立健全数据库群，对接和统一各信息资源系统，完善公共信息服务体系。同时，可建立投资信息中心，为外商投资提供更多如上海相关投资环境、投资政策、产业发展等方面的专业服务。

金融改革是自贸区发展目标的核心。要改变跨国公司地区总部以往下单、结算在海外，而货物制造和运输在中国的运作模式，就要积极推进自贸区《中国（上海）自由贸易试验区总体方案》中提出的利率市场化、外汇管理制度、人民币资本项目兑换等改革。目前跨国公司地区总部迫切需求的三个方面的金融环境需进一步加以完善。①对跨国公司地区总部开展离岸金融业务的支持，在开设离岸账户等方面提供相应的便利，满足跨国公司地区总部资金管理、投融资、避险保值等账户管理需求。②扩大人民币跨境投融资渠道。试点资本项目下跨境人民币投融资业务，积极探索向境外公司股权投资、境外子公司赢利的人民币回流①。③提高跨国公司地区总部资金运行效率。总部经济对资金效率要求更高，为顺应自贸区建设区域结算中心目标，实现亚太运营商服务贸易项下外汇自由支付，上海应积极制订配套方案，实现区内税务、外汇、银行等多方协调合作，提高资金流转的效率。

---

① 任新建：《抓住自贸区机遇推进上海新一轮开放》，《东方早报》2013 年 10 月 22 日。

（3）营造有利的税收环境

上海自贸区是制度创新试验区，不是政策洼地。因此，上海自贸区若突破目前的税制，以香港为蓝本尝试建立税制简单、征税成本低、对经济扭曲小的税收制度是不现实的。但在税收政策方面，按照国际惯例或可有一些改进。目前个人所得税最高边际税率达45%，如此高的个人所得税是影响国际专业人才落户的另一因素，因此上海可考虑适时调整地方的个人所得税税率。当然，地方的个人所得税税率改革还需一个漫长的过程，因此在目前个人所得税高企的情况下，应制定相应的全面完善的社会福利政策，使纳税人对其所纳税获得应得回馈，以此作为吸引人才的一个因素。

（4）获得更优质的人力资源

为了为跨国公司地区总部提供在上海发展的良好的人力保障，上海应积极引进国内国际高端人才。一方面，给予高端人才在户籍、入境便利性、降低居住成本等方面的倾斜政策；另一方面，上海应借鉴香港国际城市的发展经验，进一步改善其国际语言普及率、外籍人员子女的教育配套、医疗设施、空气质量和食品安全等参考指标，通过提升国际专业人才个人及其家庭成员的健康和愉快指标以达到吸引人才的目的。

在在职人员进修方面，上海也可以借鉴香港制订进修开支免税计划，吸引在职人员参加进修，以提高专业技术水平。同时，为了实现经济结构向以服务业为主转变，帮助解决伴随经济转型出现的结构性人才需求问题，上海对在职人员培训补贴可适当向服务业倾斜，以辅助人才成功转型。

（5）降低运营成本

上海自贸区的目标之一就是大力开放服务业，发展新型业态。为满足跨国公司地区总部所需求的专业服务，上海自贸区应鼓励服务型企业不断拓展贸易信息资讯、展示、与国际贸易相关的研发设计和打样、代理、融资、结算和保险服务，以及国际物流、采购、电子商务等服务，优化服务贸易结构，提高新兴服务贸易占比，降低运输、旅游等传统服务贸易占比，形成多种类服务业竞争环境，进而降低跨国公司地区总部服务外包成本。

（6）完善市场准入制度

完善上海自贸区市场准入制度需要进一步发挥市场机制配置资源的作用，尽量减少政府部门对某些资源的垄断，排除资源流动中的人为障碍。政府应采取少审批、多核准、多竞投的方式，让市场机制在更大的范围发挥作用。

政府对企业设立和认定的准入门槛应通过降低政府审批备案方式进一步改进。一方面，要降低外资准入门槛。实行基于准入前国民待遇和负面清单管理，放弃甚至取消相当部分的审批权，降低甚至取消基于身份的准入门槛，尤其是资质、来源国、所有制、行业、高管人员等方面的身份门槛。另一方面，跨国公司地区总部的认定门槛要尽量弱化或降低，降低优惠幅度，通过优化营商环境吸引其进入自贸区。

在降低基于政府审批备案方式创立和认定的准入门槛的同时，应适度提高基于企业行为的投资准入门槛，尤其要把节能降耗性、生态环保性、社会和谐性、地区安全性评价作为引进、选择和利用增量外资的主要依据，引导和促进外资带来更多的资源环境技术、生物技术、能源技术、先进制造与自动化技术、新材料技术等技术及管理制度和模式。基于跨国公司地区总部的每一个行为，政府监管部门应建立信息信用系统，统筹记录地区总部及其关联机构的行为，对政府鼓励的行为加分，对政府抵制的行为减分，以此作为外资增资、扩展业务等的依据。

上海自贸区作为全国制度创新的试验区，在吸引跨国公司地区总部方面，与香港还有很大的差距。因此，香港与上海自贸区之间的关系无疑是一种从学习到差异化竞争，再到互补的良性模式。如何与香港更好地互动，优化上海自贸区的营商环境，仍是需要进一步摸索和探寻的问题。

**参考文献**

1. 薛求知、孙蛟：《跨国公司地区总部的区位选择》，《世界经济情况》2006年第12期。

2. 徐建新、马香媛:《公司总部选址与搬迁研究的文献综述》,《杭州电子科技大学学报》(社会科学版)2012 年第 4 期。

3. 魏建国:《上海自贸区的要义在公平》,《环球时报》2013 年 11 月 6 日。

4. 胡晓晶:《鼓励更多跨国公司地区总部入驻》,《新民晚报》2014 年 7 月 15 日。

5. 香港贸发局研究部:《香港经贸概况》,2014 年 8 月 26 日。

6. 任新建:《抓住自贸区机遇推进上海新一轮开放》,《东方早报》2013 年 10 月 22 日。

7. 香港贸发局研究部:《在亚洲设立区域配送中心应如何选址》,2013 年 9 月 19 日。

8. 香港特区政府投资推广署网站, http://www. investhk. gov. hk/。

9. 香港特区政府统计处网站, http://www. censtatd. gov. hk/。

10. 香港特区政府工业贸易署网站, http://www. tid. gov. hk/。

11. 傅仁和、洪俊杰:《企业规模、城市规模与集聚经济——对中国制造业企业普查数据的实证分析》,《经济研究》2008 年第 11 期。

12. 魏后凯、白玫:《中国上市公司总部迁移现状及特征分析》,《中国工业经济》2008 年第 9 期。

13. 魏后凯、白玫:《中国企业迁移的特征、决定因素及发展趋势》,《发展研究》2009 年第 10 期。

14. Hellmut Schutte, *Between Headquarters and Subsidiaries: The RHQ Solution in Multinational Corporate Evolution and Subsidiary Development*, Macmillan, 1998.

15. Yoost, D. and Fisher, J., "Choosing Regional HQs in Asia", *International Tax Review*, 1996, 7 (3).

16. Jakobsen S. E., Onsager K., "Head Office Location: Agglomeration, Clusters or Flow Nodes?", *Urban Studies*, 2005 (8).

17. Baaj M., Bosch F. V. D., Volberda H., "The International Relocation of Corporate Centers: Are Corporate Centers Sticky?", *European Management Journal*, 2004 (2).

18. Wanner H., Leclef X., Shimlzu H., "Global Headquarters on the Mover: From Administrators to Facilitators", *Prism*, 2004 (2).

19. Testa W., Klier T., Ono Y., "The Changing Relationship between Headquarters and Cities", *Chicago Fed Letter*, 2005 (3).

20. Strauss-Kahn V., Vives X., "Why and Where Do Headquarters Move?", *Regional Science and Urban Economics*, 2009 (39).

21. Davis J. C., Henderson J. V., "The Agglomeration of Headquarters", 2012 – 09 – 18, http://www. census. gov.

22. Bel G., Fageda X., "Getting There Fast: Globalization, Intercontinental Flights and Location of Headqurters", *Journal of Economic Geography*, 2005 (8).

23. Aoki A., Tachiki D., "Overseas Japanese Business Operations: The Emerging Role of Regional Headquarters", *Pacific Business and Industries*, 1992 (1).

# 上海与香港吸引外资软环境的
# 比较与借鉴

屠海鸣*

摘　要：　本文主要从制度环境、市场环境、政府服务环境、金融服务
环境以及社会文化环境等方面对沪港引资软环境进行了较为
深入的分析，并提出上海可在系统打造招商引资软环境、明
确与调整政府的职能和定位、加强配套服务体系建设、提高
投资信息供给能力四个方面借鉴香港的经验。

关键词：　引资软环境　比较　借鉴

## 一　引言

吸引外资是推动上海和我国各地经济增长的重要引擎。国内外越来越多
的理论研究与实践表明，软环境建设比硬环境建设具有更重要且更长远的意
义，软环境在吸引外资中的重要作用也日益得到各地政府的重视。软环境是
与硬环境相对应的一个概念，是指除物质条件以外的环境所构成的一个系
统，这些环境可以分成制度环境、市场环境、政府服务环境、金融服务环
境、社会文化环境等。

2013 年 8 月 22 日，国务院正式批准设立中国（上海）自由贸易试验

---

* 屠海鸣，上海市政协常委。

区（以下简称"上海自贸区"）。这为上海加强软环境建设提供了历史性的战略机遇与强大的动力引擎，同时也对上海深化改革与开放提出了更高的要求。特别是自 2008 年以来，美国次级债务危机所引发的全球金融危机仍影响着各国经济的发展，使得各国经济复苏乏力。在此背景下，上海要实现"十二五"提出的率先转变经济发展方式、推动"四个中心"和社会主义现代化国际大都市建设取得决定性进展的战略目标，亟须加强上海在招商引资软环境方面的建设。

香港是我国的一个特别行政区，也是世界级的自由港，在吸引外商直接投资方面一直居于全球领先地位。2012 年香港吸收外商直接投资金额达到 750 亿美元，居世界第三位。因此，上海可积极借鉴香港的成功经验，推动上海自贸区的健康发展，进而完善上海招商引资软环境。

## 二 上海招商引资软环境建设的现状

自我国实施改革开放政策以来，上海作为我国沿海最繁荣的大都市，一直以其地理位置、资源状况、基础设施等良好的硬环境吸引外商投资。近年来，上海市政府积极加强软环境建设，确保了上海吸收外商直接投资规模持续增长。

近年来，上海在第三产业吸引外商直接投资方面取得了显著的成就。根据《2012 年上海市国民经济和社会发展统计公报》，2012 年上海第三产业实际到位资金为 126.79 亿美元，增长 21.6%，占全市实际利用外资的比重达到 83.5%。在上海落户的跨国公司地区总部达到 403 家，投资性公司有 265 家，外资研发中心有 351 家。上海吸引外商投资取得的成绩与其在加大软环境建设方面的努力密切相关，主要表现在以下五个方面。

其一，制度环境。主要是指法规和政策环境等。其中，在法规环境建设方面，近年来上海颁布了一系列与外商直接投资相关的法规，如《上海市吸收外资和境外投资"十二五"规划》（2012）、《外商投资产业指导目录（2011 年修订）》、《上海市鼓励跨国公司设立地区总部的规定》（2011）、

《外商投资统计制度》（2011）等。这些法规的颁布与实施为简化外商投资程序、降低外商进入门槛，进而为吸引外国直接投资创造了良好的法规环境。

在政策环境方面，上海也取得了较大的进步。如上海在颁布实施《关于上海加速发展现代服务业的若干政策意见》后，各区县对引进的国内外著名服务业企业总部、地区总部、采购中心、研发中心等，经认定对其购地建设以及购买或租赁自用与办公用房给予相应的地价、房价或租金补贴等措施。在税收政策环境方面，自 2012 年 1 月 1 日起，上海市在全国率先启动"营改增"试点工作，至 2014 年 4 月，上海区域内合计减税约 200 亿元，有效地降低了试点企业的税收负担。

其二，市场环境。诚信是市场环境的重要内容之一，上海在促进个人诚信方面取得了显著的成绩。2000 年，上海开通了涵盖信贷、公用事业缴费、守法违法信息等内容的个人信用联合征信系统，目前入库人数达 1100 多万人。2009 年，上海又开通了"网络社会征信网"，进一步加强信息网络安全的管理。2012 年，上海把完善"网络社会征信网"作为政府的实事项目之一，进一步推动了"网络社会征信网"的发展。在此基础上，上海的信用服务业与征信体系建设高度互动促进，经备案登记的信用服务机构有 70 余家，形成了包括资信评级、商业征信、个人征信、信用管理等在内的"信用产业链"，极大地促进了市场诚信环境的建设。

其三，政府服务环境。主要包括政府办事作风与运作效率等。2003 年 8 月，上海市出台了《关于本市外商投资项目审批和服务的若干意见》，从项目审批权限、审批和审核程序的简化、缩短审批时间、简化审批事项等方面，逐步推行告知承诺制。2011 年 4 月 11 日，上海市人民政府颁布了关于批转市发展改革委修订的《上海市外商投资项目核准暂行管理办法》，进一步下放外商投资项目核准权限工作，有效地提高了政府运作效率。此外，针对总部经济发展现状，2012 年 6 月，上海浦东新区在全国率先成立了"上海浦东总部经济共享服务中心"，形成了政府引导、社会各方共同参与的集成服务体系，有效地解决了总部企业在运营过程中涉及的体制机制等问题。浦东新区还与上海海关、上海商检局、浦东工商分局、浦东公安局出入境办

公室等部门携手发布了 14 项促进总部经济发展的创新举措，这些都进一步优化了浦东地区总部企业的发展环境。

其四，金融服务环境。在金融服务方面，上海市政府积极把上海打造成为中国的金融中心。2005 年 8 月，中国人民银行上海总部正式成立，此举吸引了各大投资性公司、基金公司、外资银行纷纷入驻上海，为投资者提供了良好的融资便利。截至 2012 年末，全年实现金融业增加值 2450.36 亿元，全市各类金融单位达到 1124 家。其中，在沪经营性外资金融单位达到 208 家，外资金融机构代表处达到 210 家。这些举措都确保了上海银行业各项业务保持平稳增长，资产规模稳步扩大，为整体经济健康发展创造了良好的金融环境。

其五，社会文化环境。教育既是社会文化环境的重要组成，也是引资的重要支撑。上海在社会教育环境建设方面取得了巨大的成就。截至 2012 年底，上海市共有普通高等学校（含独立学院）67 所、普通中等学校 858 所、普通小学 761 所、特殊教育学校 29 所、研究生培养机构 58 家，招收研究生 4.42 万人、在读研究生 12.7 万人、毕业研究生 3.45 万人。九年义务教育入学率保持在 99.9% 以上，高中阶段新生入学率达 96%[①]。此外，上海也为外籍人员子女创造了良好的受教育环境。根据上海教育部门统计，截至 2012 年底，上海共有 34 所纳入外籍人员子女管理的学校，外籍人员子女学校在校生人数达 29417 名（其中幼儿园 4287 人、小学 11479 人、初中 7862 人、高中 5789 人），比上年增加 1054 人。这些都为上海引资软环境建设奠定了坚实的基础。

## 三　上海招商引资软环境建设存在的问题

尽管上海在吸引外资方面取得了较好的成就，但进一步分析发现，上海招商引资仍存在着一些问题。从招商引资的国家（地区）来看，中国香港、

---

① 《2012 年上海市国民经济和社会发展统计公报》。

中国台湾、日本、韩国、新加坡、美国是上海外资最主要的来源地。其中，签订合同项目数量从高到低依次为中国香港（19182个）、日本（8800个）、中国台湾（6950个）、美国（6940个）、新加坡（3278个）、韩国（2288个）；签订合同金额从高到低依次为中国香港（694.26亿美元）、日本（199.03亿美元）、美国（148.36亿美元）、新加坡（120.25亿美元）、中国台湾（58.36亿美元）、韩国（27.31亿美元）；实际吸收外资金额从高到低依次为中国香港（367.62亿美元）、日本（143.83亿美元）、美国（92.41亿美元）、新加坡（67.02亿美元）、中国台湾（38.54亿美元）、韩国（15.30亿美元）。从中可以看出，中国香港地区是上海外资最主要的来源地。

从外商直接投资的项目来看，上海招商引资项目数量呈现一定的周期性与波动性。从2011年开始，外商直接投资上海项目总量出现下滑趋势。其主要原因是引资软环境建设仍存在一些问题，表现在以下几个方面。

其一，政策环境有待完善。上海"营改增"税收试点工作减轻了试点行业企业的税负水平，但同时也导致了部分行业企业税负增加，如交通运输业和物流业等。另外，通信费是服务业成本构成中比重较大的一块，但是通信业还没有被纳入试点，这些因素使得享受税负抵扣的行业范围有限，且税负抵扣不充分，政策环境仍需从系统的视角进一步完善。

其二，专业化配套环境建设有待加快。随着社会经济的快速发展，投资者特别是跨国公司的投资需求越来越强调产业发展的各种配套环境，而享受优惠政策在企业控制成本中的重要性将逐渐被完整的专业化配套环境所取代。以张江高科技园区为例，尽管园区软环境建设不断完善，但仍缺乏成熟的社会配套体系，在医疗、教育、交通、商业配套、社区环境建设等方面发展相对滞后，成为张江高科技园区软环境建设的重要制约因素。

其三，政府服务效率有待进一步提高。尽管上海市政府出台了一系列法规与政策，并在提高政府服务效率方面取得了较大的成就，但从部分外资企业反映来看，仍然存在一些不足之处。如一些行政审批部门重规范、轻服务的情况还时有发生；部门间的信息壁垒尚未完全打开，并联审批信息化水平

仍较薄弱，直接影响行政审批效率。

其四，社会文化环境有待加强。上海在社会文化环境建设方面取得了显著的成就，但忽视了招商引资主体的文化教育。部分区县招商部门人员及队伍缺乏专业性和稳定性，总体业务水平不高，为企业服务的能力还不强，解决疑难问题的办法还不够，进而导致部分政府部门存在"二重二轻"的问题，即重数量与重招商、轻质量与轻服务。

## 四　香港吸引外资软环境建设的现状

根据 2012 年《世界投资报告》统计，在世界金融危机的影响下，2012 年全球外商直接投资（FDI）流量比上年下降了 18%，降至 1.35 万亿美元。但香港在吸收外商直接投资规模上由 2011 年全球第四名上升到 2012 年全球第三名，达到 750 亿美元，仅次于美国和中国内地。从香港与上海的比较来看，在招商引资金额总数、人均指标等方面，香港均远超过上海（见表 1）。

表 1　2012 年香港与上海吸引外资比较

| 指标 | 香港 | 上海 |
| --- | --- | --- |
| 面积(平方公里) | 1104 | 6340.5 |
| 常住人口(万人) | 695.46 | 2380.43 |
| 国内生产总值(亿元) | 19252.34 亿港元(约人民币 15464.97 亿元) | 20101.33 |
| 人均国内生产总值(元) | 231380 | 85646 |
| 吸收外商直接投资(亿美元) | 750 | 151 |

香港招商引资所取得的成就与其优越的软环境建设密切相关。香港不是依靠优惠政策，而是以营造公平营商的环境，如向投资者提供自由和开放的市场，卓越的会计、金融、法律和仲裁等专业配套服务等来吸引海外投资，主要表现在以下几个方面。

其一，自由经济体系的制度环境。香港从港英政府时期开始实行自由的经济政策，政府极少干预经济，一向以市场主导的经济政策著称。在香港回归后，中央政府并没有改变香港的自由经济制度。美国传统基金会每年会对全球经济体的"全球经济自由度指数"进行评估。这个指数对商业自由度、投资自由、贸易自由化、财务自由、财政自由、产权、政府支出、腐败状况、货币自由、劳动自由 10 个因素进行评分。2012 年，香港连续 18 年获选为"全球最自由经济体"，这为香港引资创造了良好的制度环境。

其二，政策环境。香港的税收政策环境具有税制简单和低税率等特点。香港只对各行业、专业或商业取自或来自香港的利润征收利得税，利得税的税率为 17.5%，除企业以外的税率则统一为 16%①。在香港市场，企业支付的股息无须缴付预扣税，企业收取的股息也可获豁免利得税。此外，香港还有其他可扣税项目，如借入资金的利息、楼宇和占用土地的租金、坏账、商标和专利注册费、科学研究支出、技术培训费用、雇员退休计划供款等。这些因素使得多年来香港税收仅占 GDP 的 12.7%，其税率处于世界最低水平。

其三，政府服务环境。香港政府坚持以市场主导，政府不对经济或市场做任何指导性规划，政府的主要功能在于创造最有利营商的环境，如自由、法治、廉洁而高效率的公共部门和公平竞争的环境等。在此理念指导下，香港特区政府设立香港投资推广署，专责向外地推广投资香港。投资推广署通过提供"投资香港一站通"服务，主要包括投资香港热线、投资香港锦囊、手把手助内地企业投资香港、投资香港服务中心等，大大简化了投资程序，为投资者提供全方位的便利服务，进而打造了完善的投资服务体系。

其四，市场环境。香港作为一个高度开放的地区，在很多方面实现了真正的国民待遇和最惠国待遇。在投资领域，外国投资者与本地企业一样享受香港政府给予的法律保护，外来资本可以自由选择任何行业投资，一般不受投资比例、投资方式和投资数额的限制。在贸易领域，香港政府实行自由贸易政策，保障货物、无形财产和资本的流动自由；香港又是无关税自由港，

① 《香港投资环境及相关政策》，外投网，2009 年 3 月 9 日，http：//vitwo. cn/Show/info/View_3297. aspx。

是亚洲与全世界通商的中心。香港对货物的进出口经营权不设限制，任何香港机构及个人均有办理进口和出口货物的权利，而该权利也无须向香港特区政府申请或登记。这些因素使得香港成为贸易自由、汇兑自由和企业经营自由港口。

其五，金融服务环境。全球金融中心指数（GFCI）是全球最具权威的有关国际金融中心地位的指标指数。该指数着重关注人才、商业环境、市场准入、基础设施和整体竞争力5个核心领域。香港是国际性银行最集中的城市之一。在全球最大的100家银行中，有近70家在香港开展业务。香港共有198家认可银行机构以及60家代表办事处。这些因素使得香港成为亚洲的国际金融中心。2013年3月27日，英国伦敦智库Z/Yen集团公布最新全球金融中心指数，香港居第三位，仅次于伦敦与纽约。

其六，社会文化环境。香港通过完善的教育体系培养了优秀的专业人才。据统计，香港有小学近600所、中学500多所，分布在香港各个区域。从2008年起，香港对小学到高中12年实行免费教育。在大学教育方面，香港高校教育水平名列亚洲前茅。根据国际高等教育研究机构QS的公布"2012亚洲大学排行榜"，香港科技大学名列亚洲第一，香港大学名列第三，香港中文大学名列第五，在亚洲大学五强中，香港高校占了三席，这既吸引了优秀人才集聚香港，也为香港引资软环境提供了优秀的人才支撑。

## 五　香港吸引外资软环境建设给上海的启示

其一，系统打造招商引资软环境。招商引资软环境是一个体系，由制度环境、政策环境、政府服务环境、市场环境、金融服务环境、社会文化环境等不同模块构成。每个模块既独立又统一，共同影响着上海对外资的吸引力。因此，一方面，需要上海市政府在征集各方面专家意见的基础上，对软环境建设进行系统性思考；另一方面，要积极借鉴香港经验，从每一模块建设着手，以提高上海国际化相关指标指数为突破口，加强上海软环境的建设。

其二，明确与调整政府的职能和定位。目前，政府部门的体制正处于由管制型政府、指令型政府向服务型政府的转型过程中。结合上海引资软环境的现状，上海市政府一方面应进一步明确政府在招商引资及引资软环境建设中的角色，即通过加快法律法规建设、加强信息透明化等途径营造公平竞争的环境，逐步退出直接参与招商引资过程，进而转型成为政府主导下的招商引资模式；另一方面应积极吸引与鼓励社会资本参与招商引资及引资软环境的打造，进一步推动政府角色的转型。

其三，加强配套服务体系建设。目前外商直接投资关注的重点正由过去的依靠硬环境或优惠政策向完善的配套服务转变，因此上海市政府一方面要在政府主导或指导下，加强硬环境配套服务建设，如各园区生活服务设施建设等；另一方面更要加强软环境建设，如通过激励政策等，加强会计、金融、法律和仲裁等专业人才的引进与培养，进而提高为落户上海的外资提供专业服务的能力。

其四，提高投资信息供给能力。在信息经济时代，竞争情报越来越成为企业开拓市场最迫切需要的关键成功因素之一。上海应借鉴香港经验，在政府主导或引导下，加大投资上海相关数据库建设，如经济环境报告、各行各业资料、各行业协会及商会会员名录、基本上市条例、公司法、税收及会计制度资料、政府统计数据等，以方便投资者及时了解市场情况，为落户上海的企业提供情报服务，为其带来切实的经济收益，进而吸引更多外资投资上海。

# 合 作 篇

Reports on Cooperation

B.16

# 站在沪港合作新起点，
# 共谋利用外资新局面

沙海林[*]

摘　要：　本文主要从三个方面就如何在新的起点上携手谋划沪港经贸合作，特别是利用外资新局面提出对策建议。本文认为：①上海始终秉持开放这一最大优势，利用外资的质量和水平得到明显提高；②在上海"引进来"与"走出去"的双向投资中，香港的作用不可替代；③在新的合作起点上，沪港加强双向投资依然具有无限的发展潜力。

关键词：　沪港合作　外商直接投资　新起点　新局面

---

* 沙海林，上海市委常委、统战部部长。本文根据作者 2013 年 10 月 11 日在 "2013 年度沪港发展论坛" 上的主旨演讲整理而成。

引进外资是中国对外开放的重要组成部分，中国（上海）自由贸易试验区（以下简称"上海自贸区"）的挂牌成立，标志着中国改革开放迈出了新步伐，也意味着中国引进外资将会取得更好的发展。从这样的视角看，中国的改革开放站在了一个新的起点，上海的转型发展和开放型经济发展也站在了一个新的起点，沪港合作包括在利用外资上的合作，同样站在了一个新的起点，我们对此充满信心和期待。下面就如何在新的起点上携手谋划沪港经贸合作特别是利用外资新局面谈点看法、提点建议，主要包括三个方面的内容。

# 一　上海始终秉持开放这一最大优势，利用外资的质量和水平得到明显提高

海纳百川是上海的城市精神，开放是上海最大的优势。改革开放以来，尤其是浦东开发开放以来，上海的经济社会实现了持续快速发展，2012 年上海的经济总量已经突破了 2 万亿元。在此过程中，有越来越多的外商投资企业落户浦江两岸，成为推动上海经济社会发展的重要力量。截至 2013 年 8 月底，上海已累计批准外资项目 70532 个，吸收合同外资 2328.5 亿美元，实际利用外资 1459.2 亿美元[①]。

事实上，30 多年来，为吸引外商投资，上海的投资环境经历了一个动态变化、不断完善的过程。从前期主要致力于政策优惠，到后来更多地依靠综合优势；从前期"捡到篮子里的都是菜"，到后来越来越重视与上海的产业导向、功能定位和发展目标相结合；从前期偏重于投资审批，到后来致力于便利化，现在已经在试点的"负面清单"的管理模式。随着投资环境的不断改善，上海吸引外资呈现规模和质量同步发展的良好态势。2012 年，在全国吸引外资下降的情况下，上海实到外资 151.85 亿美元，同比增长

---

① 《第二十三批跨国公司地区总部获颁认定证书》，上海市商务委员会网站，2013 年 9 月 18 日，http：//www.scofcom.gov.cn/swdt/231699.htm。

20.5%，占全国实到外资总量的 13.4%，增幅高出全国 24.2 个百分点。2013 年 1～8 月，上海实际利用外资 117.1 亿美元，同比增长 10%，增幅快于全国 3.6 个百分点，依然保持稳步增长的态势。不仅如此，外商投资深度参与经济社会发展，已经成为上海创新转型的重要力量。

外商投资加快融入上海"四个中心"建设。"十二五"以来，在金融方面，共设立外商投资融资租赁公司 130 余家、外商投资股权投资管理公司 30 多家；批准设立 4 家创业投资企业和 9 家创业投资管理企业；开展商业保理试点，已有 33 家企业获得试点资格，其中外资商业保理企业 13 家。在航运方面，国内首家从事船舶油污清除服务的外商投资企业，首家开展经营揽客、出具客票业务的外商独资船务公司等均在上海成立。在贸易方面，摩根士丹利、摩根大通、嘉能可、路易达孚、摩科瑞能源等全球大宗商品交易商纷纷落户上海；网上零售发展迅速，特许经营不断增加，海恩斯莫里斯、飒拉、西雅衣家等品牌连锁加速扩张；全球最大的拍卖行之一佳士得也在上海设立了全国首家独资拍卖公司。

外商投资服务业发展的领域越来越宽，方式越来越多。"十二五"以来，在文化领域，上海国际主题乐园有限公司成为全国最大的服务业外资项目，美国"梦工厂"在沪设立了上海梦工厂文化传播公司和上海东方梦工厂影视技术公司，新设的爱贝克思文化传播公司专门从事音乐著作权的授权许可服务。在社会服务领域，批准设立全国首家台商独资医院、上海首家外资养老服务公司和首家从事保安服务的外商投资企业，意大利顶级设计培训学院马兰欧尼在上海设立马兰戈尼（上海）时装设计培训中心。利用外资方式持续创新，跨境人民币直接投资、外商投资企业股权出资等稳步推进；以"外滩金融牛"著作权经评估作价出资设立的上海老凤祥莫迪卡礼品有限公司，成为上海首例以著作权作价出资的外资企业。

外资投资积极参与战略性新兴产业和先进制造业。"十二五"以来，外资投资更多聚焦新一代信息技术、高端装备制造、生物、新能源、新材料、节能环保、新能源汽车等战略性新兴产业。通用电气与中航工业集团联手投资 6.5 亿美元从事新型飞机平台综合、开放式结构的航空电子系统开发；新批华电通用轻型燃机设备公司，采用分布式能源发电系统技术；批准新傲科技股份公司增资，该公司是国内唯一、国际领先的硅基集成电路材料生产基地。推动外资开放型创新活动。上海日立电器在意大利设立境外技术中心，赢创德固赛增加为境外关联公司提供研发和工艺改进外包服务，新设易欧司光电技术公司提供三维打印和增量制造技术服务。

特别是，上海已经成为跨国公司功能性机构的集聚地。2013 年 1~8 月，新认定默沙东等跨国公司地区总部 29 家，新设都福等投资性公司 12 家、通用磨坊等研发中心 10 家。截至 2013 年 8 月底，上海累计落户跨国公司地区总部 432 家、外商投资性公司 277 家、外资研发中心 361 家①，成为中国内地跨国公司功能性机构最为集中的城市。

## 二 在上海"引进来"与"走出去"的双向投资中，香港的作用不可替代

沪港两地的经贸合作源远流长，堪称典范。早在 20 世纪初，两地就有着密切的商贸往来。改革开放以来，大量港商投资上海，创造了上海外商投资领域的多项第一。香港回归祖国以后，沪港经贸合作更是进入了高速发展的"快车道"，香港成为上海最大的外商投资来源地，截至 2013 年 8 月底，香港累计在沪投资合同项目 21745 个，合同额超过 893 亿美元。特别是自 2003 年中央政府与香港特别行政区政府签署《关于建立更紧密经贸关系的安排》（CEPA）到 2012 年的这十年间，香港在沪投资合同总额达到 632.3 亿美元，是 CEPA 协议签署前历年累计额的 3.5 倍。

从 2012 年的情况看，香港在沪投资主要有以下几个特点。一是投资规模不断扩大，合同外资占到半壁江山。2012 年，香港在沪投资规模达到 120.6 亿美元，占到上海外商投资国家（地区）总额的 54%。2013 年 1~8

---

① 《第二十三批跨国公司地区总部获颁认定证书》，上海市商务委员会网站，2013 年 9 月 18 日，http：//www.scofcom.gov.cn/swdt/231699.htm。

月，香港在沪投资规模有所下降，但投资额依然占到上海外商投资总额的51.6%。近年来，欧美等地的企业纷纷通过香港来沪投资，据不完全统计，美资来沪投资的企业中直接来沪投资的企业和通过香港来沪投资的企业比例为2∶1。二是服务业投资发展迅速，顺应了上海转型发展的需要。2012年，香港来沪投资服务业合同金额为102.2亿美元，占香港来沪投资总额的84.7%，占上海外商投资服务业总额的54.5%。交通运输、仓储和邮政业，住宿和餐饮业，房地产业，文化体育和娱乐业等投资增幅超过50%。生产性服务业中的交通运输、仓储和邮政业投资增长了53.5%，租赁和商务服务业增长了46.9%，与商业服务业相关联的住宿和餐饮业投资增长了137.5%。三是房地产业重新成为香港投资的重点，资本的国际性特征明显。2012年，香港来沪投资房地产业合同额占来沪投资总额的35.9%。其中，商业地产占有重要份额，资本也更趋国际性。例如，新设房地产企业顶杰（上海）置业有限公司，就是由总部位于美国纽约的黑石集团与中国台湾顶新集团联手成立的，通过资本募集，从香港投资上海房地产业。

同时，伴随着香港来沪投资的增长，上海对香港投资步伐也在加快。截至2013年8月底，上海在香港累计投资设立企业和机构472家，累计核准对外直接投资总额68.8亿美元，约占上海对外直接投资总额的41.1%。香港不仅是新中国成立以来上海企业（培罗蒙西服）第一个境外投资项目落户地，也是上海企业境外投资的第一大目的地。总体来看，有以下四个特点。一是依托香港服务业发达的优势，开展服务业投资。香港是上海企业试水国际市场的首选之地，如果说改革开放之初，选择香港是因为其良好的区位优势和相同的语言文化背景，那么现在上海企业选择香港则有更立体、全方位的考虑。由于香港发达的服务业体系，上海企业积极赴港开展以进出口贸易、服务咨询、设计研发为主要功能的投资，此类项目数约占上海企业赴港投资项目总数的80%。二是依托香港国际航运中心的优势，开展航运业投资。近年来，上海的航运企业纷纷赴港投资，之所以选择香港，不仅因为在香港注册设立公司便捷，更主要的是因为香港作为国际贸易自由港提供的系列服务，为航运企业投资提供了诸多便利。三是依托香港全球化经济体的优势，设立国际化平台。越来越多的如上海汽车、上海电气、上海国际集团、光明食品集团、锦江国际集团等国有企业，以及鹏欣集团、复星医药集团、大新华物流控股集团等民营企业，选择在香港建立国际化平台，充分借助香港全球化经济体的优势，开展国际化经营。四是依托香港国际金融中心的优势，开展投融资合作。上海企业的许多海外兼并收购、资源开发或投资参股类的"走出去"项目，都是通过香港来实现的。香港作为发达的国际金融中心，对内地企业具有很大的吸引力，很多大额投资项目通过香港的银行机构，采取内保外贷方式解决融资问题。此外，出入香港手续简化，也为内地企业随时到香港与境外合作伙伴谈判提供了很多便利。

## 三 在新的合作起点上，沪港加强双向投资依然具有无限的发展潜力

站在新的起点上，我们看待上海与香港的关系，需要更多地着眼于"三个面向"[①]：第一是面向全球，只有面向全球而不是拘泥于某一个方位、某一个区域，才能够看清双方合作的巨大潜力；第二是面向未来，未来中国的发展还有很大的成长空间，如果以未来作为一个坐标来看，沪港加起来，恐怕也很难满足中国经济发展对金融、贸易、航运服务的需要；第三是面向双方的互动，沪港不仅现在，就是在将来很长的一段时间里，也一定是互补的关系，在互补的基础上形成互动，就会达到互利双赢。所以，只要我们面向全球、面向未来、面向双方的互动，就可以更加清楚地看到沪港合作的重要性和紧迫性。因此，沪港双方应抓住建立上海自贸区的契机，实现更为有效的投资合作。

金融领域。香港现在就是国际金融中心，优势很明显。而目前中国所处的发展阶段决定了对金融服务有着巨大的需求，这对于香港和上海两个金融

---

① 屠光绍：《未来上海和香港合作是主基调》，东方财富网，2011 年 5 月 20 日，http：//finance. eastmoney. com/news/1347，20110520137276440. html。

中心的建设提供了广阔的空间。加强沪港两地金融合作，既可以更好地拓展两地金融发展空间，又可以更好地发挥各自优势，满足中国经济发展对于金融服务和国际金融中心建设的需要。当然，内地和香港是两种不同的金融体系，沪港两地金融中心也会因此有一定的差距和差异①。存在这种差异和差距，使得互补有了必要、互动有了依托。

服务业领域。经过多年的建设，上海已经成为中国内地最重要的经济、金融、贸易和航运中心城市，但与国家赋予上海的"四个中心"建设目标相比，与香港等国际知名大都市相比，仍然存在很大的差距，未来几年正是上海"四个中心"建设功能性突破的关键时期。香港作为举世公认的国际化都市，具有包括金融、贸易、物流、会展、旅游等高度发达的服务业，市场开放，信息完全，法律完善，操作规范，拥有大量的专业服务机构、大批的专业服务人才与高度国际化的运作经验，这正是上海建设"四个中心"迫切需要学习借鉴的。特别是上海自贸区扩大开放的服务业领域，香港企业可以多方位地参与。

航运领域。未来几年上海将着力提升航运服务功能，完善现代航运集疏运体系，推进国际航运发展综合试验区建设，营造便捷、高效、安全、法治的口岸环境和服务环境，努力提高国际航运资源的配置能力，推动有关航运支持政策的先行先试，加快集聚与航运相关的企业、船舶、货物、人才等各类要素资源②。香港作为全球著名的自由港，有许多成功的经验和做法值得上海学习借鉴，其中同样蕴含众多合作的商机。

重点功能区域建设。重点功能区域建设是上海创新驱动、转型发展的重要载体，也是发展现代服务业和先进制造业的重要平台。根据上海新一轮的发展规划，虹桥商务区、世博园区、上海国际旅游度假区、临港地区、前滩地区以及黄浦江两岸被确定为上海重点发展的六大区域。同时，张江国家自主创新示范功能区作为国家级的创新示范区，也将成为上海未来最具增长潜

---

① 《上海市副市长屠光绍在香港金融论坛上的致辞》，搜狐网，2010 年 7 月 21 日，http://stock. sohu. com/20100721/n273653327. shtml。

② 《上海市国民经济和社会发展第十二个五年规划纲要》，《解放日报》2011 年 2 月 20 日。

力的区域。需要有更多的总部经济、会展旅游、文化创意、现代商贸、体育休闲等现代服务业，以及以装备工业为主的先进制造业和生产性服务业外资项目落地，培育上海新一轮区域经济发展新的增长极。

让我们站在沪港合作新的起点上，携手合作，共同开创两地经贸繁荣发展的新局面。

# B.17
# 内地企业如何善用香港为平台走向国际市场

邓仲敏*

摘　要：本文主要对香港的营商优势、政府对企业的援助、外来直接投资（FDI）在香港经济中的地位、境外企业在港设立公司的情况、内地企业来港投资的情况五个方面进行了分析。最后对香港投资推广署的服务功能进行了阐述。

关键词：内地企业　香港　国际化

随着经济的全球化，中国企业"走出去"参与国际竞争和资源分配已是大势所趋。香港作为国际金融中心、贸易中心、航运中心，过去多年来的发展都与国家的改革开放密不可分。国家经济结构不断调整，与全球经济持续融合，香港作为内地和海外之间内通外连的平台作用也更显重要。香港拥有丰富的市场推广经验，资金与信息自由流通，加上完善的基础设施，市场灵活而规管稳妥，服务业强大并具有与国际接轨的能力，是内地企业走向世界市场的理想平台。

## 一　香港的营商优势

### 1. 自由经济，便利营商
香港特区政府一向奉行自由开放的政策，基本上对外来投资没有限制，

---

* 邓仲敏，香港特区政府投资推广署助理署长。

对大部分货品不征关税，不设配额限制，对本地公司及外商一视同仁，来自任何海外市场的企业都可与本地企业享有同等待遇，无须审批便可注册成立公司。香港没有限制资金及货物进出，外汇自由流动，企业的所有权无国籍限制。加上灵活的人力资源、流通的市场信息，为投资者提供了理想的创业环境。因此，美国的重要智库《传统基金会》和《华尔街日报》连续二十年选择香港为全球最自由经济体系。特区政府高效、廉洁，司法健全，为企业缔造了公平的竞争环境，并以严密的知识产权法规做保障。

### 2. 低税率、简单税制

香港征收的直接税主要为利得税（企业所得税，为16.5%）和薪俸税（个人收入所得税，为15%），不设增值税、营业税、销售税、遗产税及利息/股息预扣税。香港的税负相比中国内地、中国台湾和新加坡都较低，而且以地域征税来源为原则，只对来自香港的利润及收入征税。除借低税率及简单税制以吸引外资外，香港还与其他地区积极洽谈双边税务条约，至今与包括中国内地在内的29个国家和地区达成协议。有关协议使在香港注册的外资企业无须面对双重征税，在香港成立公司的海外企业既能享受低税的好处，又不会招来其本土税务当局不必要的审查。

### 3. 交通网络完善

香港地处亚太区中心，四小时航程便可到达大部分亚洲主要城市，五小时内可到达的地方覆盖了全球近半人口，方便接触多个具有发展潜力的市场。香港位于中国的南大门，其交通网络能直达区域内多个城市，特区政府也致力于加强与内地联系的基础设施建设，其中已展开工程的主要项目包括广深港高速铁路和港珠澳大桥，设施建成后，可大大提高香港与内地城市联系的能力，缩短往来两地的时间。

### 4. 现代服务业发展成熟

香港是亚太区的商业枢纽，服务业高度发展，占地区生产总值的比重超过90%。香港成熟高效的服务业环环相扣，互相配合，形成了以金融、贸易及物流、专业服务和旅游为支柱的服务业经济。在香港找哪个方面的专才、哪个国家的专家，都十分方便。此外，香港也正在积极发展具有独

特优势的多项新兴产业，以期进一步令经济发展更加多元化。这些产业包括创新科技、创意产业、信息及通信科技、环保产业、检测和认证产业等。融合了多方面专才的现代服务业系统，既熟悉符合国际标准的管理制度，又具有丰富的内地营商经验，让香港可以在不同领域为内地企业担当超级联系人的角色。

### 5. 国际金融中心

香港的金融市场成熟稳健，规管完善，市场运作公平灵活。对于已具备"走出去"实力的企业而言，香港提供了一个开阔融资渠道、筹募资金的有利平台。历经多年的蜕变发展，香港的金融竞争力备受肯定，重要的基础是香港的营商环境达到国际水平，而且能与世界其他地方融合无间。政府和监管机构也致力于推动市场多元化发展，因此香港的融资平台能从不同方面高效地满足企业融资的需求。

香港是亚洲第二大股票市场，也是世界最大衍生产品授权市场。2013年香港的IPO集资总额高达1665亿港元，居全球第二位，同比上升85%。在全球排名前100家银行中，超过70家在港设立了据点，为企业提供多方面的选择。从"世界经济论坛2012"公布的金融发展指数看，中国香港更是超越英国和美国，荣升首位，也是首个亚洲城市获此殊荣。2012年，香港交易所、上海交易所及深圳交易所在香港成立了合资公司，共同开发指数和股票衍生产品，编制跨境市场指数，体现了三地交易所的优势互补、互惠合作。

### 6. 离岸人民币业务中心

近年来，香港离岸人民币业务取得了长足的发展，不论是贸易结算，还是发债融资的业务量，增长都十分迅速，而人民币的投资产品亦愈趋多元化，使香港成为一个主要的离岸人民币贸易结算、融资及管理中心。香港拥有最大的离岸人民币资金池，海外公司以人民币到中国直接投资时，可使用香港人民币平台的结算和融资服务，而对内地企业来说，在处理人民币和外币的双向换汇/融资等业务时，香港所提供的简单便捷的离岸人民币服务也是首选。

## 二 政府对企业的援助

香港有超过九成企业是中小企业，聘用了 130 万名雇员，是经济和就业市场的中流砥柱。政府非常重视中小企业的发展，亦明白它们要应对成本上涨、激烈竞争等挑战。因此，多年来，政府均通过适当的措施，支持企业发展。政府通过融资、开拓市场、建立品牌和提升生产力等措施，加强支持本地中小企业。其中包括制订"中小企业资助计划"来协助中小企业解决资金周转问题，并提供津贴鼓励中小企业参与出口推广活动，借此协助其扩展业务。

政府也非常重视经济和产业的发展，并根据香港的条件，聚焦有优势的产业环节，定期增加资源投入，缔造有利环境，进一步加强与内地的合作，推动优势的发展。为协助香港企业把握国家"十二五"规划的机遇，政府于 2012 年 6 月推出一项总值 10 亿元的"发展品牌、升级转型及拓展内销市场"的专项基金，目标正是协助企业通过发展品牌、升级转型及拓展内销市场以开拓及发展内地市场。

在创新科技方面，政府设立了"创新及科技基金"，以提升本地经济活动的增值力、生产力及竞争力，并希望通过基金，鼓励和协助香港企业提升科技水平，为其业务注入更多创新理念。2009 年，一个金额达 3 亿元的"创意智优计划"也投入运作以支持创意产业范畴的发展，而香港科技园及数码港亦设立了不同的"培育计划"来协助从事科技研究和信息及通信科技的创业者渡过关键的起步阶段。

## 三 外商直接投资（FDI）在香港经济中的地位

外商直接投资（FDI）对经济持续发展有重大裨益，包括注入资金、引进崭新技术及管理文化、创造就业机会以及间接带动长远的经济发展。就香港而言，外资企业带来的附加值约占本地生产总值的 1/3，也就是说，香港的

经济在很大程度上是由外来投资者所带动的。同时，香港也是 FDI 流向海外的重要源头，香港注册企业向外的投资，当然包括国内企业通过香港进行的海外并购活动。因此，无论是 FDI 的流入还是流出，香港都紧随中国内地站在世界的前列位置。根据联合国经济和贸易发展会议公布的《2013 年世界投资报告》，2012 年香港的外来直接投资流入金额为 750 亿美元，排在第三位，仅次于美国及中国内地，显示了香港对海外投资者的巨大吸引力（见表 1）。同年，香港的投资存量累积为 14223.75 亿美元，约占整个亚洲区的 30%。

表 1  2012 年 FDI 流入额排名前 10 位的国家或地区

| 排名 | FDI 流入地 | 金额（10 亿美元） | FDI 流出地 | 金额（10 亿美元） |
|---|---|---|---|---|
| 1 | 美国 | 168 | 美国 | 329 |
| 2 | 中国内地 | 121 | 日本 | 123 |
| 3 | 中国香港 | 75 | 中国内地 | 84 |
| 4 | 巴西 | 65 | 中国香港 | 84 |
| 5 | 英属处女岛 | 65 | 英国 | 71 |
| 6 | 英国 | 62 | 德国 | 67 |
| 7 | 澳大利亚 | 57 | 加拿大 | 54 |
| 8 | 新加坡 | 57 | 俄罗斯 | 51 |
| 9 | 俄罗斯 | 51 | 瑞士 | 44 |
| 10 | 加拿大 | 45 | 英属处女岛 | 42 |

资料来源：联合国贸易和发展会议（UNCTAD）公布的《2013 年世界投资报告》。

## 四  境外企业在港设立公司的情况

根据香港特区政府统计处发布的《2013 年代表香港境外母公司的驻港公司按年统计调查报告》，截至 2013 年 6 月，共有 7449 家来自香港境外的公司在香港成立，是进行调查以来的新高，反映出数以千计的跨国企业乐意选择香港作为投资地点。其中，3835 家公司在香港设立了地区总部或地区办事处，用以管理、统筹全球或地区业务，而内地企业在港设立地区总部及地区办事处的分别有 114 家和 148 家。由此可见，海外企业和内地企业通过香港来管理亚太区甚至全球的业务足以显示企业对香港作为国际商业枢纽投下信心一票。同一个调查亦指出，香港恒久的营商优势是吸引企业落户香港的主要原因。

# 五　内地企业来港投资的情况

自《内地与香港关于建立更紧密经贸关系的安排》（CEPA）于 2003 年签订以后，越来越多的内地企业选择香港作为发展业务的平台。内地企业成立的香港公司，除了作为"走出去"的跳板外，还能够以另一个身份返回国内享受 CEPA 的优惠，加速内地与世界经济的接轨。根据商务部的统计，2013 年经审批来港投资的内地企业共 2264 家，内地对港投资额达 473 亿美元（非金融投资类）。香港是内地企业融资的热点城市。截至 2014 年 4 月，在香港上市的企业中有 818 家来自内地，占上市公司总数（1667 家）的近 50%，市值约为 1.75 兆美元。

内地企业要"走出去"，需要众多有利条件配合。投资推广署向内地企业所做的调查发现，企业面对的不同挑战主要为筹资不易、市场网络不广以及对国际商务认识不足。香港如何协助内地企业应对这些挑战呢？在融资方面，香港作为国际金融中心提供上市、信贷、私募资金等多种选择，香港的银行也可以通过在国内的分行提供服务。它们还可以选择在香港上市，而目前已有超过 810 家内地公司在港上市融资，可谓汇通四海。内地企业可以善用香港作为国际融资平台，打通企业在境外筹集资金的渠道，也可以利用香港的私募基金、创投基金对内地的高科技企业进行股权投资，进一步推动内地金融创新。

在扩展市场方面，不少内地消费产品公司充分利用香港进行推销、设计和打造品牌，成功提升产品在国际市场上的品位，把产品直送海外。香港是一个国际城市，有来自全球各地的人士在香港居住和工作，目前有超过 7400 家海外企业及内地企业落户香港，还有 110 多个领事馆和各国商会，组成了一个高效的国际网络，再加上每年 5000 多万人的游客，企业很容易

就能接触来自全球的代理商、经销商和客户，省却了前往海外的麻烦。

在连接世界市场方面，不少内地企业在香港聘用了双语人才，借助香港在法律、会计等方面的专业服务开展销售工作，组成面向全球的管理团队，取得世界市场的最新信息，可谓"打通国界障碍"，为企业进军海外市场降低风险。而香港的会计体系、法律体系和仲裁制度均获全球主要经济体系的认可，非常方便。香港没有贸易壁垒，没有货币管制，信息、货物、货币、人员的流通没有任何障碍。这些优势正好应对内地企业的问题，是打开成功拓展国际市场的钥匙。

## 六　投资推广署的服务

投资推广署是香港特区政府部门，成立于2000年7月，目的是引进有助于香港经济持续发展的外来投资。推广香港的营商优势，向有意在香港投资设点的企业或人士提供一站式免费服务。通过推广、促进及提供后续支持服务等多方面工作，投资推广署为海外投资者提供全面而免费的服务，以增加他们对香港营商环境的认识，让他们放心到香港设点。投资者在决定前往海外开业前需要进行市场调研。投资推广署可以免费为他们提供最新的讯息，协助他们充分掌握当地市场的情况，包括香港经济资料的最新发展、法律条例、税务与会计制度、雇用条例、租金与工资水平、行业分析等，让企业准确地评估前景，以做好商业决定。

目前，投资推广署设有八个按行业分类的专责推广队伍，负责下列不同的产业：创意产业、消费产品、运输及工业、旅游及款待、商业及专业服务、财经及金融事务、创新与科技信息及通信科技。

各个推广队伍里都有所属行业的专家，服务不同行业的投资者。如果投资者决定前往香港开业，投资推广署会提供如下辅助服务：提供实用信息；介绍中介服务机构，如会计师事务所、律师事务所等协助申请行业牌照和行政人员工作签证、寻找适合的办公室地点、进行员工招聘工作；在港落户后的宣传推广。

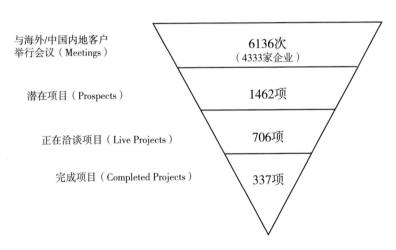

投资推广署会定期安排投资者与有关行业的组织和商会建立联系，让他们通过同业交流，吸收经验并扩大网络。后续服务也十分重要，企业在香港开展业务以后，投资推广署将继续予以紧密接触，以便企业在拓展业务时，为其提供相应的服务。投资推广署也会举办以不同地域的市场或以行业为主的联谊活动，以加强企业间的联系，有利于融入香港的商业社群。

为了接近投资者，投资推广署的网络遍布全球。通过香港特区政府的海外经贸办事处和聘请顾问，投资推广署在全球 28 个城市设有代表，协助该署与当地企业保持联系。在国内，投资推广署派驻了五支投资推广小组，分别设于北京、广州、上海、成都和武汉。各个小组会主动约见当地企业，了解它们的最新发展，当确定为潜在客户后，便会定期联络，积极回应查询和要求。当项目进入洽谈阶段，投资推广署会安排客户跟香港总部的行业专家会面，直接提供在香港设点的各类贴身服务。随后，投资推广署会视客户的需要，继续提供服务。图 1 为投资推广署在 2013 年的一些工作成果。

与海外/中国内地客户
举行会议（Meetings）　6136次
（4333家企业）

潜在项目（Prospects）　1462项

正在洽谈项目（Live Projects）　706项

完成项目（Completed Projects）　337项

**图1　2013 年香港投资推广署的主要工作成效**

截至 2013 年 12 月，投资推广署已经成功完成超过 3090 个投资项目，有关企业在开业或扩展的首年内，共为香港创造超过 34900 个新职位。

投资推广署积极在内地进行投资推广的工作，包括：主动走访不同地区

的城市，接触内地企业，通过了解它们的业务发展进程，发掘香港投资的需要。投资推广署也会与国家商务部、发改委、贸促会、工商联以及各省市的政府部门、企业协会和机构等携手举办活动，介绍香港的营商优势，并与内地省市到世界各地举办活动，联手推广香港和内地城市的投资环境。

为方便内地企业了解香港的营商环境，投资推广署特别为内地企业量身打造《手把手助内地企业投资香港》小册子，详列有关在港成立公司所需的资料，为国内企业提供专门打造的配套服务。

香港和内地同文同种、同根同心，关系紧密。在社会和制度发展的不同轨道上，香港发展出独特的优势，而这种优势，在国家改革发展的道路上起着特殊的作用。欧美发达国家的金融危机，直接影响了国内的外来投资和对外贸易。国内经济的发展也遇到了成本上升、发展环节不协调和市场狭窄等问题。在这个关键时刻，国内企业要思考下一步怎么走，要在未来的竞争中争取胜利，采取"走出去"的战略以获取市场并建立品牌，几乎是企业做大做强的必经阶段。先行者"走出去"已不下十年，过程中遇到过困难，付出过代价，但有的已经成功，收获了新市场。发展成熟的企业在欧美经济不景气的背景下进行收购合并，扩展了企业的版图，为下一阶段的发展做好了准备。

作为"走出去"的后来者，企业可以抓紧时机，尽早开始。提前行动，会加快企业的成长。内地企业可以将市场策划、产品研发、品牌打造、科研、融资和财务管理等功能设于香港，再配合自身的优势和发展需要，积极推进经济转型升级，以建立更广阔的营商网络，为企业创造更大的价值。相信香港可以在资金、技术、人才和经验方面，协助内地企业对外开放并与世界接轨。过往的经验证明，大部分收购合并和对海外的投资都是通过香港进行的，早日到香港了解市场环境、积累国际贸易经验，正好迎合了国家推动企业"走出去"拓展海外市场的大趋势。投资推广署乐意全力协助内地企业赴港设点，并以此为有利平台进一步开展海外市场。

# 沪港合作推进上海自贸区
# 建设的几点建议

盛 垒*

摘　要：　上海和香港是我国经济发展格局中的重要两极，沪港两地能否形成良性竞争，做到优势互补、共同发展，对我国经济整体发展具有重要意义。沪港优势互补，具有合作的现实基础和良好前景。上海自贸区的启动建设为进一步深化沪港合作开创了新的契机，两地应抓住这一难得的机遇，加快开展全方位的深入交流与合作，共同推进上海自贸区建设。

关键词：　上海自贸区　上海　香港　合作

## 一　引言

作为中央着眼于全国新一轮改革开放大局而设立的创新"试验田"，上海自贸区的核心使命是要推动制度革新，并最终复制、推广到全国。然而，改革创新是一个不断试错的过程，不仅意味着现有规则的颠覆或重构，也往往伴随着诸多风险和不确定性。尤其是金融改革风险，牵一发而动全身。搞好自贸区建设，上海责任重大。而上海建设自贸区，难在没有经验。为降低试错成本，上海自贸区迫切需要学习借鉴国际先进经验，并

---

* 盛垒，博士，上海社会科学院港澳研究中心副研究员。

加强国际交流与互动合作。香港是全球公认的最自由、最开放且最具多元功能的自贸区，历经百余年发展，香港在投资管理、贸易监管、金融管控、体制机制设计、制度安排等诸多方面积累了较为成熟的经验。香港的经验和优势对上海自贸区的运营发展无疑具有"标本"作用，深化沪港交流与合作十分重要。上海应抓住自贸区建设带来的沪港互动契机，主动在管理、技术、项目投资和人才等领域加强与香港的交流合作，携手开创上海自贸区发展新局面。

## 二 上海自贸区建设开启沪港合作新里程

沪港争雄，由来已久。自上海自贸区成立以来，类似"沪港竞争加剧""上海取代香港"的言论更是甚嚣尘上。许多国内外的主流媒体评论都指出，上海自贸区将会对香港的发展造成很大的冲击，香港可能因此丧失原有的竞争优势。其中，有的分析认为，上海实现规则国际化、贸易和投资自由化便利后，香港向来引以为傲的经贸、金融等竞争优势将大幅减弱，上海在金融、航运等领域甚至将逐步取代香港现有的地位。也有的分析则指出，如果上海自贸区实现了人民币在资本项目下的可兑换、利率市场化等先行先试，将不可避免地冲击香港的人民币离岸业务，香港将直面上海的激烈竞争，失去其在人民币国际化中的重要角色和作用。还有一种更悲观的认识，即一旦上海的改革试验取得成功并被复制到内地，整个中国的利率、人民币兑换、外资流入流出等都将进入一个全面开放的时期，那么香港的对手就将不只是一个上海，而是整个内地。届时，香港的"剩余价值"便大大降低，对香港的"替代""半替代"格局或可形成①。

但是，在笔者看来，上海自贸区建设虽然不可避免地会对香港造成一定影响，但更为沪港双方的互动共赢带来全新的机遇，推动沪港合作进入一个

---

① 张建：《上海开建自贸区，香港怎么办？》中评网，2013 年 10 月 27 日，http：//www. crntt. com/doc/1028/1/0/2/102810241. html？coluid = 136&kindid = 4730&docid = 102810241&mdate = 1027002059。

新的历史阶段。

一方面，香港的优势对于现阶段的上海仍无法比拟，香港是上海自贸区建设的学习标杆。香港多年来一直被誉为全球经济最自由的地方，拥有健全的司法体系、严格的知识产权保护、自由港的身份与体制以及货币自由兑换、资金自由进出、人员自由迁徙、全球资讯无障碍流通等综合比较优势①。相比之下，上海在经济自由度以及商业环境等诸多方面仍然有许多进一步提升的空间。上海自贸区进入实质性运营管理阶段后，需要主动学习借鉴香港好的做法与成熟经验，尤其是在体制安排、制度设计以及具体的运营管理、技术操作等层面，香港百余年的经验教训值得上海参考。例如，香港的人民币离岸市场建设给上海提供了很多经验教训，尤其是在如何防止制度漏洞造成金融机构过度套利等方面，这是上海自贸区金融改革无法回避的②。

另一方面，沪港优势互补性强，香港是上海自贸区建设的最佳合作伙伴。香港长期以来都是中国金融开放的最主要窗口，从某种意义上来说，香港曾是中国唯一的自由贸易区与离岸金融中心。作为区域性的国际金融中心，香港的金融体系在风险管理、定价机制及制定准则等诸多方面都已达到了国际先进水准，在配合国家处理全球经济、金融、贸易等很多事务上扮演着无可替代的角色。而金融创新是上海自贸区建设的一个十分重要的方面，也是上海建设国际金融中心的重要内容。上海自贸区建设进一步加大了上海国际金融中心建设的筹码，但并不意味着与香港之间只有功能重叠，事实上，我们的判断是，二者之间的合作是大于竞争的。沪港两地可发挥各自优势，在国家金融战略中形成合理分工或交叉合作，共同在国际金融领域发挥关键作用③。因此，沪港双方理应在新的历史条件下增进交流，深化合作，各展所长，共同探索在国家战略框架下的沪港合作新里程。

---

① 罗天昊：《上海自贸区"试验田"路遇四大挑战》，《中国经济导报》2013年9月17日。
② 杨涛：《上海自贸区带来沪港金融互动新机》，《广州日报》2013年9月26日。
③ 张建：《上海自贸区开启沪港合作竞争新里程》，中国证券网，2013年10月15日，http://www.cnstock.com/v_news/sns_jd/201310/2767154.htm。

## 三 沪港合作推进上海自贸区建设的建议

为深化沪港交流，加强互动合作，推动上海自贸区建设进程，现提出以下几点对策建议。

### 1. 进一步明确和建立沪港合作共赢战略

沪港合作将不仅有利于两地提升各自的竞争优势，相互扶持应对竞争与挑战，而且有利于提振两地对开启中国改革开放新局面的信心。因此，应在现有合作的基础上，进一步明确建立沪港两地互惠互利合作共赢战略，共同打造中国企业高水平"引进来"和大规模"走出去"的双向平台[①]。一是在舆论上加强引导。应在舆论上进行积极的宣传和引导，使各界正确地理解这一国家战略，使人们能够广泛地认识到上海自贸区建设不仅不会对香港的投资贸易产生负面影响，而且将对沪港共同开展贸易、投资、金融等领域的全方位合作带来更大契机、注入更强劲的动力，两地由此将形成更新的优势。二是在政策上精心衔接。香港有一整套适用于完全开放的金融市场的成熟制度体系、法律制度以及清晰的产权界定、规范的交易平台、解决纠纷的机制等，非常值得上海学习与借鉴。两地在政策制定上要精心对接、趋利避害、取长补短、相互激励、共同发展。三是在具体实践中注重发挥示范效应。香港作为国际金融中心的精髓之一，就是最大限度地适应投资贸易便利化。上海自贸区也应从这一大局出发，作为先行先试的改革"试验田"，为中国经济在更高层次、更高水平上融入全球经济体系创造可复制、可推广的经验，只有做到这一点，上海自贸区才可谓具有全国性战略意义。

### 2. 积极开展对香港自贸区发展模式和经验的系统深入研究

香港是上海自贸区建设的一个重要参照系，但沪港之间在政制、法制及经济体制、结构等各方面存在较大差异，因此上海自贸区无法全盘照搬香港

---

① 《将上海自贸区打造成"走出去""引进来"双向平台》，《中华工商时报》2014年3月6日。

的做法，而应在学习和实践中探索最符合上海和内地特点的开放模式。为此，上海应重视对香港自贸区的学习和研究，积极整合沪港两地研究力量，对香港自贸区的体制机制、运营特点、管理体系、模式内涵等进行全方位的系统深入研究，探求香港模式中可供上海自贸区参照的做法和经验，为上海自贸区建设和运营管理提供决策参考。

### 3. 创设"沪港自贸区发展论坛"，建立沪港自贸区交流对接机制

为加强沪港间的交流与合作，上海应积极主动地联合香港，在"沪港经贸合作会议"平台基础上，建立更为紧密的沪港自贸区交流对接机制。一是建议沪港两地政府联合创设"沪港自贸区发展论坛"，每年定期举办，邀请中央相关部门、两地政府和相关机构的高层领导、财经界的领袖人物以及著名专家学者，商讨沪港自贸区发展与合作的重大问题，使之成为沪港自贸区的高端对话交流平台。二是建立部门对接机制，上海自贸区管委会、商务、海关、国检、金融等部门，积极与香港对应有关部门建立沟通交流渠道，通过考察、访问、学习等多种方式加强与香港的业务交流与合作。三是建立人才互访交流机制，建立面向香港的专业人才需求信息发布制度，吸引香港高级管理人才和高级专门人才到上海自贸区机构和企业担任高级职务，支持沪港两地公务员到对方相应的职能部门挂职交流培训。

### 4. 建立制度性的长期互动交流合作平台

由上海市政府、自贸区主管部门、上海市工商联与香港投资推广署、香港中国商会等多方联合组成合作机构，集聚官、民双方的各类力量，建立制度性的长期交流、优势互补合作平台。为保障各项合作措施的有效落实，可以由沪港两地多方有代表性的政府机构、民间机构共同组建形成交流合作平台，特别是充分发挥上海海外联谊会、上海市工商联和香港特区政府投资推广署、香港中国商会等组织和机构的作用，促进上海自贸区与国际接轨的政策制定和执行，推动信息、人才、金融市场产品的交流，服务于法治环境营造和金融创新与安全，调动投资热情和维护投资者利益。

### 5. 组建专家咨询委员会，为上海自贸区发展建言献策

香港拥有一大批具备国际视野、通晓国际规则、熟谙运营管理的高级专

业人才队伍及专家群体。为充分利用香港的智力资源，建议由上海自贸区管委会牵头，组建成立上海自贸区专家咨询委员会，使之成为上海自贸区发展的智囊机构，并聘请香港主要政府机构（如金融管理局、证监会、贸易发展局）的领导者、企业家、专家学者以及杰出专业人士担任顾问和委员，通过内部研讨、决策咨询等多种形式，鼓励和引导其为上海自贸区发展建言献策。

### 6. 引进香港机构参与上海自贸区的开发建设及运营管理

香港在自贸区的开发、运营、管理以及行政制度、经济制度、金融制度、法律制度等制度建设方面，已经形成了一套成熟的、与国际规则通行的体系，上海可引进香港的企业和机构直接参与自贸区的开发建设及运营管理。事实上，上海曾委托香港机场管理局共同管理虹桥机场东、西两个航站楼及机场商业零售业务，取得了非常明显的成效。可以说，上海和香港已经有了非常成功的合作先例。上海自贸区建设可在此基础上，通过设立分支机构、组建合资公司的形式，吸引香港的公营机构、企业参与上海自贸区的投资、贸易、金融等领域的建设及运营管理。

### 7. 进一步深化沪港两地在国家金融战略框架下的互动合作

金融是上海自贸区改革创新的着眼点和突破口。沪港两地应发挥各自的比较优势，加强协调与互动，积极探索更多类型的合作模式，共同为国家战略服务。第一，在构建多层次金融市场方面展开互动。首先，金融市场的基本功能包括投融资与风险规避等，对此，上海的金融市场可更多着眼于投融资功能，而香港由于市场机制与环境方面更具开放性，可充分服务于各类国内主体的风险分散需要。其次，基于两地各自的优势，香港在国际投融资方面可以发挥更大作用，上海则应发展成为毋庸置疑的国内投融资中心。最后，由于沪港两地金融市场在债券市场方面都存在明显的短板，因此在推动债券市场合作、加快亚洲债券市场创新等方面，两地可以开拓更多的合作互动空间。第二，虽然上海的金融产品创新环境一直在不断改善和优化，但与香港相比，两者之间的差距还将长期存在。对此，我们认为，今后，上海的金融产品创新应更多地着眼于各类基础金融产品，而香港可大力发展各类人民币衍生品和结构化产品，从而满足不同主体的金融需求。第三，香港的经济金融体制具有极高的自由度，这虽然有利于增进金融交易活力，但在防范国际金融风险传染方面还存在不足，因此从整个国家金融安全的角度来看，更适合作为防范风险的"缓冲区"。对上海来说，虽然未来自贸区的利率市场化和货币自由度都会大幅提高，但仍然会在现有监管框架内逐渐完善，并且依托庞大的实体经济，因此更适合作为应对金融风险传染的"核心区"①。

---

① 杨涛：《上海自贸区带来沪港金融互动新机》，《广州日报》2013 年 9 月 26 日。

# 附　　录

Appendix

## B.19

# "沪港经济转型与合作：
# 共谋外资引进新局面"高层研讨会综述[*]

吴蓓秀[**]

　　上海社会科学院港澳研究中心、上海市政协港澳台侨委与香港明天更好基金联合主办的"沪港经济转型与合作：共谋外资引进新局面"高层研讨会于 2013 年 10 月 11 日在上海市政协隆重举行。上海市政协主席吴志明、上海社会科学院院长王战，以及香港明天更好基金理事、丽丰控股有限公司执行副主席林建康分别在开幕式上致辞。来自香港、上海等地的约 200 位政府官员、专家学者、企业家聚集在一起，就上海经济转型升级中的外资结构

---

[*] 本文根据 2013 年 10 月 11 日上海社会科学院港澳研究中心、上海市政协港澳台侨委以及香港明天更好基金联合举办的"沪港经济转型与合作：共谋外资引进新局面"高层研讨会上嘉宾的发言记录整理而成。

[**] 吴蓓秀，上海社会科学院港澳研究中心办公室主任。

优化，上海自贸区建设的战略选择及对香港的影响，上海深化开放与利用外资的战略选择，新时期沪港投资合作环境、方向和路径，沪港投资环境的比较与借鉴以及上海与香港经济互动合作等一系列共同关心的问题进行了广泛深入的交流和探讨。现将研讨会上各位专家学者演讲的主要观点综述如下。

# 一 沪港合作：共谋外资利用新局面

**上海市委常委、统战部部长沙海林先生**在题为《站在沪港合作新起点，共谋外资利用新局面》的演讲中就如何在新的起点上携手谋划沪港经贸合作特别是外资利用新局面提出了他的观点和建议。

沙海林认为，上海始终秉持开放这一最大优势，利用外资的质量和水平得到明显提高。改革开放以来，尤其是浦东开发开放以来，上海的经济社会实现了持续快速发展，2012年的经济总量突破了2万亿元。越来越多的外商投资企业落户浦江两岸。不仅如此，外商投资还深度参与经济社会发展，成为推动上海经济社会发展和创新转型的重要力量。主要表现在以下几方面：①外商投资加快融入上海"四个中心"建设；②外商投资服务业发展的领域和方式越来越宽；③外资投资积极参与战略性新兴产业和先进制造业；④上海已经成为跨国公司功能性机构的集聚地。截至2013年8月底的统计数据表明，上海已经成为中国内地跨国公司功能性机构最为集中的城市。

沙海林还认为，在上海"引进来"与"走出去"的双向投资中，香港的作用无法替代。改革开放以来，大量港商投资上海，创造了上海外商投资领域的多项第一。香港回归祖国以后，沪港经贸合作更是进入了高速发展的"快车道"，香港成为上海最大的外商投资来源地。特别是近十年来，香港在沪投资合同总额达到632.3亿美元，是CEPA协议签署前历年累计额的3.5倍。从2012年的情况看，香港在沪投资主要有以下几个特点。①投资规模不断扩大，合同外资占半壁江山。②服务业投资发展迅速，顺应了上海转型发展的需要。③房地产业重新成为香港投资的重点，资本的国际性特征

明显。同时，伴随着香港来沪投资的增长，上海对香港投资的步伐也正在加快。截至 2013 年 8 月底，上海在香港累计投资设立企业和机构 472 家，累计核准对外直接投资总额 68.8 亿美元，约占上海对外直接投资总额的41.1%。香港不仅是新中国成立以来上海企业（培罗蒙西服）第一个境外投资项目落户地，也是上海企业境外投资的第一大目的地。总体来看，有以下四个特点：①依托香港服务业发达的优势，开展服务业投资；②依托香港国际航运中心的优势，开展航运业投资；③依托香港全球化经济体的优势，设立国际化平台；④依托香港国际金融中心的优势，开展投融资合作。此外，出入香港手续简化，也为内地企业随时到香港与境外合作伙伴谈判提供了很多便利。

沙海林指出，在新的合作起点上，沪港加强双向投资依然具有无限的发展潜力。站在新的起点上，上海与香港的关系应更多地着眼于"三个面向"：首先是面向全球，只有面向全球不拘泥于某一个方位、某一个区域，才能够看清双方合作的巨大潜力；其次是面向未来，未来中国发展空间很大，如以未来作为坐标，沪港即使加起来，恐也难以满足中国经济日益发展对金融、贸易、航运服务的需要；最后是面向双方的互动，沪港不仅现在，就是在将来很长的一段时间里，也一定是互补的关系，只有互补基础上的互动，才能达到互利双赢。所以，只要我们面向全球、面向未来、面向双方的互动，就可以更加清楚地看到沪港合作的重要性和紧迫性。

沙海林建议，沪港双方要抓住建立上海自贸区的契机，实现更为有效的投资合作。在金融领域，香港国际金融中心的地位优势明显。而目前中国所处的发展阶段决定了对金融服务有着巨大的需求，这对于香港和上海两个金融中心的建设提供了广阔的空间。在服务业领域，未来几年正是上海"四个中心"建设功能性突破的关键时期。香港作为举世公认的国际化都市，具有包括金融、贸易、物流、会展、旅游等高度发达的服务业，市场开放，信息完全，法律完善，操作规范，拥有大量的专业服务机构、大批的专业服务人才与高度国际化的运作经验，这正是上海建设"四个中心"迫切需要学习借鉴的。特别是上海自贸区扩大开放的服务业领域，香港企业可以多方位地参与。在航运领域，未来几年上海将着力提升航运服务功能，完善现代航运集疏运体系，加快集聚与航运相关的企业、船舶、货物、人才等各类要素资源。香港作为全球著名的自由港，有许多成功的经验和做法值得上海学习借鉴，其中同样蕴含众多合作的商机。上海需要有更多的总部经济、会展旅游、文化创意、现代商贸、体育休闲等现代服务业，以及以装备工业为主的先进制造业和生产性服务业外资项目落地，培育上海新一轮区域经济发展新的增长极。

**上海市政府参事室主任王新奎教授**在题为《中国（上海）自由贸易试验区建设的战略选择》的演讲中指出，我们今天共谋外资利用新局面，已经不仅仅是利用外资的概念，还应从经济全球化的角度来考虑问题。上海自贸区以开发为重点，同样面临挑战。第一，建立上海自贸区是国家的战略决策。全球经济形势正在发生变化，一是从贸易规则转向国际规则；二是从货物贸易规则转向服务贸易规则；三是从传统的多边平台转向双边、周边乃至区域平台。为了应对国际经济形势变化的要求，在《中国（上海）自由贸易试验区总体方案》中关于国家战略这个问题，国务院批复文件中明确表述，试验区肩负着我国在新时期加快职能转变、积极探索管理创新、促进贸易和投资便利化，为全面深化改革和扩大开放探索新途径、积累新经验的重要使命。改革开放已进入深水区，回顾深圳和上海浦东改革开放的经验，上海自贸区要通过有序开放、倒逼政府职能转变探索一条新路。第二，上海自贸区建设的三项任务。①体制创新。首先是制度创新，它包括投资体系不分外商、内商，统一投资体系，竞争自由贸易区。不管是中资、外资还是所有制，都享受一样的待遇。其次是外商投资体制创新，即整个阶段的国民待遇和负面清单。最后是金融体制创新，即建立资本自由化利率市场。②扩大服务业。共有六大部门，包括21个领域。教育文化、信息通信和金融三大部门，属于正面清单；其他专业服务、商业等为负面清单。③贸易投资便利化。改善营商环境，从传统的打钩管理改为分类的状态管理，并为投资进口营造较好的环境。

王新奎认为，金融制度创新对沪港经济的影响是一个重要的问题。金融

改革分为两部分。一部分是体制创新。金融体制创新的原则，是为实体经济服务，不是为共体服务。另一部分是扩大金融服务领域的开放。在金融开放中，体制改革要分不同的平台、不同的机构、不同的产品，并采取不同的措施。金融开放是和全球多边或者双边以及周边谈判紧紧联系在一起的。自贸区金融服务对外开放必须服从国家大战略。所以，即便在自贸区，它的开放度也是有限的。如果自贸区的资本项目逐步放开，特别是区内境外自由流动，一部分原来把机构设在香港的企业，可能会设到自贸区来。从自贸区机制产业的背景来看，香港提供了相当多的企业，使得香港作为国际金融中心的功能，多了一个很大的空间。随着自贸区的金融改革不断深入，专业服务也会随之增加，而这些专业服务的人才大量在香港，这给他们带来了很大机遇。对负面清单的研究，和香港相同，在负面清单里进自贸区的外商不能享受法则待遇。这个问题有两个基本的要求：一是国际化标准；二是一开始就按国际标准办，甚至按国际高标准办。香港本身就是按照国际标准和国际高标准来做的。中央给上海自贸区第一阶段的要求是 2 ~ 3 年时间一定要形成可复制、可推广的经验。这不仅仅考虑上海和香港之间的关系，如果一旦这样的政策在全国范围或者在上海以及长三角范围内进行复制，对香港来说肯定会有更多的机遇。

**香港投资推广署助理署长邓仲敏女士**在题为《内地企业如何善用香港为平台走向国际市场》的演讲中指出，香港和上海早在 2003 年就已经建立了经贸合作会议机制，尤其是在贸易便利自由化和支持上海企业利用香港作为平台"走出去"方面，香港是上海第一大外来投资来源地，也是内地企业非常好的内联和外通的平台。香港特区政府实行便利营销的政策，投资环境自由有序，市场开放，对外来投资基本没有限制，所有到香港来的企业一视同仁。同时，世界级的通信设施连接全球，形成了比较广阔的国际化网络。

邓仲敏认为，从投资者的角度来看，税负非常重要。香港的基本税收是利得税，以本地作为缴税基础，辐射全球征税，且税率低、税制简单。从国际金融贸易航运中心的角度来看，香港金融中心基础稳健、规管完善、透明度高、市场灵活、金融产品专业化。从商业枢纽角度来看，改革开放以来，香港很多生产商逐步转移到了珠三角地区，香港已逐步发展成为以现代服务业为主体的经济体系。香港的服务业本地生产总值已经超过了93%。在基本工业产业，专业服务、金融、贸易、物流、旅游、创新科技等领域，很多内地企业对于服务的需求非常大，相信香港和上海在这些方面会有很多合作空间。

邓仲敏还认为，虽然全球经济复苏比较缓慢，但香港游客大众消费仍逐年上升。2012年和2010年相比，赴香港旅游的人数和香港的零售消费额均上升了10%以上，这对吸引外资提供了有利的环境。引进外资带来的不仅是资金，还可以引进新的技术和管理文化，创造就业机会，对带动短期和长远经济模式都非常重要。据联合国经济和贸易发展会议公布的《2013年世界投资报告》，香港在全球排名第三，吸引外来投资经济实力仅次于美国和中国内地。此外，内地企业来港投资不断增长，2012年有1938家，比2011年增长近80%，比2004年增长12倍以上。不少海外企业立足香港，迈向国际市场。

邓仲敏指出，香港作为内地企业"走出去"的最佳平台，以其经验、制度为内地企业提供全方位的服务，如国际金融中心是最佳的融资平台；国际市场推广中心可以连接全球信息；自由商港和便利的营商政策；专业人才可以配合产业需要和认识国际商务惯例。同时，香港投资推广署可以免费提供服务，为海外企业及内地企业提供专业咨询及实物支援，在各个方面协助企业落户香港。希望有更多的海外企业和内地企业善用香港为平台走向国际市场。

## 二 上海深化开放与利用外资的战略选择

**香港光大集团高级研究员周八骏教授**在题为《香港自由港的启示》的演讲中认为，上海自贸区被人理解为主要侧重于自由贸易。而众所周知，香港是一个全球著名的自由港，也就是自由贸易，所以从这个角度来看有可比

性、可借鉴性。第一，1841 年英国占领香港，紧接着实施了自由港政策，把香港作为转口港，这是当时英国的国家战略。上海自贸区是以上海市保税区为基础成立的，这个保税区的功能就是大的窗口，它起到了转口的作用。所以从这一点来说，香港和上海最初的起点是相似的，都体现了国家战略。第二，一个半多世纪以来，香港自由贸易起到了基石作用，但是香港的发展不仅仅是贸易开发，它是全方位的开发。20 世纪 50 年代，香港第一次经济转型由转口贸易为主，向本地制造业及相关进出口贸易带动转变，向多元化、现代化转变。贸易自由与金融自由相辅相成，高度开放和高度自由是香港经济的特征。第三，上海自贸区开发始终围绕国家利益，是中国自由贸易区的区域性试验区。约 29 平方公里的面积被分成四块，面积有限，人口有限，所以它不可能成为很大规模的经济体，只能是相对独立的经济体。同时，上海自贸区的开放也有限度，因为强调可复制，就会亏欠本身的状况。金融危机后全球的经济、金融重心以及政策重心逐步向东转移，上海自贸区的建立正是顺应了这个潮流。而香港在这中间起到了承上启下、承前启后的推动作用。

关于香港对上海自贸区的启示，周八骏认为，香港在这个过程中耽搁时间越久、耗费时间越长，就会落后。不是别人走得太快，而是香港自己未能做出新的贡献。1841 年英国占领香港，1842 年《南京条约》把香港和上海都列入战略条例，香港成为殖民地的历史和上海成为半殖民地的历史几乎同步开始。相信香港和上海一定会同时抓住机遇，迎接挑战，优势互补，比翼齐飞。

**上海市外资协会副会长朱文斌先生**在题为《上海吸引外资的现状、特点及趋势》的演讲中认为，上海利用外资的规模和水平不断提高。截至 2012 年底，已有来自全世界 161 个国家和地区的投资者在沪投资。累计批准设立外资企业 67869 家，吸引合同外资 2175.65 亿美元，实际到位外资达 1327.22 亿美元。上海以只占全国 0.06% 的土地面积，吸引了全国实际利用外资总额的 10% 多，成为继广东和江苏之后，全国第三个实际利用外资过千亿美元的省市。

同时，上海利用外资的特点也发生了变化。随着上海引资结构的不断完善，形成了现代服务业主导和总部经济集聚的特色。2000年第三产业合同外资占比仅为33%，2005年占比首次超过第二产业，2009年占比超过年度引资总额的80%，2012年达到83.68%。上海还将积极发展金融、航运物流、信息服务、文化创意、旅游会展、专业服务（医疗保健、家庭服务、教育培训等），尤其注重吸引地区总部、研发中心等总部经济项目。近年来，随着投资环境的进一步改善，越来越多的跨国公司开始选择上海作为其中国乃至亚太地区的总部。目前，上海已经成为中国内地吸引外资总部机构数量最多、领域最广泛的城市。

朱文斌还认为，外资企业是上海经济社会发展的重要组成部分。外资企业贡献了全市2/3的进出口额和工业总产值，贡献了全市1/3的税收和就业。这些数据充分说明了外资企业在上海经济社会发展中举足轻重的地位。许多外资企业在实现自身发展的过程中，对社会责任的理解和实践有了显著的进步。鼓励和支持外资企业进一步发展壮大，是上海继续扩大开放、转型发展、服务全国的需要。随着经济全球化的不断深入，开放和合作已经成为各个国家和地区实现发展的基本途径。今后，一方面将继续扩大开放领域，优化外资结构，发挥外资对上海经济结构转型的促进作用；另一方面将更多地鼓励跨国公司将营运中心、结算中心、研发中心等高端功能集聚上海。

朱文斌指出，上海要不断改善投资环境，为外资企业在上海的发展提供新的机遇。要继续落实和完善跨国公司地区总部的各项政策，加大对重点外资项目的支持，创建从规划、土地、环保到审批等环节的绿色通道。积极争取将外资融资租赁公司、担保公司、创业投资（管理）企业、股权投资（管理）企业等金融服务企业纳入享受本市金融业发展鼓励政策的范围。进一步完善外商投资的法律法规体系，使吸引外资，维护、保障外商投资企业的合法权益有法可依。在中国设立的外商投资企业都是中国的企业，它们的产品都是中国制造，应该享受和中国其他企业平等的竞争环境。要创造一个更加公平、合理、规范有序、清正廉洁的市场环境。

朱文斌还指出，未来几年上海要把世博效应持续地演绎和深化下去，充

分利用世博园区及其周边地区这个优质载体，着力吸引高能级、高附加值、国际化、功能性的大项目和主体落户，建设具有国际影响力的现代服务业集聚区，最大限度地把世博效应转化为推动社会经济发展的现实优势。上海自贸区的建立，将有助于进一步构建与各国及地区合作发展的新平台，培育面向全球竞争的新优势，拓展经济增长的新空间。这些重点区域的发展，将推进上海经济社会发展的新增长极，为外商投资提供前所未有的发展空间和发展舞台。

## 三 新时期沪港投资合作环境、方向和路径

**上海 WTO 事务咨询中心姚为群先生**在题为《新时期跨境直接投资自由化的标准和塑造》的演讲中分别从五个方面阐述了他的观点。

（1）经济全球化新主流。金融危机以后，经济全球化出现了新的主流并呈现以下五个特征。①全球金融危机标志着"二战"后世界经济增长长周期已经结束，世界各国主要经济体之间的力量对比发生了重大变化，全球经济进入结构性调整阶段。②第三次产业革命的先兆已经出现，发达经济体力图以此确立新的比较优势，在新一轮世界经济增长长周期中占据引领地位。③全球性跨国公司基本替代主权经济体，成为新的经济全球化主导载体。④经济全球化主导权争夺已经开始，取得全球经济治理规则的话语权和制定权成为焦点。⑤高标准双边或诸边贸易投资安排已对全球经济治理规则形成影响。

（2）贸易投资自由化新热点。①规则重构（双边、区域、诸边、多边）。②针对中国的贸易投资自由化议题。

（3）中国面临来自四方面的挑战。①在国际劳动分工方面。中国主要是进口多边产品，价格增加很少，经济全球化对中国造成很大的冲击。②在规则重构方面。中国在多边贸易谈判、区域化谈判以及双边、诸边等投资保护协定方面规则不一。③在价值观念方面。不仅服务业要采取负面清单制，而且在 FTA 谈判当中，我国的技术、金融、电信应单列，投资国民待

遇都要采取负面清单制。④在外汇储备方面。我国的外汇储备以美元资产为主，金融危机以后，美元贬值导致中国外汇储备大幅度缩水。所以，要改善投资制度，使我国的外汇储备能从美元量化宽松和欧洲的财政量化宽松中获益。

（4）投资自由化的标准。目前，国际投资规则处于"碎片化"状态，投资自由化由双边投资保护协定加以规范。投资自由化的标准主要包括待遇标准、环境和劳工、征收与补偿、争端解决、高管国籍、国有企业与公平竞争、不符措施、资本和收益转移八个方面。从投资自由化角度看，国民待遇是最核心的。同时，管理放弃审批制度以后，可以在以下方面进行事中、事后的监管。①负面清单；②国家安全审查；③反垄断审查；④金融审慎监管；⑤城市布局规划；⑥环境和生态保护要求；⑦劳动者权益保护；⑧技术法规和标准。

（5）投资自由化的塑造。以积极的姿态参与全球经济治理规则的重构，并以此作为推动我国经济体制改革和扩大对外经济开放的主要突破口。①从战略思维考虑。实施新一轮对外开放；倒逼经济体制改革；建设开放自由的营商环境；跨境优化产业结构；打造新的比较优势。②从战术考虑。出价领域与程度及要价领域与程度。③平台探索。实行利益互换。

最后，姚为群认为，上海自贸区的启动，可以在以下几方面提供试点经验。①为中美双边投资保护协定实质性谈判提供试点经验。②为应对 TISA、TPP、TTIP 的影响提供试点经验。③为推动我国 FTA 谈判和其他对外经济开放措施提供试点经验。④为引进比较优势直接投资和提高对外直接投资效益提供试点经验。⑤为通过跨境优化产业结构提供试点经验。⑥为通过开放推动行政审批制度改革提供试点经验。

**东亚银行（中国）有限公司执行董事兼行长关达昌先生**在题为《沪港投资合作前景及对策建议》的演讲中认为，自 2003 年 6 月香港与内地签署《内地与香港关于建立更紧密经贸关系的安排》（CEPA）以来，极大地推动了内地对香港基本实现服务贸易自由化的目标，大幅减少了香港企业市场准入的管理程序，为香港服务业拓展了新的发展空间和机遇，也为内地经济带

来了新的活力。香港已成为上海引进外资最多的地区，也是上海最亲密的合作伙伴。

关达昌认为，上海自贸区＋CEPA补充协议十，是沪港经贸合作的新契机。上海自贸区的建立，是顺应全球经贸发展新趋势、更加积极主动对外开放的重大举措。并以此作为推动经济由投资和出口向服务和消费转型的推力，进而实现经济可持续增长。这一举措将对上海和香港进一步提升城市功能、深化合作内涵提供新的机遇。香港的贸易自由、投资自由、金融自由、经营自由和人员进出自由，被称为港式经济模式的灵魂，是香港发展成为全世界最繁华的现代化大都市之一的主要动力。香港所具备的许多经验、做法都值得上海参考和借鉴。同样，香港也面临学习借鉴内地经验、熟悉内地政策、法律、文化和商业习惯的课题，两地的深度交流和交融成为必要。2013年8月29日，香港与内地签署了CEPA第十份补充协议，进一步提高了CEPA的开放程度，拓宽了服务提供方式。上海自贸区的挂牌成立和CEPA补充协议十的签署不仅将加速推动内地、香港两地实现货物贸易及服务贸易自由化的目标，上海和香港也将在竞争中加强合作，在合作中共促发展。

关于加强沪港经贸合作的应对策略。关达昌呼吁，建立更紧密的沪港经贸合作关系，将两地的合作模式，由先前的主要停留在机构和人员间的定期沟通交流的工作方式，提升到建立更紧密的、覆盖更广泛领域的全方位战略联盟关系。第一，在自贸区建设方面，建立沪港上海自贸区联席会议机制。通过沪港上海自贸区联席会议机制，切实推进以下几方面的合作。①在行政、监管等政府机构沟通层面，以政府部门为对口，建立和实施两地政府机构官员和工作人员的互派、实习和培训制度，并使之成为常态。②在立法和制度、政策设计层面，建立沪港两地政策和立法决策先期沟通机制，加强两地在政策和法律层面的充分借鉴。③在机构和人才交流层面，为香港的企业和人才进驻自贸区提供便利条件。④在信息共享层面，在海关、金融监管等方面建立信息共享机制，共同打击违法行为。第二，在金融人才建设方面，香港与上海的国际金融中心无论如何定位，都是国家的国际金融中心。沪港两地人才各具特色，完全可以实现优势互补，香港人才更具专业知识和国际视野，上海的人才则更熟悉内地情况和法规；香港拥有国际资本市场的成熟基础与稳定的软实力，上海拥有中国经济的巨大实力和核心资本市场的优势，两者应互动互补，形成国际金融中心利益共同体，共同为国家发展做出贡献。

关达昌建议扩大沪港金融人才交流，推进沪港金融人才一体化融合和人才的相互渗透。主要措施是：加强沪港金融监管部门人员交流方面的合作，促进沪港两地金融监管部门间的沟通融合和扩大相互学习借鉴的深度和广度；推进沪港两地金融人才的相互渗透和融合；建立沪港金融业国家队名单制度，为更广泛地吸收香港金融人才充实上海和内地的金融国家队提供人才库资源，为切实推进金融人才一体化融合、为2020年将上海建成国际金融中心服务。

**全国人大香港特区代表、香港万顺昌集团有限公司董事长兼行政总裁姚祖辉先生**在题为《经济转型与沪港投融资合作的新领域与新模式》的演讲中从以下两方面阐述了他的观点。①关于上海自贸区的自由化。姚祖辉认为，对于自贸区，外资企业和民营企业都可以进去，在同一个平台上，外资企业、民营企业和国有企业相互竞争。对香港来说，自由运作很重要，可以自由进来，希望自由出去，形成有序的自由竞争机制。②关于上海自贸区的司法国际化和法律改革。姚祖辉认为，香港的立法机构，是全世界最有效率的立法机构之一。香港立法最多，对司法非常专注，香港公民把配合司法机关工作作为一种义务的理念已经深入人心。上海自贸区的司法要国际化，希望通过法律制度等改革，在自贸区内形成非常健全的执法系统。

**上海市政协常委屠海鸣先生**在题为《上海与香港吸引外资软环境的比较与借鉴》的演讲中认为，上海要实现"十二五"提出的率先转变经济发展方式，推动"四个中心"和社会主义现代化国际大都市建设取得决定性进展的战略目标，亟须加强上海在招商引资软环境方面的建设。香港是世界级的自由港，在吸引外商直接投资方面一直居于全球领先地位。因此，上海可积极借鉴香港的成功经验，推动自贸区的健康发展，进而完善上海招商引资软环境。屠海鸣从以下四个方面进行了比较与分析。

（1）上海招商引资软环境建设的现状。上海吸引外商投资取得的成绩与其在加大软环境建设方面的努力密切相关，主要表现在以下五个方面。①制度环境。近年来，上海颁布了一系列与外商直接投资相关的法规，进而为吸引外国直接投资创造了良好的法规环境。②市场环境。2012年，上海把完善"网络社会征信网"作为政府的实事项目之一，进一步推动了"网络社会征信网"的发展，极大地促进了市场诚信环境的建设。③政府服务环境。2012年6月，上海浦东新区在全国率先成立了"上海浦东总部经济共享服务中心"，形成了政府引导、社会各方共同参与的集成服务体系，有效地解决了总部企业在运营过程中涉及的体制机制等问题。④金融服务环境。2005年8月，中国人民银行上海总部正式成立，此举吸引了各大投资性公司、基金公司、外资银行纷纷入驻上海，为投资者提供了良好的融资便利，也为整体经济健康发展创造了良好的金融环境。⑤社会文化环境。截至2012年底，上海拥有1773所普通高等学校和特殊教育学校及研究生培养机构，还有34所纳入外籍人员子女管理的学校。这些都为上海引资软环境建设奠定了坚实的基础。

（2）上海招商引资软环境建设存在的问题。上海在引资软环境建设方面仍然存在一些问题，主要表现在以下几个方面。①政策环境有待完善。上海"营改增"税收试点工作减轻了试点行业企业的税负水平，但同时也导致部分行业企业税负增加。另外，通信业还没有纳入试点，政策环境仍需从系统的视角进一步完善。②专业化配套环境建设有待加快。缺乏成熟的社会配套体系，相对滞后的配套服务是直接影响软环境建设的重要制约因素。③政府服务效率有待进一步提高。尽管政府在提高服务效率方面取得了一定的成就，但仍存在一些不足。④社会文化环境有待加强。上海还需加强社会文化环境建设。部分区县招商部门人员及队伍总体业务水平不高，进而导致部分政府部门存在重数量与重招商、轻质量与轻服务等问题。

（3）香港吸引外资软环境建设的现状。从香港与上海的比较来看，在招商引资金额总数、人均指标等方面，香港均远超过上海。香港招商引资所取得的成就与其优越的软环境建设密切相关，主要表现在以下几个方面。

①自由经济体系的制度环境。香港一向以市场主导的经济政策著称。2012年，香港连续18年获选为"全球最自由经济体"，这为香港引资创造了良好的制度环境。②政策环境。香港的税收政策环境具有税制简单和低税率等特点。此外，香港还有其他可扣税项目，这些因素使得多年来香港税收仅占GDP的12.7%，其税率处于世界最低水平。③政府服务环境。香港特区政府的主要功能在于创造最有利于营商的环境，不会对经济或市场做任何指导性规划。香港特区政府还设立香港投资推广署，专责向外地推广投资香港并提供"投资香港一站通"的便利服务，进而打造了完善的投资服务体系。④市场环境。在投资领域，对外国投资者与本地企业一视同仁，都享受香港的法律保护，不受投资比例、投资方式和投资数额的限制。在贸易领域，香港特区政府实行自由贸易政策，保障货物、无形财产和资本的流动自由；香港又是无关税自由港，是亚洲与全世界通商的中心。⑤金融服务环境。香港是国际性银行最集中的城市之一。在全球最大的100家银行中，有近70家在香港开展业务。2013年3月27日，英国伦敦智库Z/Yen集团公布最新全球金融中心指数（GFCI），香港居第三位，仅次于伦敦与纽约。⑥社会文化环境。香港通过完善的教育体系培养了优秀的专业人才。根据国际高等教育研究机构QS公布的"2012亚洲大学排行榜"，香港科技大学名列亚洲第一，香港大学名列第三，香港中文大学名列第五。这既吸引了优秀人才集聚香港，也为香港引资软环境提供了优秀的人才支撑。

（4）香港吸引外资软环境建设给上海的启示。①系统打造招商引资软环境。上海市政府一方面要对软环境建设进行系统性思考；另一方面要积极借鉴香港经验，从制度环境、政策环境、政府服务环境、市场环境、金融服务环境、社会文化环境等建设着手，加强上海软环境的建设。②明确与调整政府的职能和定位。上海市政府一方面应进一步明确政府在招商引资及引资软环境建设中的角色；另一方面应积极吸引与鼓励社会资本参与招商引资及引资软环境的打造，进一步推动政府角色的转型。③加强配套服务体系建设。目前外商直接投资关注的重点正由过去的依靠硬环境或优惠政策向完善的配套服务转变，因此上海市政府一方面要加强硬环境配套服务建设；另一

方面更要加强软环境建设，进而提高为落户上海的外资提供专业服务的能力。④提高投资信息供给能力。上海应借鉴香港经验，在政府主导或引导下，加强投资上海相关的数据库建设，以方便投资者及时了解市场情况，为落户上海的企业提供情报服务，进而吸引更多外资投资上海。

**上海社会科学院原常务副院长、上海社会科学院港澳研究中心理事长左学金研究员**在对研讨会进行小结时指出，中国经济正面临新的转型。从国内来看，我国劳动力资源、土地资源、环境都在发生变化，内地在劳动密集型制造业方面的优势正在逐步削弱，所以需要转变经济发展方式，调整产业结构。上海在调整产业结构方面虽然走在全国前列，但面临的转型压力很大。另外，国际环境也发生了很大变化，服务贸易变得越来越重要，以美国为首的发达国家更加注重投资环境的改善和服务贸易的便利化，这对我国融入经济全球化提出了新的要求。

左学金认为，从中央到地方对改革开放的信念都非常坚定，实践证明，从计划经济走向市场经济，直至加入世贸组织，我国已成为全球化的受益者。尽管当时有很多担忧，如2001年加入世贸组织的时候，很多人对我国的产业特别是汽车制造业很担忧，包括农业，因为我国的土地没有这样的比较优势，但后来实践证明，改革开放以后我国的汽车工业得到了空前迅速的发展，不仅汽车产量全球第一，销量也居世界之首。我国虽然进口很多农产品，但蔬菜、花卉的出口也明显增加，这说明原来的一些担忧是多余的。现在我国正面临新一轮的改革开放，主要是服务业的改革开放，又有很多担忧，对此我们要更有信心，开放的结果必将推动我国进一步融入世界，并在融入中不断受益。

左学金认为，会议通过一天的热烈讨论达成了两个共识：第一，中国需要进一步改革开放，中国很难不改革开放，不改革开放就没有出路；第二，沪港两地可以从上海自贸区、上海和内地的改革开放中合作共赢，对此我们应该充满信心。

# 中国（上海）
# 自由贸易试验区总体方案<sup>*</sup>

建立中国（上海）自由贸易试验区（以下简称试验区）是党中央、国务院作出的重大决策，是深入贯彻党的十八大精神，在新形势下推进改革开放的重大举措。为全面有效推进试验区工作，制定本方案。

## 一 总体要求

试验区肩负着我国在新时期加快政府职能转变、积极探索管理模式创新、促进贸易和投资便利化，为全面深化改革和扩大开放探索新途径、积累新经验的重要使命，是国家战略需要。

### （一）指导思想

高举中国特色社会主义伟大旗帜，以邓小平理论、"三个代表"重要思想、科学发展观为指导，紧紧围绕国家战略，进一步解放思想，坚持先行先试，以开放促改革、促发展，率先建立符合国际化和法治化要求的跨境投资和贸易规则体系，使试验区成为我国进一步融入经济全球化的重要载体，打造中国经济升级版，为实现中华民族伟大复兴的中国梦作出贡献。

### （二）总体目标

经过两至三年的改革试验，加快转变政府职能，积极推进服务业扩大开

---

* 本文转引自中国新闻网，http://www.chinanews.com/gn/2013/09 - 27/5331153.shtml。

放和外商投资管理体制改革，大力发展总部经济和新型贸易业态，加快探索资本项目可兑换和金融服务业全面开放，探索建立货物状态分类监管模式，努力形成促进投资和创新的政策支持体系，着力培育国际化和法治化的营商环境，力争建设成为具有国际水准的投资贸易便利、货币兑换自由、监管高效便捷、法制环境规范的自由贸易试验区，为我国扩大开放和深化改革探索新思路和新途径，更好地为全国服务。

### （三）实施范围

试验区的范围涵盖上海外高桥保税区、上海外高桥保税物流园区、洋山保税港区和上海浦东机场综合保税区等4个海关特殊监管区域，并根据先行先试推进情况以及产业发展和辐射带动需要，逐步拓展实施范围和试点政策范围，形成与上海国际经济、金融、贸易、航运中心建设的联动机制。

## 二 主要任务和措施

紧紧围绕面向世界、服务全国的战略要求和上海"四个中心"建设的战略任务，按照先行先试、风险可控、分步推进、逐步完善的方式，把扩大开放与体制改革相结合、把培育功能与政策创新相结合，形成与国际投资、贸易通行规则相衔接的基本制度框架。

### （一）加快政府职能转变

1. 深化行政管理体制改革。加快转变政府职能，改革创新政府管理方式，按照国际化、法治化的要求，积极探索建立与国际高标准投资和贸易规则体系相适应的行政管理体系，推进政府管理由注重事先审批转为注重事中、事后监管。建立一口受理、综合审批和高效运作的服务模式，完善信息网络平台，实现不同部门的协同管理机制。建立行业信息跟踪、监管和归集的综合性评估机制，加强对试验区内企业在区外经营活动全过程的跟踪、管理和监督。建立集中统一的市场监管综合执法体系，在质量技术监督、食品药品监管、知识产权、工商、税务等管理领域，实现高效监管，积极鼓励社会力量参与市场监督。提高行政透明度，完善体现投资者参与、符合国际规则的信息公开机制。完善投资者权益有效保障机制，实现各类投资主体的公平竞争，允许符合条件的外国投资者自由转移其投资收益。建立知识产权纠纷调解、援助等解决机制。

### （二）扩大投资领域的开放

2. 扩大服务业开放。选择金融服务、航运服务、商贸服务、专业服务、文化服务以及社会服务领域扩大开放（具体开放清单见附件），暂停或取消投资者资质要求、股比限制、经营范围限制等准入限制措施（银行业机构、信息通信服务除外），营造有利于各类投资者平等准入的市场环境。

3. 探索建立负面清单管理模式。借鉴国际通行规则，对外商投资试行准入前国民待遇，研究制订试验区外商投资与国民待遇等不符的负面清单，改革外商投资管理模式。对负面清单之外的领域，按照内外资一致的原则，将外商投资项目由核准制改为备案制（国务院规定对国内投资项目保留核准的除外），由上海市负责办理；将外商投资企业合同章程审批改为由上海市负责备案管理，备案后按国家有关规定办理相关手续；工商登记与商事登记制度改革相衔接，逐步优化登记流程；完善国家安全审查制度，在试验区内试点开展涉及外资的国家安全审查，构建安全高效的开放型经济体系。在总结试点经验的基础上，逐步形成与国际接轨的外商投资管理制度。

4. 构筑对外投资服务促进体系。改革境外投资管理方式，对境外投资开办企业实行以备案制为主的管理方式，对境外投资一般项目实行备案制，由上海市负责备案管理，提高境外投资便利化程度。创新投资服务促进机制，加强境外投资事后管理和服务，形成多部门共享的信息监测平台，做好对外直接投资统计和年检工作。支持试验区内各类投资主体开展多种形式的境外投资。鼓励在试验区设立专业从事境外股权投资的项目公司，支持有条件的投资者设立境外投资股权投资母基金。

### （三）推进贸易发展方式转变

5. 推动贸易转型升级。积极培育贸易新型业态和功能，形成以技术、品牌、质量、服务为核心的外贸竞争新优势，加快提升我国在全球贸易价值链中的地位。鼓励跨国公司建立亚太地区总部，建立整合贸易、物流、结算等功能的营运中心。深化国际贸易结算中心试点，拓展专用账户的服务贸易跨境收付和融资功能。支持试验区内企业发展离岸业务。鼓励企业统筹开展国际国内贸易，实现内外贸一体化发展。探索在试验区内设立国际大宗商品交易和资源配置平台，开展能源产品、基本工业原料和大宗农产品的国际贸易。扩大完善期货保税交割试点，拓展仓单质押融资等功能。加快对外文化贸易基地建设。推动生物医药、软件信息、管理咨询、数据服务等外包业务发展。允许和支持各类融资租赁公司在试验区内设立项目子公司并开展境内外租赁服务。鼓励设立第三方检验鉴定机构，按照国际标准采信其检测结果。试点开展境内外高技术、高附加值的维修业务。加快培育跨境电子商务服务功能，试点建立与之相适应的海关监管、检验检疫、退税、跨境支付、物流等支撑系统。

6. 提升国际航运服务能级。积极发挥外高桥港、洋山深水港、浦东空港国际枢纽港的联动作用，探索形成具有国际竞争力的航运发展制度和运作模式。积极发展航运金融、国际船舶运输、国际船舶管理、国际航运经纪等产业。加快发展航运运价指数衍生品交易业务。推动中转集拼业务发展，允许中资公司拥有或控股拥有的非五星旗船，先行先试外贸进出口集装箱在国内沿海港口和上海港之间的沿海捎带业务。支持浦东机场增加国际中转货运航班。充分发挥上海的区域优势，利用中资"方便旗"船税收优惠政策，促进符合条件的船舶在上海落户登记。在试验区实行已在天津试点的国际船舶登记政策。简化国际船舶运输经营许可流程，形成高效率的船籍登记制度。

### （四）深化金融领域的开放创新

7. 加快金融制度创新。在风险可控前提下，可在试验区内对人民币资本项目可兑换、金融市场利率市场化、人民币跨境使用等方面创造条件进行先行先试。在试验区内实现金融机构资产方价格实行市场化定价。探索面向国际的外汇管理改革试点，建立与自由贸易试验区相适应的外汇管理体制，全面实现贸易投资便利化。鼓励企业充分利用境内外两种资源、两个市场，实现跨境融资自由化。深化外债管理方式改革，促进跨境融资便利化。深化跨国公司总部外汇资金集中运营管理试点，促进跨国公司设立区域性或全球性资金管理中心。建立试验区金融改革创新与上海国际金融中心建设的联动机制。

8. 增强金融服务功能。推动金融服务业对符合条件的民营资本和外资金融机构全面开放，支持在试验区内设立外资银行和中外合资银行。允许金融市场在试验区内建立面向国际的交易平台。逐步允许境外企业参与商品期货交易。鼓励金融市场产品创新。支持股权托管交易机构在试验区内建立综合金融服务平台。支持开展人民币跨境再保险业务，培育发展再保险市场。

### （五）完善法制领域的制度保障

9. 完善法制保障。加快形成符合试验区发展需要的高标准投资和贸易规则体系。针对试点内容，需要停止实施有关行政法规和国务院文件的部分规定的，按规定程序办理。其中，经全国人民代表大会常务委员会授权，暂时调整《中华人民共和国外资企业法》、《中华人民共和国中外合资经营企业法》和《中华人民共和国中外合作经营企业法》规定的有关行政审批，自 2013 年 10 月 1 日起在三年内试行。各部门要支持试验区在服务业扩大开放、实施准入前国民待遇和负面清单管理模式等方面深化改革试点，及时解决试点过程中的制度保障问题。上海市要通过地方立法，建立与试点要求相适应的试验区管理制度。

## 三 营造相应的监管和税收制度环境

适应建立国际高水平投资和贸易服务体系的需要，创新监管模式，促进试验区内货物、服务等各类要素自由流动，推动服务业扩大开放和货物贸易

深入发展，形成公开、透明的管理制度。同时，在维护现行税制公平、统一、规范的前提下，以培育功能为导向，完善相关政策。

### （一）创新监管服务模式

1. 推进实施"一线放开"。允许企业凭进口舱单将货物直接入区，再凭进境货物备案清单向主管海关办理申报手续，探索简化进出境备案清单，简化国际中转、集拼和分拨等业务进出境手续；实行"进境检疫，适当放宽进出口检验"模式，创新监管技术和方法。探索构建相对独立的以贸易便利化为主的货物贸易区域和以扩大服务领域开放为主的服务贸易区域。在确保有效监管的前提下，探索建立货物状态分类监管模式。深化功能拓展，在严格执行货物进出口税收政策的前提下，允许在特定区域设立保税展示交易平台。

2. 坚决实施"二线安全高效管住"。优化卡口管理，加强电子信息联网，通过进出境清单比对、账册管理、卡口实货核注、风险分析等加强监管，促进二线监管模式与一线监管模式相衔接，推行"方便进出，严密防范质量安全风险"的检验检疫监管模式。加强电子账册管理，推动试验区内货物在各海关特殊监管区域之间和跨关区便捷流转。试验区内企业原则上不受地域限制，可到区外再投资或开展业务，如有专项规定要求办理相关手续，仍应按照专项规定办理。推进企业运营信息与监管系统对接。通过风险监控、第三方管理、保证金要求等方式实行有效监管，充分发挥上海市诚信体系建设的作用，加快形成企业商务诚信管理和经营活动专属管辖制度。

3. 进一步强化监管协作。以切实维护国家安全和市场公平竞争为原则，加强各有关部门与上海市政府的协同，提高维护经济社会安全的服务保障能力。试验区配合国务院有关部门严格实施经营者集中反垄断审查。加强海关、质检、工商、税务、外汇等管理部门的协作。加快完善一体化监管方式，推进组建统一高效的口岸监管机构。探索试验区统一电子围网管理，建立风险可控的海关监管机制。

### （二）探索与试验区相配套的税收政策

4. 实施促进投资的税收政策。注册在试验区内的企业或个人股东，因非货币性资产对外投资等资产重组行为而产生的资产评估增值部分，可在不超过 5 年期限内，分期缴纳所得税。对试验区内企业以股份或出资比例等股权形式给予企业高端人才和紧缺人才的奖励，实行已在中关村等地区试点的股权激励个人所得税分期纳税政策。

5. 实施促进贸易的税收政策。将试验区内注册的融资租赁企业或金融租赁公司在试验区内设立的项目子公司纳入融资租赁出口退税试点范围。对试验区内注册的国内租赁公司或租赁公司设立的项目子公司，经国家有关部门批准从境外购买空载重量在 25 吨以上并租赁给国内航空公司使用的飞机，享受相关进口环节增值税优惠政策。对设在试验区内的企业生产、加工并经"二线"销往内地的货物照章征收进口环节增值税、消费税。根据企业申请，试行对该内销货物按其对应进口料件或按实际报验状态征收关税的政策。在现行政策框架下，对试验区内生产企业和生产性服务业企业进口所需的机器、设备等货物予以免税，但生活性服务业等企业进口的货物以及法律、行政法规和相关规定明确不予免税的货物除外。完善启运港退税试点政策，适时研究扩大启运地、承运企业和运输工具等试点范围。

此外，在符合税制改革方向和国际惯例，以及不导致利润转移和税基侵蚀的前提下，积极研究完善适应境外股权投资和离岸业务发展的税收政策。

# 四　扎实做好组织实施

国务院统筹领导和协调试验区推进工作。上海市要精心组织实施，完善工作机制，落实工作责任，根据《方案》明确的目标定位和先行先试任务，按照"成熟的可先做，再逐步完善"的要求，形成可操作的具体计划，抓紧推进实施，并在推进过程中认真研究新情况、解决新问题，重大问题要及时向国务院请示报告。各有关部门要大力支持，积极做好协调配合、指导评估等工作，共同推进相关体制机制和政策创新，把试验区建设好、管理好。

# Abstract

Shanghai Free Trade Zone, which formally founded in September 2013, is a big part of the process of Chinese reform and opening up program, and is expected to have a major influence on the Chinese economy in the future. In order to adapt to the new situation of global trade and investment and the new requirements of Chinese economic transformation, the core principle of Shanghai FTZ is to establish a suit of replicable system which can be popularized to other regions.

Shanghai takes up heavy responsibility during the construction of FTZ, and Shanghai have no experience in the area. By contrast, Hong Kong is recognized as the most free, most open and most diversified FTZ in the world, Hong Kong has accumulated lots of mature experience in the investment management, trade supervision, financial control, mechanism design and so on in more than 100 years of development. Undoubtedly, the experience and advantages of Hong Kong has important reference for Shanghai FTZ. That's why it is very important to deepen exchanges and cooperation between Shanghai and Hong Kong. In fact, the construction of Shanghai FTZ has created new opportunities for the further cooperation between these two cities.

The topic of this year's Blue Book is the construction of Shanghai FTZ and the new round of cooperation between Shanghai and Hong Kong, and we mainly researched how Hong Kong and Shanghai to leverage their comparative advantages successfully and strengthen cooperation in the new condition of Shanghai Free Trade Zone. The general report reviewed the background and current development of Shanghai FTZ, analyzed its influence, and discussed the significance and opportunities of Shanghai FTZ to deepen the cooperation between Shanghai and Hong Kong, finally brings forward some ideas and suggestions on construction of Shanghai FTZ by Shanghai and Hong Kong together. We showed that, during the development process of Shanghai FTZ, Shanghai should take the initiative to learn good practices and experiences from Hong Kong, especially in the institutional arrangement, the system design and operation management, technical operation and so on. Except general report, this book studied the new round of cooperation between Shanghai and Hong Kong based on the Shanghai FTZ from the perspectives investment, finance comparison, cooperation and so on.

# Contents

## 𝕭 I General Report

**Abstract**: Abstract: The Shanghai FTZ, which with an important role of finding new ways and accumulating new experience to deepen reforms and open further, is of great significance to the future development of China, and also creating lots of new opportunities for a new round of cooperation between Shanghai and Hong Kong. Shanghai and Hong Kong should make full use of their advantages and explore new mileage of cooperation under the framework of the national strategy.

**Keywords**: Shanghai FTZ; Shanghai; Hong Kong; Cooperation; Opportunity

# B Ⅱ    Comprehensive Reports

**Abstract**: The present international economical situation is complex, and downward pressure of Chinese economy is still relatively big. Under this background, Shanghai's economy is running smoothly in 2014, and began to enter "new normal" economy. Compared Shanghai with the whole Chinese economy, it has some general characters and there is also its self − characteristic. In order to ensure the smoothly running of the economy of Shanghai in 2015, this paper puts forward the general guidelines for development and missions in the near future.

**Keywords**: World Economy; Chinese Economy; Shanghai Economy; "New Normal"

**Abstract**: Hong Kong's GDP growth came in at 2.4% in 3Q14, underperforming the market's expectations for a 3.0% gain. It is mainly result from tepid recovery of external demand, lower − than − expected slack in domestic demand and uncertainty arising from "Occupy Central" movement. The global economy and international trade are expected to improve moderately under the "New Mediocre" in 2015, with a number of new features: The U. S. will become a bright spot, the Euro − zone will remain sluggish and China will accelerate economic restructuring under the "New Normal". Hong Kong will

benefit from the rebound in external demand while imbalance will be ease off. However, the possible real estate market downturn and the political issues may post as headwinds to Hong Kong's domestic demand. We therefore, expect that Hong Kong's economy will grow 2.8% in 2015, stronger than the 2.2% increase this year but still weaker than the potential growth rate; Hong Kong's inflation may remain slow and the current inflation cycle being driven by property prices is nearing an end.

**Keywords**: Hong Kong's External Demand; Hong Kong's Domestic Demand; Economic Growth

## B. 4  Study on System Innovation and Transformation of Government Function in Shanghai Free Trade Zone          *Huang Zehua* / 076

**Abstract**: Free Trade Zone in the world has a long history and is in the upswing in the trend of global economic integration. The creation of Shanghai Free Trade Zone goes along with the escalation of China's economic system reform and sustainable development. Shanghai FTA's practice for system innovations provides a duplicable model for nationwide system reform, and sets a higher stage for China submit itself into the global economy. Shanghai FTA should have a free business environment including: free trade, free shipping, and financial freedom and so on. This will break the existing system framework, realize system innovation, establish a market economic system, transform the government function from an economic planner to an economic coordinator of playing market functions, enhance the degree of participation of society in the country to the rule of law, pay more attention to social justice, and get a new method to understand the game regulations in the international market.

**Keywords**: Free Trade Zone; System Innovation; A Path into the International Market

B. 5    Analysis of the Mechanism to Promote Regional Development for

China (Shanghai) Pilot Free Trade Zone    *Zhang Yunyi* / 091

**Abstract**: China (Shanghai) Pilot Free Trade Zone (CPFTZ) was launched on Sept. 29, 2013, taking a solid step forward to boost reforms in China. Now, more and more people are paying high attention to the CPFTZ. They are discussing its establishment background, significance and so on, especially making detailed interpretations of the policies of CPFTZ. However, there is lack of systematic study on how to drive other regional development for CPFTA. Based on the summary of the existing research, the author of this paper analysis the characteristics of CPFTZ and find the forces of CPFTA to promote regional development such as opening, inheritance and innovation. The author thinks it is very important to exert the effect of agglomeration, spillover, demonstration and learning for CPFTZ.

**Keywords**: China (Shanghai) Pilot Free Trade Zone; Driving Force; Mechanism; Regional Development

# B Ⅲ    Reports on Investment

B. 6    Present Situation, Characteristic and Trend of Foreign

Investment in Shanghai    *Zhu Wenbin* / 100

**Abstract**: Shanghai is one of the largest cities to attract foreign investment of China. This paper analyzes the situation, characteristic and trend of Shanghai attracting FDI, and shows that FDI have become a big part of Shanghai economy. Also, the author argues that the scale and quality of FDI in Shanghai will be improved with the continuous improvement of the investment environment.

**Keywords**: FDI in Shanghai; Situation; Characteristic; Trend

B. 7    The Prospect and Countermeasures of Investment

Cooperation in Shanghai and Hong Kong    *Guan Dachang* / 105

**Abstract**：This paper reviews the outcome of Shanghai and Hong Kong investment and cooperation after the return of Hong Kong, analyzes the new opportunities for economic cooperation of Shanghai and Hong Kong by the establishment of the Shanghai Free Trade Area, and puts forward suggestions on how to strengthen economic and trade cooperation under the new situation.

**Keywords**：Cooperation；Trend；Suggestion

B. 8    Inward FDI Promotion and Utilization via Business

Environment Betterment

*—Hong Kong Experiences during 1990's*    *Duan Qiao* / 111

**Abstract**：While Hong Kong economy is service sector dominated today, its growth had been basically commodity trade − led until early 1990's. For many Chinese metropolitan cities entering the similar stage of economic development, Hong Kong's experiences in FDI promotion via betterment of business environment during 1960—90's is worthwhile to refer. In this connection, this paper investigates organization and operations of Hong Kong Industry Department and Hong Kong trade Development council by them as the cases, to illustrate how public sector playing its role to promote FDI inflows in context of a mature market economy.

**Keywords**：Business    Environment；    FDI    Utilization；    Hong    Kong Experiences

**Abstract:** Trade facilitation is the basic function of China (Shanghai) Pilot Free Trade Zone. It shall, through the innovation of trade regulatory system, constantly improve the trade facilitation level, take the lead in forming a high - standard system of trade and investment rules compatible with generally accepted international requirements, cultivate an internationalized and regulated business environment. The connotation of trade facilitation is still in development, and China (shanghai) Pilot Free Trade Zone's trade facilitation shows its own distinct characteristics and has a positive effect.

**Keywords:** China (Shanghai) Pilot Free Trade Zone; Trade Facilitation; Connotation; Characteristic; Effect

# B IV  Reports on Finance

**Abstract:** The early and pilot implementation policy in Shanghai FTZ emphasizes financial reform. Shanghai FTZ is promoting the internationalization of RMB, the openness of capital account, the transformation of financial services and the prudent macro management by adopting the account - divided management, facilitation of investment and financing, interest rate marketization, foreign exchange policy regime reform and risk control measures. However, there're still some problems and risks in the financial reform of Shanghai FTZ, which require the authorities to release implementing rules and regulations of capital markets to support Shanghai FTZ, also take measures to facilitate the interest rate liberalization, reform the foreign exchange rate forming mechanism, prevent the

risk resulted from the capital inflow and outflow for Shanghai FTZ, and build a comprehensive financial governance platform.

**Keywords**: Shanghai FTZ; Financial Reform; Path

## B. 11 A New Reform Carrier
### —*Pilot of Shanghai FTA*: *Explanation of Financial Breakthrough and Institutional Innovation*      *Pan Dehong* / 177

**Abstract**: Shanghai FTA, which to solve the economic imbalance, coordination, sustainable development problem during the high − speed growth of the accumulation, and in line with the international standard of high standard system to adapt to the new trend of international trade, is a new path for deepen reform after special economic zones and economic development zones. The pilot of Shanghai FTA related to economic system reform and transformation of government functions, the weakening of approval authority will bring lots of conflict, which need to eliminate resistance.

**Keywords**: Shanghai FTA; Financial Breakthrough; Institutional Innovation

## B. 12 Enlightenment of Development of Shanghai FTZ for Hong Kong      *Guan Jiaming* / 186

**Abstract**: This paper analyzed the concept of Shanghai FTZ and its relationship with Hong Kong, and elaborated its lasting impact to Hong Kong from the following four aspects: firstly, division and development of regional logistics and distribution; secondly, the introduction and promotion of professional service industry; thirdly, helping the development of the offshore RMB market in Hong Kong; finally, driving cooperation with other regions for Hong Kong.

**Keywords**: Shanghai FTZ; Hong Kong; Enlightenment

# B V    Reports on Comparison

## B. 13    Comparison between Shanghai and Hong Kong

Economic Development                                    *He Xiaoqin* / 191

**Abstract**: Hong Kong and Shanghai are both two pearls in China, and they play a key role in the process of Chinese modernization development. However, the economic development of the two cities has its own characteristics in view of the different stages and institutional environment in the economic development. The paper mainly analyze and compare the scale, the speed and the cooperation between Hong Kong and Shanghai's economic development, in order that people can understand the complementarities and the gap of economic development between Hong Kong and Shanghai presently more clearly and directly.

**Keywords**: Shanghai and Hong Kong; Economy; Comparison

## B. 14    Headquarters Economy in Shanghai Pilot Free Trade

Zone and Hong Kong: Comparative

Analysis and Successful Experience                      *Chen Qi* / 244

**Abstract**: As a test-bed for China reform, Shanghai Pilot Free Trade Zone proposed to develop headquarters economy as one of the overall goal. Shanghai Pilot Free Trade Zone will become an important area to attract the regional headquarters of multinational companies. On the current situation, there is still a considerable gap between the environment of developing regional headquarters in Shanghai Pilot Free Trade Zone and Other internationalization mature City. So Shanghai Pilot Free Trade Zone must learn the development experience of mature markets and international cities in order to achieve efficient, leap-forward development. In Asia, the city of the most significant headquarters economy effect

is undoubtedly Hong Kong. This paper selects the factors affecting the regional headquarters choosing location, and compares and analyzes these factors in both Shanghai Pilot Free Trade Zone and Hong Kong. Finally, provide empirical reference to development of headquarters economy in Shanghai Pilot Free Trade Zone in according to certain gap of developing headquarters economy.

**Keywords**: Regional Headquarters; Shanghai Pilot Free Trade Zone; Headquarters Economy; Hong Kong

B. 15　Comparison and Reference of the Soft Environment of
　　　　Shanghai and Hong Kong in Attracting
　　　　Foreign Investment　　　　　　　　　　*Tu Haiming* / 287

**Abstract**: This paper focus on the soft investment environment of Shanghai and Hongkong from the point of institution, market, government service and financial service. The author argues that Shanghai should drawing on the experience of Hongkong such as build capital attraction environment systematically, clear and adjust the functions of government, strengthen the supporting service system construction, strengthen the investment information supply capacity and so on.

**Keywords**: The Soft Investment Environment; Comparison; Reference

# B VI　Reports on Cooperation

B. 16　Creating a New Situation in Foreign Capital Utilization by
　　　　Shanghai and Hong Kong　　　　　　　　　*Sha Hailin* / 296

**Abstract**: This paper sets forth its own opinions mainly from three aspects and puts forward some countermeasures and suggestions. Firstly, the author think that, the quality and level of Shanghai's FDI utilization improved because Shanghai always uphold the biggest advantages of open. Secondly, Hong Kong's role can not be replaced during Shanghai "introduction" and "going out". Finally, standing on the new starting point, there still have unlimited potential if Shanghai and Hong Kong to strengthen two-way investment.

**Keywords**: Cooperation of Shanghai and Hong Kong; FDI; New Starting Point; New Situation

B. 17　How Mainland Enterprises Use Hong Kong as A Platform
　　　　to Enter the International Market　　　*Deng Zhongmin* / 304

**Abstract**: This paper focuses on Hong Kong's business advantages, government −to −business assistance, the roles of foreign direct investment (FDI) in Hong Kong, the situation of investment of Mainland enterprises and foreign enterprises set company in Hong Kong. Finally, the paper analyzes the service functions of Invest Hong Kong.

**Keywords**: Mainland Enterprise; Hong Kong; Internationalization

B. 18　Some Suggestions on Promoting the Construction of
　　　　Shanghai FTA in Cooperation by
　　　　Shanghai and Hong Kong　　　　　　　　*Sheng Lei* / 313

**Abstract**: Shanghai and Hong Kong are both the important poles in China's economic development pattern, the healthy competition, complementary advantages and common development between these two cities, has important implications for the overall development of China's economy. Shanghai and Hong Kong have practical foundation and good prospects for cooperation because of their complementary advantages. The Shanghai Free Trade Area has created a new opportunity to further deepen their cooperation. They should seize this rare

opportunity, accelerate the full range of in－depth exchanges and cooperation, and jointly promote the Shanghai Free Trade Zone.

**Keywords:** FTA of Shanghai; Shanghai; Hong Kong; Cooperation

# B Ⅶ   Appendix

## ❖ 皮书起源 ❖

"皮书"起源于十七、十八世纪的英国,主要指官方或社会组织正式发表的重要文件或报告,多以"白皮书"命名。在中国,"皮书"这一概念被社会广泛接受,并被成功运作、发展成为一种全新的出版型态,则源于中国社会科学院社会科学文献出版社。

## ❖ 皮书定义 ❖

皮书是对中国与世界发展状况和热点问题进行年度监测,以专业的角度、专家的视野和实证研究方法,针对某一领域或区域现状与发展态势展开分析和预测,具备权威性、前沿性、原创性、实证性、时效性等特点的连续性公开出版物,由一系列权威研究报告组成。皮书系列是社会科学文献出版社编辑出版的蓝皮书、绿皮书、黄皮书等的统称。

## ❖ 皮书作者 ❖

皮书系列的作者以中国社会科学院、著名高校、地方社会科学院的研究人员为主,多为国内一流研究机构的权威专家学者,他们的看法和观点代表了学界对中国与世界的现实和未来最高水平的解读与分析。

## ❖ 皮书荣誉 ❖

皮书系列已成为社会科学文献出版社的著名图书品牌和中国社会科学院的知名学术品牌。2011年,皮书系列正式列入"十二五"国家重点图书出版规划项目;2012~2014年,重点皮书列入中国社会科学院承担的国家哲学社会科学创新工程项目;2015年,41种院外皮书使用"中国社会科学院创新工程学术出版项目"标识。

# 中国皮书网
### www.pishu.cn

发布皮书研创资讯，传播皮书精彩内容
引领皮书出版潮流，打造皮书服务平台

## 栏目设置：

☐ 资讯：皮书动态、皮书观点、皮书数据、
　　　　皮书报道、皮书发布、电子期刊
☐ 标准：皮书评价、皮书研究、皮书规范
☐ 服务：最新皮书、皮书书目、重点推荐、在线购书
☐ 链接：皮书数据库、皮书博客、皮书微博、在线书城
☐ 搜索：资讯、图书、研究动态、皮书专家、研创团队

　　中国皮书网依托皮书系列"权威、前沿、原创"的优质内容资源，通过文字、图片、音频、视频等多种元素，在皮书研创者、使用者之间搭建了一个成果展示、资源共享的互动平台。

　　自2005年12月正式上线以来，中国皮书网的IP访问量、PV浏览量与日俱增，受到海内外研究者、公务人员、商务人士以及专业读者的广泛关注。

　　2008年、2011年中国皮书网均在全国新闻出版业网站荣誉评选中获得"最具商业价值网站"称号；2012年，获得"出版业网站百强"称号。

　　2014年，中国皮书网与皮书数据库实现资源共享，端口合一，将提供更丰富的内容，更全面的服务。

# 法 律 声 明

"皮书系列"（含蓝皮书、绿皮书、黄皮书）之品牌由社会科学文献出版社最早使用并持续至今，现已被中国图书市场所熟知。"皮书系列"的 LOGO（ ）与"经济蓝皮书""社会蓝皮书"均已在中华人民共和国国家工商行政管理总局商标局登记注册。"皮书系列"图书的注册商标专用权及封面设计、版式设计的著作权均为社会科学文献出版社所有。未经社会科学文献出版社书面授权许可，任何使用与"皮书系列"图书注册商标、封面设计、版式设计相同或者近似的文字、图形或其组合的行为均系侵权行为。

经作者授权，本书的专有出版权及信息网络传播权为社会科学文献出版社享有。未经社会科学文献出版社书面授权许可，任何就本书内容的复制、发行或以数字形式进行网络传播的行为均系侵权行为。

社会科学文献出版社将通过法律途径追究上述侵权行为的法律责任，维护自身合法权益。

欢迎社会各界人士对侵犯社会科学文献出版社上述权利的侵权行为进行举报。电话：010－59367121，电子邮箱：fawubu@ssap.cn。

社会科学文献出版社